新知
文库

150

XINZHI

Running:
A Global History

Copyright © Gyldendal Norsk Forlag AS 2008

Norwegian edition published by Gyldendal Norsk Forlag AS, Norway

跑步大历史

[挪]托尔·戈塔斯 著　张翎 译

生活・讀書・新知 三联书店

Simplified Chinese Copyright © 2022 by SDX Joint Publishing Company.
All Rights Reserved.

本作品简体中文版权归生活·读书·新知三联书店所有。
未经许可，不得翻印。

图书在版编目（CIP）数据

跑步大历史 /（挪）托尔·戈塔斯著；张翎译. —北京：
生活·读书·新知三联书店，2022.1
（新知文库）
ISBN 978 – 7 – 108 – 07225 – 2

Ⅰ.①跑⋯　Ⅱ.①托⋯②张⋯　Ⅲ.①跑－体育运动史－世界
Ⅳ.① G822

中国版本图书馆 CIP 数据核字（2021）第 168304 号

责任编辑　徐国强
装帧设计　陆智昌　刘　洋
责任校对　陈　明
责任印制　卢　岳
出版发行　生活·讀書·新知 三联书店
　　　　　（北京市东城区美术馆东街 22 号 100010）
网　　址　www.sdxjpc.com
图　　字　01-2018-7555
经　　销　新华书店
制　　作　北京金舵手世纪图文设计有限公司
印　　刷　河北松源印刷有限公司
版　　次　2022 年 1 月北京第 1 版
　　　　　2022 年 1 月北京第 1 次印刷
开　　本　635 毫米 × 965 毫米　1/16　印张 30
字　　数　396 千字　图 12 幅
印　　数　0,001 – 8,000 册
定　　价　69.00 元
（印装查询：01064002715；邮购查询：01084010542）

新知文库

出版说明

在今天三联书店的前身——生活书店、读书出版社和新知书店的出版史上，介绍新知识和新观念的图书曾占有很大比重。熟悉三联的读者也都会记得，20世纪80年代后期，我们曾以"新知文库"的名义，出版过一批译介西方现代人文社会科学知识的图书。今年是生活·读书·新知三联书店恢复独立建制20周年，我们再次推出"新知文库"，正是为了接续这一传统。

近半个世纪以来，无论在自然科学方面，还是在人文社会科学方面，知识都在以前所未有的速度更新。涉及自然环境、社会文化等领域的新发现、新探索和新成果层出不穷，并以同样前所未有的深度和广度影响人类的社会和生活。了解这种知识成果的内容，思考其与我们生活的关系，固然是明了社会变迁趋势的必需，但更为重要的，乃是通过知识演进的背景和过程，领悟和体会隐藏其中的理性精神和科学规律。

"新知文库"拟选编一些介绍人文社会科学和自然科学新知识及其如何被发现和传播的图书，陆续出版。希望读者能在愉悦的阅读中获取新知，开阔视野，启迪思维，激发好奇心和想象力。

生活·讀書·新知三联书店
2006年3月

目 录

前言 1

第1章　古代信使跑手　1
第2章　人类的原始特征　19
第3章　纪念诸神　25
第4章　罗马运动会　41
第5章　中国古代神话与印度人象赛跑　49
第6章　跑步的僧人　57
第7章　人马赛跑　66
第8章　赌博、时钟和扫帚　80
第9章　法国幼教与德国体育　98
第10章　门森·恩斯特和巴克利上尉　104
第11章　早上吃牛心的印第安人　120
第12章　装弱求赛与优势起跑　139
第13章　奥林匹克运动会的复兴　159
第14章　田径赛跑　179

第15章	芬兰人的意志力	192
第16章	超级马拉松赛与民族塑造	207
第17章	横跨美国大赛	215
第18章	似是而非的人种论	229
第19章	战争与和平	240
第20章	为祖国而战	257
第21章	梦想的1英里	274
第22章	非洲人来了	282
第23章	痛并快乐着	295
第24章	慢跑革命	307
第25章	大城市马拉松赛	336
第26章	女子马拉松赛	345
第27章	重返巅峰	372
第28章	明星、商业和兴奋剂	391
第29章	跑步与禅修	407
第30章	摆脱贫困	416
第31章	一个人能跑多快？	429

注释	440
参考文献	454
致谢	465

前　言

想要写一本完完整整的全球跑步史，当然是不可能的事情。在年代最久远的相关史料中，除了一些关于跑步的传说往往别无他选。真打算写的话，笔者只能利用有限的资料，穿针引线，尽可能织就出一幅辽阔的历史画卷。

1800年之后，与跑步相关的有趣资料逐渐丰富起来。于是乎，如何对这些素材进行取舍成为一个难题。

笔者身在北欧的挪威，于2000年伊始提笔著书。天时和地利让本书内容更加丰富多彩，作者尝试将全球的跑步历史涵盖其中。面对如此浩大之主题，作者寻找了一些贯穿始终的重要线索。不过，鉴于笔者是一个欧洲人，可能会让人觉得这是一本斯堪的纳维亚视角的跑步史，这种印象无可避免，就像大家会认为书中所选题材和人物仅代表作者自己的偏好和感情一样。

本书名为《跑步大历史》（*Running: A Global History*），顾名思义，它只是世界跑步历史的一个版本，一个来自笔者的版本。

第 1 章

古代信使跑手

> 据说，一些接受长途任务的信使会在出发前剃个光头，让人将消息内容写在自己的头皮上。在送信途中，信使的头发不断生长。所以，收件人要想读到消息，必须先给信使理发。
>
> ——坊间传闻

18 世纪，在德国美因茨（Mainz），一名少女杀死了自己的骨肉：她未婚先孕，羞愧难当，万念俱灰，只得出此下策。后来，人们发现了她的罪行，将她抓了起来，准备处以极刑并当众执行。

行刑的日子终于来了。当刽子手押解着少女前往刑场时，很多围观者感到于心不忍。如此水灵的姑娘被判处死刑实在令人惋惜。一位贵妇觉得少女罪不至死，连忙找约翰·弗里德里希·卡尔（Johann Friedrich Karl）亲王帮忙。亲王签署了缓刑的命令，并命令他的跑手，赶紧将信送到最高法院，越快越好。

法官遵照亲王的指示，将面色苍白、惊慌失措的少女松了绑。她吓得晕了过去，倒在了教士的怀中。一场可怕的噩梦过后，她终于重获了自由。

跑手成为当天的英雄；人们高举着他，兴高采烈地将他抬回了家，亲王也赐予了他丰厚的奖赏。然而，由于跑手害怕迟到误事，在奔跑时他不仅拼尽全力，还一直忧心忡忡：结果不久后，他便撒手人寰了，让亲王和人们感到非常遗憾。[1]

驿站接力

在世界各地的许多文化之中，驿站的历史已有好几千年了。驿站里的跑手全部训练有素，人数可多达上千人。有传言称，跑手的双脚硬得可以钉进钉子。这不一定是真的，但毫无疑问的是，不论是在欧洲、非洲、美洲，或者印度还是在中国，信使的脚力都十分了得。而全世界最有名的跑手当数印加人。

1532年，西班牙人登陆了南美大陆，征服了印加帝国。印加帝国的版图北起今天的厄瓜多尔和哥伦比亚一带，南至智利的马乌莱河（Rio Maule）流域，人口约为1000万。印加人既是帝国的缔造者，也是帝国的统治者。他们有许多成功经验，其中第一条就是便捷的交通和发达的道路。为了节省花在路途上的时间，印加的道路尽量修得笔直。于是，爬陡坡成为印加人的家常便饭。在赶路时，人们经常要爬很长的楼梯。有些小路依山而建，有些小路倚石而成。在最宽阔的大道旁设有标注路程的里程碑：1英里的路程相当于走六千步。过河时，人们只能走藤蔓做的吊桥和一些古老的桥梁；单是过个桥，就得冒不小的风险。

"查斯崔"（chasquis，意为交流、收发）是一个专业跑手团队，他们是送信效率的保证。每位"查斯崔"都是从最可靠、最得力的人才中精挑细选出来的。他们从小就接受专业的信使训练，誓死对信件内容守口如瓶。对自己的职业，他们有一种由衷的自豪感。在印加这片土地上，连偷一根玉米都会被判处死刑。可见遵纪守法在这里是何等大事。信使们就住在路边的驿站小屋中，每间可住四到六人，驻守信使的人数取决于驿站在特定交通路线上的重要程度。在驿站门口，总会有两名信使坐在这里值班，随时待命。只要看见有人来送信，其中一人便会上前接应，与送信人一起并肩奔跑。送信人或直接把消息转述三到四遍，或将藏着信息的绳结交接给下一位信使。印加人既没有文字，也没有车轮，各种绳结就相当于印加语中的文字体系。在长长的绳子上，印加人系上了不同颜色的短绳，有的与其他短绳平行，有的比其他短绳长出一截儿；绳结的个数代表数字，而绳子的颜色则代表一些具体含义。信使经常会传递一些机密信息，但他们无须读懂这些绳结代码，因为有专门的专家负责对绳结的含义进行解读。

交接完毕之后，信使会尽快赶到几英里以外的下一个驿站，将消息继续传给下一名信使。上一名送信人可以趁机歇歇脚，好好休息一下，等待下一个任务的到来。因为每段路程相对较短，所以，信使们始终能保持高速奔跑。下至地方长官，上至帝国最高统治者——印加国王本人，都会派他们送信。信件内容五花八门，重要性也各有不同，包括本地新闻、上级命令、农牧信息等。从茫茫海岸到海拔 13000 英尺（约 3962 米，1 英尺为 0.3048 米）的山区，从一座座桥到一条条路，总能看到信使们匆忙的身影。他们平均每 24 小时就可以赶将近 200 英里（约 322 公里，1 英里为 1.609 公里）的路。在送信途中，信使们会咀嚼可可树叶来补充体力，跑完一站又一站，马不停蹄地将消息送达收信人。

与其他国家的信使一样，印加信使的样子一眼就能看出来：他们的头上戴着长长的羽毛，赶路的时候，他们将海螺挂在腰间的绳子上，快要到达驿站时，他们会吹响海螺，通知下一站的信使出来接应。他们身上配备着棍棒和绳索，万一遇到敌人可以防身。无论何时，都会有成百上千名信使整装待发，他们每隔 15 天换一次班，政府为他们提供食宿。由于信使的工作极其重要，他们赚的钱和市长不相上下。

印加国王住在库斯科（Cuzco）城中。信使们为国王捎带的东西五花八门，比如蜗牛、海鲜等特供食材，超乎人们的想象。尽管库斯科城位于内陆，距离海岸很远，但清晨出海捕获的鲜鱼下午就能送到王宫之中。还有另一类信使名叫"哈顿 - 查斯崔"（*hatun-chasquis*），专

一名信使正在吹海螺

门负责一些大件和超重货物的传递。此类信使每天仅工作 12 小时。

如果要送的消息来自统治者,特别重要,则该消息会用红线进行标识,或者由特殊的信使负责传递。每处驿站都设有烽火台,当发生侵略或起义等严重情况时,烽火台可以随时点火示警。当值班信使点燃烽火之后,消息会很快传送到国王及其臣子所在的都城。因此,即使印加国王尚不清楚警报的缘由是什么(信使会捎来具体消息),他也可以派兵前往警报所在的方向探查。[2]

库斯科城是印加信使们工作范围的中心;这里也是印加人心目中的世界中心,是太阳之子——印加国王本人——的主要居住地。印加帝国海拔 11500 英尺(3505 米),在库斯科城中生活着 20 多万居民。在帝国的鼎盛时期,最远的边疆距库斯科城 1000 英里。而如此远的距离,信使们只要花 5 天时间就能抵达。每天,既有信使将库斯科城内的消息送出去,也有信使将城外的消息送进来。当信使们在路上不期而遇时,进城的信使总是会给出城的信使让路,以示对都城的尊敬。

据史料记载，印加人对大自然十分谦卑与恭敬。信使们亦是如此。印加人认为，任何生灵无论大小，皆有灵魂，皆是生命，都值得被尊重，人类应该尽力顺应自然，争取万物的爱戴。信使们翻山越岭，披星戴月，从不曾将自然视作荒原，反而认为自然界中的万物皆有灵性，哪怕是一块小石头或是一个小动物亦是如此。印加信使不怕无人之地，不怕漫漫黑夜，他们害怕的是，如果自己居心不正、行为不端，便会遭到周遭生灵的唾弃。他们的生存环境危机四伏，说不准什么时候就会遇到敌人或自然灾害。他们深知，他们所送的消息和送信速度关系到全社会，关系到国家能不能从战乱、粮食匮乏或自然灾害中转危为安。在准备过河之前，信使会喝一口河水，祈求平安渡河。看见蝙蝠、听见鸟叫、做了奇怪的梦——这些事情都是异常的预兆，信使们对这些征兆十分敏感。当厄运来袭时，信使总是会说："呜呼，凡事皆命中注定也。"对于印加人而言，万物皆由神灵所支配。[3]

除了信使之外，还有一些人也需要证明他们在跑步方面的能力。一名少年若想要跻身印加帝国贵族阶层，就必须接受四年教育，而其中最重要的一项考试就是跑步。库斯科城的学校拥有全印加最好的老师。在这里，出身显赫的少年会学习统治语言、宗教、绳结代码等课程。在毕业那年，少年们会学习历史，还会辅修测绘、地理和天文等课程。尽管他们不必去当信使，但是他们必须跑步。

每逢印加历第 12 月（公历 11 月），少年们都会迎来瓦拉库成人礼考试（huaracu）。这一天，参加成人礼考试的印加少年们会来到库斯科城大广场，向太阳、月亮和雷神祈祷。在考试之前，少年们必须剪短头发，身穿白衣，头戴黑羽。在家人的陪伴下，他们会步行前往附近的华纳库里山（Huanacauri）。途中，他们将被限制饮食，只能靠生玉米和水充饥；此外，他们还会参加宗教仪式和跳舞活动。数日后，少年们会得到一身红白色上衣，还会被允许同家人一起在帐篷中休憩。在距离目的地 5 英里处，少年们将进行跑步比赛，来完成登顶前的最后一程。华纳库里山是远近闻名的圣地之一。据传，印加开国国王的一位兄弟在山顶之上化身成石；在变成石头之前，人们送给了他一对翅膀，那是印第安雄鹰的翅膀。印第安雄鹰是众鹰之王，其飞翔和俯冲速度所向披靡。"huaman"一词既代表鹰，又代表速度；在印加语中，有许多单词以词根"hua"开头，这充分说明了鹰在印加民间传说中的重要意义。这场比赛的目的，就在于激励少年们跑出雄鹰一般的速度。

速度也是印加帝国能够维持统治、维护秩序的关键。对于信使和行军部队而言，速度的重要性不言而喻。在印加大地上，步行是唯一的交通方式；在这里，雄鹰、信使和士兵总是联系在一起。印加帝国曾经征服过一个名叫"卡拉"（Cara）的部族，卡拉族人既没有传送消息的信使，也不懂绳结暗语，因此，印加人征服他们可谓易如反掌。

在比赛的前一天，组织者会在山顶的终点处放上各种动物雕塑，这些雕塑用岩盐制成，有雄鹰、老鹰、野鸭、蜂鸟、蛇和狐狸等。比赛开始了，少年们争先恐后地出发，为了赢得荣誉和天神的眷顾，人人都会拼尽全力。到达终点时，参赛者可以拿走一个动物雕塑，先到的人可以拿到最尊贵的雄鹰，最后到的只能拿走一文不值的爬虫。如此一来，少年们手中所拿的动物雕像就是其实力的证明，在观众眼中，谁强谁弱一目了然。不能完成比赛被视作一种莫大的耻辱。

比赛前夜，少年们会在山脚下过夜。第二天清晨，他们先赛跑。在所有人登顶之后，他们会来到一处矗立着两座雄鹰石像的所在，并被分成两组，参加近身搏斗、箭术和弹弓考试。之后，他们还将接受意志力考验，少年们要在挨打时忍受疼痛，还得连续十个晚上不能睡觉，保持固定姿势一动不动。此外，当考官的棒子朝他们的头上打过来时，当考官的宝剑向他们的眼睛刺过来时，他们必须面不改色，连眼睛都不能眨一下。

通过考试的少年将会得到印加国王的亲自接见，还有各种奖品，比如特制短裤、羽冠和金属胸牌等。人们会用金针帮他们扎耳洞，好让他们能够佩戴沉甸甸的耳环。要知道，长长的耳垂正是精英阶层的专属标志。在正式成为精英之前，他们还会参加一些庆典活动，包括舞蹈、宗教洗礼、兵器表演和宗教盛会等。最后，所向披靡的获胜者方能晋级。[4]

尽管在大大小小的运动会中，印加人都将跑步列为众多项目之一，但当人们谈到跑步时，最常联想到的还是信使的接力送信，这才是印加帝国最鲜明的特色，让人印象深刻。在整个帝国中，信使们起到了神经中枢的作用，印加国王也是靠信使来控制和统治国家的。西班牙人自然也见识到了信使的好处，于是便将他们保留了下来：一名骑马的西班牙信使需要花十二三天才能从利马城（Lima）赶到库斯科城，而相同的距离，印加信使只需要短短三天就能达到。

信使和跑手

15世纪之后，中欧地区也出现了类似的信使，他们当中有人是全职信使，有人则专门为贵族和地主们跑腿。有句老话描述了这种主仆关系："一周你得花六天时间伺候主人，剩下一天给主人送信。"[5]

1573年，波兰的布雷斯劳（Breslau）共有青年信使40名。他们由一位信使主管负责调遣。信使们实行轮班制，他们不仅收入可观，还拥有一些特权，如不用服兵役等。在中欧，有许多彼此相邻的小国。而国与国相距越近，越容易发生联系。这意味着信使们的送信路程也相对较短。尽管如此，信使们一天也要赶60英里的路。他们的送信路程越远，挣的钱也就越多，如果不送信，他们就没有收入。17世纪初，德国的信使跑手已经明显形成了一个群体，从他们的姓氏就可以看出来：劳弗（Laufer）的意思是"跑手"，洛珀（Loper）和博特（Bott）的意思是"信使"。在信使行业，子承父业是一种普遍现象。

信使在送信时走怎样的路线，消息告知谁，需要拜访谁，都有相关规定来约束。信使出一趟门有可能会给多个收件人送信，路线也可能几经周折。有句谚语说"跑得慌张，八成说谎"，讲的就是当信使们来到一个陌生之地送完信，满头大汗、拔腿就跑的样子，会让人觉得太夸张，并让人联想到骗子。[6]

信使们常年东奔西走，沿途会打听到各种消息，而当他们被八卦的小市民环绕时，说谎的确给他们带来了方便。信使抵达目的地后，会先在城门处登记。接下来，他将进行最后的冲刺，到达指定地点，找到收件人，大声地宣布消息内容或转交文件，整个过程让人觉得很稀奇。要知道，在当时的社会中，大部分人是文盲。事实上，信使也未必全上过学。据说，一些接受长途任务的信使会在出发前剃个光头，让人将消息内容写在自己的头皮上。在送信途中，信使的头发不断生长。所以，收件人要想读到消息，必须先给信使理发。根据规定，信使们成功地传递消息，就可以得到酬劳，反之，则会被赶出驿站，以示惩戒。在送信时，信使出现任何差池，都会受到严厉惩罚。

与那些长期居住在同一个地方的人相比，信使们走南闯北，自然要见多识广得多。送信的工作跨越国界，虽然信使也是老百姓，但有许多机会同贵族们打交道。信使这一职业不仅受人尊敬，还是提高社会地位的一块跳板。

阻碍信使工作或伤害信使人身安全的行为是明令禁止的。此外，信使还拥有外交豁免权，两军交战，不斩来使。信使们可以行走于战场之间，为两军传递谈判信息。送信路上难免经历风吹雨打，因此，实物信息需要放在空心木棍或木棒之中加以保护。有的信使常常会带上一瓶酒，送信路上可以喝上两口。赶路时，他们靠煮鸡蛋充饥，也常带些其他必需品。他们身穿制服，衣服颜色与其城市对应。他们还会随身携带棍棒、长矛或短剑，当遇到野狗、强盗和歹人时可以防身。他们会携带一个印有其城市盾徽的令牌和一本通关文书，以证明自己的身份。[7]

1700 年前后，德国的信使跑手逐渐淡出了公众的视线。随着德国的道路交通越来越好，骑马出行越来越方便，邮政系统得到了不断发展。1712 年，仅仅 4 名德国邮差就能够胜任柏林的全部投递工作，导致信使跑手人数出现了严重过剩。与此同时，随着报纸、杂志和私人投递业务的增多，邮差逐渐接替了信使跑手的工作，最终取而代之。

1700年以后，德国的信使跑手在失业后不久，便找到了新的工作。国王和贵族们在出席重要庆典和会议时，会雇用这些跑手来通报他们的抵达时间。由于马车的时速通常不超过五六英里，一名身手矫健的跑手可以轻而易举地超过它们。

其实，跑手还有另一种不同功能。在14世纪时，道路条件非常差，随从们必须提前探路，才能为马车找到最好的行车路线。于是，探路便成为跑手的工作。夜晚，跑手点着火把，在马车前面探路，确保旅行一路平坦，让雇主舒舒服服地乘坐马车。跑手在探路时总是肩并肩地并排跑着，形成了一道独特的风景：但凡有像土耳其苏丹这样的大人物经过，总是未见其人，先闻其声——马车的铜铃声、车轮的吱呀声，还有跑手歌唱和闲谈之声，大老远就能听到人声鼎沸了。

16世纪时，苏丹雇用了数百名波斯跑手。他们被叫作"佩莱斯"（peirles），即"脚夫"之意。在野外赶路时，他们会跟在马车后面跑。他们还会插科打诨，为苏丹表演节目。他们是会跑步的小丑，确保随行的苏丹妃子们一路心情愉悦。那些会用嘴接球并在马咬嚼子时咬球的佩莱斯，是苏丹最喜欢的跑手。这些跑手的手里总是拿着一片糖渍水果干，用来补充能量并保持口腔湿润，在土耳其这样炎热的国家，这无疑是个好习惯。[8]

1798年1月24日，布雷斯劳市的报纸刊登了一则跑手招聘广告，上面罗列了贵族对跑手的诸多要求：

跑手招募

现拟招聘年轻跑手，要求身体健康，相貌端正，干净整洁，讲究品味，行为得体，跑步速度快，且善于长跑。符合上述条件者，请于本月28日之前，前往克拉兹考（Kratzkau）城堡面试，从这里开启你的锦绣前程。[9]

如果参加面试的跑手人数众多，且实力相当，就会进行选拔，来确定谁最终获得工作机会。

在英国，昆斯伯里公爵（Duke of Queensbury）站在自家阳台上，望向了皮卡迪利大街（Piccadilly）。他要求参加面试的跑手不停地跑步，直到出汗为止，谁出的汗最少，看起来最不费劲，谁就能胜出。"小伙子们，我有活儿给你们干。"公爵对胜出的面试者说道。穿着得体也可以给面试者加分。跑起步来轻轻松松，穿起衣服大方得体，就是最佳人选。据说，信使跑手对贵妇极具吸引力。插图上的他们总是身材匀称，目光坚毅。他们身材健美，活力四射，与肥胖的贵族们相比，跑手瘦削的脸庞和苗条的身形让人眼前一亮。

有一天，天气格外炎热。面试的跑手身穿制服，来来回回地不停跑着。阳台上，公爵靠在躺椅上心不在焉地看着。其中一个小伙儿引起了他的兴趣。公爵看得特起劲儿，让小伙子跑了很久很久。终于，公爵对他喊道："我看够了。"小伙子指着自己借来的整洁制服回应他说"我也跑够了"，接着便一溜烟儿跑掉了，追都追不上。[10]

在英国，信使跑手又称"跑腿仆人"（running footmen）。从17世纪起，贵族开始雇用跑手为自己效力，代表自己参加跑步比赛，赢得奖金——这和某些人专门养马来参加赛马是一个道理。跑腿仆人不光要年轻，英姿飒爽，双腿健硕，还要保持处子之身。随着年龄的增长，跑腿仆人可能会变成服侍主人的家仆，而赛跑的任务则交由更有活力的年轻人完成。

无论黑夜白天，春夏秋冬，跑腿仆人必须听从主人派遣，执行一些要紧的差事，刻不容缓。例如，有一天夜里，苏格兰的休姆伯爵（Earl of Home）派一名仆人将一条重要消息送到爱丁堡（Edinburgh），距离足有30英里。第二天早上，伯爵下楼吃早餐时，看到这个人正躺在长椅上睡觉，发出阵阵鼾声。难道他忘了自己的差事，在这睡了一宿？伯爵简直想拿鞭子抽他了，幸好伯爵及时发现了真相。其实，这位仆人早已将消息送到了爱丁堡，并连夜返回了。

主人们常常会心血来潮地给跑腿仆人安排任务。不论是找医生取药，还是给心仪的女士送惊喜的小礼物，仆人们必须立刻照办。有一次，兰德戴尔公爵（Duke of Landerdale）就来了这么一出。仆人们正在为一次盛大的宴会摆放餐具，结果银质餐具不够了。为了追求完美，公爵派庄园里腿最长的跑腿仆人去其另一处庄园拿些银制餐具过来。可那个庄园离这里很远，路程在 15 英里左右。仆人一路狂奔，刚好在客人们入座前赶了回来。

跑腿仆人有很强的身份感和职业自豪感，1751 年发生在意大利米兰（Milan）的一次冲突事件就是证明。那次，贵族家的跑腿仆人发现当地警察将彩带系在了弹夹带和鞋子上，便指出只有跑手才有权力这样穿，并要求警察解下彩带。警察拒绝后，仆人们袭击了一名警察，还强迫他当街脱下了鞋子。他们威胁警察，如果敢继续这样穿，就跟他们拼命。正当双方冲突即将升级时，市长及时赶到了。他命令警察今后只能佩戴蓝色弹夹带，鞋带也必须和鞋子颜色相同。涉事双方都接受了这个方案，一场混战得以避免。[11]

信使们认为自己是在为荣誉而战，因为彩带是对他们挑战体能极限、竭力提高送信速度的嘉奖。以信使为职业的年轻跑手常常只能工作三四年，他们当中有不少人会英年早逝。但是，偶尔也会有一两名跑手可以坚持当信使 20 年甚至 40 年。约阿希姆·海因里希·厄尔克（Joachim Heinrich Ehrke）就是其中之一。自 18 世纪 90 年代起，他为德国梅克伦堡大公（Grand Duke of Mecklenburg）总共效力了 43 年。当他上了年纪之后，便当起了信使教练，负责训练 11 名年轻跑手，其中也包括他的三个儿子。

厄尔克对自己的教练工作一丝不苟。他坚持严格的饮食管理，给学生们做示范，训练他们的呼吸，并给他们讲解跑步地形。有的学生在训练后累到抽筋，疼痛难忍，便喝草药来止痛。厄尔克建议他们用鼻子深呼吸，然后用手按压身体两侧来缓解痛感。关于止痛，有个人尽皆知的传说。据说，一名学生感到脾脏的部位产生剧痛，为了止痛，他竟然动手术切除了脾脏。这样做恐怕很难奏效。但这些学生训练艰苦是事实。他们穿着很重的鞋子，在沙地和刚犁过的田野上奔跑，每步都必须将膝盖高高抬起。这些训练真是让他们累到了极点。

厄尔克知道，在不少欧洲国家，为贵族训练跑手已经成为一种职业。1782年，第一本《跑手医药手册》（*Medicinal Handbook for Runners*）在布雷斯劳市问世。书中针对如何跑得更快、提高耐力、避免胃病等问题提出了建议。书中所载的药方其实并不算是兴奋剂，但跑手对药物的迷信却根深蒂固。要知道，在跑手这个行业中，竞争异常激烈，而这份职业最引以为傲的，就是让人目瞪口呆的跑步距离和比马还快的跑步速度。[12] 在山地、窄巷以及小路较多的国家，跑手的速度甚至能胜过六匹马拉的车；不过，在道路宽阔笔直的平原国家，马车还是要更胜一筹的。[13]

贵族们对速度快、精力旺的骏马和跑手格外青睐，因为他们不仅在生活中发挥着重要作用，还是身份和地位的象征。1800年左右，维也纳贵族对意大利跑手更加偏爱，而法国贵族则更喜欢本土的巴斯克人（Basque）。来自瓦拉几亚（Wallachia，今罗马尼亚）的跑手也得到了追捧。能够脱离困苦的生活，登堂入室为皇室效力，在国王、亲王或君主的城堡脚下工作，这对于跑手来说是一份殊荣。成为皇室跑手不仅可以光宗耀祖，还能有机会进入童话般的世界。18世纪初，维也纳皇室总共雇用了14名跑手。

而到了18世纪末，由于社会环境发生了变化，成百上千的跑手丢了饭碗，该职业近乎绝迹。1789年，法国大革命让人们高呼民主，并对贵族的奢侈做派嗤之以鼻。在英国和德国，跑手的数量同样锐减。与从前相比，贵族的生活低调了许多，跑手的黄金时代也一去不返了。

有句法国谚语是这样说的——"像巴斯克人那样奔跑"。巴斯克位于法国山区，当地人以擅长跑步闻名。当巴斯克人失去了在贵族家工作的机会之后，他们开始举办双人赛跑（*korrikalaris*）。这项比赛成为当地一种主要的赌博活动。参加赌跑的跑手身着传统大褂、凉鞋和长裤，腰间绑着腰带，捉对比赛。

巴斯克人善于长跑，一口气跑上六七英里的路是小菜一碟，跑14英里甚至更远的路程也不在话下。与英国跑手不同，巴斯克人跑步是没有固定路线的：寻找抵达目的地的最快路线，才是他们该做的事。在山地国家，良好的方位感和随机应变是跑手最重要的能力。赛跑时，只有起点和终点是确定的。随着赌跑在巴斯克地区日渐流行，村里和镇上的人们纷纷开始支持起自己的老乡。为了让比赛变得更加公平，人们规定了比赛的固定路线；这反过来也让人们产生了新的灵感，开始对个人赛跑进行计时，并将计时结果作为成绩。[14]

在维也纳乃至奥地利，贵族雇用私人跑手的传统可谓根深蒂固，持续了几十年，一直延续到19世纪。跑手们有自己的行会组织。行会中的教练负责训练跑手，跑手必须通过考试入会。在维也纳，每年春季会举办跑手教练的认证考试，参加考试的人必须在1小时12分内跑完11英里才算合格。从1822年开始，该考试于每年的5月1日在普拉特公园（Prater Park）举行。[15]

1822年，许多维也纳市民特地早起，专程赶往普特拉公园观看这次跑步盛事。比赛定在清晨六点开始。而第一批观众早在五点就已经来到起点处等候了。赛场的看台像个帐篷，选手的教练、助理以及买票入场的观众鱼贯而入，人越来越多。观众为了观看比赛而精心打扮，心中对比赛结果充满着期待。很快，比赛场地就聚集了3000多人，军乐团奏着乐，观众一边等待，一边聆听《土耳其进行曲》。

参加比赛的跑手共有10—12名。他们穿着轻便的绿色软皮跑鞋和紧身运动服，准备就绪。选手头饰的颜色代表其各自的雇主。平日里，他们会穿属于自己的红色、绿色或蓝色制服。但是在春季大赛中，他们穿的是统一的白色运动服，只有通过头饰的颜色，才能区分他们的雇主分别是谁。选手们手里握着鞭子。平时，鞭子是用来对付凶恶而具有攻击性的野狗的，而在比赛中，鞭子则是用来在狭窄的城市街道上驱赶观众的，免得观众围得太拢。

这些跑手是一个特殊群体，他们各为其主，比赛的输赢关系到可观的赌注。雇主对跑手的训练进行监督，并在赛前的数月中对跑手进行指导。摘取比赛桂冠具有重要意义。冠军将在很长一段时间内，成为贵族圈内甚至街头巷尾的热议话题。

"请安静，现在排队！"发令员挨个喊出雇主的名字，相应选手依次排好队。人们并不关心跑手是谁。他们更关心的是雇主是谁，以及谁会夺冠。随着"开始"一声令下，人群中爆发出疯狂的呐喊助威声。车夫驾着吱吱呀呀的马车跟在选手身后，马车里坐着一名医生和几位急救人员。公园里响起了乐曲声，听着令人振奋。不一会儿，选手们就跑出了公园，气喘吁吁地来到了街道上。他们的周围人声鼎沸。有人为跑手鼓着掌，有人找到了自己支持的跑手，轻轻拍一拍他的后背，为他加油鼓劲。选手偶尔可能会突然昏倒，医生会当街进行急救，并被观众包围得里三层外三层。选手们各为其主，在比赛中全力以赴。他们很清楚，第一名不仅意味着荣誉和奖金，还可以为自己在跑手名人堂中赢得一席之地。

当第一名冲过终点线时，欢呼声鹊起。人们不断地呼喊着冠军雇主的名字。雇主会来到冠军面前，向他道贺，分享胜利的喜悦。在如此激动人心的时刻，雇主在培养跑手方面花的所有金钱和努力都是值得的。

终点线上，选手身上披着毛毯，得到了悉心照料。在响亮的号角声中，前三名依次上台领奖——冠军的奖品是一面有雄鹰装饰的旗帜。接着，获胜者将退场，去餐厅吃早餐。与此同时，参加赌跑的观众也要开始结算了。赌跑也属于比赛的一部分，但奥地利人并不像英国人那么狂热。

普拉特公园赛跑的距离不详，但比赛成绩均有记录。1845年，弗朗茨·万德鲁奇（Franz Wandrusch）以40分钟的佳绩夺得冠军。但不论是观众还是选手，都不关心比赛成绩，获得前三名才是最重要的。整场比赛就像一场狂欢。现代人保持纪录或打破纪录的想法，在当时的维也纳是不存在的。

1848年春天，普拉特公园举办了最后一届比赛。自从1848年奥地利大革命爆发以后，该项赛事就停办了。贵族不再养跑手了。在许多国家中，贵族家中的跑手已经没有出路了。他们中有些人成为仆人，继续为主人效力，其他人则成为独立跑手。优秀的维也纳跑手在奥地利以外地区的名气很大，他们懂得如何利用国籍来进行自我推销。

跑步杂技是马戏团的一项传统项目。千百年来，跑步在许多国家的娱乐活动中都很有市场，尤其是在英国。德国和奥地利的杂技跑手在欧洲四处巡演，最远曾去过俄国，在圣彼得堡为沙皇进行表演，也因此而名声大噪。这不仅为他们收获了名望和金钱，还成了日后引以为傲的谈资。跑手们与杂技演员等艺人一道，辗转于不同城市之间，沿街"卖艺"，为宫廷的王公贵族们进行表演。有些原本不是贵族跑手或古代跑手的人，也加入他们的行列当中，组成了五花八门的巡演戏班。这些人大多是来自欧洲南部的杂技家族，擅长走钢丝、平衡术和大力士等表演。

所以，跑手要想吸引观众的注意力，不光要跑得快、跑得好、跑得远、跑得巧，还要与其他经验丰富的杂技艺人同台竞技。为了应对激烈竞争，跑手也变得多才多艺起来。就像娱乐圈中其他艺人那样，他们也开始尽力宣传自己。

在僻静的小镇里，这样一群衣着奇特的陌生人的出现，足以引起人们的好奇。小道消息不胫而走。马戏班会上街宣传。他们讲着外国话，随身携带着各种乐器，让人不禁想对他们一探究竟。马戏班来到广场上，班主会朝着指南针上东南西北四个方向吹喇叭，然后宣布演出的时间和地点。如果街头宣传效果不佳，马戏班会花钱在市政厅前"鸣鼓"，宣布演出消息，或者制作宣传单，在城镇大街小巷的路口大声宣读。越是有钱的戏班越热衷于制作传单，制作传单的费用甚至比登报打广告还要贵。由于大部分居民不认识字，也不读报纸，所以，公告和口头宣传的效果反而会更好。

每到一地，跑手们都会给人们带来新鲜、精彩的节目，并以此为生。为了演出，他们需要获得当地政府的许可。在某些城镇，他们还得像其他巡演艺人一样，捐出收入中的一成，最多不超过三成，作为扶贫基金，以帮助当地的穷人。[16]

与以往为贵族服务的跑手相比，杂技跑手既缺乏安全感，地位也大不如前。他们的处境跟当时的艺术家和作家类似，都是之前得到了贵族的青睐与资助，而今只能自谋生路。不过，如今跑手不论男女，只要获得了统治者或地方长官的书面许可，就可以独立卖艺了。[17]

此后许多年，杂技跑手成为街头艺人中的一分子。到了19世纪中叶，人们对跑手的期望变得更高了。要想获得打赏，跑手除了要跑得快，还得会表演其他节目。很多跑手会戴上巨大的帽子，穿上鲜艳的服装，一边跑步，一边表演换装，就差直接扮成小丑了。来自普鲁士的威廉·格贝尔（Wilhelm Goebel）能在12分钟内跑完4俄里（1俄里约为1066米）。他跑步的方式与众不同，既可以负重或身披铠甲奔跑，也可以背着老奶奶奔跑。而且，他还可以一边奔跑，一边做滑稽表演。他擅长平衡杂技，还带了许多杂技演员一起演出。他常常组织跑步比赛。每次，他都会让挑战者先行150步，从而使比赛变得更加扣人心弦。他们有时正着跑，有时倒着跑。不论是高山还是低谷，小巷还是广场，都有他们的足迹。

德国人彼得·巴尤斯（Peter Bajus）出生于1795年，是速度最快的跑手之一。自从德国及其周边各国的贵族不再雇用跑手之后，巴尤斯便去了伦敦，通过赌跑闯出了一片天地。1824年，当他重返德国后，黑森-达姆施塔特大公（Grand Duke of Hessen-Darmstadt）雇用了他。在那个年代，巴尤斯是绝无仅有的从杂技跑手晋升为贵族跑手的例子。

> 巴尤斯很苗条，瘦脸，长腿，充满活力；他的头部小于身高的八分之一，前胸凹陷，双腿修长，耳朵略有些招风，手脚也十分灵活。他从不生病，这得益于他食饮有节，生性恬淡。在全力

奔跑时，他的脸色发白，但不会过热；就算是逆风而行，他也从没有任何胸闷或胸痛的感觉。[18]

巴尤斯只需要短短 18 分钟，就能跑完 3.5 英里。而普通人要走完这段距离，需要花 1 小时。他和熊一样强壮，可以在负重 220 磅（100公斤，1 磅约为 0.454 公斤）的情况下连续跑半小时，或负重 330 磅连续跑一刻钟。他是为数不多的、既人高马大又身轻如燕的跑手之一，短跑和长跑都很擅长。巴尤斯是一位民间英雄，关于他的歌谣和传说流传至今。人们赞美他是"鹿腿"。有人曾计算过，他只需要花 150 天，就可以围绕着地球跑一圈。

尽管信使跑手这一职业日渐凋零，但作为其中佼佼者的彼得·巴尤斯却仍然活跃。1844 年，他决定参加赌跑比赛，以便再次证明自己。49 岁的巴尤斯虽然在 2 小时内完成了 18 英里，但他在和年轻人比赛时摔倒了，最后只能一瘸一拐地回家。尽管他在同龄人中依然出类拔萃，但他再也无法战胜年轻选手了。

1840—1850 年，杂技跑步表演在英国及其他欧洲国家很受欢迎。自 19 世纪中叶起，现代竞技体育迅速发展，体操协会等体育组织也应运而生。跑手生存的社会大环境发生了变化，其他类型的运动员取而代之，杂技跑步也不再受到人们的关注。

跑手执行重要送信任务的现象，一直持续到 19 世纪中叶：这是人类最古老的沟通方式，族群与族群之间可以通过这种方式相互提醒。然而，随着骑士、马车、火车、电报、电话等各种沟通方式的出现，信使跑手的作用已被完全替代，成为历史。多少年来，他们在进行着各种长跑短跑，有时一个人跑，有时有人相伴，有时为了助兴，有时为了赚钱。当这些目的不复存在时，他们又找到了新的理由继续奔跑。

从世界发展的历史看，有组织的现代跑步运动是近代才出现的，古代跑步除了单圈成绩和纪录之外，还包含更丰富的内涵。我们将从远古跑步历史开始追溯，看看在不同历史时期，世界各国人民都是为了什么而跑步的。提起全球跑步史，也许有人会想当然地觉得平淡，其实不然。虽然跑步是一种十分简单的运动，但跑步的历史却充满了各种趣闻和令人惊奇之处。

第 2 章

人类的原始特征

> 王子们必须天天跑步，不跑完就不可以吃饭。所以，他们一大早就都出门了。
>
> ——埃及民间传说

生物学家丹尼斯·布兰布莱（Dennis Bramble）以及人类学家丹尼尔·利伯曼（Daniel Lieberman）认为，200万年前，古猿能进化为人，就是因为他们必须在非洲大草原长时间奔跑，才能够捕到猎物。气候的变化使大面积的森林变成了茫茫草原，形成了新的生存环境。在这里，善于奔跑的南方古猿（Australopithicus）具备得天独厚的优势。随着时间的推移，这种改变促进了南方古猿的骨骼发育，让远距离奔跑成为可能。如果情况确实如此，则说明跑步能力对于人类进化而言至关重要：当人类祖先不得不在大地上奔跑时，他们的骨骼和身体发生了改变。从解剖学的角度讲，是跑步让猿变成了今天的人类。[1]

现代科学认为，跑步只不过是直立行走的延伸，但布兰布莱和利伯曼并不这么认为。早在450万年前，南方古猿就开始直立行走了。但当时，古猿除了走路，还经常在森林里荡来荡去。从猿人开始在陆地上直立行走，到现代人（Homo sapiens，又称智人）的出现，足足花了300多万年。在整个过程中，我们的祖先和现代人并不像。这说明，在人类进化的过程中，行走能力并没有发挥最关键的作用。与现代人相比，猿人的腿更短，胳膊更长，肌肉更发达，身形更像猿。布兰布莱和利伯曼认为："如果大自然没有通过跑步来优胜劣汰，那么，恐怕今天的我们依然会很像猿呢。"[2]

布兰布莱和利伯曼对26个人体特征进行了研究，并与180万—400万年前的直立人（Homo erectus）化石及250多万年前的能人（Homo habilis）化石进行了对比。猿人的腿筋、脚筋和关节富于弹性，脚尖着地，这些特征让他们能够跑步。当人迈开大步向前走时，身体会化解脚接触地面时产生的冲击力；人体具有良好的平衡性，骨骼和肌肉加强了身体的力量，让人体变得更适合跑步。而且人的体表有数百万个毛孔，便于跑步时的散热。

尽管与许多动物相比，人类跑得并不快，但是，人不仅会流汗，还不怕热，所以，人在奔跑捕猎时，可以坚持到那些速度更快的动物精疲力竭时抓住它们。倘若加以训练，人类的耐力可以达到惊人的程度，让他能够在炎热天里猎捕到那些跑得很快的动物，例如羚羊。非洲的布须曼人（Bushman）今天还会追赶羚羊，当羚羊跑到体温过高时，就成为手到擒来的猎物。

跑步是人类的一种原始特征，此外，跑步还具备很多别的用处。

国王的长跑

公元前2094—前2047年，舒尔吉国王（King Shulgi）统治着苏美尔南部的各个城市。他有着多重身份：既是祭司又是国王，既是将军又是税官。他命令其子民们将玉米等产品送到神庙，这里既是粮仓，也是发放工钱的地方。

公元前2088年，舒尔吉国王在圣城尼普尔（Nippur）和乌尔（Ur）举行了两场感恩祭典。他要在第一天傍晚和第二天傍晚，分别出席在两个城市举行的祭典。因此，他必须往返于尼普尔城和乌尔城之间,全程200英里。[3] 他身穿皇袍,这是只有国王才能穿的至高无上的圣衣,帽子和衬衣都是独一无二的,还戴着假胡须。与大多数苏美尔人一样,国王的个子不高,大鼻子,高鼻梁,有着一双乌黑的眼睛。

许多小时后,他抵达了乌尔城。这里是美索不达米亚最神圣的城市之一,也是月神南娜(Nanna)生活的地方。国王途经农庄和果园,幼发拉底河在城墙外缓缓流淌,灌溉着这片大地。通灵塔在远处伫立,这个阶梯状的金字塔正是月神南娜的故乡,也是国王此行的目的地。厚厚的城墙是用黏土垒起来的。舒尔吉国王进入城门,在狭窄的街道上继续向北奔跑。街道两旁有许多小屋,所有的神殿都在城市的北部。他朝着通灵塔跑去。南娜神庙中的通灵塔位于城墙和花园的环绕之中。国王爬上长长的阶梯,来到了神庙中。庙里早已摆满了各种各样的罐子、杯碟和酒坛,以及准备供奉月神的美酒和美食。

舒尔吉国王在月神南娜的神像前庄严地献上食物和其他贡品,向神明致敬,希望取悦于她。他虽然贵为国王,但也只是月神的副手而已。所有的权力都在月神手中,南娜才是乌尔城的守护神。

祭典之后,舒尔吉国王开始返回尼普尔城。在离开乌尔城之前,他路过了城中最古老的神庙。他的长公主就住在这里,是神庙里的高级女祭司。

苏美尔人居住在乡间。这里地势平坦,道路修得很好。一路上没有高山,也没有低谷,也不用过河。舒尔吉国王跑步那天天气凉爽。他知道,跑步要保持稳定而舒服的节奏,不宜停顿太久。他在沿途的小屋里喝了水,吃了枣子、葡萄、面包和蜂蜜。这样的小屋每隔几小时的路程就会有一间。国王的仆人们带着食物和水,在夜间点着火把为他照明。在黑暗中,国王并不孤单,仆人们对他照顾得很周到。朗朗星空之下,这一行人有些古怪。国王跑在最前面,走走停停,仆人们紧随其后,随时准备上前伺候。

舒尔吉国王路过城外大大小小的花园和神庙,终于赶在最后时限之前,回到了尼普尔城。他径直前往为太阳神乌图(Utu)和生育女神伊南娜（Inanna）举办的感恩祭典，代表他的子民在雕像前祭拜。国王完成了自己的任务。他说到做到，完成了挑战体力极限的壮举，青史留名。在史官和口述传承者的帮助下，国王长跑的故事流芳百世。

美索不达米亚意为"两河之间的地区"，此两河指的是底格里斯河和幼发拉底河。两河流域南部位于今伊拉克境内，在这里，一些世界上最古老的文字史料被保存下来。早在公元前8000年，这里的人们就开始进行农业生产，他们使用先进的灌溉方法来提高农作物产量。这使得更多的人来此地聚居。公元前3500年，全世界第一批城市在美索不达米亚发展起来了。在人类已知的最古老的统治机构中，信使跑手扮演着重要角色。他们在王国各地传送官方文书，不仅赢得了人们的尊敬，还得到了橄榄油、啤酒甚至土地等报酬。[5]

年轻人开始在都城与其他州之间为官员们往返送信，并以此为生。一段时间之后，他们开始有组织地运送食物和建筑材料。由于信使伊-南纳（Ir-Nanna）的工作完成得相当出色，他成为统管所有皇家信使的大总管，后来，还当上了行政长官和总督。成为信使，就有可能跻身国家的统治层，这种确定性吸引着许多胸怀大志的年轻人来当信使。而且，他们可以在全国各地间不断往返，这不仅能让自己的履历更加出众，还能帮助自己日后胜任更加重要的角色。

虽然考古学家在苏美尔没有发现任何体育场馆的遗迹，但是在诗歌和官方记载中，却提到了拳击和摔跤。在当时的社会中，居民们十分重视身体健康，很多人会在闲暇时进行球类运动，也喜爱观看杂耍和杂技表演。跑步通常与宗教节日有关，而宗教和运动是密不可分的。比如，每逢盛宴和庆典之前，国王会派出速度最快的信使去运送用于祭祀的绵羊和山羊。

法老赛跑

公元前3100—前3000年，位于尼罗河流域的埃及国泰民安，逐渐发展壮大起来。考古发现证明，埃及人的日常活动包括射箭、摔跤、拳击和赛马。此外，埃及人还会跑步、游泳、划船、击剑，并举办各类球类比赛。在埃及，信使跑手相当于步兵，专门为权贵们的马车旅行保驾护航。能够通过选拔成为这种士兵的，都是速度很快的跑手。

在赫卜塞德节（Heb Sed）的感恩庆典上，最著名的活动当数法老赛跑。该庆典又称"狐尾节"，因为在埃及早期时代，法老的衣服后面都有一根狐狸尾巴。

赫卜塞德节历史悠久，早在埃及建国之时就有，距今已有近3000年的历史。起初，这是一个军事节日，除了举行游行庆祝，还会举行跑步比赛。那些出身高贵的战犯在被处以极刑之前，也会参加跑步比赛，比赛的跑道象征着国家的疆界。后来，只有法老才可以参加赛跑。

从公元前1278年起，拉美西斯二世（Rameses II）在埃及法老的宝座上坐了66年。[6] 在加冕之前，法老必须在人山人海的庆典上跑步，以证明自己配得上这至尊之位。他一个人在450英尺的赛道上跑步，接受了神明的帮助。他喝的是强身健体的补品，吃的是神圣的食物。

30年之后，法老还需要再跑一次相同的距离，以展示他的活力和实力依旧，可以统治整个王国。此后，他每隔三四年就必须进行一次跑步。在感恩节日到来之时，在高耸的金字塔脚下，法老会在众目睽睽之下跑步，接受其臣民的检验。埃及社会的一切，事无巨细，全依赖于拉美西斯二世，因为他是世界的中心，也是和谐社会的保证。他，也只有他，能够直接接触众神并分享其强大力量。作为神的代表，他维护着诸神的杰作，而一个软弱无能的统治者可能会危及整个宇宙。拉美西斯二世成功地完成了一次又一次奔跑，直到90多岁。他的跑步路线象征性着埃及的领土疆界。[7]

考古学家并没有在埃及发现任何与跑步比赛有关的证据。但是，的确有些资料提到了"飞毛腿中的冠军"，以及"我比城里所有人都跑得快，不论是努比亚人还是埃及人"等评价。[8]

前不久，人们在从孟菲斯（Memphis）到法尤姆（Fayum）绿洲的古道上发现了一块石碑，其年代为公元前685年12月6日至公元前684年1月5日之间。这块石碑提供了关于埃及人跑步的更多信息。当时的埃及国王是塔哈尔卡（Taharqa），他下令在"皇宫以西的沙漠"中立了这块石碑，并刻上题词"太阳之子塔哈尔卡的军队跑步训练留念"。[9]

国王从参加了沙漠训练的士兵中挑选出精兵强将，执行闪电战计划。在士兵训练营检阅时，国王看到士兵个个身强力壮，非常高兴，于是，便组织了一场从孟菲斯到法尤姆的沙漠跑步比赛。国王乘坐马车紧随其后，时不时还下车与士兵们同跑一段。对于身份如此尊贵的国王来说，这样的事简直闻所未闻。此事对士兵很重要，因为国王的速度和他们的速度可以说是不相上下。晚上，大伙先在法尤姆休息了两小时，然后连夜起程，于黎明时分回到了孟菲斯。所有完成了比赛的士兵都获得了奖赏，第一名还获得了额外的嘉奖。根据石碑记载，从孟菲斯到法尤姆，他们总共跑了四小时。但由于疲劳和高温，他们回城花了更长的时间。

在美索不达米亚和埃及，跑步往往与宗教仪式有关，有时也与军队生活有关，是人与众神的一种沟通方式。此外，跑步还拉开了希腊地中海运动文化蓬勃发展的序幕。在现代体育的发展过程中，希腊文化的影响至关重要。

第 3 章

纪念诸神

> 跑手的双腿发达得过了头。
>
> ——苏格拉底(Socrates)

公元前 350 年,在希腊的阿尔戈斯城(Argos),一个名叫阿古斯(Ageus)的小男孩出生了。我们并不太了解他的成长经历,但自打他开始跑步之后,便出现了许多关于他的史料记载。[1] 在那个年代,阿古斯想必也和希腊其他自由自在的男孩一样,正跟着某位师父学体操。男孩子们开始拜师学习摔跤、体操和跑步时,通常只有六七岁。在当地宗教节日上,这些孩子会初次参加比赛。他们手举火把,有的参加接力跑,有的则与同馆的队友相互赛跑。阿古斯在跑步的时候赤裸着身体,光着脚丫,身上涂满了橄榄油。体育场是有屋顶的,所以不必担心遇到坏天气。场地附近就有水源,他们可以在训练之后洗澡。这里还有朋友和师长的陪伴。可以说,这里具备一个男孩成长为优秀男人和战士所需要的一切条件。虽然男孩子长大后也会结婚并组建自己的家庭,但是在古希腊,成年男性之间保持亲密关系十分常见。家长会要求自己的儿子与男人们交往,这样才能够成长。

阿尔戈斯城里有许多优秀的师父。这里是希腊最古老的城市之一,文明高度发展,建有城墙,易守难攻。技艺精湛的雕刻师和建筑师让

装饰有奔跑者图案的菲克鲁拉（Fikellura）式的双耳陶瓶，约公元前530—前500年

此地闻名于世。这里是铁饼发明者的故乡。天文学家们在这里登高望远，夜观星象。阿古斯就是在这样的一座城市中长大的。

师父们刻苦钻研跑步技巧，深谙沙地跑步训练的重要性。首先，这种训练的强度较大；其次，这种训练对腿部发育很有好处。[2] 训练时，孩子们要么增加腿部负重，要么身穿盔甲。在古代，这些都属于常见的训练技巧。少年们通常会在体育场里反复折返跑，很少去郊外训练。他们的主要训练项目锁定为200米，因为奥林匹亚（Olympia）的跑道长度为192米。[3]

不过，阿古斯并不是个短跑苗子，他体格轻盈，耐力出众。年复一年，他的耐力越来越强。对他而言，长跑才是理想项目。

阿古斯最初只在阿尔戈斯城参加跑步比赛。后来，他所在的田径队走出了家乡，希望与其他同龄选手竞技，以提高自身的能力和技巧。在希腊，年龄最小的跑步选手尚不满13岁，在奥林匹亚也是如此。哲学家亚里士多德等人曾经告诫道，不要对孩子的幼小身体进行残酷训练，这是因为，在那些幼年出类拔萃的跑手中，长大之后仍然能跻身顶尖选手行列的寥寥无几。

阿古斯的跑步成绩越来越好了。公元前327年，他决定参加奥林匹克运动会。在此之前，他已参加过许多大大小小、各种水平的赛事了。阿古斯在家乡还是一名全职信使，随时准备着接受任务和差事。他送信内容包括战事、酒会、婚礼、娱乐活动及祭典等。在阿尔戈斯城里，每个人都认识他，人们常常看到他带着重要信息穿梭于人潮之中。哪里有大事发生，哪里就有他的身影。

公元前327年的深秋，阿古斯开始着手为次年8月的奥林匹克运动会做准备了。对于想在奥运会上夺冠的职业运动员来说，十个月的备战时间只算是很普通的。他必须把所有的时间都花在训练上，还要在饮食、休息、日光浴、睡眠和技术方面听从师父的教诲。他不能吃得太多或过量饮酒，还要关注自己的体重。不过，阿古斯没必要担心体重，因为他的训练时间很长，而且他的工作是在城里当信使。在重要比赛之前，师父会要求运动员禁欲，而专业运动员也会在临近重大赛事时节制性行为，为比赛养精蓄锐。

几个月的辛苦训练之后，阿古斯的状态越来越好了。他感到自己变得越来越强，已经为大赛做好了充分准备。奥林匹克运动会马上就要开始了。从小到大，他参加过不少小型比赛，其中也不乏好朋友之间的相互比试，以及在阿尔戈斯城郊的跑步训练。

临行之前，阿古斯向众神祷告。就像希腊人向神明祈求成功和好运一样，阿古斯向诸神承诺，倘若他赢得了胜利，必定会兑现自己的诺言。他并不是一个人去比赛的：在冥冥之中，所有的神灵都陪伴着他，观察着人世间发生的一切。在天道轮回中，人类只不过是个渺小的存在。在运动场上也是如此。在阿古斯所生活的社会中，一切尽在神的掌握中：人类的活动、人生大事、房子、自然万物、树木、河流，无一例外。阿古斯在自然界中所看到和听到的一切，都是神明发出的信号，他可以从中感知到神的快乐与愤怒。他还向阿尔戈斯城的历代优秀运动员做了祷告，不论他们依然健在还是已经去世，期盼他们能够支持自己。

在父亲和兄弟们的陪同下,阿古斯从阿尔戈斯城向埃利斯(Elis)进发。他感到了神圣的使命感,沉甸甸的,心里充满骄傲。在这次全希腊最盛大、最恢宏的体育比赛中,阿古斯将代表自己的家乡阿尔戈斯城出战。比赛地点在伯罗奔尼撒半岛西岸的奥林匹亚,距离大海约18英里。早在公元前776年或更早时候,希腊人就开始在这里举办运动会了。阿古斯从小就听说过关于著名跑手、英雄和女英雄的许多故事,他们都是半人半神的传奇。阿古斯梦想着有朝一日,自己也能取得那样的成就,拥有崇高的地位,后人会心怀崇敬地念出他的名字,并向他的雕像虔诚祷告。为此,阿古斯愿意卧薪尝胆,奋不顾身。英雄的壮举不仅能够光宗耀祖,为家乡争光,还代表着自己与神的力量有所关联。现在,轮到阿古斯成为王者中的王者了。

他们来到了埃利斯,这里到处都是全神贯注、踌躇满志的运动员。他们正等待着夏至之后第一个满月的到来,那将是奥运会的开始。在赛前最后一个月里,阿古斯去埃利斯的评委那里报了到,和其他运动员一起吃住、训练,与外界隔绝。这是奥运会的一个惯例。运动员会集中训练,评委们会从中挑选出最优秀的人,留下来参加真正的比赛。而且,许多运动员都是经过了长途跋涉才来到此地的,有些人还出现了晕船等现象,在以最佳状态参加比赛之前,他们需要花一些时间来调理身体,以适应陆地的生活。

在埃利斯,阿古斯虽然被允许观看训练课程,但听不到师父的教诲了。这里既非城市,也非乡村,除了训练、吃饭、休息和睡觉之外,几乎无事可做。埃利斯原本是祭司们守护神庙、组织宗教和体育节日的落脚之地。在这里,所有的种子选手都面临着严苛的集训。每个项目中,弱者都会遭到淘汰,只有强者才能留下。要想获得参加这场四年一届体育盛会的资格,就必须拥有过人之处。要知道,成百上千的训练有素者都未能领到奥运会的入场券。按照规定,只有拥有自由市民身份的希腊人才能够参加奥运会。但阿古斯知道,事实并非如此,来自北非、埃及和其他地中海周边地区的运动员实力不可小觑。在他们当中，有些人曾经是奴隶，但由于运动才能出众，被城邦授予了市民资格。各个城邦都期待他们能为其争光。

在比赛开始的头两天，阿古斯和留下来的运动员被召集到十位裁判面前集合。他们获得了参加奥运会的资格。运动员队伍离开埃利斯，向古老的圣地奥林匹亚进发。这段路程约为18英里，众人集体步行前往。这个引人瞩目的团队出发了，裁判走在队首，穿着紫色衣服，脖子上戴着花环。运动员紧随其后，与各自的师父及亲人一同前行。一辆辆马车，一匹匹骏马，还有在附近地区养殖的一百头用于祭祀的牛跟在队尾。一直在观看训练的观众也跟在后面。从埃利斯到奥林匹亚要走两天，沿途也有不少牲口，但是对于这项顶级的体育赛事来说，这些牲口并非理想的祭品。

观众沿着郊外崎岖的山间小路步行前往，络绎不绝。有些远道而来的人们已经在陆地和海上旅行了数周时间。他们专程赶到奥林匹亚，为的就是感受奥运氛围。在阿古斯那个年代，从马赛（Marseille）到黑海，都是希腊的疆域。这里有黑皮肤的北非人、阿拉伯人和金发人种。他们当中，有些人常年旅行在外，到各地观看体育比赛，就是为了给家乡的运动员呐喊助威。

观众朝奥林匹亚的方向眺望，只见已经抵达的运动员正在那里为比赛做准备。街上人群熙熙攘攘，妓女们打扮得花枝招展，准备在未来几天中赚够一年的钞票。商人们支起了摊位，哲学家们争论得面红耳赤。他们看见了寺庙、浴室、体育场和大型赛马场，还有那棵神圣的橄榄树。人们将橄榄叶摘下来，编成胜利者的花环。历史学家们像信使一样大声朗读着自己的作品。诗人们也准备就绪，要为比赛冠军谱写新的诗篇。形形色色的人会聚于此，有的人来这里是为了赚钱，有的是为了观看比赛的，有的是来参赛的。这样鱼龙混杂的组合令人期待；他们中有人睡在帐篷里，有人睡在星空下，除了来这里工作的妓女之外，已婚妇女是不允许进入体育场的。据说，曾试图乘虚而入的已婚妇女都被扔下了附近的悬崖。在理想状态下，在整个奥运会期间，这里应该处于和平与休战状态——毕竟，奥运会是所有希腊人的一次盛事，每个城邦都希望保护自己的运动员。

对阿古斯来说，这次比赛必须全力以赴。在古希腊，赢得胜利意味着拥有一切。每个人都会对失败者嗤之以鼻，斯巴达（Sparta）的运动员尤其如此。如果一名选手打败了斯巴达人，那只代表他跑得更快，并不代表他的求胜心更强。比赛第一天，在裁判的见证下，阿古斯及其助手在宙斯神像前宣誓，承诺他们将遵守规则，这更渲染出了比赛的庄严感。魔法和咒语也是参赛战术的一部分，而某些战术真的狡猾到令人难以置信。

奥运会为期五天，男子跑步比赛安排在第四天。除了跑步，奥运会还设有拳击、摔跤、赛马和五项全能等项目。

阿古斯参加的长跑比赛，是当天三场比赛中的第一场。为了避免日晒，长跑比赛在黎明时分就开始了。他早早起了床，师父一边给他提参赛建议，一边为他按摩。按照比赛流程，阿古斯做了祷告，并向众神做出了承诺。偌大的营地苏醒了过来。睡眼惺忪的人们从帐篷里向外眺望，外面幕天席地过夜的数千人也开始喧嚷起来。他们揉揉眼睛，赶走了睡意，来到奥林匹亚体育场里，找了位置坐下。当第一缕晨曦从山脊后缓缓照射出来时，已经有三四万人入场了。为了占到最好的座位，第一批观众天不亮就赶到了这里。

阿古斯和其他 20 多位参赛选手在身体上涂好橄榄油，在外面静候入场。按照希腊传统，选手们是裸体比赛的。在打仗时，士兵们赤裸上阵也被视为一种威慑战术。当选手们伸展四肢进行热身时，空气中弥漫着橄榄油的味道。

阿古斯听到大喇叭召唤长跑运动员入场。在奥林匹亚，长跑距离为体育场长度的 24 倍，相当于 2.9 英里。裁判高喊"入场！"之后，运动员进入赛场。发令官对运动员逐一点名，喊出他们的名字和城市，并询问是否所有到场的运动员都能够证明自己的自由身份和良好信誉。阿古斯的名声一向很好，于是顺利通过了最后一关。运动员来到神圣的银罐前,抽签决定各自的起跑位置。抽签完毕后,发令官说道:"开始比赛吧,各位请上赛场,胜利握在宙斯的手中。"成千上万的热情观众离得非常近,让赛前的等待变得愈发煎熬。此时此刻,良好的起跑至关重要。

随着起跑绳的滑落,比赛开始了。跑道形似一个巨大的绳结,一直延伸至体育场的尽头,然后再返回。希腊人习惯于沿直线折返跑,而从不绕圈跑。阿古斯按照自己的正常节奏,始终保持领先,并一举夺魁。

他的师父、亲人和老乡们不停地欢呼,欣喜若狂。他们高举着阿古斯,享受胜利的喜悦,宛若全世界最幸福的人。晚上,他们在帐篷间串门,自豪地以阿古斯的名义邀请人们参加庆祝派对,菜单上有葡萄酒和烤肉。他们通宵庆祝,唱歌、跳舞、赞美宙斯,感谢宙斯赐给了他们一位冠军。每逢这样的夜晚,奥林匹亚就成为一座不夜城,这里篝火闪烁,成千上万的人操着不同的口音,说着不同的语言,相谈甚欢。然而这一次,冠军却并没有现身于人群之中。

为了证明自己是多么精力充沛,阿古斯在颁奖仪式结束之后,继续跑了起来。他跑过树林,蹚过小河,爬过山丘,一路狂奔了整整62英里,于当晚回到了阿尔戈斯城。他汗流浃背,却满心欢喜。这个意外的惊喜令全城沸腾起来。街道上,人们欢声笑语,觥筹交错,庆祝狂欢。鉴于阿古斯是如此出色的一名跑手,又如此热爱家乡,人们决定建造阿古斯的雕像。他们一共修建了两座雕像,一座照例放在奥林匹亚体育场内,而另一座则放在阿古斯的家乡阿尔戈斯。[4]

纪念宙斯

奥林匹克运动会是第一个规模如此之大的运动会,覆盖了希腊的1000多座城市。跑步是其中的重要项目,尤其是短跑。而且,每个项目的名称都是以该项目冠军的名字来命名的。奥林匹克运动会始于一场纪念宙斯的短跑比赛。跑手需要手举火炬，从体育场的一头跑到另一头，点燃宙斯神坛的圣火。公元前776年，希腊厨子克洛贝斯（Corobeus）成为第一届比赛的冠军。他得到了一个苹果作为奖品。今天，没人能说清楚这些比赛的开始时间和具体原因。但有一种说法是，奥运会的灵感来自克里特岛（Crete），来自黎巴嫩和叙利亚的腓尼基人，来自中亚大草原和印欧移民。爱尔兰人的说法则是，这些比赛是仿效爱尔兰的泰尔泰恩运动会（Tailteann Games）举行的，该运动会始于公元前1829年，但这一点已经无从考证了。[5]

跑步是最古老的希腊运动项目之一。公元前8世纪，荷马在《伊利亚特》和《奥德赛》中，描写了"飞毛腿英雄"（fleet-footed hero）阿喀琉斯（Achilles）在一位伟人葬礼上赛跑的故事。希腊神话中，阿喀琉斯的女对手阿塔兰忒（Atalanta）也留下了许多跑步的传说。希腊人运动和跑步都是出于对祖先和神的崇拜，体能和力量是他们自我保护所必需的。[6]

在奥运会出现之前，希腊各地也有许多跑步比赛及其他体育比赛，这些比赛的意义在于，它们不仅为古希腊人提供了范例，也为两千多年后的西方文明发展提供了范例。

随着奥运会的不断发展，跑步项目除了短跑，还增加了其他类型，例如双程赛跑、长跑、盔甲赛跑和男孩短跑等。这些比赛都成为希腊运动会的保留项目，特别是"环形赛跑"，即按照固定间距绕圈跑步。以下列出的是公元前500年左右，希腊各项运动会的时间表：

奥林匹克运动会，公元前500年7—8月

尼米安运动会（Nemian Games）

伊斯米安运动会（Istmian Games），公元前499年8—9月，

皮提亚运动会（Pythian Games），公元前497年4—5月或5—6月

尼米安运动会，公元前497年8—9月

伊斯米安运动会，公元前 497 年 4—5 月 [7]

除此之外，古希腊城邦还会各自组织自己的年度田径运动会。在雅典和斯巴达，运动会发展得更为繁荣。公元前 150 年左右，希腊共有 200 多个大型体育赛事，奖品丰厚。最优秀的运动员可以获得大笔财富，确保后半生衣食无忧。冠军们乘坐马车荣归故里，乡亲们夹道欢迎，热烈喝彩，白色骏马拉着近 300 辆马车，浩浩荡荡，好不壮观。运动员获得的橄榄油多得足够后半辈子使用。橄榄油是一种极为常见的物物交换物，就像钱一样好使。运动员通常可以拿到养老金，不必纳税，还能免费拥有一套房子。获胜者将受邀参加豪华晚宴，在城里的包房中免费吃喝，在剧院的前排拥有一个专属座位。在日后的体育赛事中，他们只需露露面，就能赚到大把的钱。而且，他们还可以利用自己的地位作为开启政治生涯的跳板。

以 2008 年的货币价值计算，从公元前 400 年到公元前 350 年，在雅典奥运会的跑步、投掷、跳跃和战车比赛等项目中，运动员总共获得了价值 57 万美元的奖金。最大的奖项是男子短跑冲刺赛冠军——100 桶橄榄油，价值 4 万美元。

体育明星们依靠富人资助或市政拨款过活，他们拥有自己的贸易协会。当时并没有"非职业"（amateur）一词，与之意思最接近的是"小白"（idiotes），用来形容那些既无技能又无知识的人。[8]

向赫拉致敬

希腊的女人们也跑步。通常，女性跑手都是年轻姑娘，等生了小孩之后，她们就不再跑步了。斯巴达城的女人因衣着暴露、行为轻佻而饱受诟病，她们像男孩子那样不拘小节。有一出戏剧这样描写道："她们离家与年轻男人私会，露着大腿，裙摆开放。她们参加跑步比赛，还和男孩子们摔跤。"[9]

斯巴达城的年轻女孩训练起来十分刻苦。跑道上，她们进行着全面训练。没有谁比斯巴达人更能吃苦了。拥有自由身的斯巴达公民人数相当之少，他们能够生存下来，靠的就是在战争中的过人本领。这里的男孩和女孩到了7岁时，就纷纷离开父母亲，被带去接受军事训练。他们生活简单，性格坚毅——他们鄙视懦弱，并坚信自己是不可战胜的。斯巴达城的女孩们会学习所有的体育运动，包括摔跤。她们肌肉发达，体格健壮。她们别无选择，孕育出英勇的战士就是她们的使命。当时的社会是非常残酷的，斯巴达人会将弱小婴儿无情地扔进深渊，将男孩们鞭笞到遍体鳞伤，再用他们的鲜血祭神，以展现他们的力量——如果他们没有惨死鞭下的话。女孩们接受训练时，男孩们会在一旁观看，对她们的身体品头论足，并为自己挑选一个合适的配偶。当女孩们参加纪念酒神狄俄尼索斯（Dionysus）的短跑比赛时，甚至还会影响到自己的婚姻。

斯巴达女人因裸体赛跑而声名狼藉，希腊女人是不会这样做的，至少在她们性成熟之后不会这样。不过，对于年轻女孩来说，在圣地裸体奔跑属于一种生育仪式，可以让身体吸收大地的繁殖力，以求多子多福。

女孩和妇女们会长途跋涉前往奥林匹亚，去那里参加属于她们的最盛大的跑步比赛——赫拉（Hera）跑步大赛。该赛事四年一届，安排在男子运动会的前一个月。女子跑步的赛程为525英尺。赫拉是古希腊神话中的第三代天后，也是众神之王宙斯的妻子。[10]

在埃利斯附近的村庄里，16名女性被挑选出来，为即将举行的赫拉跑步大赛做准备。她们提前九个月来到了一间安排好的屋子里，为赫拉女神织一件精美的长袍。值得注意的是，这段筹备期和女性的怀孕时间一样长。制作长袍是一件费力而庄严的工作，长袍款式与时尚无关。自公元前580年起，赫拉跑步大赛持续举办了900年，而在此期间，赫拉的长袍从未发生任何变化。

女选手们被分成三个年龄组：13岁以下为幼龄组，然后是中龄组，18—20岁为大龄组。只有未婚女性才可以参加这场比赛。虽然赫拉大赛不及奥运会那么热闹，观众人数比较少，名气也不算大，但它仍是一项伟大而重要的赛事。它并没有沦为一场为期几天的庆祝活动，相反，赫拉大赛一直维持原状，只是一场单纯的女子短跑比赛。从这个意义上讲，赫拉大赛比奥运会受的官员腐败和自我竞争意识的影响更少，更多地保留了比赛的原始风貌。

比赛当天，整个赛场弥漫着女性的魅力。各个年龄段的女人都会来观看比赛，给予参赛者帮助。她们会装扮成亚马孙人（Amazon）的样子。亚马孙人是传说中最杰出的女性战斗部族，她们通常身穿短裙，并裸露出右肩和胸部。

重要职业与关键哲人

在希腊，跑步不仅具有象征意义和运动功能，在日常生活中，各种跑步技巧也有用武之地。经过特殊训练的信使或"单日跑手"可以在24小时之内跑很远的距离。希腊的邮政系统条件落后，主要依赖信使来传递口头或书面消息。他们的工作范围覆盖了整个希腊，所有军队都配有信使，且人数众多。单日跑手严禁使用马匹，因为对于敌人来说，发现一名跑手比发现一名骑手要困难得多。跑手走起小路来很容易，还能穿越丘陵和茂密的森林，以及马匹无法应付的峡谷和山脉。在山脊和山顶上，还专门设有侦察兵驻守。他们唯一的任务就是奔跑，并在敌军靠近时发出警告。

亚历山大大帝在克里特岛发现菲洛尼德（Philonides）极具跑步天赋，于是雇他当信使。菲洛尼德还是一名测距员，通过计算步数来测量重要城邦之间的距离。像测量距离这类对速度要求较低而对准确性和可靠性要求较高的工作，希腊人常通会安排给奴隶们完成。在亚历山大大帝手下，有两名将军专门负责随军运输一个200米长的羊皮帐篷，以便在恶劣天气下搭建休憩之所。在刮风下雨的日子里，菲洛尼德及其同伴便会在帐篷中进行跑步训练。[11]

亚历山大大帝在全国各地招募优秀跑手,吸收到自己的部队当中。他本人也跑得很快,并自认为是传奇跑手阿喀琉斯的后代。据传,亚历山大不再跑步,是因为有人在比赛中故意将冠军让给了他,而他则视之为奇耻大辱。他意识到了体育运动和奥运会的社会价值及政治价值。当他受邀参加奥运会时,他答复道:"如果我有可能与其他国王赛跑的话,我就答应去。"[12]

公元前430年,历史学家希罗多德(Herodotus)描写了公元前490年雅典与波斯之间的马拉松战役。他提到,信使菲迪皮茨(Phidippides)从雅典赶往斯巴达求援,[13]并于次日抵达斯巴达。接着,菲迪皮茨很可能又跑回了雅典,也就是说,他跑了将近290英里。希罗多德并没有提及他返回的事儿,也没有记载具体距离。不过,对于单日跑手来说,这不过是正常发挥。

据传,菲迪皮茨也是那个将马拉松大捷的消息带回雅典的信使。可是,他刚刚宣布完胜利的喜讯,便倒地死去了。这令人难以置信,因为作为一个经验丰富的信使,跑步就是他的工作,死于疲惫几乎是不可能的事。从马拉松到雅典的路程为40公里,与菲迪皮茨及其同事完成的许多任务相比,这并不算难事。

许多希腊著名的学者、作家和哲学家都写过关于跑步的文章。苏格拉底就曾抱怨称,跑手的"双腿发达得过了头"。[14]亚里士多德至少18次提到了跑步,他罗列了各种跑步技巧和训练方法,并警告切勿过度。柏拉图也做了同样的事,他年轻时曾是一名出色的摔跤手。由于他的肩膀太宽了,教练便给他起名"柏拉图"——在希腊语中是"平"和"宽"的意思。[15]在柏拉图状态最好的时候,可以轻松完成60程(约13公里)的场馆赛和100程(约20公里)的越野赛。

雅典的梭伦(Solon)是公元前590年前后一位受人尊敬的政治家。他曾称赞过雅典跑步最快的男孩们。

我们也应该训练自己的年轻人进行长跑。在长跑过程中，他们能学到的关键一点，就是要学会节省力气，这样，他们才能坚持到比赛结束。然而，如果跑步的距离很短，那么，他们也可以用最快的速度跑完全程。跳跃练习也同样重要，比如跳过沟渠或跨过挡路的障碍物等。做这种练习时，他们还要手拿铅球，完成训练。[16]

不过，雅典也难敌富裕带来的负面影响。当年轻男人再也无法完成火炬赛跑时，喜剧剧作家阿里斯托芬（Aristophanes）发现雅典发生了令人震惊的变化。富有的年轻人终止了跑步训练，在集市广场和豪华浴室中过起了喝牛奶蜂蜜的生活。他们变成了比赛的观众，而不再是体育运动的积极参与者。普通人不再需要服兵役，而由专业军队负责保家卫国。年轻人们肩上的担子变轻了，再不必如从前那般刻苦训练了，结果人们的身体素质变得大不如前。[17]

和所有希腊运动一样，跑步与战争也密不可分，尤其是全副盔甲双程赛跑和四程赛跑，就属于对战争的一种模仿。公元前479年，在普拉蒂亚（Plataea）举行的厄琉忒里亚运动会（Eleutheria Games）上，全副武装的希腊运动员进行了15程赛跑，冠军被尊称为"最棒的希腊人"。

比赛的胜利象征着希腊的团结。该比赛以宙斯圣坛为起点，途经英雄烈士墓园，让逝者、生者和未出生的下一代之间产生联系。假如冠军运动员在之后的比赛中落败，那么希腊人也将面临失去好运的风险。因此，为了阻止冠军再次参赛，他们做出了一项残酷的规定：任何输掉比赛的往届冠军都将被立即处死。

跑得飞快的克罗顿人

这样的规定，是吓不倒克罗顿人的。克罗顿城位于今天意大利南部沿海地带，长久以来，这里一直是培育飞毛腿跑手的摇篮。公元前

588—前488年，总共产生了26位奥运短跑冲刺赛冠军，而其中有11人来自克罗顿。有句老话是这样说的："克罗顿人中的最后一名，依然是其他希腊人中的第一名。"[18] 在巅峰时期，8名奥运决赛选手中，有7人来自克罗顿。直到公元前476年克罗顿人最后一次夺冠时，成百上千名优秀的克罗顿运动员在希腊的各大全国赛事中获胜，这段时期堪称是克罗顿人最为辉煌的两个世纪。

跑步成为克罗顿人代代相传的传统，也是他们获取名利与成功的捷径。年轻人会观看城里的飞毛腿选手进行训练，得到好的建议，并为自己生在如此久负盛名的城市而感到自豪。

有句谚语是这样说的："克罗顿人的健康，与其在赛场之外的生活方式息息相关，也证明了健康的体魄与体育成就之间的关联。"克罗顿城的医生是大家公认最优秀的，他们对于跑手而言不可或缺。克罗顿城不仅吸引了年轻跑手，还吸引了全希腊的优秀知识分子来到这里转变思想。[19]

公元前530年左右，数学家毕达哥拉斯（Pythagoras）搬到了克罗顿。当时，克罗顿人已开始走下坡路了。毕达哥拉斯是一名素食主义者，他相信禁食是一种治疗，并强调个体和谐。米洛（Milo）恐怕是古希腊最伟大的运动员了，而他的老师正是毕达哥拉斯。米洛青年时曾在一场大战役中被击败。他牢记毕达哥拉斯关于平常心的教诲，凭借男子气概得到了人们的拥护。许多人追随他，也因此而受到了毕达哥拉斯思想的熏陶。

毕达哥拉斯学派独树一帜，威望极高。那些生性懒散，或是为了自身利益而去调整需求的人，都不适合这一学派。凯龙（Kylon）是一位主动投靠毕达哥拉斯学派的权贵，却因行事极端而遭到拒绝。结果，凯龙在米洛家中袭击了毕达哥拉斯，杀死了他和他的同伴，并将毕达哥拉斯学派剩下的成员全部赶出克罗顿城。克罗顿人的体质遂开始下滑，二十年后，克罗顿人取得了他们在奥运会上的最后一次胜利。

在这一关键时期，阿斯蒂鲁斯（Astylus）是克罗顿最伟大的跑手之一。公元前488年之后，他连续三次获得奥运会的双料冠军——他还在全副盔甲赛跑中夺冠。鉴于他功勋卓著，人们在克罗顿雕塑公园中树立了他的雕像。但在公元前484年和公元前480年的奥运会上，他受人引诱，代表西西里岛的叙拉古（Syracuse）出战奥运。于是，克罗顿人拆掉了他的雕像，并把他软禁起来，不承认他的战绩，还剥夺了他的所有特权。就连家人也将他拒之门外，阿斯蒂鲁斯在贫穷与流亡中孤独地死去，最终只落得个众叛亲离的下场。

希腊记录？

希腊人并未曾对跑步进行计时。他们只是对速度进行象征性的估算，并与动物的速度进行比较。比如，跑步的速度是否快到可以抓住野兔，或是否能在长跑中跑赢马匹等。

古希腊已出现了水钟和太阳钟，但它们计时并不精确，不能用于短跑或长跑比赛。

希腊人把白天分为上午和下午，通过观察日出和日落，确定了昼夜更替。"鸡鸣之时"是清晨，"华灯初上"为黄昏。太阳钟可用于测量小时，但只有晴天时才管用。水钟用于计算法庭陈词的时间，其结构类似于沙漏，水从一个容器流入另一个容器，只要水还没流完，发言就可以继续。

希腊人并不重视比赛的时间和距离，所以也确实没有有效的比赛计时器；例如，他们完全可以用绳子来测量跑道的长度，可他们并没有这样做。[20]在希腊，最重要的是在比赛中取胜，赢得越多越好，一场接着一场地赢最好。在取得了一系列胜利之后，运动员就可以宣布，自己是唯一创下如此佳绩的人。就跑步而言，大型比赛的冠军是最有分量。能够在一天之内包揽三场比赛冠军的人将被授予"三冠王"（Triastes）的荣誉称号，并因此而受到世人景仰。罗得岛的莱昂尼达斯（Leonidas of Rhodes）之所以被人称作古代最伟大的跑手绝非偶然，人们形容他"像神一般奔跑"。在公元前164年的奥运会上，他获得了三冠王，而这已经是他第三次获此殊荣了。此外，莱昂尼达斯还在其他比赛中无数次夺冠。[21]

古意大利埃利亚城的哲学家芝诺（Zeno）曾提出过一个关于跑步的伟大悖论。如果战无不胜的飞毛腿阿喀琉斯与乌龟赛跑，那这必将是一场极不公平的比赛，因为比赛双方的水平天差地别。为了给乌龟一丝机会，阿喀琉斯在起跑时需要让乌龟一些，比如让10米，并以10倍于乌龟的速度赛跑。按照比赛规则，当阿喀琉斯跑完10米时，乌龟向前跑了1米，到达第11米处。因此，阿喀琉斯必须再跑1米才方能领先。而当他继续跑完1米时，乌龟又前进了10厘米。芝诺认为，双方可以照此无休止地比下去，乌龟始终处于领先，只是领先得越来越少而已。就算阿喀琉斯追上了无数个微小的差距，但他始终会落后乌龟一点点。

当然，人人都知道，阿喀琉斯很快就会追上乌龟。尽管芝诺的结论与事实相反，但其论证过程并无瑕疵。

几个世纪以来，数学家和哲学家们一直在研究这一悖论：它在逻辑上存在缺陷，可至今也无人能够找到。吉尔伯特·派尔（Gilbert Pyle）是20世纪最伟大的哲学家之一，他认为阿喀琉斯与乌龟的赛跑是一道哲学终极谜题。[22]

第 4 章

罗马运动会

> 上帝很少会让你的人生赛跑从头到尾一帆风顺。
> ——亚历山大里亚的斐洛（Philo of Alexandria）

古罗马哲学家塞内加（Seneca）发现，自己已经慢慢上了年纪。这位斯多葛学派代表人物感到，自己跑步时的脚步再不如从前那般轻快。斯多葛学派提倡人应该善待自己的身体，对塞内加而言尤其如此，因为他曾长时间承受病痛的折磨，试遍了所有的治疗方法，包括全方位体育锻炼。虽然塞内加曾是一位花花公子，还曾因叛国罪被流放到科西嘉岛（Corsica），但他从来未减少跑步锻炼。对于斯多葛学派学者和塞内加本人而言，这样做的理由是因为斯多葛学派顶级权威告诫人们，即便在身体柔韧性和体力都不如从前时，也要坚持继续跑下去。塞内加通过跑步来锻炼身体，尽管他完全不代表普通老百姓，但有很多人也这样做。受过教育的罗马人都明白，跑步和走路都有助于减脂塑形，能让人充满活力。

公元 50 年，塞内加找了一个年轻奴隶陪自己跑步，名叫法里斯（Pharius）。[1] 清晨，塞内加在昏暗的卧室里醒来，微弱的烛光是屋子里唯一的光线。他习惯晚上穿着衣服睡觉，所以醒来时，他只用系好鞋带，穿上外衣，就可以出门跑步了。他喝了口水，便和奴隶法里斯一起步行前往最近的澡堂。罗马大街不是跑步的地方，所以他们选择去澡堂，那儿除了有浴池，还有公园和跑道，以及一些老熟人。清晨，哲学家们会来此散步，有的人形单影只，有的人边走边聊。塞内加是一个骄傲的人，从不喜欢认输。所以，虽然主仆二人年龄相差悬殊，但法里斯还是跟在他身后：这才是与奴隶身份相称的行为，法里斯不想去冒犯主人。

然而这天，他俩竟然跑得不相上下。塞内加不得不发力了，因为他的领先优势受到了威胁。作为斯多葛学派哲学家，他对此问题的看法既普通又有趣："我得找个身体差一些的奴隶了。一个伟大的著名哲学家不能跑不赢一个默默无闻的奴隶。"这有点讽刺，因为塞内加一直在强烈呼吁人们尊重奴隶的人格尊严，并且帮助奴隶们改善生活条件。

和许多智者及哲学家一样，塞内加认为，锻炼的价值不局限于在赛场上赢得喝彩。他并不认为与自己的奴隶赛跑是一种有意义的锻炼，因为这样压力太大了。在公元 1 世纪，他的观点在罗马文人中十分普遍。他不爱看角斗士比赛，只喜欢静静地坐在书房里，听着从竞技场传来的掌声和欢呼声在屋里回响。运动员的努力变得徒劳无功，大众被血腥斗兽和英雄崇拜蒙蔽了双眼——人应该锻炼的不仅是身体，还有思想。

但这并不妨碍跑步给哲学家们带来灵感。塞内加曾经做过这样的比喻，当一个人陷入道德困境时，应当作一个深呼吸，然后一口气跑上山顶，在登顶之后，他心里就会明白该做怎样的决定了。[2]

谈到古希腊体育，各种英雄传说不胜枚举，而在罗马历史中，体育却在相当长的一段时间内缺席了人们的生活。雄心勃勃的帝国缔造者在公元前 750 年建立了都城，随后便陷入了与伊特鲁里亚人（Etruscan）的长期纷扰之中。伊特鲁里亚位于今天的意大利西北部，是当时罗马帝国中最强大的一个区。罗马人从伊特鲁里亚人身上学到了很多，包括角斗士比赛。然而，罗马人也想从希腊人身上学到经验，深入了解希腊体育，尤其是在罗马于公元前 146 年征服了希腊之后。

公元前 186 年以后，罗马权贵们将希腊运动员带到罗马参加比赛。他们的动机是希望赢得人民的拥戴，引进来自异域的跑步、跳高和铁饼等竞技运动，为看惯了斗兽比赛和勇士比武的人们增添乐趣。政治家们愿意自掏腰包，在好戏开场之前，在众人面前露个脸。政客们很重视这一点，因为这会释放出一个信号，那就是政客们站到了人民这一边，在娱乐方面享有共同的兴趣爱好。罗马的体育比赛属于外来引进，这种现象让人着迷，有部分原因就在于它很新颖。

罗马权贵和精英对希腊文化所持的态度颇为矛盾。他们在许多事情上都赞赏希腊人的做法，却又对另一些事情嗤之以鼻，并称之为希腊式愚蠢，例如希腊知识分子、私人教师、哲学家及旅居罗马的希腊雄辩家所推崇的裸体竞技。作为一种公民活动和义务，体育运动在罗马帝国所获得的广泛支持远不及在希腊那样多。尽管罗马人的确以希腊人的方式修建了成百上千座多功能浴室，但罗马人通常只是充当体育比赛的观众，而不会真的去参加比赛。

根据作家老普林尼（Pliny the Elder）的说法，罗马人是第一个开始对长距离赛跑进行计时的民族，只是人们不知道而已。罗马人在制作钟表方面有了很大进步。太阳钟和水钟变成了准确的计时设备，体积也变小了。到了公元 1 世纪时，太阳钟的型号已经缩小到 1.5 英寸以内，和现代手表的大小差不多。水钟的准确度相对更高，且不依赖于太阳。不过塞内加曾指出：让哲学家意见一致很难，可让罗马钟表计时一致更难。按照现代标准，罗马人测量的只是近似时间，比如，一小时的长度会根据一年中的时节而有所不同。但就长跑计时而言，还是相当准确的。

罗马人会计算在一小时或一天内，运动员在圆形跑道上跑了多少圈，或在直线跑道上跑了多少个来回。有人曾在罗马的大竞技场里跑过 160 英里。这是罗马最大的竞技场，可以容纳 25 万名观众。还有一个 8 岁小孩为了好玩，一口气跑了 70—75 英里。除此之外，未曾听闻其他类似壮举。[3]

在罗马帝国，女性跑手十分罕见。在西西里岛的皮亚扎 - 阿尔梅里纳（Piazza Armerina）小镇上，女子跑步传统保留得较为完整。人们称该镇的女性跑手为"比基尼女孩"，她们在跑步、跳舞、打球时，穿得十分清凉。女人的青春稍纵即逝，这里的女孩大都会在月经初潮时结婚，年龄在 12—14 岁。[4]

罗马皇帝会通过举办运动会，来纪念诸神和英雄人物。在公元 80 年，古罗马政治家苏拉（Sulla）为了庆祝伟大的军事胜利，将奥运会改在罗马举行，并在罗马修建了第一座希腊式体育场。除了短跑冲刺赛仍保留在奥林匹亚进行，其他所有的奥运会项目均安排在罗马进行。这体现了罗马的强大，体现了罗马人对希腊人的钳制，也表达了他们对希腊体育传统的敬佩。罗马人每次征服一处新的领地时，就会在新的地方举办希腊运动会，同时取消上一个城市的主办权。而为什么这样做，并没有什么明显一致的理由。

越来越多的罗马庆典和运动会将跑步比赛纳入其中。公元 2 世纪 70 年代，罗马皇帝马可·奥勒留（Marcus Aurelius）热爱跑步，并极力推广跑步等体育运动。跑步在罗马越来越普及，但并没有形成深厚根基，在受欢迎程度方面，也不及角斗和战车比赛。跑步缺乏戏剧性，在罗马发展的时间也很短。

罗马历史上没有出现过英雄辈出的黄金时代，让人们可以把英雄们当成半神来崇拜。意大利各地区之间并不愿意相互竞赛，他们属于不同部族，每天为了生计忙忙碌碌，还要时常与邻邦打仗。与悠闲的希腊人不同，罗马虽然是奴隶制国家，但罗马人并没有机会进行体育锻炼，也没有时间去崇拜体育偶像。罗马人在自己身上加了许多约束，唯独不要求人们锻炼身体。

其实，有许多罗马人也都意识到了锻炼的价值。朱利乌斯·恺撒大帝（Julius Caesar）和罗马开国皇帝奥古斯都（Augustus）就常常会亲自去战神广场观看比赛。这里是罗马帝国所有广场中的典范。新兵在这里受训，体育比赛也在这里举行。恺撒和军官们都拥有自己的信使，这些信使在24小时之内能够跑150英里的路，待遇也很好。然而，花上数月时间训练跑、跳、投掷等项目，只为了在千万观众面前脱到一丝不挂，当众出丑，这种事让罗马人感到很不光彩。希腊人笃信在体育比赛中获胜是人类力量的证明，而罗马人却不这么认为。

  罗马运动会和希腊运动会相比，有一个重要区别。不论是为了纪念罗马主神朱庇特（Jupiter）还是庆祝战争胜利，当凯旋的士兵高举掠夺而来的财宝招摇过市，并受到人们夹道欢迎时，很少有谁能像罗马人庆祝得这般群情激昂。罗马运动会让人们得以从平凡琐事中暂时解脱出来。一个又一个世纪过去了，罗马运动会的举办次数也越来越多了。罗马人对运动会热情高涨，到公元4世纪中叶时，罗马每年正式举办的运动会居然多达176场。

  希腊运动会更侧重竞技，不论是作诗、音乐或是田径，一定要分出胜负；不像罗马运动会，更侧重娱乐，目的是愉悦大众。公元二三世纪，随着运动会的数量越来越多，罗马人也希望重振奥运会，希腊运动员在罗马帝国找到了新市场。运动员往往会长途跋涉，去那些能够名利双收的地方比赛。他们在全国各地体育场中遇到了罗马运动员，也在伊文图斯（Iventus）——训练年轻人服兵役或其他重要事情的俱乐部——中遇到年轻贵族。[5]

  不论是在突尼斯、奥地利还是法兰西，只要是在罗马帝国，运动员全都享受不到角斗士那样的荣光。角斗士的魅力常让女性无法抗拒，她们会用发簪蘸上死去角斗士的鲜血，在结婚之前戴在头上，以获得某种魔力和魅力。

  盖伦（Galenos）是除了希波克拉底（Hippocrates）之外最著名的古代医生。他为角斗士看病，并提倡通过跑步来摆脱肥胖。他生活的年代比塞内加晚了150年，循序渐进是当时的口号，也是最常见的减肥方法。盖伦除了提倡跑步，还提倡其他运动，因为他认为光靠跑步这种单一运动，很难让肌肉达到最和谐的状态。而且他还认为跑步可能会损伤神经，并且无助于增加男子气概。

在罗马，跑手从未得到过在希腊那样的神圣地位。在现存的史料和考古文献中，我们可以看到，优秀的罗马跑手甚至连名字都没有被记载，由此可见其地位之低。而希腊人不仅会铭记运动员的名字，还会为他们建造许多雕像。相比之下，罗马人对他们的冠军没有丝毫敬意，甚至连名字都懒得叫。

保罗的世界

土耳其的塔尔苏斯（Tarsus）是一座位于商贸要道的古城。公元5年，一个名叫保罗的小男孩出生在这里。男孩的父亲是便雅悯支派（Benjamin）的犹太人，同时也是罗马公民。他让保罗接受了严格的法利赛派（Pharisaic）教育，长大后成为人们熟知的使徒保罗。保罗不仅要学好学校的功课，还被送到了耶路撒冷的一位拉比那里，学习如何做帐篷生意；与此同时，保罗因为时常去塔尔苏斯体育场训练，而对体育项目产生了浓厚兴趣。体育场会定期举办体育比赛，深深吸引着勤学好问的小保罗，并加深了他对希腊、罗马和犹太文化的认识。

在保罗1岁时，四处云游的希律王（King Herod）来到了罗马。他对罗马这座城市十分了解，与罗马上流社会的关系也非常融洽。在去罗马途中，他观看了奥运会，并为运动会的衰落深感痛心。希律王曾建造过许多体育场，并一直热衷于弘扬希腊体育。

保罗就成长于这样的时代。公元前12年，希律王开始在耶路撒冷和凯撒利亚（Caesarea）举办运动会。由于古代犹太人认为肉体是罪恶之源，因此，希律王遭到了拉比们的强烈反对。尽管如此，凯撒利亚的运动会依然持续了一个半世纪。参赛选手从"世界各地"慕名而来，这令犹太人极为惊讶，而当他们看到罗马统治者奥古斯都的画像之后，则更为震惊。这些运动会正是为了纪念这位罗马开国皇帝而举行的。

保罗还记录了一些关于跑步的文字。在一封给哥林多人（Corinthian）的信中，他写道："你难道不知道那种所有人都参加，但只有一人获奖的跑步比赛？为了获胜而跑步。"[6]

《圣经》常常提到跑步，尤其是在旧约中。《圣经》提到过公元前1000年左右的两次长跑，一次约25公里，另一次约35公里，两次均与战争有关。深受希腊竞赛思想影响的保罗，在信中运用隐喻的手法提到了这些比赛；而在《圣经》中，与跑步有关的大多是信使送信和跑步锻炼等内容。[7]

据《圣经》记载，所罗门王在公元前1000年左右统治了以色列王国。他有4万匹骏马和1万名跑手，常常组织赛马和赛跑活动。这些数据或许有夸张的成分，但他一定曾经为"智者、祭祀和肋未人"组织过赌马和赌跑比赛。[8]

与保罗处于同一时代的亚历山大里亚的斐洛（Philo of Alexandria）是一位犹太作家，曾写过许多关于跑步的内容。他用妙笔描绘出一幅又一幅跑步画卷，用来诠释生活中的困扰和烦忧。站起跑线上的跑手就好像准备冲锋陷阵的罗马士兵，内心急切、紧张，而又克制。匆匆结束却又跌宕起伏的双程赛跑象征着人的一生："上帝很少会让你的人生赛跑从头到尾一帆风顺，磕磕绊绊总是难免；上帝也不会让你一马当先，超过其他所有人，成功躲避意外和不幸。"[9]

比赛的路程就宛如生活本身。当一个人达到他的鼎盛时期后，他就不会再前进，就像跑手那样，在双程赛跑中掉头，然后原路返回。当运动员达到他的目标时，就会开始走下坡路；当老人走向生命的尽头时，会衰弱得更厉害。斐洛还说出了一个关于犹太人的预言："他们会为自己承受的不公而悲泣哀号，但是随后，他们会转身拥抱先辈们所耕耘的幸福。"[10]

保罗和斐洛对田径赛跑的引文表明，在有学问的犹太学者中，跑步的地位已经得到了认可。

英国历史学家哈里斯（H. A. Harris）专门研究了犹太人对古希腊体育的态度。他认为，犹太历史学家因为希腊体育看起来和犹太教格格不入，而低估了犹太人对体育的兴趣和参与程度。根据哈里斯的说法，并没有证据表明，在埃及或巴勒斯坦等地的东正教犹太人被禁止参加运动会。哈里斯的观点是有道理的。保罗曾在小亚细亚半岛、希腊和马其顿周游十二载，传播耶稣箴言，并将自己的跑步经验作为一种解释事物的方式。公元67年，保罗被罗马人以传播虚假教义的罪名斩首。

公元381年，基督教成为罗马的国教。公元393年，罗马皇帝狄奥多西（Theodosius）明令禁止举办奥运会。

基督徒反对体育，并视之为对异教之神表达敬意的活动。基督教教义认为，人类思想应该关注永生，而不是去发展并崇拜肉体，更何况还是裸体。即便人类在思想上得到了救赎，其肉体依然是罪恶的：肉体会引诱罪恶、沉沦和纵欲，从而让人从思想远离上帝。因此，进行体育运动就是与上帝为敌。保罗在《提摩太后书》中甚至写道：体育运动毫无价值，而对主的敬畏才是随时随地都有用的，因为它关系到你的今生与来世。罗马皇帝还认为角斗比赛属于异教徒活动，因此而下令禁止。

公元420年，狄奥多西二世（Theodosius Ⅱ）下令拆除宙斯神庙。日耳曼部落对奥林匹亚的神庙实施了掠夺。公元522年和551年，克罗尼山（Kronion）两次火山爆发，该地区被厚厚的火山灰和泥土完全覆盖，深度达15—50英尺。泛滥的洪水也让此地几乎无法辨认出往昔模样。在叙利亚的安条克（Antioch），希腊运动会一直举办到公元510年，这是我们所知道的最后的古代奥运会了。

在美索不达米亚、埃及、罗马帝国和古希腊等地，跑步既有相似之处，又存在着不同。而不论在何处，跑步皆具备宗教功能，但跑步的竞技性也同样非常重要。

第 5 章

中国古代神话与印度人象赛跑

> 杨大眼……便出长绳三丈许，系髻而走，绳直如矢，马驰不及，见者莫不惊欢。
>
> ——《魏书·杨大眼传》

很久很久以前，在中国北方有一个部落（夸父族），那里的人们觉得太阳落山太快了，以至于没有带来足够的光与热，太阳本该发挥更大的用处才对。于是，他们派了一位年轻的跑手去追赶天上的太阳，好让太阳能永远挂在天上。此人没日没夜地追逐着，终于在山谷中追上了太阳，可此时的他早已精疲力竭，口干舌燥。他一口气喝干了黄河和渭水的水，可还不解渴。于是，他打算继续北上，饮尽大泽之水。只可惜还没到那里，他便力竭而亡了。接着，神奇的事情发生了：他的头发变成了青草和树木，他的血液变成了河流，他的木杖变成了一片桃林。尽管他没有成功地完成部落的使命，但倾其所有，造福了部落的子孙后代，让他们能够耕耘大地，收获粮食，让人类不断繁衍，生生不息。

中国神话《夸父逐日》讲述的是发生在大约公元前 5000 年的传奇故事。当时，中国正处于逐渐向文明社会转型的时期。与许多其他国家文化一样，以跑手为主人公的神话阐释了人与自然的起源问题，建立了世界的根本秩序和生存之本。跑手是一个生动的角色，拥有着非凡的能力和洞见力。人们谈到夸父逐日时，无不肃然起敬，为其勇于拼搏的气概和改造世界的精神深感敬佩。[1]

公元前221年，秦始皇统一中国。子承父业，权力世袭，一次又一次的朝代更迭书写了中国的历史。公元前206年至公元220年，中国处于历史上第一个伟大朝代——汉代。巧合的是，当时的罗马帝国也处于繁荣兴盛时期。不过相比之下，汉朝的中国更为强盛，是当时世界上最大的国家，只不过欧洲人对此知之甚少（由此可见，欧洲人从一开始就低估了中国文化，在他们心中，欧洲才是世界的中心）。在中国的历史中，蕴藏着丰富的宝藏、先进的古代技术以及不同于西方的思想境界。阴阳之道，天地人和，是中国文化的关键概念，象征着诸如冷与热、主与从等对立。阴阳必须互补，否则难免失衡。中国古代的体育，不论是气功、防身术，还是球赛、跑步，其目的都是要实现平衡。[2]

有一件著名的中国青铜器名为"令鼎"，它的铭文记载了周成王率领众臣和奴隶去野外春耕播种的情景。在回宫的路上，周成王对他的两名前驱"令"和"奋"说："若你二人能随马车一起跑回宫中，朕有重赏。"于是，二人和马匹、车夫一道，在凹凸不平的道路上飞奔起来。前驱本来就是紧随皇帝马车的护卫，经验丰富，此时更是竭尽全力。最后，两位前驱率先到达宫中，他们为自己感到骄傲，而周成王也感到很骄傲，虽然他让马车跑得越快越好，但是能有如此身手敏捷的护卫，也令他感到欣慰。两位汗流浃背的前驱成为当天的英雄，周成王信守承诺，予以重赏。令用他得到的赏赐打造了一口鼎，并在鼎身上刻上了这次赛跑的故事。

在中国的史料中，与跑步有关的内容大多与军事有关。拥有足够多的强壮士兵，能够使用弓箭长矛，至关重要。在经历过多次战争之后，中国军事理论认为，跑手的作用不可小觑，而这些军事理论也逐渐发展成一门高深的艺术。

孙武是春秋时期的一位军事家，在吴王麾下效力多年。孙武要求士兵必须全副武装地跑完上百里，才能回营地休息。他曾许下承诺，要挑选三千精兵强将，组建一支精锐部队，随时应战。在这支队伍中，跑步是一项重要技能。士兵们训练时，孙武放眼望去，数万名年轻人斗志昂扬地一起跑步，场面何其壮观。就算中国是全球人口最多、士兵人数高达几十万的国家，但能将这么多人聚集到一起进行跑步选拔，也是很少见的。

精锐部队的选拔完成后，三万精兵对楚国发动了进攻。出其不意，攻其不备。很快，他们就占领了边疆地区，由于这些士兵全部训练有素，一场仗打下来，兵力损失并不明显。骑兵队伍负责攻下远距离目标，而步兵队伍则负责近距离突击。由于马匹赶路时需要喂草、喂水和休息，相比之下，步兵行动起来更为方便。当然，跑手也需要吃饭，也需要休息，但他们生活简朴，只会随身携带一些生活必需品，包括几天的干粮。他们渴了就喝溪水，不会被任何物理障碍所阻挡。他们在各种地形上跋涉，必要时还需要翻山越岭，一大群人蜂拥而上。由于士兵们的胸腹和腿部都戴着护具，头戴头盔，手里还拿着弓箭，导致他们的跑步技巧受到了一定影响。据说在后来的各个朝代，想要当兵就必须能够跑完一百里才行。

马拉松赛的规定距离是 42.195 公里，距离更长的比赛属于超级马拉松赛。中国是全世界最早举办年度超级马拉松赛的地方。成吉思汗创建了元朝，因此元朝是一个蒙古王朝。当时，有一个特殊兵种叫作"贵赤卫"。贵赤卫每年会在大都（今天的北京）举行贵由赤（蒙语，意为跑得快的人）赛跑，全长 55 英里。与此同时，在内蒙古地区，也开始举办相同距离的比赛。古代跑手跑完全程需要花 6 小时，该速度与现代长跑的标准基本持平。

据史料记载，对军事跑手的要求严苛而神圣。这些要求由军官们代代相传，随着朝代更迭不断修订更新，对长跑和短跑跑手而言同样适用。在战场上，冲刺能力至关重要，但是既有速度又有耐力的跑手才是最理想的。士兵们训练时会在腿上绑沙袋，通过双倍负重来锻炼冲刺能力。长此以往，他们在跑步时就会感到身轻如燕，健步如飞，与北魏名将杨大眼无异。当杨大眼在将官选拔中遭到拒绝之后，他提出进行短跑测试。他将三丈长绳系在发髻之上，疾驰如飞，绳子在身后随风飘舞，直如箭矢，连奔驰的快马都追不上他。他因此而被任命为先遣部队的指挥官。

人象赛跑

很久以前，人们在印度村庄间敲锣打鼓，宣传一条来自皇宫的消息：下周将举行一场人象赛跑，也就是人和大象比谁跑得快。大伙知道，冠军将赢得荣誉和奖金，还会得到国王的特别关照。人们纷至沓来，在皇宫广场前的长凳上坐下，等待比赛的开始。不论是贵族还是普通老百姓，都对此次活动表示欢迎。迎风飘扬的彩旗标出了赛道，象夫赶着大象准备就绪，大象已戴好眼罩。大象和跑手将同时起跑，因此象夫的责任十分重大，因为飞奔的大象极有可能将人踩死。

比赛选手们庄严入场，跑着，跳着，向大家介绍自己。他们高喊着，拍着手给自己加油鼓劲，并争取观众的支持和喜爱。同时，乐队也开始奏乐，人们情绪高昂，现场气氛热烈。这就是一场集比赛、杂技、摔跤和歌舞于一体的综合娱乐活动。

人和大象按照不同速度，被分成三组进行比赛。根据选手们之前的表现，跑手和大象被安排在了不同起点，其目的是让人在大象前面跑。谁让自己的领先距离增加得最多，谁就打败了大象，赢得了比赛的胜利。临阵脱逃者和被大象追上的人都是失败者，将遭受人们的耻笑。能参赛的都是硬汉，他们绝不会考虑放弃，而是准备好为比赛全力以赴。尽管如此，开始比赛的那一刻，他们心里难免还是会很紧张。

大象被牵到起跑线上，眼睛上蒙着一块布，由象夫照看。接着，选手们来到大象前面就位。大象头上的布被揭开了。看到前面的人，大象开始发疯似的追赶他们。如果大象完全失去了控制，象夫们就会用几头母象稳住这头发疯的野兽，并重新控制住它。[3]

人象赛跑是一项危险运动。赛场上，雷鸣般的脚步声和大象的嘶吼声此起彼伏，这对人的勇气是很大的考验。保持镇定很关键，千万不要因为频频紧张地回头而放慢脚步。别看一头大象的体重可以达到6—7吨，貌似行动迟缓，可它一旦狂奔起来，速度竟高达24公里/小时。

印度驯象历史长达几千年，印度人深信大象具有超越自然的神力。在印度，大象的地位比马还要高，它是印度教中"万神之王"因陀罗（Indra）的坐骑；大象既是宗教象征，还是重要的战争武器。不过，大象发脾气的时候，也可以要很多人的命。大象很容易让弱小的跑手丧命，而大象又具有神力，这两个重要因素让人象赛跑成为印度众多宗教活动中的一种。

印度位于北纬37度至北纬8度，其跨度相当于从西班牙的塞维利亚（Seville）到非洲的塞拉利昂（Sierra Leone）。这里的气候条件和地理条件范围很宽，既有终年积雪的雪山，又有热带潮湿的丛林。印度全国共有200种不同的方言。众多民族的存在说明了在印度河与恒河流域，除了最早的定居者，还有一拨又一拨移民，印度文化由此起源并发展。人人都知道印度的瑜伽对身心健康十分有益，在梵文中，瑜伽是"团结"或"联合"的意思。随着瑜伽的发展，产生出了不同的流派。这些流派强调身体及思想的控制与和谐，尤其强调去练"普拉那"（prana），即"生命之气"，即保持身体健康的生命能力。

尽管瑜伽和普拉那都是印度重要的锻炼方式，但是印度的许多神话人物，例如乔达摩·悉达多（Guatama Siddhartha）王子等，都与跑步颇有渊源。乔达摩王子在成长过程中，和其他贵族子弟一样，接受了全面的体育教育，其中就包括跑步。据说，他离开了自己妻子和刚出生的孩子，用自己一生的时间来闭关与冥想。后来，他将其门徒召集到一起，被人们称作"佛陀"，即"开悟之人"。克里希那（Krishna）是另一位最受人崇拜的印度之神，他年轻时也曾经跑步。

吠陀文明（公元前2000—前1000年）中的体育理想让人很容易联想到古希腊的体育理想。印度的体育文化发展的时间更长。在印度，还有一个颇受欢迎的、以宗教为主题的体育节日——沙门节。在吠陀时期，贵族阶级通过体育锻炼，纠正生理缺陷，对饮食控制和个人卫生也十分讲究。人应该锻炼身体，在健康方面追求完美，照顾好自己身体这座神殿。[4]

印度的阿育吠陀医学（Ayurvedic，意为生命知识）是全球现存的最古老的医疗体系之一。这种医学认为，吃饱饭后跑步会导致身体内部失衡。不过，它提倡边打猎，边奔跑，因为这有助于促进消化，使身体变得苗条且更加强健。

阿育吠陀的信徒从很小就开始训练了。过了玩耍的年纪，孩子们开始接受体育教育，就连女孩也不例外。武士阶层的后代有专人负责训练跑步，而使用投掷兵器的士兵、格斗者、拳击手和摔跤手们就更得练了。在战场上，跑得快慢意味着生与死的差别。

公元前1000年至公元200年是印度的"史诗时代"。在这一时期，为了发展体育，印度建造了不少体育场、露天剧场、剧院、阅兵场、训练中心、狩猎公园、游泳池和其他设施。国王还举办萨玛雅（Samajja）体育节，以丰富人民的娱乐活动。在丰收时节或在月圆之夜的各类宗教仪式和庆典中，体育也是其中不可或缺的一部分。

王子们会来到圆形运动场参加一些体育比赛，而一些权贵家的女儿则会从中挑选夫婿。希腊历史学家阿里安也曾描述过类似的事情："当女孩们长大成人准备出嫁时，她们的父亲会让她们出去观看比赛，让摔跤、拳击和跑步比赛获胜者以及在男子汉比赛中的佼佼者可以有机会对她们进行挑选。"[5]

在这一时期,人们会根据四季变化和自身年龄阶段来调养身体健康。对年龄16—24岁的青年男女来说,为了培养他们的竞争本能,强健体魄,满足其运动的需要,跑步是值得推荐的锻炼项目。而且,最好在清晨跑步。对于70岁以上的男人和50岁以上的女人而言,走路是最理想的锻炼方式。

而信使们则需终年奔忙。作为全世界覆盖范围最广的邮政之一,印度的邮政系统"达克·哈卡拉"(Dak Harkara)也逐渐发展了起来。

在印度语中,"Dak"的意思是邮件,而"Harkara"的意思则是信使。与其他国家的邮政系统相类似的是,印度的邮政系统也设有中转驿站,信使会在驿站交接信件,稍事休息,然后等待下一个任务。信使会将邮袋套在分叉的手杖上,手杖和长矛都是防身武器。印度信使既神秘又英勇,在许多语言或方言中,都流传着关于这些勇敢者的诗篇和传说。

印度信使具有坚韧、勇敢和诚实等品质。他们的生活充满着危险。最开始,信使们在送信时会有一个鼓手陪同,提醒人们注意收信,并吓跑危险的野兽。通常,鼓手还负责举火把。后来,信使们开始在送信时携带铃铛,大老远就能听见他们的到来。在某些危险路段,信使可能会由两名火把手和两名弓箭手护送。不论刮风还是下雨,信使们都必须一路披荆斩棘,穿越深山老林,甚至在雨季也是如此。他们当中,有人被老虎叼走了,有人过河淹死了,有人被蛇咬伤了,有人在雪崩中遇难了。由于信使也会运送钱财,沿途的强盗和歹徒也会谋财害命。在印度玛瓦尔(Marwar),邮政系统在战时也能运转,国王甚至会在战场上收到信使送来的信件。

1584年起,米尔达家族(Mirdha)在拉贾斯坦邦(Rajasthan)的玛瓦尔建立了邮政系统,该邦是印度最富庶的邦之一。针对长途送信任务,根据地形地势和消息紧迫程度的不同,信使每天所赶路程也不尽相同。算上沿途必要的休息和办事时间,信使每天最少要走14—20英里的山路。要想争取到重要差事,竞争是异常激烈的。越有能力完成长途任务的信使，越容易得到重用。从这个方面讲，印度信使与志向远大的运动员倒是颇为相似。

为了能够当上信使，来自纳高尔（Nagaur）的达汀（Datine）很小就开始了训练，并成为当时跑得最快且最有活力的跑手。每天跑50—55英里在他属于正常发挥。但有一次，为了送一封特急信件，他从早到晚一共跑了66英里。这让他的主人赞叹不已，于是便授予了达汀骑马的权利，而这种权利通常只有贵族阶级才能拥有。

跑手和骑手被安排在稳定的中转驿站工作，信件必须在指定时间内进行派送，根据距离远近收取固定邮费。从德里（Delhi）送信至拉合尔（Lahore）需要5天时间。在遮普尔（Jodphur）与阿布山（Mount Abu）等地区当信使，一年能挣180卢比。而骑骆驼的信使一年能挣718卢比，因为骆驼可以运输更重的物资。[6]

无论在中国还是在印度，跑步都不如在希腊和地中海地区那样普及。不过对普通人来说，跑步是他们在日常生活中多种健身方式之一。从很早开始，中国和印度的医生和专家就已认识到跑步的好处。跑步不仅能够带来健康，而且对保持青春和活力大有裨益。在古籍记载中，很少提到那些单纯以锻炼为目的的跑手，然而在亚洲，确实存在这样的人，他们听从了专家的建议，通过跑步来改善生活质量。

第 6 章

跑步的僧人

> 一位正在进行神足行训练的僧人介绍道,经过多年修炼,当他们跑够一定距离之后,神行者就可以双脚离地,在空中飘移,其身形之敏捷,速度之快,令人叫绝。
>
> ——探险家亚历山大莉娅·大卫 - 妮尔
> (Alexandra David-Neel)的西藏游记

那些关于亚洲僧侣神秘修行的传说难道都是真的吗?那些让自己活着入土的高僧,那些远离尘世、只愿与青山相伴、与孤独为伍、深居洞穴多年的隐士,难道也都是真的吗?

全是真的当然不可能。不过,有些传闻却确有其事,例如神行者(lung-gom-pa)——跑步不知疲累的西藏神僧。20 世纪初,比利时裔法国作家亚历山大莉娅·大卫 - 妮尔(Alexandra David-Neel)旅居西藏 20 余载,她就曾亲眼近距离观察过这些传奇跑手。[1]

羌塘(藏北高原的藏语称呼)人迹罕至,杂草丛生。当大卫 - 妮尔骑马经过此地时,除了住在帐篷里的游牧民之外,再也看不到任何人。忽然,她看见远处有什么东西正在移动,透过望远镜,她看到了一个人。大卫 - 妮尔一行已经有十来天没有看见过人影了。是谁会冒这么大的险,只身徒步来到这里呢?或许那人刚刚从被打劫的商队中逃了出来,或许他需要食物和帮助?

那人跑得不仅很快,而且方式很特别。"他看上去像是个神行者。"大卫-妮尔的一位西藏随从说道。当这个衣衫褴褛的人跑到近处时,大家更加深信不疑了。[2] 那人双眼出神地盯着地平线的某处。他不是在跑步,而是身体悬浮在空中,进行着极大距离的跳跃,就好像腿上长了弹簧一样。他的右手拿着一把匕首。从这一行六人身边经过时,他明显没有注意到有人正在盯着看他。西藏随从们纷纷下马,躬身行礼,表现得十分尊敬。

大卫-妮尔激动不已,很想与神行者说话,但遭到了随从们的反对。绝对不能和神行者讲话,因为如果他突然元神出窍,就必死无疑。大卫-妮尔跟着神行者走了2英里,直到他拐到道旁,爬上一个陡坡,消失在群山之间。他始终面无表情,一直保持着那奇特的移动方式。

四天后,一行人遇到一群牧民。他们也曾遇到那位神行者。牧民们相信,他来自后藏省的一座寺院,因为那里的僧侣都在进行神行修炼。这座寺院就是夏鲁寺(Shalu Gompa)。关于夏鲁寺如何成为神行者训练中心,流传着这样一个传说。

据说在14世纪有两个喇嘛。一个研究法术,名叫运顿多吉白(1284—1365);另一个钻研历史,名叫布敦仁钦珠(1290—1364)。运顿决定每十二年进行一场法事,以控制死神阎摩罗王,如果法事没有按时进行,阎摩罗王就会每天屠杀一个生灵,并将它吃掉。而如果做了这个法事,再加上每天进行祈祷,法师就可以控制阎摩罗王十二年。

布敦听说了此事,便和三个喇嘛一起来到了阎摩罗王庙。阎摩罗王说他还没吃饱。于是,运顿建议,喇嘛当中应该有一个人做出牺牲。三个喇嘛断然拒绝了他,之后便消失得无影无踪,只有布敦决心赴死。不过,运顿最后设法在不牺牲任何人的情况下完成了法事,并控制了阎摩罗王。

后来,每十二年一次的法事被交由布敦及其追随者来进行。自那时起,布敦喇嘛的转世者和夏鲁寺的住持们一直坚持做法事,从未间断。可是，恶鬼的数量越来越多了。为了把他们都抓起来，必须要找到一个能力出众的跑手来完成这个任务，也就是人们常说的狱卒"牛头"（a calling buffalo）。在接受完严格修炼之后，这名跑手将从两座寺院的僧侣中脱颖而出。

僧侣的修炼时间长达三年零三个月，且所有练习均在黑暗中完成。其中有一种修炼让人感到费解。僧人进行这种修炼时，会盘坐在蒲团上，慢慢吸气，让身体充满空气，然后屏住呼吸，身体向上腾空，在身体下落之前，他的双腿必须保持盘坐姿势，而且全程不得借助双手。僧侣们会一次又一次地重复这项练习，这不是为了练杂技，而是让身体轻盈，并有能力飘浮起来。

最终选拔时，僧人会坐在一个一人深的墓穴当中。墓穴的上方，是一个空心的半圆顶。顶部距离地面刚好也是一个人的高度。所以，当一个身高 1.67 米的人坐在墓穴当中时，他到圆顶空心处的距离为 3.35 米。选拔考试的内容是，僧人需以盘坐姿势从圆顶的空心处跃出，也就是以坐姿腾空。大卫-妮尔对此种神通有所耳闻，却从未亲眼见过。因为从生理上讲，这或许根本就不可能。

这项终极练习还有另一种形式。当僧人在伸手不见五指的黑暗中闭关三年之后，将被关进一间小屋中。七日之后，他们将从小屋墙壁上的一个方形洞口爬出来。谁能够设法脱身，谁就能成为狱卒"牛头"。

只有夏鲁寺的僧人才会进行这种修行。有些僧人还会在山上修炼神行。对于神行者而言，锻炼肌肉是次要的，修炼精神力量让他们可以飘浮起来，这才是最重要的。被评为狱卒"牛头"的跑手会从 11 月 11 日开始，连续一个月马不停蹄地奔跑，将所有的恶鬼一网打尽。

大卫-妮尔在西藏曾经碰到过两位神行者。第一位在蒲团上打坐，赤膊冥想，身上缠满了铁链。当他发现有人来时，腾空一跃便消失了。当地人解释，那位神行者会在身上缠上铁链，是因为他的身体太轻盈，轻易就会飘浮起来。这与世界其他地方的人所描述的见闻不谋而合。藏民们相信，最厉害的跑手具有特异功能，他们的身体很轻，可以飘浮在空中。

另一位神行者看起来像一位清贫的香客。在西藏，这样的香客随处可见。他以那种经典的腾空方式，爬上一处陡坡，速度快得惊人。接着他停了下来，但仍然是一副入定的样子。慢慢地，他恢复了正常，开始与一行人交谈。他原来在一座寺庙里修炼神行，可是他的师父走了，他只得去夏鲁寺继续他的修行。当骑行队伍的速度加快时，他便自动换成了弹跳的步态，口中念诵着师父所教的箴言，这会让他的呼吸保持着特定的节奏，有助于进入神行状态。后来，他嫌队伍走得太慢，没有意思，于是便在一天晚上，腾空跃进夜色之中，悄无声息地离开了。

跑手们专心背诵着箴言，同时配合着呼吸和跳跃的节奏，心无旁骛。他们不会左顾右盼，不会向后看，也不会说话，只是双眼盯住远方某处。在入定状态下，他们依然能够控制方向，看清障碍。空旷的平原是理想的训练场所。他们能够很快入定，尤其是在黄昏的时候。黑暗中，跑手可以盯着某颗星星看好几小时。初学者在星星消失后就看不见它了，而高级跑手依然能凭经验看到星星，并继续修炼。

在西藏，大卫-妮尔碰到了进行专业修行的高级跑手和行者。尽管她还是不相信藏民们说的所有事情，但她承认，神行的顶级修炼者确实身体轻盈，而且有极强的忍耐力。

日本神山与"回峰行"行者

比睿山是日本的神山。比睿山上住的僧人，就是世人熟知的"马拉松行者"。为了明心见性，化身成佛，他们必须行走、奔跑，修炼回峰行。回峰行是指拜遍比睿山和京都府的圣迹，而且走的都是崎岖不平的山路。这种修行的总距离比绕地球一周还要长。

谈到回峰行，还要从公元831年说起。那一年，"普度众生"的相应（Sō-ō）出生了。从很小开始，他便拒绝吃鱼吃肉，反而更偏爱清苦的修行生活。15岁时，他搬到比睿山的一间小屋中，开始了修行。相应引起了慈觉大师圆仁（Ennin）的注意。慈觉大师带领相应进入了密宗的神秘世界，并向他讲述了中国佛教转山朝圣的传统。在梦中，相应听见一个声音说："比睿山上众峰皆神。听诸神之言，日日巡拜圣迹，不得懈怠。不慢待一人，不轻视一物，方能领悟佛法之真义。"[3]相应于是把自然万物都视作佛的化身，身体力行，虔心拜佛。

公元856年，相应正式剃度出家。他在无动寺后的山谷里建了一间木屋，独自居住。随着相应和尚法力渐增，人们常常请他诵经念佛，以求治病、助产、驱魔，还可以缓解牙痛。在闭关修炼千日之后，相应与其他行者一道，在比睿山上修建了一处禅房。这里成为修炼回峰行的行者的休憩之所。在日本其他神山上，回峰行也十分常见。[4]

相应和尚卒于公元918年。据传，在他去世的那一天，比睿山上奏响了神乐。他的后继者依然在修炼回峰行。1571年，寺院遭到焚毁，大量史料丢失，导致此年以前回峰行的很多细节如今已无从知晓了。不过可以知道的是，到了1310年，许多日本行者又开始在山上修炼百日、七百日或千日"回峰行"了。1387年的《大行满游记》一书是这样记载的：行者每天都必须跑完40公里，一共须跑够700天，之后进行为期九天的"入堂"修行（即"四无行"，连续九天不饮、不食、不睡、不卧）。1585年，金光院的好运（Koun）和尚完成了千日回峰行，同时确定了这套严苛标准，并一直沿用至今。

比睿山的僧人属于佛教天台宗。回峰行涵盖了天台宗的所有要义：冥想、启智、自我牺牲、崇拜自然、行善等。要想在比睿山上的某个寺院中担任住持，必须连续完成百日回峰行。

在独立修行之前，初学者会得到全程指导。在修炼手册和师父的口头指导下，初学者将了解山上的地形和路径等必要信息。

行者修炼时身穿白色僧袍，腰带上别着一把匕首，以提醒自己，倘若无法完成回峰行，就只能自杀谢罪。行者在午夜起床，并在一个半小时之后，开始第一阶段的修行。行者穿草鞋修炼，而草鞋易坏，一天之内最多要换五双鞋。天气干燥时，一双鞋能穿好几天；而在雨天，草鞋几小时就穿烂了。因此，行者会随身多带几双备用。雨雪天气是行者的大敌，草鞋不耐穿，行走速度减慢，小路被冲毁，灯笼也被吹熄。在最糟糕的季节，行者的衣服都不曾干过。僧袍和斗笠是绝对不能脱的，行走路线也必须恪守。行走途中，行者不可以停下来吃东西或歇脚。一路上，行者还得念唱经文，不得偷懒。

回峰行线路全长29—40公里不等。每当行者遇到佛像、神树、神石、神桥、神瀑或神潭时，便会停留几秒或几分钟，双手合十叩拜行礼，而后继续赶路。回峰行全程共有255处需要参拜的神迹，所以行者的速度快不起来。山路崎岖起伏，更让他们放慢了脚步。走完回峰行所花时间的长短取决于天气。通常，行者到清晨七八点才能全部走完。每当年轻行者急于赶路时，年长的行者便会教诲道："身强体健、步态轻盈固然很好，但是，虔诚地参拜神迹同样重要，切不可怠慢。"

诵经，沐浴，午饭，打扫寺院，晚饭。在一天的忙碌结束之后，行者会在晚上八点左右睡觉。这样的生活节奏将重复100天。在第65天与第75天，行走距离将是56公里，而且途中还要经过百万人口的大都市——京都。为此，行者们可以认为，他们的努力对外界而言也是有益的。

对于初学者而言，最初的两到三周最为艰难。寒冷的山林中时常迷雾缭绕，他们不仅需要花大量精力记住山路，还要忍受身体病痛，如脚痛、身体僵硬、发烧、腿酸疼等。一个月之后，行者的身体开始渐渐适应这种节奏。大约两个月之后，他们就可以轻车熟路，应对自如了。

对于大多数雄心勃勃的行者而言，百日回峰行只能算是热身。志在完成千日回峰行的大有人在，他们发誓要完成这场长达七年的神圣马拉松。在前五年中，行者将完成七轮百日回峰行，每轮的单日距离均为40公里。第六年，行者将完成第八轮百日回峰行，单日距离增至61公里。第七年，即最后一年中，第九轮的单日距离增至最大值84

公里，而第十轮则降至 40 公里。十轮全部完毕，才算完成了千日回峰行。此时，行者行走的总距离将达到 246843 公里。[5]

在修炼完前七轮百日回峰行之后，行者们将迎来真正的难关——"入堂"测试：他们必须连续九天不饮、不食、不睡、不卧。行者将在两位老僧的监督下打坐。他们必须一动不动，只有在拜佛时方能中断，几乎没有任何运动量。当行者打瞌睡或快要倒下时，老僧会上前拍打他的肩膀，以示提醒。

在入堂之前，行者会提前减少进食量，从而减轻身体负担。第五天，因身体严重脱水，行者甚至能在嘴里尝出血的味道。这一天，行者可以漱口，但必须把水全部吐掉；他可以外出走动，感受皮肤吸收雨水的潮气。其实，入堂测试总共约七天半时间（182 小时），说成九天，是因为将头尾的天数都算了进去。不食、不眠、不饮，就是要让行者体验濒死的感觉。据记载，入堂原定为十天，但几乎没人能活下来，所以后来的时间有所减少。气候潮湿的月份不适合进行入堂测试，比如八月。在近代，有两名行者因在八月入堂，肝肠俱裂而亡。

断食、断水并非最难的部分，要保持头部不动，不眠不休，才是最难的。行者的感官会变得极其敏感，不仅可以闻到远处食物的气味，各种感觉也会更加灵敏。

第九天，在近三百名天台长老的见证下，行者将坐在圣坛前面，接受并喝下激发活力的特制饮料。许多人在走下大殿的时候都摔倒了，这象征着他们放弃了过去的人生。心理学家们研究后确认，此时行者的心理已接近濒死状态。行者已经从骨子里得到了净化，将用全新的纯洁眼光看待世界。

在重新进食数周之后，行者的身体会逐渐恢复，失去的体重也会长回来。再次恢复活力后，行者又会迫不及待地继续修炼回峰行。

要想完成每天 84 公里的百日回峰行，既需要勇气，也需要动力。行者会得到僧众和当地人的大量帮助，其中包括所谓的"推手"（shover），即人们从行者背后用裹着衬垫的棍子，小心地推他向前。

不过，也有一些行者谢绝这样的帮助。行者每天要赶 84 公里的路，穿过京都的大街小巷，为上千人祈福。他们将不停行走十六七个小时，几乎没有时间睡觉。不过人们常说："对于马拉松僧人来说，小憩十分钟就能抵上普通人睡五小时。"[6] 在这个阶段，好的助手可以发挥重要作用。当行者穿着古代僧袍来到城市的车水马龙之间时，也需要注意避让汽车。助手会为行者准备好饭食和干净衣物，也可以帮忙拿些东西，或指挥交通。助手的工作会代代相传。

1885 年起，共有 19 名行者完成了千日回峰行。只有正井观顺、奥野玄顺、酒井雄哉三位僧人成功修满两次。奥野玄顺曾经修过三次，不过最后一次时，他并没有每天自己跑步，而是被人抬着走的；而正井观顺则在坚持到第 2555 天时选择了自杀。大部分行者是在 30 多岁时完成的，但酒井雄哉是在 61 岁时修满第二次的。在修行途中，到底有多少人丧命或自杀不得而知。山路沿途有一些无名坟冢，埋葬着那些去世的行者。

这些行者并不是训练有素的运动员。他们通过劈柴、挑担等体力活，强健了体魄。他们平时吃素，生活俭朴。他们在深夜 1 点半吃早饭，最受欢迎的食物是面条、米饭、土豆、黄豆、绿色蔬菜、药草、蜂蜜和坚果。他们一天吃五顿，少量多餐，为完成每天的马拉松提供足够的热量和能量。酒井雄哉是比睿山上的一位素食者。在修炼 40 公里的回峰行时，他每天仅摄入 1450 卡路里的食物，但他的身体依然保持活力。他们的精神状态维持了良好的耐力。完成了千日回峰行的行者，都将成为最高级别的佛教圣徒。

这些艰苦的修行必须从佛法的角度进行理解。而光靠想是无法体会的，必须要通过亲身实践才能够领悟。"多走多看，多看多学。"[7] 行者的修炼过程在日文中叫作"因缘"（innen）——"因"是指从一个人内心中自发形成的、与佛陀精神相关的特质，而"缘"则是指当下的环境。

在比睿山上所有狠角色当中，最厉害的当数箱崎文应了。他是渔民的儿子。早年，他四处奔波，打一些零工，生活没有方向。在一次放纵之后，他被关入牢房。此时的他幡然醒悟。另一种说法是，他曾尝试在公园中上吊，但被比睿山的和尚救了，并指点他上比睿山。他决定将妻儿交给亲戚照顾，自己一路化缘，上山当和尚。

长老们不愿意接收这个破衣烂衫的陌生人，只有一个和尚对他表现出了善意。箱崎一开始是奥野玄顺的轿夫。由于奥野玄顺的腿瘸了，因此每天得靠人抬着转山。有一次，轿夫们拐弯太急，将奥野玄顺甩出了轿子，滚到山下。箱崎因此而受到责备，被赶到别的寺院里去了。但是在那里，他也处处遭人排挤。"我会在这里等你们让我进去，一直等到死。"箱崎坐在山门外说道。他一连等了四天，不吃不喝。和尚们用扫帚打他，用冰水泼他，他都不走。第五天，寺庙终于愿意接收他了。于是，他开始了疯狂的修行。

没有谁比箱崎走的路更远，没有谁比箱崎念诵得更用功。他在山洞里闭关修炼，莲花坐一练就是好几天，入定后丝毫不受环境影响，出定后又精力充沛、精神百倍地继续他的修行。

一次，一个登山的年轻人在暴雨中找山洞避雨，撞见了箱崎。此时，箱崎正好在修炼"四无行"，即九天不饮、不食、不睡、不卧，看起来好似一座雕像。年轻人吓得落荒而逃，一溜烟跑回自己的村子。对他而言，这是一次可怕的经历。箱崎修炼"九日四无行"的次数超过36次。通常，他会在年末修炼"四无行"，以净化身心。

公元9世纪以来，白衣行者们秉持佛教精神，在比睿山上修炼回峰行。个中艰辛、自我牺牲以及在回峰行过程中结下的兄弟情谊堪比运动员。今天，他们依然很活跃。在很多方面，他们比顶级运动员的要求还要严苛。就像其他人一样，当行者试图超越别人时，也会走极端。看来，有些人类想法是共通的，比如出人头地，比如完成了不起的壮举，世界各地的优秀跑手如是，日本最顽强的马拉松僧人亦如是。

第7章

人马赛跑

> 现在的年轻人已经与我年轻时截然不同了。以前,我们都渴望建功立业,而今天的年轻人只愿意待在家里,把冰镇蜂蜜酒和啤酒灌进他们的肚皮。
>
> ——维京老者于公元 10 世纪

"你骗人!"芒努斯·西居尔松(Magnus Sigurdsson)说。

"我没有,"哈拉尔·吉勒(Harald Gille)答道,"在爱尔兰,的确有人跑得比马更快。"

12 世纪初,在奥斯陆的一场酒宴上,两名挪威王子起了争执。众人坐在大厅里,一边享用美酒佳肴,一边相互吹牛。他们笑谈的内容有真有假,有面子最重要。哈拉尔·吉勒从小在爱尔兰生活,长大之后来到挪威,自称是挪威国王赤足者芒努斯(Magnus Barefoot)的儿子。国王当年的确曾在爱尔兰活动,并在那里生了几个儿子。

芒努斯·西居尔松说:"现在,我和你打一个赌,你跑步,我骑马。如果你能赢过我,我就把我的金戒指送给你。但如果你输了,我就砍掉你的头。"

第二天早上,芒努斯把哈拉尔叫过来比赛。哈拉尔身穿衬衣,披了件短斗篷,戴了顶爱尔兰帽子,手里握着一根长矛。芒努斯标记出了起点和终点，然而哈拉尔却嫌距离太长了。于是，芒努斯索性把距离拉得更长，可嘴上却仍然说不够长。在众目睽睽之下，比赛开始了。哈拉尔带上一根手杖，这是牧羊人的工具和武器。

哈拉尔一路奔跑，一直保持在马肩的位置。到达终点后，芒努斯却说："刚才，你抓了马鞍，是马儿拖着你跑的。"芒努斯有一匹来自约塔兰省的马，跑得更快。他与哈拉尔又比试了一次。这一次，哈拉尔一路上都跑在马的前面。到达终点时，哈拉尔问芒努斯："我刚才抓马鞍了吗？""没有，"芒努斯说，"但这次你抓的是马背。"

芒努斯让马喘了口气。等马歇好了，他飞身上马，双脚一蹬，马便飞奔了出去。而哈拉尔则站在原地不动。芒努斯回头看了看，冲着落后的哈拉尔喊道："你开始追吧！"哈拉尔跑了起来，而且很快就超过了那匹马。当他抵达终点时，马儿还落在身后很远。哈拉尔见赢了这么多，便躺下休息了。等芒努斯骑到终点时，他才起身打了个招呼。接着，二人便回了城。[1]

后来，哈拉尔和芒努斯一起争夺王位。哈拉尔弄瞎了芒努斯的双眼，砍掉了他的双脚，还让他当了阉人。

维京人骑的马属于冰岛短腿马，该品种很可能与挪威的峡湾马同源，是设得兰马和奥克尼马的杂交马种。冰岛马步态迟缓，既像溜花蹄，又像是小跑，并不是速度快的马种。但是，一个体重76公斤的男人骑冰岛马时，速度也能达到一分钟390—450米。有关人跑赢马的大部分资料都来自冰岛，这并非偶然。[2]

当我们就快要对一个动人传说信以为真时，还是应该抱有怀疑态度，因为斯堪的纳维亚的古代吟唱诗人极富想象力，对他们而言，写出精彩故事比直白记述事实更加重要。不过，维京人的确受到了爱尔兰体育运动的冲击和影响，这一点毋庸置疑。

在古爱尔兰有一项体育盛事——泰尔特运动会，它在中世纪持续了数百年，直到1168年诺曼人入侵后才停止举行。据说，泰尔特运动会持续举办了三百年。起初，开运动会是为了纪念已故的泰尔特王后

（Queen Tailte）。这位王后不仅美丽，还知书达理，对欧洲和东方的秘闻了如指掌。作为"西方世界中最优秀的女性祭司（druid）之一"，她的故事被人们津津乐道。³

泰尔特王后选择将自己安葬在一片风景如画、阳光明媚的树林中。这里距离她最喜欢的泰尔特镇（Teltown）宫殿只有12英里。她下令，奥纳克节（Aonach）的庆祝活动必须在这里举行。第一届运动会就是为了王后葬礼而举办的。后来，在每年的同一天，这里都会举办运动会。从8月1日开始，一直持续30天。

运动会的比赛项目很多，包括跑步、跳远、跳高、越野障碍赛马、投掷长矛、击剑、摔跤、拳击、游泳、赛马、战车赛跑、撑杆跳、射箭等，还有许多体育测试。除了体育比赛，还有音乐、歌唱、舞蹈、讲故事和手工艺等比赛。在运动会场地附近，甚至还开了一个集市，不计其数的商品在这里出售。人们还可以在此观看动物表演。这就是运动会的日常生活，本地人和远道而来的外乡人在这里交流思想，相互影响。

在爱尔兰其他地方也有类似的运动会，但泰尔特运动会是其中最古老、最重要且最盛大的。它也是其他民族学习的榜样，比如维京人。尽管跑步并不属于维京人最重要的生存技能，但在9世纪，斯堪的那维亚半岛的确涌现出了不少著名的跑手。

从民间传说中，可以找到许多关于维京体育运动的线索。据说，"维京人的体育比赛全都是从天神奥丁（Odin）那里学来的。"⁴体育比赛还包括各种脑力运动，一个真正的首领不光要善于动脑，还得善于运动。挪威国王奥拉夫·特里格瓦松（Olav Tryggvason）就是"在各项体育运动上都出类拔萃"的一个人，他也是一名优秀跑手。⁵

维京时代，男孩子从小在农场长大，身体迅速强壮起来。庭院中，操场上，男孩子们喜欢赛跑。平坦的草地就是他们的操场。当地人会在这里玩各种球类运动，一起跳舞，互相交朋友。年轻小伙子在这里举大石，锻炼身体，在峡湾中游泳，在自然中丰富自己的想象力。他们迫切希望可以射箭、骑马、击剑、摔跤,也向往滑雪和滑冰。

一听说成年男人远走他乡的故事,小伙子们便会热血沸腾,跃跃欲试。父辈们经常会出远门,所以他们会为孩子挑好"代父"(fostri),代替自己对孩子们进行体育训练。就像古希腊的斯巴达人一样,这种训练的目的是为了培养优秀战士。不过,这并非法律强制,而是通过引导和鼓励,让孩子们从心底认同战士的荣耀。我们熟知的运动员很小就开始锻炼。奥拉夫·特里格瓦松从 9 岁开始训练,到 10 岁时,他就已经常常与成年人比赛了。维京人的比赛跑道叫"斯凯"(skei),一般在田野或平原上。这一名词也会直接用来表示竞争,无论是斗马、赛马还是男子赛跑。

孩子们年满 12 岁,童年就结束了。接下来,男孩将面临维京远征的考验。公元 1000 年左右,大部分冰岛孩子的童年被延长至 16 岁。而在斯堪的纳维亚半岛的其他地区,童年被延长至 15 岁。过了这个年纪,少年们就可以参加体育比赛了。逃避体育锻炼是丢脸的行为:所有少年会去参加运动会。谁又会愿意成为一个躺在火炉边,伸着腿将母亲绊倒的废人呢?[6]

早在 10 世纪,一些上了年纪的人开始对懒惰的年轻人冷嘲热讽:"现在的年轻人已经与我们年轻时截然不同了。以前,我们都渴望建功立业,而今天的年轻人只愿意待在家里,把冰镇蜂蜜酒和啤酒灌进他们的肚皮。"[7]

公元 800—1100 年,斯堪的纳维亚半岛进入了人们熟知的"维京时代"。公元 793 年,维京海盗袭击了英格兰的林迪斯法恩岛(Lindisfarne),这是有确切历史记载的维京海盗的首次袭击。通常在经历了长途奔波之后,就该在海外永久定居了。但维京海盗依然会对英格兰、爱尔兰、法兰西、土耳其,甚至俄罗斯和黑海地区的河流腹地发动季节性袭击。

当挪威国王西居尔·约萨菲尔(Sigurd Jorsalfare)访问米拉加德(Miklagard,今天的伊斯坦布尔)时,土耳其国王问他,是愿意接受 6

船磅（shippound）的黄金（共约 1 吨），还是希望土耳其像挪威那样举办运动会。西居尔选择了运动会，并命令其部下参加比赛。[8]

即便是在海上航行，海盗们也要时刻保持肌肉的健康状态，不可松懈——所有的生存技能都得勤加练习。当一群海盗有说有笑地在陆地或水上比赛时，这场景不仅看起来酣畅淋漓，还具有重要意义：

> 此时，维京海盗的船队正泊在港口。他们在岸上安营扎寨，在草地上进行体育比赛，尽情享受放松的时刻。
>
> 亚尔马（Hjalmar）和奥瓦尔-奥德（Orvar-Odd）就是在这样的场景中初次见面的。当埃里克·马尔斯佩克（Erik Malspage）和兄弟向他们的父亲告别时，他的手下都在岸边等着。他们当中有的人在练习跳高，有的人在跑步，有的人在推大石，还有人在射箭。[9]

斯堪的纳维亚人相信，世界是由北欧神诸支配的。一个自由人的最大责任就是去勇敢战斗，为自己在瓦尔哈拉神殿（Valhalla，奥丁之家以及在尘世阵亡英雄的居所）的亡灵国度中争取一席之地。战死沙场重于泰山，否则只会被诸神和世人遗忘。战神的精神就是这个社会的主旋律，人们信奉血债血偿。

每三年，维京人都会前往瑞典哥德堡（Gothenburg）西侧的群岛，在其中布兰诺岛上的市场中，人群摩肩接踵。有的人在喝酒，有的人正参加各类娱乐活动，包括摔跤、游泳、举重、球类运动、射箭和跑步。[10]

瑞典学者贝蒂尔·瓦奎斯特（Bertil Wahkqvist）对 106 篇民间传说、北欧吟游诗歌和散文进行了研究，其中半数篇章均与体育有关。在 300 多次引用中，游泳名列榜首，被引用了 41 次，其次是摔跤（30 次）、举重（29 次）和击剑（19 次），跑步被引用了 13 次。[11]

体育比赛是人们在聚会、宴会、圣诞节和婚礼等活动之后的娱乐项目。在体育比赛中，甚至连奴隶和国王都有可能碰面。国王的皇宫和首领的庭院是体育比赛的主要场所。因为，这里住的都是最有活力和竞争力的人、首领的部下和当地武士。在大殿或殿外举行体育比赛，就相当于和平时期的军队演习，首领本人既可以当观众，也可以当参赛选手。在民间传说中，这样的情景屡见不鲜。伟大的维京人从不服老，60岁了还照样参加比赛。在比赛之前，老年人尤其需要泡一个热水澡，做做按摩。训练有素的按摩师会帮他们调动肌体的活力。

冰岛诗人斯诺里·斯蒂德吕松（Snorri Sturluson）在《新爱达经》（*Younger Edda*）中提到了跑道的长度。当雷神托尔（Thor）去见冰雪巨人洛基（Utgard–Loki）时，带上了被誉为飞毛腿的特耶尔维（Tjalvi）。[12] 但是，特耶尔维却被一个男孩打败了。这个人就是胡吉（Hugi）。斯诺里写道，在平地的1.5倍箭程赛跑中，胡吉轻而易举地连续三次打败了特耶尔维。箭程赛跑的距离相当于240英寻，所以，跑道全长约为400米。特耶尔维和胡吉在两个标记之间折返跑，俩人很可能总共跑了1.6公里。

胡吉是一个梦幻般的人物，是冰雪巨人洛基利用幻觉虚构出来的人物，以一个小男孩的形象表现出来。"胡吉"是思想的化身，因此连飞毛腿特耶尔维都是它的手下败将。

与其他许多运动相比，跑步的地位比较低，因为大敌当前临阵脱逃是懦弱的表现。相比之下，骑马的地位则要高很多，优秀的男人更喜欢用骑行来代步。皇家军队的先锋部队就是骑兵，骑兵们有一个随行的男孩，抓着缰绳跟着他们跑。有的士兵善于在陡坡上跑步。在攻城时，尤其是遇到城墙时，这种飞檐走壁的功夫很有用处。最厉害的士兵甚至可以在近乎垂直的墙壁上奔跑。

划船时，在船桨之间来回跑也是一种跑步技巧。奥拉夫·特里格瓦松就能够做到这一点，他跑步时能同时跨越三支船桨。哈拉尔·吉勒也有这个本事。他的平衡感很强，可以在船全速开进时，在船桨间奔跑，从船的一侧跳跃到另一侧，然后再跑回到起点。[13]

在斯堪的纳维亚半岛之外，意大利地理学家是这样描述斯堪的纳维亚人的跑步速度的："丹麦跑手是所有民族中跑得最快的。"梅泽堡的蒂特马尔（Thietmar of Merseburg）也表示："在基塔瓦（Kitawa，今天的基辅），有许多跑得飞快的丹麦人。"[14]英格兰国王飞毛腿哈罗德（Harold Harefoot）有此称呼，正是因为他具有超群的跑步能力。在爱尔兰语中，维京人的本义就是跑得最快的人。爱尔兰人习惯将后脑勺的头发剃光，以便在逃跑时，不让斯堪的纳维亚人抓住头发。

不过，哈拉尔·吉勒的故事说明，斯堪的纳维亚人并没有觉得自己跑得很快。相反，他们觉得跑得最快的人其实在爱尔兰和苏格兰。在关于红发埃里克（Eirik the Red）的传说中，提到了哈克（Hake）和哈吉娅（Hekia）夫妇。他们俩都是苏格兰奴隶，跑得比鹿还快。奥拉夫·特里格瓦松把他们俩送给了红发埃里克的儿子莱弗·埃里克松（Leif Eiriksson）。埃里克松又将他俩带到了文兰（Vinland，位于北美洲）。这对苏格兰夫妇被派去侦察南方的土地，36小时之后返回。两人身穿特制的跑步服装，短袖短裤。侦察返回后，他们带回了葡萄、野生麦子和大致的地形信息。所以说，这对苏格兰夫妇恐怕算是最早在美洲跑步的欧洲人了。[15]

维京人不光善于短跑，还有不少关于长跑的传说。格雷特·阿斯蒙德松（Grettir Asmundsson），人称"壮汉格雷特"（Grettir the Strong）。他是当时最伟大的运动员之一。直到今天，坊间还流传着他的精彩传说。格雷特擅长跑步和游泳，但他最厉害的本事是力气很大。作为运动员，他可谓是家喻户晓，但除了体育之外，他的日子却过得并不好。他性格多变，时而暴躁，时而友善，时而天真，时而多疑。格雷特后来被流放到冰岛北部的一个名为德兰戈伊（Drangoy）的小岛上。这里到处是绝壁悬崖，只有一条小路可以让人爬上这个海拔150米的孤岛。

有一次，格雷特遇到了吉斯利（Gisli）。二人开始比起剑来。不一会儿，吉斯利就扔掉了手中的剑，飞快地逃到了山下。

格雷特紧追不舍。他给吉斯利时间，让他把想扔的东西都扔掉。吉斯利一有机会，就会脱掉更多的衣服。格雷特控制速度，让二人始终保持一段距离。翻了一整座山之后，吉斯利的身上只剩下亚麻内衣了。此时他已感到体力不支。

格雷特追了上来，近到伸手就可以抓住他。吉斯利不停地跑着，一直跑到了河边。可是河上的冰已经裂开了，要想过河太难了。

但是，吉斯利还是准备跳进水里。就在那一刹那，格雷特抓住了他。可见格雷特跑步有多么厉害。[16]

在他们追逐了 8 英里之后，格雷特用一大堆树枝痛打了吉斯利一顿。

在运动方面，维京人的确超过了当时的许多欧洲民族。那些曾经被维京海盗攻击的民族，全都在编年史中恶言相向，无情咒骂，但无不惊叹于维京人的勇气、力量与运动能力。斯堪的纳维亚人从小就刻苦锻炼，体格都十分健壮。无须进行更多比较，我们就可以负责任地说，在那个时代，维京人在体育方面的成就堪比希腊人。

苏格兰山地越野赛

苏格兰人自古就有跑步的传统。苏格兰高地的部落首领经常组织赛跑、投掷和举重等活动，并从中选拔优秀的卫兵和信使。国王马尔科姆·坎莫尔（Malcolm Canmore）就曾组织过一次这样的选拔。他承诺，登顶克里戈·科因尼克山（Creag Choinnich Hil）并返回的第一名可以得到一袋金子和一把宝剑。

比赛开始了。众望所归的麦格雷戈（MacGregor）兄弟一路领先。在最后关头，麦格雷戈家的小儿子赶上并超过了自己的两个哥哥。弟弟问两位哥哥:"咱们一起分奖品吗?""每个人都为自己而战。"哥哥们答道。他们继续向前跑,弟弟暂列第二,后来又追上了大哥。当他超过大哥时,大哥抓住了他的裙子。弟弟扯掉自己的短裙,最终光着腿赢了比赛。[17]

就这样,首次苏格兰山地越野赛结束了。

13世纪起,苏格兰人开始在山地运动会中进行各种比赛,例如掷木、扔锤、跑步等。很少有其他国家将这种比赛活动的传统延续至今。1314年,苏格兰人在班诺克本(Bannockburn)战役中击败了英格兰人之后,在法夫郡(Fife)的锡里斯(Ceres)举行运动会,庆祝自由之战的胜利。16世纪,英国史学家拉斐尔·霍尔姆希德(Raphael Holmshead)是这样评价苏格兰人跑步的:"他们注意保持身体健康,跑步或者打猎时,不论是从山顶到山脚,还是从山脚到山顶,他们的速度都快得很。"[18]

意大利的跑步节

在意大利的维罗纳(Verona),人们每年都会举办跑步节(Corsa del Palio),也叫"绿布赛跑"。参赛选手全都裸体赛跑,获胜者可以得到一块绿色的布作为奖品。最后一名会得到一个公鸡奖杯,这是一件很没面子的事。他必须绕场一周,被人们嘲笑,而且任何人都可以抢走这个公鸡奖杯。跑步节开始于1207年,是为了庆祝维罗纳城邦战胜了圣博尼法奇奥宫廷(Counts of San Bonifazio)和蒙特基(Montecchi)家族而举办的。在但丁(Dante)《神曲》的第15首第121-124行中,也曾提到过这个比赛:

接着,他转过身,看起来就像一名参加维罗纳绿布赛跑的选手。他看上去就像一位胜利者,而非失败者。

但丁还描写过地狱奔跑：在地狱里，必须无休止地绕圈奔跑。这里只有无尽的痛苦和折磨。只要一停，就会被身后的牛虻和马蜂叮咬，所以根本没办法休息。但丁将魔鬼形容成一个跑得很快的跑手，张开翅膀全速前进。

维罗纳的绿布赛跑于每年四旬斋（Lent）的第一个周日举行。它是一项全城的庆祝活动，是人民的狂欢。这种赛跑和现代体育竞技并不是一回事。市政厅有权对市区的比赛线路做出调整。据了解，比赛线路从通博区（Tombo）开始，途经相邻的圣露西娅区（Santa Lucia），沿着南城墙，经过帕利奥门（Porta al Palio），穿过平原，然后向斜后方穿过城墙，返回主街，最终抵达圣费尔莫（San Fermo）大教堂。

1393 年，在绿布赛跑当天，又增加了一场赛马比赛。赛马冠军的奖品是一块红布。妇女们也可以参加绿布赛跑，赢得冠军的绿布。但女选手必须是"正经女人"。不过，如果没有"正经女人"愿意参赛的话，妓女也可以参加。1450 年之后，比赛的日期改为忏悔节（Shrovetide）前的最后一个周四，这通常是在 2 月。

关于维罗纳绿布赛跑的筹备及赛后庆祝等细节描述，并没有什么相关史料。但我们知道，颁奖是比赛活动的重要步骤。在绕场过程中，人们会对获奖者表示祝贺，对失败者一片嘘声。这个传统活动一直举办到 19 世纪。选手们会提前进行训练，避免沦为丢脸的最后一名。在狭窄的街道上，选手们尽力奔跑，周围挤满了欢呼的人群。大家都迫切想知道谁会取胜。随着时间的推移，绿布赛跑变得越来越像一个竞技赛事。[19]

在 13—15 世纪，意大利的每个城市每年都会举办男子、女子、儿童赛跑及赛马、赛驴等活动。在意大利北部城市费拉拉（Ferrara），女子赛跑成为一道亮丽的风景。该比赛的第一名会获得一块红布，而落后的选手也有奖品。意大利城市的四周都建有城墙和防御土墙。在战争期间，贵族们会封锁道路，藏身于高塔之中。意大利的跑步文化最早可以追溯到罗马运动会时期。

中世纪，意大利是希腊古典知识在欧洲的一个重要守护者。帕多瓦（Padua）的彼得洛-保罗·维捷拉（Pietro-Paulo Vergera，1348—1419）教授通读希腊古代典籍。他认为，人民需要运动会，需要体育锻炼，人应该对自己的身体心存敬意。对于多数人而言，这样的言论过于偏激。但在意大利各城邦的宫廷中，在哲学家们心中，"完满全能之人"（lyuomo universale）已经成为当时一个重要的座右铭。当时，人文主义思潮正在处于蓬勃发展时期。与此同时，王室之间明争暗斗，他们都需要身体强壮的士兵。

14—15世纪，许多希腊知识分子逃离了拜占庭帝国，来到意大利避难。这再次点燃了意大利人对古希腊历史和文化的兴趣。1430年，意大利政治家及作家马特奥·帕尔米耶里（Mateo Palmieri）在其著作《市民生活之书》（*Book Concerning Civil Life*）第三卷中，将奥运会选为该书的主题。[20]

意大利人文学家维吉留斯·波吕多罗斯（Virgilius Polydorus）在其1491年版的百科全书《万物起源》（*Concerning the Origin of Things*）中，描写了古希腊的四大田径运动会。该著作有20多个拉丁文版本，还有20多个其他语言的译本，其中最早完成的是1537年的德语译本。该书出版于意大利威尼斯，激发了全欧洲对希腊历史的广泛兴趣。在意大利、法国、德国、荷兰和英国等地，该书的读者越来越多。人们开始对古希腊的体育传统有所了解。

1530年，红衣主教雅各布·沙杜里多（Jacopo Sadoleto）出版了著作《教育思想研究》（*De liberis recte instituendis*）。在该书中，他建议人们通过跑步来锻炼身体，而不要将跑步视作一种军事训练。在该书出版前的几个世纪，欧洲经历了辉煌的骑士时代。然而，在提到意大利伦巴第大区（Lombardy）时，他怀疑未来的伟人能否发现户外运动的价值："他能否领悟到贵族后代与乡下孩子一起花时间摔跤、跑跳的好处。我不认为这会对他们造成伤害。"[21]

女子赛跑是意大利在这一阶段的一大特色。[22]在佛罗伦萨

（Florence）和意大利其他城市举行的各种狂欢节上，女子赛跑也属于庆祝活动的一部分。一些其他的欧洲国家也曾举办过妓女赛跑，有时是在狂欢节举行，有时是单独举行。1501年，连教皇亚历山大四世（Alexander Ⅳ）这样的大人物，都曾经邀请人们去罗马观看此类比赛。

卢卡（Lucca）城主卡斯特鲁乔·卡斯特拉卡尼（Castruccio Castracani）带兵围攻佛罗伦萨时，想要羞辱当地居民，便在城墙之外举行了妓女赛跑等体育比赛。在他死后，佛罗伦萨人以牙还牙，派自己的妓女去卢卡城门外赛跑，让卢卡城颜面扫地。

妓女们跑步时会遭受人们的嘲笑。她们赛跑不是为了争得冠军的红布，而是为了钱。观众会故意将她们绊倒，这样的哗众取宠是人们心照不宣的。然而，这些妓女也打着自己的算盘。她们将未来的潜在客户都记在了心里。有时，她们还会裸跑。比赛结束后会进行颁奖。奖品是一些彩布和织物，都是妓女专属的艳丽色彩，一眼便可认出来。

妓女们生活在特定的街道上。她们脸上画着独特的妆容。这个圈子有些类似于行会，要想当妓女，需要先通过考试。妓女们会一起吃饭，共同分担日常开支，也建立起了一种团结意识和职业自豪感。妓女赛跑活动持续了几十年，满足了人们找刺激的低级趣味。妓女或许比大多数女性享有更大的自由，但同时她们也备受歧视。

良家妇女也会参加跑步比赛。有时，她们会在比赛时头顶水碗，或者手提水桶，目的是不让水在跑步时洒出来。稍有闪失，她们就会把身子淋湿，成为笑柄。有时，女选手们也会相互鼓励，就像德国符腾堡（Wurtemberg）的牧羊女一样。市政厅的议员会骑马跟在她们后面，控制局面，防止作弊、抓挠、扯头发及打斗行为。尽管如此，选手们还是常常会吵架，甚至大打出手，故意绊倒对方，在草地上摔跤打滚。男人们最喜欢看这群光腿的牧羊女火冒三丈——女人打起架来会将所有禁忌抛在脑后，动作难免不雅，这让男人们看得津津有味。

为神裸跑

1419 年，对天主教会和罗马教皇的批判和反对声浪愈演愈烈，基督教亚当派在波希米亚（Bohemia）走向兴盛。亚当派信徒通过在大街上裸跑的方式，来抗议教会的堕落。这在当时的社会产生了轰动影响，因为在古代社会，裸体和人的身体都被视为有罪。一群赤身裸体的人在狭窄的街道和拥挤的广场上飞速奔跑，这就像魔鬼入侵，令人难以置信，怒火中烧。这让那些衣着得体、循规蹈矩上班族感到难以接受。裸跑打破了人们的全部日常规范，而亚当派的裸体宗教仪式则更加令人震惊。

公元 2—4 世纪，基督教在北非和埃及部分地区出现并发展起来。15 世纪的亚当派不过是古老基督教的一个新变种。亚当派在进行社区礼拜活动时，奉行神圣的裸体主义。14 世纪时，在荷兰出现了亚当派信徒。一个世纪后，亚当派逐渐发展到波希米亚和德意志等地。许多亚当派信徒聚居在波希米亚内扎尔卡河（Nezarka River）的一个小岛上。1421 年，他们被驱逐出境。

亚当派信徒自称"末日圣徒"。与其他末日教派一样，他们相信，上帝可与他们直接对话，并且只与他们对话，向他们发出关于世人道德瓦解的最后警告。他们必须劝诫整个世界，劝诫这个以教堂为中心、由教士统治着的世界。

亚当派反对包括婚姻在内的许多事情。他们信奉自由恋爱，提倡人们因彼此吸引和自然而然的快乐而相爱，反对包办婚姻形成的夫妻关系。他们引用了耶稣对税吏和罪人的观点，并表示在 15 世纪，即便是善良而受人尊敬的人也很难进入神之国度。通过裸跑，他们试图向世人表达他们对于纯洁和无邪的看法。可是，他们最终被污名化，被当成了疯子。据中世纪编年史记载，亚当派信徒曾被人视为巫师，并被活活烧死。[23]

令人捧腹的大众娱乐

德国史学家暨文化社会学家亨宁·艾希贝格（Henning Eichberg）指出，在16—17世纪的欧洲，包括跑步在内的大众体育其实属于一种"娱乐文化"（culture of laughter）：运动会提供了一个欢声笑语的场合，让人们可以聚在一起。[24] 它并没有发生在特定的体育竞技场中，而是发生在人们的日常生活中，在街巷，在那些常常举行其他活动的地方。情景喜剧和欢笑是其重要组成部分。如果比赛时设有障碍，是一场抓人与被抓的围猎，或是夹杂赌局的负重赛跑，那它一定会受人欢迎，一定会出现欢乐的场面。大众体育可以比竞技体育玩出更多花样。[25]

中世纪，大众体育和大众运动会的关键人物是小丑。他们在人群中穿梭，搞恶作剧。当人们不守规矩时，小丑会用他的木剑戳人，把欢笑带给周围的每个人。他将体育比赛中最搞笑的一面呈现给大家，引得观众哈哈大笑。

杂耍艺人和杂技演员也常常出现在跑步、跳远、投掷和举重等赛场上。这些喜剧演员营造出一种欢乐的氛围。他们会将戏谑和嘲笑的矛头指向那些外乡人、贵族或上层阶级，因为这些人的傲慢无礼早已引起了众怒。跑步是狂欢节的保留节目。在这样的场合中，日常规范不必执行，打破禁忌也无须受罚。

直到16世纪，中欧的贵族和神职人员一直在参与上述娱乐活动。由于普通观众可以嘲笑或喝倒彩，他们也成为人们发泄和娱乐的对象。但是，被成百上千的喝醉的、兴奋的观众所环绕，让教士和贵族们感到很不自在。他们很少有机会在跑步或举重比赛中取胜，因为在由普通人说了算的几小时中，他们是被愚弄的对象。所以，贵族和牧师们逐渐退出了这些比赛。从16世纪开始，中欧多地市政厅担心此类娱乐活动会动摇政府权威，败坏居民道德，于是颁布了禁止令。18—19世纪，这种"娱乐和力量的文化"在许多地方都遭到了压制，不过，在英国却是个例外。

第 8 章

赌博、时钟和扫帚

> 道路被堵得水泄不通，人们斗殴到手指关节都流血了，牙齿也打掉了。他们喝了太多的酒，有许多人受伤了，警长为了恢复秩序，只得将这个女人抓了起来，关进监狱。
>
> ——1830 年，一名 70 岁的苏格兰老妪尝试在 24 小时内跑完 96 英里

屠夫普雷斯顿（Preston），人送外号"利兹的飞毛腿屠夫"。与卖肉相比，普雷斯顿通过赛跑挣到的钱反而更多。他是 17 世纪 80 年代英格兰最好的长跑运动员之一，不仅精明，还可以在必要时瞒过几乎任何人的眼睛。1688 年，普雷斯顿曾在 6000 名观众的见证下，与国王最喜爱的皇家跑手一决高下。人们都不看好这个屠夫，因为谁都知道，国王的侍卫跑得有多快——他过关斩将，脱颖而出，唯一的工作就是听从国王的命令，完成各项跑步任务。而一个默默无闻的屠夫是多么微不足道，至少观众是这样想的。于是，他们掏空了口袋，拿所有的钱赌屠夫会输。有些人还增加了赌注，全都压注国王的侍卫会赢。

出乎所有人意料的是，普雷斯顿率先到达了终点。当天，大批赌徒输掉了自己的马和马车，只能拖着沉重的步伐走回家。他们输光了口袋里的所有钱，得到了惨痛的教训。在赌跑之后，听到"破产"和

"身无分文"等字眼并不稀奇。普雷斯顿和助手一边数钱,一边计划着下一站该去英国的什么地方惊艳亮相。

不过,流言不胫而走的速度,比屠夫跑得还要快。不论普雷斯顿试图在哪里发起新挑战,得到的答复全都是"不"。没人愿意拿自己的钱与这样难得一见的跑步天才对赌。于是,普雷斯顿只得搬去伦敦生活,隐匿于人群之中。他改了新的名字,换了新的打扮,穿上新衣服,留了新胡子,将自己改头换面了。他在一位贵族家找到了工作,成为一名碾磨工。他故技重施,凭借本事骗过所有人,在各种赌跑比赛中来去自如而不被发现。能这样,是因为普雷斯顿所活跃的那段时间,恰逢英国赌跑活动发展的上升期,而且测距方法和计时手段也有了进步。[1]

1588年,伊丽莎白女王将"英里"(mile)标准化为现在的5280英尺(约为1609米)。不过,这个单位其实最早起源于罗马帝国。古罗马人以两步的长度来测量距离,罗马士兵行走1000个双步的距离大约是1479米。在罗马街道上,每隔1000个双步就用一块里程碑(milestone)标注出来,以此来测量道路的长度。罗马帝国灭亡之后,虽然这些里程碑依然留在原地,但罗马的新统治者推行了新的长度单位。

17世纪,英国人埃德蒙·冈特(Edmund Gunter)用一条铁链来测量距离,其长度为66英尺(20米),主要用于测量收费公路,在道路两旁放置里程碑。[2] 在钟表技术实现划时代进步之前,测量技术就已先行发展起来了。

由于修道院需要提醒人们祷告时间,对时钟的需求也就应运而生了。"clock"(时钟)一词来自拉丁语中的"clocca",意为教堂钟声。修道院使用钟声来提醒人们进行日常仪式的时间,而非出于测量时间本身的目的。到了14世纪时,越来越多的教堂和市政厅也开始每隔一小时就敲一次钟,以向人们提示时间。居民们可以"听见"时间的流逝,也逐渐形成了一种时间观念。在1330年左右,机械钟表投入使用。1500 年之后，德国人彼得·亨莱因（Peter Henlein）发明了上发条的钟表，实现了计时技术的重要突破。

1556—1580 年，土耳其发明家、全能天才达兹艾丁（Taqi-al-Din）发明了第一批可以精确计时到分甚至秒的时钟。他利用这些时钟来观测天文数据，比如确定恒星的位置等。

1670 年，人们发明了摆锤弹簧。不久之后，质量最好的时钟就已经可以将每天的误差控制在 10 秒之内了。自 1721 年起，时间测量已经可以精确到秒。十年之后，秒表诞生了。[3] 在赛马比赛中，计时增加了记录精确时间的可能性。对于任何买得起或借得起钟表的人来说，只要请个钟表匠来帮忙监督计时，就可以对时间进行精确测量。

英国人恐怕是最早开始对跑步精确计时的人。早在 1606 年，英国人就开始在赌马比赛中计时了；1661 年之后，英国人还曾对竞走比赛进行计时。随着赌跑的出现，"以时间定胜负"的观念日益普及，而对固定距离的赛跑进行计时的做法也变得越来越常见。

对比赛的输赢下注打赌，在英国是十分常见的。不过渐渐地，英国人开始专门为了赌博而组织比赛。这些赛事由赌徒和博彩公司组织参与，他们会从收入中拿出一部分支付给运动员。"以时间定胜负"的做法出现时，英国刚刚步入了工业时代。在某种程度上，它也象征着工业时代的到来。

随后，英国人率先又开始对比赛成绩进行记录。早在 18 世纪，赛马的成绩记录就已经出现了，其目的是为了记录冠军马匹的育种信息。18 世纪时，英国已经对所有的男子和女子赛跑进行计时，但是比赛的成绩并不会被记录。直到 19 世纪，英国人才开始将跑步比赛的成绩记录在册。

对于英国人来说，什么比赛都可以拿来赌，就连残疾人赛跑、老人赛跑或儿童赛跑也不例外。他们下注的内容包括比赛成绩和圈数，还包括某个时间点的选手排名。所有与选手及成绩有关的内容皆可下注。赌跑比赛种类繁多，例如踩高跷赛跑、拄拐杖赛跑、假腿残疾人赛跑,还有胖人与背着人的瘦人赛跑等。1763年,一个鱼贩曾尝试将56磅的鱼顶在头上,从海德公园(Hyde Park)跑到布伦特福德(Brentford)的第七座里程碑处。他与人打赌,自己可以在一小时之内到达。结果,他的成绩是45分钟。他赌赢了。为了让比赛结果更难预测,比赛还可以附加特殊条件,比如让跑步最快的人穿上笨重的靴子,让跑步最慢的人穿上轻便的跑鞋,或干脆光脚跑步。赌跑并非英国特产,在其他国家也同样存在。赌输的人必须给赢者买上一杯酒,比如啤酒或白酒等。[4]

1737—1747年,法国神父勒布朗(Le Blanc)旅居英国。他认识一个年轻的英国贵族,此人十分渴望成为英国的跑步冠军,于是不惜与那些靠跑步谋生的底层跑手展开激烈竞争。他家里很有钱。选择跑步为的是出名,而不是钱财。这个年轻贵族过着俭朴的生活,每次训练时,都要练到身体的极限才肯罢休。在外人看来,他不可能比那些为了生存而跑步的工人和农民跑得快,但他却通过坚持不懈的努力,打败了所有的职业"脚夫"(footmen),而这些人的水平和成绩,在18世纪中期已经相当之高了。年轻贵族通过赌跑发了财。他总是押注在自己身上,因此而赚得盆满钵满。法国神父完全无法理解,为什么他情愿放弃舒适而愉快的生活,而选择控制饮食,喝稀奇古怪的大杂烩,把自己折磨到大汗淋漓再去按摩,让自己成天泡在汗水里。勒布朗认为,像他那样的控制饮食和劳累程度,对身体肯定是有害的,至少长期来看是有害的。他觉得,只有当人出现病态思想时,才有可能对成名如此渴望。因此,他告诫人们不要效仿。[5]

多数体育历史学家一致认为,计时是现代体育运动的一种标准,是其不同于民间运动的区别所在。美国的艾伦·古特曼(Allen Guttmann)强调,要想划分现代体育的开端是不可能的,因为历史进程太过复杂,难以追溯。他认为,现代体育的特征是世俗化,即不夹带任何宗教的成分,人人皆可参与其中:"现代体育运动更专业,更合理,由官方机构进行组织,而且对量化的追求达到了近乎疯狂的程度,

而比赛成绩的量化也成为可能。"⁶

多佛奥运会

要说17世纪最古怪的体育赛事，当数由罗伯特·多佛（Robert Dover）先生倡议的奥运会了。经国王詹姆斯批准，多佛奥运会（Dover's Olimpicks）于1604—1612年在英格兰的科茨沃尔德丘陵（Cotswold Hills）举行，时间安排在降灵节周（Whit Week）的周四和周五。

1582年，罗伯特·多佛出生于英格兰的诺福克市（Norfolk）。其父约翰·多佛（John Dover）是一位绅士。多佛年轻时就读于剑桥大学。在开始职业生涯之前，他曾当过教士，学过法律，涉猎颇为广泛。1611年，已经结婚生子的他搬到了科茨沃尔德的圣伯里（Saintbury）生活。⁷

在这里，多佛的名字与奥运会结下了不解之缘，尽管我们不清楚，多佛究竟是新创了这个运动会，还是重振了它。关于多佛奥运会，最翔实的现代资料是1636年出版的诗集《记多佛》（*Annalia Dubrensia*）。该书以诗歌的形式称赞了多佛的努力，书中有33首支持多佛倡议的作品，有点政治声明的味道。⁸

这些作品都出自著名诗人之手。他们将多佛运动会看作英国民间生活恢复生机的表现，有百利而无一害，并称多佛奥运会并不像清教徒们所说的那样，会使人们道德沦丧。这本书引起了英国举国上下对多佛奥运会的关注。要知道，当地贵族也参加了比赛，连国王都表示支持。

清教徒对体育运动和娱乐活动的态度相当严苛，而奥运会正是对清教徒的挑战。清教徒承认娱乐的重要性，并非谴责所有的运动，但他们反对那些会诱发赌博和酗酒的活动。他们还认为，奥运会容易让人联想到异教徒的狂欢。他们还反对斗鸡等为了娱乐而杀害动物的活动,也反对各种破坏安息日的行为。清教徒相信,在安息日当天,哪怕是些不起眼的行为都有可能导致永恒的毁灭,而负罪之人将被地狱之火焚烧,永世不得翻身。对罪恶和地狱的恐惧,始终贯穿着清教徒的一生。还有一些清教徒地主会禁止其仆人和农场工人在周日参加体育活动。

多佛奥运会开幕时,成千上万的人来到科茨沃尔德。他们来自不同的社会阶层,有的步行前来,有的乘坐马车,最远的要赶60英里的路。露天圆形竞技场的草地上,人们看到罗伯特·多佛骑着马,身披斗篷,头戴皇室服饰中的羽毛帽,带领游行队伍向前走去。马匹和人们都佩戴了黄色丝带作为装饰。所有人都在向运动会之王多佛致敬。人们对他充满欣赏和尊敬之情,他既高贵又亲民,在每个社会阶层都有属于自己的朋友。

看台上有专门为贵族搭建的观赛凉棚。普通观众席地而坐,一边吃喝,一边观看比赛。号角和礼炮的奏响,拉开了运动会的序幕。比赛项目包括赛马、打猎、摔跤、击剑、跳舞、掷锤和跑步等。数百名参赛者为了争夺银器奖品和荣誉而彼此竞争。多佛奥运会是一场万众瞩目的特别盛会。观众每年都会前来观看,留下一生难忘的回忆。

在很多方面,罗伯特·多佛都让清教徒感到不安。他帽子上绚丽的巨大羽毛已经宣布了,他不是清教徒。清教徒是不会在帽子上戴羽毛的,有些人甚至连戴高帽都反对。多佛奥运会有意避开了安息日,但清教徒也不希望奥运会在降灵节周举行,他们担心庆祝活动会失控,导致人们酗酒和打架。

1617年,詹姆斯国王在巡游途中,听说在兰开夏郡(Lancashire),清教徒正阻止人们在周日晚上的教堂礼拜后参加合法的运动会和体育活动。于是,国王颁布了《体育之书》(*The Book of Sports*),宣布人民拥有娱乐的权利,周日也不例外,并表示娱乐有利于人民的身心健康。英国所有教区教堂都将宣读此书,凡是不遵照执行者都将受到起诉。

多佛本人从未提起举办奥运会的具体原因。不过,这个运动会多半只是为了娱乐而已。在《记多佛》一书中，多佛及其朋友提到了希腊的奥运会，并与多佛奥运会进行了比较。但为了振兴希腊奥运会而举办多佛奥运会，似乎并不太可能——他们更希望的是，多佛奥运会能发扬英国精神，与时俱进。

与其他许多运动会一样，多佛奥运会一年一度。不过，赛场上并没有涂满橄榄油的裸体选手，英国运动员都穿得很多。比赛的各种细节均按照英国人的方式来，与天气相适宜，不会突破英国人的道德禁忌。灵魂比身体和救赎更重要，获得永生比我行我素更重要。市面上当然会有一些书建议人们爱护身体，但这样的观点并没有引起广泛反响。

多佛对运动会的可观赏性和娱乐性也很有见地。与皇家城堡相比，他的城堡并不算大，但模仿了三处皇家建筑，吸引了很多好奇的游客。城堡的空间足够让人们进入参观，其防御功能也相当强大，配有可以发射弹药的小型加农炮。这些炮弹威力巨大，多佛必须得到皇家的许可，才能在奥运会开幕时，在自己的城堡里举行鸣炮仪式。这也是观众最期待的精彩一刻。

罗伯特·多佛于 1652 年去世。最后一届多佛奥运会在同年举行。此后，多佛奥运会中断了数年。1660 年，斯图亚特家族复辟成功，多佛家族也重新开始举办多佛奥运会，一直持续到 1852 年。后来，多佛奥运会再次恢复，并一直保留至今，前后已有四百年历史。

莎士比亚很可能是 17 世纪众多体育观众中的一员，因为他对这种广受欢迎的活动也很感兴趣。他了解跑步，并在不少剧作中都提到了跑步。在《亨利四世》第一幕第二场中，叛军士兵莫顿（Morton）向诺森伯兰伯爵（Earl of Northumberland）通风报信，告诉他什鲁斯伯里（Shrewsbury）战败的消息：

"莫顿，你是不是从什鲁斯伯里跑来的？"
"我是从什鲁斯伯里跑来的，我高贵的主人。"

这段路程有 350 英里，对于一名身体健康的士兵而言，是有可能跑完的。叛军战败之后，莫顿专门跑来通风报信。

在《亨利四世》中，福斯塔夫（Falstaff）曾对波因斯（Poins）说："如果我可以跑得像你一样快，我情愿给你 1000 英镑。"在第三场中，沃里克伯爵（Earl of Warwick）在战斗结束后休息："我累得精疲力竭，就像刚比赛跑完的运动员那样，让我躺下，稍微喘口气。"[9]

女子赛跑

女子"罩衫赛跑"（smock race）起源于 17 世纪，在英格兰和苏格兰已经有二百多年的历史，莎士比亚对这项比赛也很了解。罩衫赛跑通常只比短跑。叫"罩衫赛跑"是因为比赛的奖品通常是一件罩衫。不过，据来自该赛事权威机构的彼得·雷德福（Peter Radford）的记载，奖品还有衬裙、短裙、帽子、裙子布料、围裙、羊腿、糖、茶和奖金等，雷德福本人是 20 世纪 60 年代世界顶尖级的短跑运动员。[10]

女子赛跑一般安排在圣徒日、教堂节日时举行，在一些当地的庆祝活动、赛马比赛、赶集日、婚礼、板球比赛等场合也会举行。通常，比赛选手人数为 2—6 名，年龄组分为 15 岁以下、20 岁以下、25 岁以下及 35 岁以上等。

年复一年，"罩衫赛跑"总是在固定时间和固定地点不断举行。在比赛开始前的数天，实物奖品就已经提前公布，并被挂在杆上或树上。资金由当地的富庶家庭捐赠。大赛组委会负责收集这些捐款，并确保妇女们装点好她们的扫帚。整个赛季从 4 月一直持续到 10 月，在 5 月和 6 月达到高潮。

彼得·雷德福发现，肯特郡举办的"罩衫赛跑"最多。18 世纪，肯特郡每年至少举办 20 场比赛。其中，最早和最重要的比赛始于 1639 年。那一年，富有的法官和多才多艺的公务员达德利·迪格斯（Dudley Digges）爵士去世了。他留下了每年 20 英镑（相当于 2008 年的 2300 英镑）的奖金，用于奖励在肯特郡奇勒姆（Chilham）赛跑的男子和女子冠军。这场赛事后来演变为5月19日的"跑步之乡赛"（The Running Lands Race），比赛地点设在老维弗利斯（Old Wives Lees）。正式比赛之前的资格赛于5月1日举行，其中一场的地点也是在这里，另一场资格赛在大约5公里以外的谢尔德威克镇（Sheldwich）。想要进入正式比赛，选手们必须首先在资格赛中脱颖而出。

跑步之乡赛一直持续到了19世纪。与自己的母亲和祖母一样，年轻姑娘们纷纷将这场比赛定为奋斗目标。比赛不光是为了乐趣，也为了荣誉和奖品。在18世纪，比赛的奖金数额不固定，并非总是10英镑。但冠军奖金仍旧是一笔相当可观的收入。一个年轻女仆在负担了自己的食品、衣服和住所等开销后，年收入仅为2英镑。所以，赢得这场比赛，将会使其收入增加五倍。我们不知道，"跑步之乡赛"的赛道具体有多长。但是，在仲夏日过后的一个月中，还有后续比赛在那里举行。这些比赛的女子赛跑距离为200米，男子为400米。

肯特郡举办的各类赛跑以老维弗利斯为中心。而在大约2英里以外的布雷伯恩利斯（Brabourne Lees），获得过比赛冠军的人是不能再次参赛的，就算是在老维弗利斯获得冠军的人，也同样不能参加。这样做是为了给别人获胜的机会。这条规矩在肯特郡的其他地方也同样适用。肯特郡最大比赛的冠军必须接受一个现实，那就是参赛的机会将越来越少，甚至无赛可比。不过，似乎往届冠军都希望能够继续比赛，而且也愿意赶四五个小时的路，去那些允许往届冠军参赛的村子参加比赛。据彼得·雷德福介绍，跑步之乡赛是全球已知的、最古老的女子跑步比赛。[11]

一般来说，罩衫赛跑往往是大型娱乐活动的一部分。在这些活动中，可能还有男子爬杆或青年摔跤等表演。观众一边观看女子赛跑，一边被表演逗得哈哈大笑。

来自欧洲其他地区的游客对女子赛跑议论纷纷。与赌马的骑手一样，为了下注，女选手也需要称体重，尽管体重并不是很重要。1778

年的小说《埃维莉娜》(*Evelina*)中，就描写了令人啼笑皆非的一幕：两名老妪的赛跑引起了上流社会组织者的极大兴趣。她俩气喘吁吁地跑着，十分卖力，结果却因相互绊倒了对方而双双摔倒在地。负责赌跑的人要求她们重跑，因为人们为这场比赛下了 100 英镑的赌注。为了娱乐，就可以对贫穷老人进行无情的剥削。人们对这样的做法欣然接受，而老妪也并不介意当众出洋相，因为只有这样做，她们才能挣到钱。[12]

18 和 19 世纪的英国女装并不适合跑步。长裙和内衣阻碍了女性迈步奔跑，裹住了女选手及其对手的双腿。而有时候，当衣着暴露的女性形象出现在广告上时，会吸引大量人群围观。例如，1744 年在萨里郡（Surrey）沃尔斯沃公地（Walworth Common）举行了板球比赛，为了增加吸引力，两名城里的站街女穿着内裤招徕观众。组织者希望通过此举，吸引大批观众前来观看比赛。这是一种挑逗，但像异域选手一样令人兴奋。

1740 年，威廉·萨默维尔（William Somerville）描写了一个关于吉卜赛女人芙斯卡（Fusca）的故事。渴望获得大奖的芙斯卡去格洛斯特郡（Gloucestershire）参加跑步比赛。她的双腿脏得令人过目不忘。为了让观众兴奋起来，她故意滑倒，把腿弄得很脏，然后再站起来继续往前跑。

芙斯卡并不在乎人们的嘲笑，也不介意丢脸，因为吉卜赛人向来都是无拘无束的，不受任何社会规范的限制。他们把这一点当作自身优势。普通人觉得有失身份的工作，吉卜赛人却会抢着做。吉卜赛人被公认为不讲卫生。他们是人们眼里的原始人，从不去教堂做礼拜，骨子里还带着一种轻浮。但跑步并非肮脏的职业，吉卜赛人长年走路，常常走得很快。他们生性喜爱漂泊，四处去参加罩衫赛跑，对他们来说则是很容易的事。

在这些比赛中，狗的出现可能会引起混乱。18 世纪起，就有插画描绘了在女子赛跑中，曾经发生过人被狗绊倒的事情。1739 年，英国的肯特郡小镇桑威奇（Sandwich）宣布："任何接近赛场的狗都将被击毙。"十一年之后，标牌的文字有所改变："请把您的狗留在家中，否则将被击毙。"[13]

早在 18 世纪，英国赌跑的内容就出现了女子长跑。在随后的几个世纪中，长跑变得司空见惯。有些家庭甚至专门以跑步为职业，到处去参加比赛。1823 年，艾玛·玛蒂尔达·弗里曼（Emma Mathilda Freeman）才刚刚 8 岁，但她的生活却与绝大多数的孩子截然不同：那年，艾玛的父母开始给自己的女儿安排赌跑。她完成了两次长跑，一次 30 多英里，一次 40 多英里。这个小女孩实在是太厉害了。可爱的艾玛引起了轰动。她不仅为了父母而努力拼搏，还向人们展示了，一个 8 岁小女孩的耐力可以达到何种惊人的程度。

19 世纪初，女子跑步和竞走选手的年龄范围变得非常宽，有的选手年龄非常小，有的已经 70 多岁了。不论已婚还是未婚，不论单身还是寡妇，她们全都来自社会底层。她们和家人居无定所，全都指着观众赏口饭吃，希望通过赌跑赚到钱。

"你们想来赌一下这个女人的长跑成绩如何吗？"一个男人指着自己的母亲玛丽·莫图露伦（Mary Motulullen）喊道。玛丽来自爱尔兰，已经 60 多岁了。她身材苗条，干瘦的脸上布满皱纹，让人们更想对她下注。就像拥有独家珍奇动物表演的马戏团班主一样，老妇的儿子就这样指着他的母亲，用厚颜无耻的话语煽动人们下注。

"这太容易赌了！"英格兰男人看着玛丽，她光着脚，穿着破衣烂衫，岁月的风霜和生活的赤贫一览无余。很明显，这是一对来自国外的穷母子。他俩站在广场上，在英格兰的酒吧外面等待，随时准备接受 20—92 英里之间任何距离的挑战。

19 世纪 20 年代，玛丽和自己的两个儿子一直在四处漂泊着。1826 年 10 月，人们听说这位老妇人打算在 24 小时之内跑完 90 英里，都表示怀疑。玛丽照例光着脚出发了，可她却遇到了比距离更大的困难。那些赌她失败的人们试图让她放弃。他们想贿赂她，因为一旦她无法完成，那他们就可以赚到很多钱。可这只能让玛丽更加坚定地去在规定时间内跑完全程。还有一次，她在林肯郡参加赌跑，她打算在24小时之内跑完92英里，而一群小混混挡住了她的去路，向她吐口水，因此耽误了她的时间，使她迟到了8分钟。

拥挤的观众，酗酒闹事的流氓，加上村庄中闭塞的窄路，一切都可能让玛丽的努力付之东流。平日里，人们对她赞许有加。当6000名观众看着她冲过终点线时，都会在小提琴和鼓点的奏乐声中，对她报以笑容。玛丽头上戴着一顶新帽子，上面有漂亮的弓形装饰，是一位好心人送给她的。她浑身散发着一种特殊的魅力，是一位民间怪杰。同时，她也证明了，当一个人拥有摆脱赤贫的动力时，年纪再大也不会成为长跑的阻碍。[14]

1833年，一名70岁的苏格兰女人尝试在24小时之内从佩斯利（Paisley）跑到伦弗鲁（Renfrew），全程96英里。这次赌跑引发了一场骚乱。道路被堵得水泄不通，人们在斗殴中手指受伤流血了，牙齿也打掉了。他们喝了太多的酒，有许多人受伤了，警长为了恢复秩序，只得将这个女人抓了起来，关进监狱。

19世纪初，在英国乡村中，人们不再像从前那样经常去市集和市场了。工业化给英国社会带来了变革，乡下人纷纷搬到城镇去生活，传统风俗也随之发生了改变。虽然罩衫赛跑在许多地方销声匿迹了，但人们对下赌女子赛跑的兴趣却意犹未尽，并在19世纪20年代到达了顶峰。然而，在20年后的维多利亚时代，新女性思潮开始流行起来。女性一度被视为弱不禁风，不适合参加剧烈的体力活动，在19世纪40年代之后，女子跑步和徒步比赛结束了，至少是报纸不再报道了。

事实还是虚构？

谁是第一个在4分钟内跑完1英里的人？对于爱好跑步的人而言，这是一个常识问题。1954年5月6日，英国人罗杰·班尼斯特（Roger

Bannister）在牛津大学以 3 分 59 秒 4 的成绩创下了这个神一般的纪录。

而彼得·雷德福教授则讲述了一个截然不同的版本。他对英国在 1800 年之前的跑步资料进行了透彻的研究。他认为，有证据表明，在 18 世纪就已有人曾打破过这个纪录。1770 年 5 月 9 日，伦敦的街头小贩詹姆斯·帕罗特（James Parrott）从高斯威尔路（Goswell Road）的卡特豪斯公学（Charterhouse）的院墙出发，穿过马路右转，接着沿着老街向前跑。他的速度快得令人咋舌，引得路人纷纷围观。人们正在打赌，看他能否在 4 分钟内跑完 1 英里。赌注为 5—15 几尼（guinea，英国旧时金币或货币单位，价值 21 先令）不等。[15]

而实际上，根据计时员的记录，他的确做到了。跑步的环境及跑步者的状态都非常之理想，他实现了自己的目标，赚到了一大笔钱。

或许你会问，为什么在跑步历史上，从没听说过詹姆斯·帕罗特？首先，他和他的壮举是最近才被雷德福教授发现的。其次，现代统计学家不承认他的成绩，但这是可以理解的。他们认为，在 1770 年那么久远的年代，没人能取得这么好的成绩。此外，虽然在詹姆斯跑步的那一周，他取得成绩的事实有媒体报道，但不论是跑步计时还是测距，都没有按照现代标准进行过核准。怀疑论者认为，在一个体育比赛缺乏组织性的年代，这件事听起来令人无法信服。而对另一名挑战者鲍威尔（Powell），他们的看法也是一样。1787 年，鲍威尔在 4 分钟跑内跑完了 1 英里，赚了 1000 几尼（相当于 2008 年的 78 万英镑）。

1796 年，一个名叫韦勒（Weller）的人成为这项壮举的第三名挑战者。当他提出要在 4 分钟内跑完 1 英里时，赌徒们简直心花怒放。韦勒在牛津及周边地区有着丰富的商业赌跑经验，并且愿意接受来自英格兰任何地方任意三个人的比赛挑战。据报道，他用时 3 分 58 秒跑完全程。他也是经媒体准确报道的、在 4 分钟内跑完 1 英里的第一人。那天是 1796 年 10 月 10 日。

18 世纪的报纸还曾报道过 20—30 英里的长跑新闻，雷德福教授按照现代马拉松赛的标准长度，对这些长跑进行了重新计算。根据他的计算，一位瑞士选手以 2 小时 10 分的成绩跑完了马拉松赛。1753 年，另一位厉害的选手，好像是个意大利人，用时 2 小时 11 分完成了马拉松赛。从绝对距离来看，报纸曾报道 1730 年詹姆斯·阿普尔比（James Appleby）用 57 分跑完了 12 英里，而托马斯·菲利普斯（Thomas Phillips）则比他慢了 15 秒。后来，他们俩跑完 4 英里的用时均在 18 分钟以内，该成绩在 200 年后的今天，依然属于很高的水平。

现代专家对距离和计时提出质疑是有道理的。但凡事皆有例外。1770 年，英国测距设备主要是用于农业生产，可以精确到英寸。与那些国内度量衡不统一的国家不同，英格兰的测距标准是统一的。而且，赛跑涉及对赌双方的利益，包括计时在内的各种细节都必须精确完成：双方会各自聘请一名仲裁员，如果双方就包括计时和测距在内的客观事实无法达成一致，就需要找别的人来评判了。

雷德福教授指出的计时和测距问题是很有道理的。18 世纪，虽然已经具备精确测量的手段，但并非所有比赛都能做到精确计时和测距。距离有几码，时间有几秒，只要不影响赌局结果，对赌双方也可能会同意凑合一下。不过，雷德福教授也发现，特定选手在不同地点参加不同距离的赛跑时，成绩是遥相呼应的。他得出的结论是，他研究过的比赛在测距和计时方面几乎不存在不符之处。例如，平威尔（Pinwire）在 1729—1732 年一共跑赢了 102 场比赛，其中有两场的成绩是：1733 年 10 英里比赛用时 52 分 3 秒，以及 1738 年 12 英里用时 64 分钟。两场比赛的成绩十分合理：倘若第一场比赛在测距或计时上存在某种误差，那 1738 年的第二场比赛，必然在测距和计时等方面存在相同误差。

雷德福教授发现，某些选手有多达 20 场前后一致的比赛成绩。他认为，有必要重新审视我们对 18 世纪跑手的态度，或许，他们的成绩要比我们想象的更好一些。如果 250 年前，参加赛马的马儿和今天的马儿跑得一样快，那跑手也可能一样。更何况我们还知道，有些跑手对待跑步的态度是很认真的，而且他们是为了大笔奖金而跑步的。英国的赌跑活动的确制造了一大批明星。

不过，我们也并不会轻易相信，雷德福教授的发现就是事情的全貌。他自己应该也会同意，他的报告仅代表个人发现。[16] 自19世纪末起，跑步成绩被持续刷新。所以，如果我们说18世纪的运动员已经达到了一个很高的水平，似乎缺乏逻辑。从小到大，我们都相信体育成绩的提高是线性的，并非在取得了新的成绩之后，就会停步不前或走向退步。

在工业革命之前的18世纪，英国人口的体质是非常好的。英国海军饮食记录显示，在产业革命真正腾飞之前的18世纪，英国食物充足，人均饮食状况应该一直不错。

这段时期，大部分英国人是在农村长大的。人们经常走路，从小就从事繁重的体力劳动。在相对贫穷的社会，只要在赌跑中获胜一次，就可以赚到好几年的工资。只需稍作投资，便可将跑步水平提高不少。因此，英国出现了一批很有实力的跑步者和竞走者。他们身体的基本素质，要比19世纪农村向城镇迁移后在工业时代成长起来的跑手好很多。糟糕的生活环境、不良饮食习惯和卫生习惯、不健康的工作环境和辛苦劳作，都损害了城市居民的健康。城市人口的身体素质出现下滑，使成为优秀跑手的先天条件变差了，可以用于跑步的土地变少了，空气质量也更糟糕了。

我们无法确认在18世纪90年代，是否真的有人在4分钟内跑完1英里。但有一点很重要：跑步的历史中蕴藏着巨大的惊喜。当你对一个陌生领域进行深入研究时，总能发现历史给人们带来的惊喜。新知识挑战了根深蒂固的旧观念，很容易被当成捏造而遭受冷落，就连跑步亦是如此。人类在发展的各个阶段，都愿意承认今人比古人更优秀。我们很难想象，古人在缺乏先进技术和科技发展的条件下，竟然可以在许多方面做到与今人不相上下。[16]

2004年，在庆祝班尼斯特打破4分钟跑完1英里纪录的50周年庆祝活动上，雷德福教授公布了他的研究成果。人们对此反应不尽相

图中左边是英国的沃尔特·乔治（Walter George），右边是美国的朗·迈尔斯（Lon Myers）；在19世纪80年代，两人是中距离跑的劲敌，其争斗被许多观察家视为19世纪晚期田径项目的焦点之一。乔治在1886年创下了1英里世界纪录（4分12秒75），并保持了37年

同。格雷格·怀特博士（Greg Whyte）是英国体育研究院的科学主任，他表示：

> 与维多利亚时期相比，当前的体育观念要开明许多。在维多利亚时代，人们提倡体育的"非职业精神"，使得工人阶级更难参与到体育比赛当中，从而使体育比赛成为上流社会的专属娱乐。[17]

鲍勃·菲利普斯（Bob Phillips）曾写过一本关于罗杰·班尼斯特1954年打破4分钟纪录的书，名为《3分59秒4》，肯定了18世纪的"飞人"时代。不过，在测距和计时方面，英国首席田径统计学家梅尔·沃特曼（Mel Watman）对1770年帕罗特的跑步成绩表示怀疑。他认为，报纸仅对此事进行了报道，但并没有担负起审查的责任。沃特曼心中的英雄是沃尔特·乔治（Walter George）。乔治在1886年创下了4分12秒75的1英里世界纪录。该纪录一直保持了37年。沃特曼认为，要说一百年前就有人在4分之内跑完1英里，实在是不太可能。

毫无羞耻的裸跑

17世纪中期，英国出现了裸跑者，报纸称之为"返璞归真"（in puris naturalibus）。菲利普·金德（Philip Kinder）描写了发生在德比郡（Derbyshire）的一次赛跑，当是正值隆冬，"一个光膀子的少年"和"两个全裸的对手"进行了一场2或3英里的赛跑。[18]

1681年，出现了三四名女性裸跑者。她们跑步时用布挡住了隐私部位，吸引了数千人围观。我们不确定她们到底穿了多少衣服，因为数百年来，观察者和记录者对于"裸体"和"衣不遮体"的解释并不统一。

在雷德福教授研究的英格兰北部和伦敦地区的19个案例中，似乎也对裸体级别进行了划分。在1681年赛跑中，裸跑少年是"光膀子"，而另外两个对手是"全裸"，也就是一丝不挂。

我们在这里讨论的，并不是20世纪70年代在美国、加拿大、英国、澳大利亚、意大利、法国等地的足球和橄榄球比赛中出现的"裸跑"现象。当比赛进行电视直播时，有的观众会出其不意地脱光自己的衣服，在球场上裸跑，以此哗众取宠。

18世纪，英格兰在举办裸跑比赛时一般会提前预告。比赛会吸引成百上千的观众，参赛选手不会试图隐藏自己的身份，他们似乎也并不尴尬。事实上，他们本来就想被人关注，这与现代社会中衣着暴露者的心态是一样的。与现在不同的是，尽管裸跑活动之后的凌晨总会发生警告和逮捕行动，但并非所有裸跑者都会被捕。

女性常被告诫不要脱衣服，也不要与男选手同时裸跑。1725年，有两位女性打算在伦敦裸跑，但被警告必须穿白色内裤和背心。十年后，两个几乎全裸的女性跑步者在伦敦遭到指责，并被勒令须穿上内裤和背心，以保全自己的体面。相对而言，男性裸跑者拥有更多自由，观众对他们的态度也更为宽容。

雷德福教授认为，17世纪上半叶，势力庞大的英国清教徒公开反对裸体，而衣着暴露的裸跑者，很可能是在故意做一些清教徒反对并认为有罪的事情。

至于17世纪德比郡的少年裸跑，雷德福认为，少年们与记录此事的菲利普·金德都知道，古希腊运动员全都是裸跑的。金德用了"Gymnipaida"（希腊语，意为裸体少年）一词来形容这些少年，这说明他是了解古希腊的历史和传统的。通过裸跑，少年们是在向古希腊时代致敬。英国人，至少英国的上层阶级对古希腊是十分了解的。英国人对希腊古典艺术风格十分着迷。1720—1770年，据说光从意大利、法国和荷兰等国进入英国的古希腊油画就多达5万幅，蚀刻画及版画多达50万幅。那些有门路购买艺术品挂在自家墙上的人，买的都是裸体人像。在艺术、文学和建筑学等方面，古希腊作品影响着英国上层阶级的品味，而如果作家和画家见到了古希腊运动员，也会对他们趋之若鹜。

19世纪，裸跑习俗从英国逐渐消失。裸跑与当时的社会着装规范背道而驰，裸跑者可能会遭到逮捕，被处以高额罚款，或者直接被关进精神病院。

第 9 章

法国幼教与德国体育

> 女人天生就不适合跑步;就算她们逃跑,也一样会被抓到。
> ——让 - 雅克·卢梭(Jean-Jacques Rousseau)

1762 年,法国哲学家让 - 雅克·卢梭完成了他的著作《爱弥儿,或论教育》(*Emile, or On Education*)。这是他人生的重要成就之一,对西方文化的发展产生了巨大影响。

卢梭明白,童年阶段与成年阶段截然不同。童年是人生中一个相对独立的阶段,不只是为了成年做准备。作为教育家,卢梭推崇自由和自然;身为哲学家,他认为教化摧毁了人类的"自然属性"。他希望让儿童在得到照顾的同时去不断体验这个世界,而不是一味被溺爱。从 12 岁起,儿童开始构建知识体系。在此之前,应该让他们在玩耍中度过童年时光。爱弥儿式教育是一种智力实验,属于乌托邦式教育。贵族男孩爱弥儿离开父母,由私人教师卢梭负责培养:"我打算让一个好逸恶劳的懒惰男孩去跑步。若是依着他的性子,他绝不会去跑步,或者说他绝不会进行任何体育锻炼,尽管他长大后注定要戎马一生。"[1]

要把一个顽皮的孩子训练成"飞毛腿阿喀琉斯",是一项艰巨挑战;而且,卢梭还不能唠叨,因为贵族是不会听谁发号施令的。成败的关键,是要通过跑步找到教育的门道。

每天下午，卢梭与爱弥儿一起出去散步时，兜里总是带着两块蛋糕。一天，男孩发现卢梭的口袋里多出了一块，就要吃掉这块蛋糕。但卢梭不肯，因为他打算自己吃掉，或者拿它当奖品，奖励给一旁玩耍的两个小孩中跑得更快的那一个。卢梭给两个孩子看了蛋糕，然后，便让他俩比赛跑步。他们画出了跑道。一声令下后，两个孩子冲了出去。获胜的小孩拿起蛋糕，一口便吞了下去。

而懒惰的爱弥儿却不为所动。教育小孩需要时间，耐心是必要的。于是，师生二人继续每天散步。每次，卢梭都会带上蛋糕；每次，跑赢比赛的小孩都可以得到一两块蛋糕作为奖品。而爱弥儿则坐在一旁看着。行人们纷纷驻足观看，欢呼声掌声不绝于耳。赛跑的消息不胫而走，成为周围人们热议的话题。爱弥儿开始对赛跑感兴趣了，也会蹦跳着呐喊助威了。[2]

最终，爱弥儿受够了目睹其他男孩吃掉美味的蛋糕。他觉得赛跑挺有意思的，于是，便开始偷偷训练，还开玩笑似地向卢梭讨要蛋糕作为奖励。可卢梭拒绝了他。爱弥儿生气极了："把蛋糕放在石头上，标出跑道，等着瞧吧！"[3]

爱弥儿彻底被卢梭给激怒了。于是，他参加了赛跑，并最终得到了属于自己的奖品。从那之后，爱弥儿开始爱上了跑步，并且不需要表扬或鼓励了。他会把自己得到的蛋糕奖品分给其他孩子。因为跑步，他变成了一个优秀而慷慨的人。卢梭循循善诱，引导爱弥儿选择不同距离的赛跑。他想让男孩明白，选择了不同的比赛距离，比赛结果也会不同。[4]

爱弥儿渐渐明白了，挑选最短的路线最为有利。他用自己的步子来测量比赛距离，但小孩子往往缺乏耐心，没办法长时间坚持这样做。他宁愿选择接受训练，通过目测来判断距离。后来，他已经能够轻而易举地判断距离了，和测量员的精确度不相上下。于是乎，卢梭又引导爱弥儿思考另一个问题，在日常生活中，通过跑步可以锻炼人的视力以及快速判断距离的能力。

长大之后，爱弥儿在一次社交聚会上吃蛋糕时，想起了童年时的赛跑。他还能跑吗？当然能跑！人们在地上标出了终点线，并在终点放了一块蛋糕，爱弥儿和另外三个男孩子一起赛跑。爱弥儿一马当先，当他抵达终点时，其他人还在半道儿上。他从朋友索菲亚的手中接过蛋糕，叫其他跑步的孩子们一起吃。

　　"我也想跟你比试比试！"苏菲对爱弥儿说。她提起裙摆，好让裙子短一些，以便跑步。她小心翼翼地露出双腿，认真地准备比赛。起跑口令一发，苏菲就飞奔出去，可爱弥儿却站在原地，一动不动。

　　苏菲已经遥遥领先了，爱弥儿必须竭尽全力才能追上她。但他却发扬绅士风度，让苏菲率先跑到终点，还高呼"苏菲赢了"。接着，卢梭表达了自己对女人跑步的不屑一顾：

> 女人天生就不适合跑步；她们就算逃跑，也一样会被抓到。跑步并非女人唯一做不好的事情，但是她们唯一做得丑态百出的事情；胳膊肘冲后，紧紧贴在身体的两侧，看上去可笑极了；她们脚踩高跟鞋，仿佛是一群用跑步来代替跳跃的蚂蚱。[5]

　　在许多领域，卢梭都思想前卫，但偏偏瞧不起女人跑步。是的，女人的衣服是跑步的阻碍：在卢梭生活的那个时代，法国女孩和女人的流行服饰（包括内衣和罩裙，甚至还有紧身内衣）让她们难以活动。青春期女孩不论是身材还是发育，都受到了服装的束缚。

　　1796年，法国举办了世界上首次经过测距和计时的100米短跑比赛。1791年，法国对距离单位"米"的长度做出了明确规定。1675年，意大利科学家蒂托·利维奥·布拉蒂尼（Tito Livio Burattini）在英国人约翰·威尔金斯（John Wilkins）的启发下，率先提出以"米"作为现代长度单位。七年之前，威尔金斯曾提出过制定一个通用长度单位的设想。

　　1791年，法国国民议会接受了法国科学院的一项建议，规定1米的长度应等于从赤道穿过巴黎至北极点的经线长度的千万分之一。后来的测量表明，该定义并非绝对精确。不过，在此期间，法国已于1795年铸成了首根"米原器"，而它与精确长度相差了0.2毫米。1812年，法国成为首个采用米制长度单位的国家。

1875年5月20日，许多同意以米为长度单位的国家共同签署了一个国际科学条约——《米制公约》，并于1889年用金属铂和铟铸造了新的米尺。显而易见，标准化对各种各样的人都很重要，比如希望精确计时和测距的跑手们。

德国慈善家协会

卢梭的《爱弥儿》和自然教育法让许多其他国家受到了启发，特别是德国。德国的古茨穆斯（Johan C. F. GutsMuths）在他1793年出版的《青少年体育》（*Gymnastik für die Jugend*）一书中写道："一天到晚坐着不动，青少年的体魄如何能得到发展呢？"[6]

18世纪，不少国家都实行了义务教育，但并非每个孩子都能享受到。

德国慈善家协会（The Philanthropists in Germany）的创办者是一群以教育为己任的德国慈善人士。他们建了不少学校，并在希腊体育思想的影响下，推行"自然教育法"。

在历史长河中，古希腊体育智慧的发展脉络尽管偶有中断，依然生生不息。通过阅读古典著作，许多人对古希腊的体育智慧都有所了解。其实，道理是不证自明的：凭人类的悟性与信仰，我们怎么可能忘记去照顾自己的身体呢？数百年来，改革家们很清楚希腊体育精神的价值，也在不断宣传。这些思想显得新锐而前卫，是因为现代人对古代思想知之甚少。

1774年，教育改革家约翰·伯恩哈德·巴泽多（Johann Bernhard Basedow）在德国德绍（Dessau）创办了欧洲第一所将体育纳入课表的现代学校。该校教师克里斯蒂安·戈特希尔夫·扎尔茨曼（Christian Gotthilf Salzmann）于1784年离职，并在哥达公国（Duchy of Gotha）的施内普芬塔尔（Schnepfenthal）地区创办了另一所类似的学校。

1785年，古茨穆斯来该校任教。第二年，他上了生平第一堂体育课。上午11点到12点，体育课在户外清新的空气中进行，周围是一片橡树林。他鼓励学生们跑步，并认为跑步应该按计划进行，应该心里清楚自己的跑步时间，以便日后去提高成绩。古茨穆斯相信，没有什么比成功更能鼓舞人心的了。他是最早关注青少年跑步比赛的计时和测距问题的人之一。但他也意识到，这个问题很难解决，因为当时的怀表只能精确到分钟。

古茨穆斯不断发展、完善了自然教育、体育训练和户外赛跑等教学方法。通过写书、翻译等方式，他将这种理念散播到了德国以外的广大地区。[7]

古茨穆斯生活在中欧地区。当时，世界正值多事之秋，美国和法国等地纷纷爆发革命，天赋人权的思想得到普及，自由、平等与博爱成为未来的发展方向，封建主义和冷漠无情遭到了唾弃。从理论上讲，人人都有自己的价值和尊严，都能够通过体育锻炼来改变自己的人生和幸福。在古茨穆斯所处的时代，德国的各个邦国仍处于封建统治之下。随着逐渐觉醒，他看到了社会上巨大的阶级差异。

他抨击流行服饰阻碍了体育发展，尤其是女孩和女人的装束。"让她们出门呼吸新鲜空气吧，让她们学会爱护自己的身体，不再惧怕任何天气。1793年，他提出，游泳和沐浴有益于身体健康，每所学校都应该配备一个游泳池。这话听起来相当的激进。可令古茨穆斯感到失望的是，穷人家的孩子到了10岁或11岁就被送出去整天做工，而他们的身体还远没有发育完好；何况他们干的往往都是辛苦而重复的体力活儿，身体很快就会被累垮了。[8]

古茨穆斯强调，玩耍是一个重要而有价值的学习过程，是个人发育的重要阶段。与古茨穆斯相比，后世可能对其他改革者更加熟悉，特别是古茨穆斯的同乡弗里德里希·路德维希·雅恩（Friedrich Ludwig Jahn）。雅恩是德国体操界的一位奇才，但他对短跑和接力跑也很有兴趣。年轻时，他经历过许多挫折，终于成长为一位受人尊敬的德国民族英雄。在整个19世纪，他在德国体操领域的地位是不可撼动的。随着这种体操形式传到了其他国家，新成立的体操协会也将短跑项目也纳入其中。雅恩推崇"自由的天空、空气与阳光"。越来越多的人开始了解德国体操。新式瑞典体操也逐渐家喻户晓，其代表人物是佩尔·亨里克·林格（Pehr Henrik Ling）。[9]

另一位大名鼎鼎的人物是托马斯·阿诺德（Thomas Arnold），他于1828年成为英格兰拉格比公学（Rugby School）的校长。阿诺德曾在牛津大学学习古典文学，是公认的英国公立学校体育先驱。阿诺德致力于通过体育运动培养基督教绅士；对于他而言，体育运动不仅仅是一种强身健体的方式。

在阿诺德成为校长之前，拉格比公学以及英国的其他公学就已经开始给男孩子组织体育活动了。小学生们会参加足球、跑步或划船等体育锻炼，其中越野跑尤为重要。在1857年的畅销小说《汤姆·布朗的求学年代》（*Tom Brown's Schooldays*）中，作者托马斯·休斯（Thomas Hughes）描写了他在19世纪30年代就读拉格比公学的美好经历。他笃信教养、胆识和努力。在拉格比公学读书就必须努力，这里的男孩子个个都能完成长达10英里的越野赛。这本关于拉格比公学生活的书，在许多国家广为流传。正如19世纪上半期许多欧洲国家在学校开展体操、教育和体育改革一样，这本书中所蕴含的体育教育思想也逐渐在欧洲扎根。[10]

第 10 章

门森·恩斯特和巴克利上尉

> 看着他沿着公路、郊野一路狂奔,人们觉得他是个怪人,甚至觉得他要么是疯了,要么就是受到了魔鬼的控制。
>
> ——记门森·恩斯特(Mensen Ernst)
> 于 1832 年从巴黎跑到莫斯科

门森·恩斯特出生于挪威西部弗雷斯维克(Fresvik)的一个农民家庭,是七个孩子中的老幺。受洗礼时,他被取名蒙斯·蒙森·奥恩(Mons Monsen Øhren)。不过和许多人一样,他后来给自己改了名字。对于一个想要漂洋过海、奔走他乡的人来说,改名是再自然不过的事情了。就这样,蒙森·奥恩登上了前往英国的轮船,并改名为门森·恩斯特。[1]

1812 年前后,恩斯特开始了水手生活。他在喀里多尼亚(Caledonia,苏格兰的古称)当上水手,足迹遍布全球各大洋,还曾多次远航到印度、澳大利亚、中国等遥远国度。在南非时,恩斯特在一场赛跑中获得了冠军。要知道,并非每个习惯了海上颠簸的水手,都能再度适应脚踏实地的陆地生活。1818 年,恩斯特在伦敦领到了自己的全部报酬。此时,他已经是一个见过许多世面、通晓多门外语的语言学家了。

门森·恩斯特,挪威人,长跑运动员和环球旅行家

现在,他开始跑步了。对一个踌躇满志的跑手来说,住在伦敦再好不过了。常常有外国人来这里比赛。与当水手相比,恩斯特从赌跑中赚到了更多的钱,而且赚得得心应手。

1820年,恩斯特离开伦敦,搬到了位于德国米尔豪森(Mühlhausen)与英戈尔施塔特(Dingelstadt)之间的安罗达庄园(Anroda)。当水手期间,恩斯特曾经救过这家庄园主的岳父的性命。在这里度过了四年的愉快时光之后,恩斯特再次开始漂泊。不过,安罗达庄园一直是他乐意回去的地方。

恩斯特周游了瑞士、意大利、奥地利等国,到处参加赌跑比赛。不论奖金多少,他都来者不拒。后来,他回到德国,过着拮据的生活。水果、面包和葡萄酒就是他的一日三餐。他很少吃加热的食物,偶尔吃肉,葡萄酒是他的最爱。他热爱冒险,凭借出众的跑步才能,他以云游运动员的身份游遍欧洲,亲眼见识和体验了各国风情。他还是一个勤奋好学之人。他阅读了大量书籍,还成为一名知识分子。在制订行程之前，他会去上档次的图书馆查阅书籍和最新地图。此后，他再也没有回过挪威。1826年的冬天，他去了丹麦。在哥本哈根，他的跑步表演吸引了数千名观众，其中也包括丹麦国王。在跑步上取得的成就让这个农民的孩子一鸣惊人，就连贵族们都期待一睹他的尊容。

恩斯特遍访70多个城镇，为王公贵族和老百姓进行跑步表演。他在印刷商那里定制了宣传海报，并亲自去张贴。他见过许多地方的高官和权贵。事实上，那些掌权者本身就是他的观众。这既是最好的宣传，又让恩斯特与官员建立了良好关系。恩斯特声名远播，在彼此联姻、关系盘根错节的欧洲皇室和贵族中，他的名字无人不晓。恩斯特则凭借自己的名气，在这里站稳了脚跟。1830年10月，他访问了丹麦北部城市欧登塞（Odense）：

> 从去年开始，我们对这位著名的挪威跑步者逐渐熟悉起来。继恩斯特上次来丹麦之后去了英国和法国，并于7月初访问了巴黎。上周，他向我们展示了自己高空跑步的新技能。在跑步时，恩斯特在脚上绑上了约2英尺高的高跷。本月6日周三，也就是赶集日的第三天。恩斯特在欧登塞市表演了高跷跑步，在26分钟内，他从邮局到韦斯特港跑了四个来回。接着，他脱下高跷，又重复跑完了相同路线，而且速度比前一轮还要快。按说他已经相当富有了，大可不必继续以这种方式谋生。可他却乐此不疲。这不仅是因为他早已习惯了跑步，身体需要这样的锻炼，更是因为他对旅行生活充满了向往，这一点毫无疑问。[2]

在小城镇进行此类跑步表演成为恩斯特的家常便饭。但他心中有鸿鹄之志，希望自己能完成一些不可思议的壮举。

1832年7月11日，恩斯特要花15天时间从巴黎跑到莫斯科，全程1600英里。很多人都下了注，都想看看他到底能不能成功。刚出发不久，他就被一些喝醉酒的农夫给拦了下来，并被五花大绑地扔到了一辆马车上。恩斯特灵机一动,向农民们提出,要与他们最快的马赛跑。凭借这条妙计,他摆脱了困境。他横穿德国,向波兰的克拉科夫(Krakow)继续跑着:"看着他沿着公路、郊野一路狂奔,人们都觉得他是个怪人,甚至觉得他要么疯了,要么就是受到了魔鬼的控制。"[3]

人们眼中看到的是一个体型瘦小的男人,头发斑白,一张脸饱受风吹雨打,一路的奔波之苦都写在了他的脸上。他跑得并不算特别快,平均时速 6 英里,遇上山路时甚至会更慢些,可是恩斯特的里程数正在迅速增加,越来越多,因为他并没有花多少时间睡觉:他习惯于在野外小憩,幕天席地,花最短的时间得到最充分的休息。尽管缺乏睡眠,很少休息,恩斯特依然能够挺住。他跑了更远的路。黑夜中,他披星戴月,朝着正确的方向继续前行。在当水手的那些日子里,他积累了丰富的航海知识,这对于他借助指南针、木制象限仪和地图轻松穿越陌生国家至关重要。6 月 19 日晚,他终于踏上了临近波兰切尔姆市(Chelm)的俄国国土。在他与莫斯科之间,横亘着绵延不断的乡村原野。

五天之后,他拖着艰难的步伐抵达了博罗季诺(Borodino)。二十年前,拿破仑就是在此地打败了俄国人。距离莫斯科只剩下最后一天的路程了,而恩斯特还有 48 小时。他住进了一间旅馆,享受这开心的时刻。可是,他来去匆匆赶路的样子和古怪的外表引起了人们的怀疑,即便他出示了通行证,试图向众人解释,但依然不管用。恩斯特的通行证被没收,还被关进了牢房。他感到绝望,依然保持着镇定。爬烟囱是逃离此地的唯一办法。他搬开了几块松动的石头,顺着烟囱爬上屋顶,却被人发现了。幸运的是,屋顶旁边有个梯子。他爬下梯子,飞快地跑走了。村民们都追了上去,却望尘莫及。于是,恩斯特再次向莫斯科进发。原定的预计抵达时间是 6 月 26 日上午 11 时。而在预定到达日期的前一天上午 10 点,这个没人认识的陌生人跑到了克里姆林宫大门口,在卫兵面前停下了脚步,身上大汗淋漓。恩斯特将一路随身携带的法国报纸递给了俄国人,上面写着他在法国上流社会是多么受欢迎，俄国人终于弄清了事情的原委。人们欢呼阵阵，举杯欢庆他的到来。恩斯特的口袋里装满了刚刚赚到的一大笔钱，回到旅馆休息。但他并没有兴趣躺在舒适的床上，在莫斯科期间，他在木头长椅上睡了一周。恩斯特抵达莫斯科的消息通过电报传到了巴黎，这是当时最快的通信方式。

要在14天之内跑完1600英里意味着每天得跑大约115英里。这听起来不可思议，有谁能够在这么长的时间内持续保持这样快的速度？可恩斯特当时正处于自己的巅峰状态。他训练有素，经验丰富，几乎不用睡觉。为了完成每天的里程，他一天至少得跑够18至20小时。对于某些人来说，这根本就不可能完成。而且，行进的道路并非总是笔直的坦途，即便事先规划好了路线，但倘若不花时间和技巧去辨别方向，要想穿越完全陌生的国度，也是不可能的。如果说在19世纪30年代有谁能够在两周之内从巴黎跑到莫斯科的话，那么此人非恩斯特莫属。

在德国作家古斯塔夫·里克（Gustav Rieck）于1844年出版的《恩斯特传》中，列出了恩斯特沿途经过的部分地点及时间：[4]

> 马恩河畔沙隆（Chalons-sur-Marne）：6月11日晚上
> 凯泽斯劳滕（Kaiserslautern）：6月13日上午
> 美因茨：6月13日中午
> 廷兹（Tinz）：6月16日
> 桑多梅日（Sandomierz）：6月18日晚上
> 切尔姆：6月19日夜间
> 莫吉廖夫（Mogilev）：6月21日下午
> 斯摩棱斯克（Smolensk）：6月23日上午
> 莫斯科：6月25日上午

为了将恩斯特描写得更加生动，里克的传记内容并非完全符合事实,还有些内容来自他的想象,这样做是为了加强传记的趣味性和可读性。不过,书中也不乏一些毫无争议的事实。在莫斯科长跑的第二年,恩斯特又从德国的慕尼黑(Munich)跑到了希腊的纳夫普利翁(Nauplion)。这次长跑在当代史料中有详细记载。从1833年6月7日至7月1日,恩斯特花了24天42分30秒跑完了约1700英里,平均每天跑95英里。他将巴伐利亚国王路德维希的信带给了他儿子希腊国王奥托。鉴于希腊地形多山,难度很大,这次挑战足以与莫斯科长跑相媲美。

然而,恩斯特不仅需要完成超长距离跑步,他还得跋山涉水,一路上还需要应对盗匪、野兽和传染病等危险。有些城镇会在城门处设专人警告疫情风险,因此,他能够避开某些受霍乱或瘟疫侵袭的城镇。他的通关文书上盖着人们熟知的印章,这使他得以更方便地过境。他会说多国语言,口袋里总是装着贵族们送的金币和旅行许可证,浑身散发着一种异国风情。尽管他本人其貌不扬,但还是有许多人不禁感叹这位著名跑手的身型竟然如此之瘦小,比如巴伐利亚(Bavaria)的特蕾莎女王(Queen Therese)。

恩斯特创造了许多壮举,要挑选出其中之最并不容易。1836年,他花了四周的时间从伊斯坦布尔跑到加尔各答(Calcutta),然后原路返回。这是他跑的路程最远的一次。整个挑战历时59天,全程约5200英里,相当于每天跑95英里。关于他是否从加尔各答原路返回存在一些疑问。据一份德黑兰的签字文件证实,在返程途中,他花了8天时间从德黑兰跑到伊斯坦布尔,并在那儿拜会了瑞典特使。会有这次长跑,是因为东印度公司的英国人想要从土耳其快递消息到印度。恩斯特对这个想法挺感兴趣,便主动请缨,承诺在六周之内完成这项任务。事实上,这个时间对他而言绰绰有余。在临行前,恩斯特研究了亚洲地图,他意识到这条路线存在很多危险,自己面临着诸多困难。没人比恩斯特更清楚,为这次旅行需要付出多少的筹划与努力。

恩斯特梦想着有朝一日,可以穿越非洲,来到中国,尽管这一路必定困难重重。1842年，他开始为德国王子赫尔曼·冯·普克勒·慕斯考（Hermann von Pückler-Muskau）效力，并来到了王子的庄园里工作。这位王子对长跑和希腊历史满怀热情。1842年2月，王子在给朋友的信中写道："我招揽了跑手恩斯特，他身着土耳其服装，为我效力。除此之外，一切还是老样子。"[5]

在征得王子同意后，恩斯特打算前往非洲，寻找尼罗河的源头。当时的欧洲人对非洲大陆尚一无所知。他沿途经过了耶路撒冷和开罗，然后顺着尼罗河向上游进发。在那里，他感染了疟疾。1843年1月22日，恩斯特病故于尼罗河畔，享年47岁。一些旅人一起将他就近埋葬。他很可能埋葬在阿斯旺大坝所形成的纳赛尔湖（Nasser Lake）之下。

1843年3月21日，德国奥格斯堡（Augsburg）的《汇报》（*Allgemeine Zeitung*）刊登了一则消息："著名的旅行者门森·恩斯特立志探寻白尼罗河的源头，途中不幸染上疟疾，并于1月底在埃及赛伊尼（Syene）病故。了解他卓越才华的旅人将他埋在了尼罗河的第一处激流险滩旁。"[6]

在恩斯特生活的时代，缺乏由官方对跑道测距并记录成绩的跑步锦标赛。因此，恩斯特的成就并没有成文的官方记载。他在城市街道上的短跑成绩斐然，而让他从19世纪的众多职业跑手中脱颖而出的，是他可以持续数周的匀速长跑能力。他胸怀大志，渴望自我挑战，这些都是他前进的巨大动力。他热衷于不断巩固第一的地位，誓当跑手中的佼佼者，成为耐力最强的人。有人认为，恩斯特跑步只是为了金钱和掌声，这种想法未免太过天真。在他那个时代，他就是欧洲跑得最快的信使。他的长跑速度比马还快，无人能望其项背。[7]

巴克利上尉

他是人中翘楚，充满原始的力量，讨厌足不出户，喜欢四处奔波，向人们展示其力量和耐力。罗伯特·巴克利·阿勒代斯（Robert

Barclay Allardice）是英国最活跃的运动员之一,他像熊一样迅猛、彪悍和强壮,他擅长短跑、长跑、竞走、举重和拳击等体育项目,可谓样样精通。

1809 年,巴克利在 1000 小时之内走完了 1000 英里,这是他家喻户晓的成就。这可是当年英国的头号体育新闻,吸引了成千上万的观众专程赶往伦敦以北 65 英里的纽马基特,去现场观摩。

巴克利将与詹姆士·韦德伯恩·韦伯斯特（James Wedderburn Webster）赌跑,看谁能在六周时间内（包括周日）坚持每小时走 1 英里。一开始,有人下注 1000 几尼,赌后者会输。但赌注很快便开始飙升,最终高达 16000 几尼,相当于一名农场工人 320 年的工资。包括威尔士亲王在内的许多富豪也都下了注,赌金高达 10 万英镑（相当于 2008 年的 4000 万英镑）。这场赌跑关系到巨额赌资,也事关人体的生理极限,因为根据医生的判断,巴克利很可能出现血液过热的危险,这要么会让他丧命,要么会让他终身残疾。

跑道只有半英里长。刚开始,巴克利在跑道上来回行走,观众人数很少。但消息很快就传开了。人们纷纷赶来观看,就连那些平常不屑于和普通人为伍的时髦女士和绅士们,也都乘坐马车赶到这里。形形色色的观众从四面八方涌来,其中有女仆和工人,也有勋爵和公爵。他们全都找出自己最好的衣服,盛装出席。

巴克利和韦伯斯特的双方支持者、计时员和助手们分别驻扎在跑道的两端。他们就睡在帐篷里,有时,也会跟着巴克利一起走。1809 年 7 月 12 日周三下午,快到 2 点半时,巴克利出现在挤满了热情支持者的旅馆中。他已经连续六周不眠不休,不停地走路了。他瘦了许多,看起来十分疲惫。他解下腿上的绷带,准备在平坦的草地上走完第 999 英里。煤油灯照亮了夜路,衣服遮不住他依然结实的身形。煤油灯属于新鲜事物,能让巴克利在走夜路时看得更清楚。这也吸引了更多的观众。有时候,煤油灯会被摔碎,这时,拳击手大块头约翰·卡利（Big John Cully）就会陪着巴克利在黑暗中一起走,当他的保镖。

有时候，巴克利连睡觉都在走路。他也曾站在起跑线上睡觉。他的膝盖受了伤，牙痛难忍。他在倾盆大雨中坚持前行，在似火骄阳下大汗淋漓。他跛得厉害，甚至记者都报道说，他正在与死神搏斗，有可能随时随地倒下。他听从了医生桑迪弗（Sandiver）的建议，在身上抹油，并穿上了保暖的衣服，他还试过老妇们的建议，不管有用没用。但他的比赛计划是成功的：他在每个整点快结束时走完 1 英里，然后稍作休息，等到下一个整点开始后，再走 1 英里。就这样，在每趟来回之间，他可以有一个半小时的休息时间。

3 点 37 分，巴克利迈过了他 1000 英里征程的终点线。人群中爆发出阵阵欢呼，纽马基特（Newmarket）的教堂响起了钟声，新闻记者们忙着在报纸上发布最新消息。巴克利洗了一个热水澡后，就立刻睡着了。42 天来，这是他头一次真正地睡觉。

第二天清晨，尽管巴克利的体重少了 28 磅，但他依然感觉状态良好。他来到纽马基特的街道上散步，人们纷纷向他道贺，为他鼓掌。[8]

1779 年，巴克利出生于苏格兰的尤里（Ury）。巴克利家族属于贵族，其祖先可以追溯到七百年前。他在乡野中长大，血脉中流淌着一种与生俱来的坚韧，其祖父"壮汉罗伯特"（Robert the Strong）就是巴克利家族中广为人知的一位。为了防止强敌入侵，巴克利家族的祖宅一楼是没有大门的，来访宾客需要攀爬绳索才能进入。不管是因为爬绳索，还是因为同其他孩子赛跑，巴克利从小就打下了良好的身体基础。他于 1796 年参加了首次赌跑，他打赌自己可以在 1 小时内走 6 英里的路，并赚了 100 几尼。他非常喜欢比赛。他不仅赚到了钱，还认识到自己可以靠赌跑发财。

1797 年，巴克利的父亲去世了。当时，他的家庭正遭受厄运。尽管巴克利债台高筑，但他有 400 英镑的年收入，还有一些房产。他成了尤里的第六位领主。是否能整顿好财务状况，就看他的了。1801 年，情况变得更加糟糕。巴克利在五个月内输掉了与"达夫特领主"（Daft Laird）的四场赌局，总共损失了 6175 英镑，相当于他家庭年收入的四倍。他必须要挽回损失，而跑步和快走提供了最好的机会。他志在必得。1801年秋天，他与达夫特领主再次打赌，赌注总额高达10000几尼。在帕默瑞勋爵（Lord Panmure）的建议下，巴克利拜访了佃农杰基·史密斯（Jackey Smith）。史密斯是一位经验丰富的师父，懂得训练运动员，为其树立信心，但他的要求也很严格：运动员每天晚上只能睡5小时，还得在吊床上待2小时，而且凌晨4点就得起床。

第一天，史密斯安排巴克利在清晨6点进行了两组跑步练习。

"身体前倾，"史密斯说，"缩小步幅，脚不离地。"[9]

这样不仅减少了膝盖的受力，还保护了背部，尤其是当巴克利被要求身背沉重黄油和奶酪、在90分钟内往返18英里时，更是起到了保护作用。当然，这样的任务是不可能完成的。1801年秋天，巴克利接受了极为严格的训练，常常会出汗到浑身湿透。

1801年10月中旬，巴克利为他的最后一次测试做好了准备。这次，他要走110英里，训练时间选在了一个雨夜。油灯照亮着夜路。史密斯在跑道上拉起了一根绳子。万一到了黑得伸手不见五指的地方，他还可以拉着绳子找到方向。巴克利在大雨中踏出了一条路。黎明时分，他脚下的积水已经没过了脚踝。每跑完一圈，史密斯就在木板上刻下一个记号，并记下时间；他总共让巴克利回小屋休息了三次。在屋里，巴克利吃了些面包和鸡肉，喝了点啤酒。巴克利听师父的话，擦干了身体，在这间专门修建的小屋里躺了10分钟。小屋的四周空无一物，没有任何光亮和响声，以便他能在短暂休息过程中尽可能不受打扰。巴克利花了19小时27分走完了110英里，创下了该距离的英格兰最佳成绩。考虑到恶劣的天气，取得这样的成绩更加难能可贵。巴克利信心满满，要在与达夫特勋爵的这次对赌中取胜。达夫特勋爵将赌跑定在了11月，因为在11月遇上坏天气的概率最大，比如刮风、暴雨和浓雾等。此外，他还认为11月是人的体力最弱的时候。然而，巴克利打消了人们的所有疑虑，尽管天气恶劣，他依然赢得了10000几尼：那一天，他赚到了十倍于之前损失的一大笔钱。那年巴克利才

22岁，却已然成为一位传奇人物，无论任何距离的比赛，他都不在话下。他渐渐开始沉迷于突破人体的绝对生理极限和承受痛苦的极限，并不断增加每天行走的时间。与其他英国绅士不一样，巴克利不喜欢睡在温暖舒适的床上，反而情愿离开路边的旅馆，整宿整宿地走路。

亚伯拉罕·伍德（Abraham Wood）吓跑了许多挑战者，却并没有让所有人望而却步。他住在曼彻斯特（Manchester）。1807年，尽管他的一条腿还缠着绷带，依然在唐克斯特（Doncaster）赛马场的跑道上，出色地完成了9英里长跑，成绩令人赞叹。据说，在英国，伍德没有对手。他向全世界的任何跑手发起了挑战，不论赌注的多少。巴克利对此略有耳闻。不过，他接受了另一位跑手发出的400米的挑战，并在比赛中以不到60秒的成绩获胜。

就像巴克利在快走方面无人取代一样，亚伯拉罕·伍德也是一位优秀的跑手。他们二人的对决不可避免。比赛时间定在了1807年10月12日，内容是比谁在24小时内行进的距离更长。由于巴克利是走路，他在出发时获得了20英里的优势。

在八周的备战过程中，巴克利住在英国的南部海岸，与拳击手一起训练，而伍德及其支持者们则住在附近的一个训练营中。从早到晚，巴克利不停地进行着跑步、快走和拳击训练。他在早餐时会吃2磅以上的牛肉。对他而言，在12小时内走完80英里，轻而易举，而伍德跑完53英里仅需7小时。

这场决战在纽马基特进行。在这里举办比赛，观众人数之多，对此，巴克利和伍德早已习以为常。但这次围观人群之多，却大大出乎他们的预料。19岁的英国诗人拜伦（Byron）就是众多观众中的一员。那些赌比赛取消的人都输了，因为在规划出新路线之后，比赛于10月12日周一如期举行。两位运动员精神抖擞地出发了。此前，他们俩在比赛线路上产生了分歧，巴克利倾向于选择一条1英里长的路线，因为这条路上不仅有灯火照明，还有连接起来的雨棚可以避雨，而伍德则在社区中量出了一条3英里长的路线。直到比赛前的最后一分钟，两方仍旧打算按各自筹划的路线比赛，包括夜间照明、休息帐篷和旗子路标等方方面面均已安排妥帖。可最终，他们选择了一条沿着伦敦街道的新路线。新路线不仅一切都安排妥当，还配备了筹备人员、工作人员和计时员。计时员使用的是两个精心挑选的计时器，均由伦敦著名钟表匠布兰布莱（Bramble）先生进行了校准。

伍德一开始就一马当先，并在一小时后依然遥遥领先。当两位选手赛间休息吃煮鸡肉时，关于比赛结果早已内定的谣言不胫而走。据传，尽管伍德目前领先，但巴克利一定会获胜。又过了几小时，伍德看上去很疲惫，他脱掉鞋子光着脚跑，可双脚却被粗糙的路面割开了口子。六小时后，他的速度越跑越慢。回到了帐篷中，他向助手、医生和其他专家求助。接着，便传出了伍德退赛的消息。

赌客都认为事情没这么简单，退赛一定是事先就安排好的。结果，谣言的内容不断升级，越传越过分，赌金全都没有兑现，众人议论纷纷。据说，伍德在比赛中突发胃病，这是他退赛的原因。伍德突然消失了。两天后，他面临着生命危险。据传，在伍德的病榻边，巴克利与他握手言和，不久后，伍德就死了。反正，人们都是这么传的。

结果，两天后，当人们在一场拳击比赛中看到活蹦乱跳、毫发无损的伍德时，感到异常震惊。人群嘘声阵阵，物议沸腾。

据传，整场比赛就是一个设好的局。下注的人们愤怒了，伍德成为替罪羊。但这显然是不公平的，因为如果整场比赛真的是做局，那么巴克利一定也脱不了干系。后来，人们发现伍德在牛津的一家酒馆里喝酒，便群起而攻之，将他扔了出去。

巴克利是人们心中的大英雄。由于他与伍德的大战并不是一场公平竞赛，因此，关于他和伍德谁更厉害的争论一直不绝于耳。据一位目击者称，当伍德跑完 22 英里并离开自己的帐篷之后，显得昏昏沉沉的。有人在他喝的水中偷偷下了毒，很可能是鸦片。没人知道下毒的人是谁，但巴克利或伍德都不像是耍滑头的小人，他们二人行事一直很正派。

巴克利是人们心中的全国快走冠军，但体育杂志却否认了他的这个头衔，并认为这个荣誉称号应该通过一种更加公平且严谨的方式赢得。

新的有力挑战者出现了，他就是英国兰开夏郡的皇家民兵上尉费尔曼（Fairman）。这个小个子男人向巴克利下了战书，并主动提出在24小时比赛中让巴克利20英里，可巴克利并没有接受他的挑战。两人沟通了三个月，商讨对决的条件。费尔曼建议来一场500英里的比赛，而巴克利则要求比赛地点应选择在他位于尤里的住所附近，并由他来选择比赛路线。费尔曼不同意。但巴克利不愿意在中立地点比赛。这让费尔曼的支持者大失所望。于是，两人安排了一场20英里的表演赛，路线从伦敦的大理石拱门到哈罗公学（Harrow School），然后原路返回。费尔曼以4分钟的领先优势获胜。于是，他向全体英国人和全世界的人发出了挑战，要进行一场不吃不喝的比赛，看谁能走得或跑得更远。

巴克利觉得丢脸，没有理会费尔曼的挑战——狂妄的费尔曼缺乏经验，根本没有发起挑战的资格。但此事关乎自己的尊严、荣誉和全国第一的地位，于是，巴克利决定为自己而战，证明自己的地位不可撼动。

正因如此，才有了1809年的那场1000英里大挑战。巴克利完成的这个壮举在英国掀起了一场全国热潮，激励着每个人去挑战不可能。有个胖子还没开始就放弃了；还有一个叫约翰·布尔（John Bull）的人提出，每过1000小时就走1.5英里的路；一个苏格兰人梦想连续六周每小时读六章《圣经》；一个暴食者想要每小时吃一根香肠，连续吃一千小时，但吃了三根就放弃了。所有想模仿巴克利的人都失败了。1809年的巴克利可谓天下无敌。

在随后几年中，巴克利参加了许多拳击比赛。他还给拳击手当教练，跑步是重要的训练内容。在那个赤手空拳肉搏的年代，巴克利向英国最强的职业拳击手传授了很多新技术。1811年，英国著名拳击手汤姆·克里布（Tom Cribb）在尤里受训，准备与美国黑人冠军汤姆·莫利纽克斯（Tom Molineux）一战高下。莫利纽克斯是一名重获自由的奴隶。巴克利刚接手克里布的训练时，克里布体重超标，气息不足。而在巴克利的严格管理下，克里布的体重每周都在下降。山地跑的训练效果尤其之好，这也是他的拿手项目。巴克利会在口袋里装上尖锐的石子，当克里布向山上跑时，巴克利就用这些石子砸他的腿。克里布气急了，把石子全都扔了回去，在巴克利身后紧追不舍。巴克利还把克里布擅长出重拳的那只胳膊绑在马车上，训练他单手举马车。而后，巴克利又驾着马车跑了30英里，克里布则在马车后被拖行了足足好几小时。除了训练，克里布还得在庄园里干活，扛玉米、挖沟、砍树。每天，他只能喝少得可怜的4品脱啤酒，吃的减肥餐永远只有牛肉、猪肉和鸡腿。

在两万名观众的见证下，克里布打赢了这场比赛。他将主要功劳归功于他的教练巴克利。巴克利也从这场比赛中赢了10000英镑的赌金。

如此严格的饮食和饮酒规定是否真的执行到位，是否真的值得追求，尚有待商榷。19世纪后期，优秀选手都喜欢对备赛情况进行保密，还可能对自己的饮食和训练内容说谎，以迷惑对手：谁都不愿意将训练方法和商业秘密公之于众。

多训练，少饮酒

在巴克利成功的背后，有一套精心制定的训练方案，这是我们知道的首套现代跑步训练方案。在开始训练之前，他会在八天之内分三次大剂量服用芒硝，软坚泻下，净化身体，以达到训练条件。

巴克利清早5点就会起床，先进行半英里的爬坡跑，然后快走6英里，再回家吃早餐。早餐通常是牛肉或羊排、无黄油面包和啤酒。早餐后，他会继续快走6英里。中午12点是休息的时间，他会在床上睡半小时，什么都不穿。午休后的训练内容是步行4英里，然后吃晚餐。晚餐也是牛肉、羊排、面包和啤酒，不过分量比早餐要多一些。晚餐结束后，他会进行半英里短跑，然后再快步行走6英里。晚上8点，巴克利会准时上床睡觉。此时，他一整天的总里程已远远超过了20英里，除了总共1英里的短跑之外，其余大部分训练都是快走。

这种常规训练进行了三四周之后，身体就该"出出汗"了，也就是说，巴克利会穿上厚重保暖的衣服全速奔跑。跑完之后，他会喝下由香菜、香菜籽、甘草和红糖特制的"出汗热饮"，然后和衣而卧，再盖上七八块毛毯，目的就是出更多的汗。半小时后，巴克利会起床，脱掉衣服，擦干身体。接着，他会穿着厚重的大衣快走2英里。早餐吃过烤鸡后，他就会回归到正常的训练当中。这种出汗疗法会反复进行几次。如果肠胃出了问题，巴克利会在比赛前的一周进行催吐。除此之外，巴克利还会进行一些轻体力活动，好让身体一整天都保持良好的状态——坐着不动是绝对不可以的，这只会让人退化。

教练要保证运动员的饮食合理，也就是说除了吃面包和饼干之外，以肉为主。不过，小牛肉和羔羊肉并不适合，猪肉以及油腻食物也不适合。巴克利更偏爱瘦肉。胡萝卜、大头菜和土豆含有太多水分，会引起消化问题，鱼肉也一样。黄油、奶酪、香料和盐也不能吃。至于鸡蛋，可以清晨空腹吃生蛋黄，别的吃法也不推荐。

所有的酒，特别是自酿啤酒，都应该喝凉的。但饮酒过量，会引起胃部膨胀，妨碍呼吸。所以，一天最多喝3品脱啤酒，比葡萄酒更烈的酒都不能喝。巴克利不喝牛奶，也不喝水，他建议大家尽可能少的补充液体，以避免消化不良。

要理解为何制定这样的食谱，应该结合19世纪初整个英国饮食大环境来看。当时的饮用水往往不洁净，除了应季的水果之外，在其他季节，很少有水果。与许多人相比，巴克利吃得相当讲究，他刻意避免了盐分的摄入，每天"仅"喝2.5品脱啤酒。[10]

虽然巴克利风流成性，但他并没有结婚的打算。1816年，女仆玛丽·达尔加诺（Mary Dalgarno）为他生了一个孩子，他却并没有和玛丽结婚。1820 年，玛丽在生他们的第三个孩子时去世。不久，这个男婴也夭折了。当时，巴克利的两个女儿分别才 4 岁和 1 岁，父女三人在庄园定居下来，经营农场。巴克利成为一个跑步比赛的裁判、顾问和教练。

即便到了 50 多岁的年纪，巴克利仍旧对快走和户外活动兴趣不减。这个古怪的、爱抽烟的老头绝不会因为年纪大了就减少体育锻炼。甚至连通宵酒宴都阻挡不住他想要保持健康的愿望：就算通宵不睡，他也要在早餐前步行 2 英里，然后再骑几小时的马。这些日常活动雷打不动。他雇了将近 80 个人，来照料绵羊和其他牲畜。巴克利看重自由，在教育上采取放养模式。他的女儿玛格丽特（Margaret）在爱丁堡的寄宿学校上学时拒绝穿鞋，每天光着脚丫到处跑，就像在家时一样。

巴克利 70 岁时依旧像熊一样强壮，他很喜欢在客人们面前一展身手。他的力气大得惊人。在一次晚宴上，他把一只手放在地上，然后请体重 76 公斤的达尔文·高尔顿（Darwin Galton）站上去。接着，巴克利一下子就把高尔顿举了起来，放到了桌子上，就像四十年前，他发力举起一位 114 公斤重的大胖子一样。这次，70 岁的巴克利又让客人们大开了眼界，但扭伤了肩膀。

1854 年，巴克利数度轻微中风，身体部分瘫痪。可是，只要身体允许，他就会去工作，去锻炼，从不放松自己。锻炼身体就是他应对疾病和身体不适的良方；就算腿跛了，就算发烧了，他也要锻炼一整天。1854 年 5 月 1 日，巴克利被一匹马驹踢中头部，猝然病逝。

门森·恩斯特和巴克利上尉都是胸怀大志和富有冒险精神的人。他们既是艺术家又是运动员。他们拥有敏锐的商业嗅觉，具备赚大钱的能力，懂得如何吸引公众关注。他们成年后一直处于娱乐圈的中心，吸引了大批观众，被人们奉为超人。自始至终，他们俩都在不断证明自己，不断巩固自己在各自领域中举足轻重的地位。

与当时人们的简单思维不同，恩斯特和巴克利跑步，并不是为了守规矩或与上帝交流。美国印第安人的跑步耐力可与这两位大师媲美，但印第安人跑步的起源和动机却与二人完全不同。

第 11 章

早上吃牛心的印第安人

> 我的整个身体都结了一层薄薄的冰,跑步时发出噼噼啪啪的冰裂声音,就连下体也不例外,它已被完全冻住了。
>
> ——纳瓦霍人(Navajo)少年跑手

银河出现时,看上去就像一条跑道。所以,每逢秋天,阿帕奇人(Apaches)都要举行跑步比赛。关于跑步接力赛的起源,印第安人是这样对年轻人解释的:银河现身凡间,就是要点化人类,不论是在平时生活中还是宗教仪式中,人类都受到了银河的庇佑。印第安人通过重复举行这种比赛,代代相传,将历史和今天紧密地联系了起来。他们在模仿造物的过程,在与宇宙的神明和力量对话。[1]

在加利福尼亚州,许多印第安原住民部落都相信,当草原狼(Prairie Wolf)和野猫(Wildcat)进行赛跑时,他们身后扬起的风尘形成了银河。在印第安神话中,草原狼和野猫是两个家喻户晓的形象。在跑步方面,二者是强劲的对手。草原狼是第一批人类的代表,那是一个最早出现于世界的神秘种族,在我们之前就生活在这里。

在美洲印第安神话中,有许多关于跑步的传说。诸神让人类去跑步,并让动物给人类做示范。这些关于赛跑的传说既神秘又神圣,不仅解释了万事万物的起源,还教会人类如何生存。赛跑定义了不同物

约 1903 年,印第安人在树林中奔跑,弗雷德里克·雷明顿(Frederick Remington)绘

种的自然属性和生理特征。神秘跑手是各个印第安部落的祖先,这些部落呈现出人类社会的组织结构。²

跑步对于北美原住民的重要性几乎比世界上任何其他部族都要大。美洲大陆幅员辽阔,印第安人既没有马匹,也没有带轮车辆,他们唯一能够依靠的只有自己的双脚。在印第安传说和风俗中,跑步一直是有迹可循的。19 世纪开始,研究人员就一直在研究这个问题。他们发现,在印第安部落中,跑步的传统根深蒂固,即使在原住民遇到白人之后,跑步的传统依然得以保持。事实上,在与殖民者的斗争中,印第安跑手发挥了巨大作用。

1680 年春天,在宗教领袖波·依(Po'pay)的号召下,新墨西哥州北部的普韦布洛人(Pueblo)各部落的信使和酋长赶到了红柳镇(Red Willow)。自从 16 世纪 90 年代以来,西班牙人一直占领和统治着这片土地。他们逼迫印第安人信奉基督教，压制其信仰，嘲笑其生活方式，印第安人与西班牙人之间仇深似海，势不两立。1660年，一个方济各会教士烧毁了数百个印第安人神像面具；1675年，西班牙人在圣菲（Santa Fe）的广场上公然鞭笞多名印第安宗教领袖，其中就包括波·依。

印第安人决定，等到8月玉米成熟之时就发动起义。他们把这条消息通过象形符号刻在了鹿皮上，派信使送达70个普韦布洛人部落和霍皮人（Hopi）部落，其中有些部落远在300英里之外。跑手们分头行动，徒步奔跑，将消息送达各个部落。

8月临近，信使们再次聚首。这次，他们要送的是一根绳子，上面的绳结代表着起义的倒计时天数。信使们将绳子送到各村。每过一天，村民们就砍掉一个绳结，绳结砍光之日，便是发动起义之时。时局日渐紧张，西班牙人亦察觉到一丝端倪，并绞死了两名印第安信使。结果，印第安人将起义的时间提前到了1680年8月10日。

在起义中，印第安人毁掉了西班牙教堂，杀死了神父，烧光了教堂里的所有文件。共有380名西班牙人和印第安人在事件中丧生。除此之外的其他细节便不得而知了。在圣菲广场的废墟上，印第安人修建了基瓦（kiva）——印第安人用作会堂的一种大型地穴，这处圣地象征着印第安人夺回了统治权。[3]

从小抓起

纳瓦霍人是印第安人中跑得最快、训练最刻苦的部族。清晨，"语神"（Talking God）会叫醒少年："起床了，孩子们，是时候为了你们的健康和幸福而奔跑了。"[4]语神是纳瓦霍人的"诸神之祖"，他是一位向导，游走于彩虹和阳光之上，为人类传道授业。语神常常给人们提建议，并考察人们的主动性、勇气和智力。这些品格和能力都可以靠跑步来锻炼。老人们常说，诸神会褒奖那些清晨跑步的人，因为这样做会带来很多好处。

雷克斯·李·吉姆（Rex Lee Jim）在谢伊峡谷（Canyon de Chelly）的一户传统印第安人家中长大。吉姆年满4岁时，爷爷每天清晨4点半都会叫他起床跑步。吉姆必须往东跑，与朝阳赛跑。在长跑过程中，为了跑得更快、更轻盈，吉姆会放声歌唱人们常说的"赶路号子"，也就是一些赞美美洲豹、羚羊和鹿的歌谣。

爷爷将鼠尾草叶子放在水里煮开，男孩们在跑步之前服上一剂，通过催吐，达到净化身体的目的。晨跑过半时，两个男孩在灌木丛旁停了下来。吉姆和同伴相互拍打皮肤，按摩肌肉，这是在"调整身体"。为了再次催吐，男孩把一根老鹰羽毛塞进了喉咙深处。他们会把沙子放进鞋里，以此来锻炼双脚。他们还会把冰块放进嘴里，跑步时嘴里含着水，用鼻子进行呼吸，以此来加强呼吸训练。直到跑完4英里之后，他们才可以把水吐掉。

冬天，男孩们在雪地里打滚。第二场冬雪过后，他们会穿上软皮平底鞋和裤子，光着膀子出门跑步。在冰天雪地中，他们时而奔跑，时而摇晃树干，让积雪洒落在自己的身上。这种意志锻炼让孩子们像成年人那般不畏严寒，告别懒惰，强身健体，拥有敏锐眼光，其作用与冰浴异曲同工。谈起冰浴，一位纳瓦霍少年是这样说的："我全身泡在冰水中，直到实在无法坚持为止。我咆哮，吼叫，我的声音变得越来越洪亮。接着，我从冰水中爬出来，穿上平底鞋跑回家，大步流星。我的整个身体都结了一层薄薄的冰，跑步时发出噼噼啪啪的冰裂声音，就连下体也不例外，它已被完全冻住了。这简直糟透了。到家之前，我还会再次在雪地里打滚。"[5]

在要求孩子们锻炼方面，阿帕奇人甚至更为严格。阿帕奇人的孩子从小就被教导：忍耐、受苦和勇气是在生存斗争中最重要的品质。要打造坚强的人格与强壮的体质，跑步是必需的。父亲会对儿子说："你要在黎明前起床，跑到山上去，并赶在天亮之前跑回来。你必须这样做，我会逼你这样做。我现在锻炼你，为的是让你长大之后成为一个优秀的人。跑步可以让你意志坚定，还可以锻炼你的双腿，将来谁都跑不赢你。"[6]

阿帕奇人的孩子进行跑步训练时会负重，跳进冰水中，互相打斗，还要常常忍饥挨饿。教练们会煽动他们的愤怒情绪，鼓励他们相互攻击。据说，有个教练曾在一个孩子跑下山时，向他腿部开枪，以考验他躲避子弹的能力。听到这样的事情时，阿帕奇人会残忍地大笑，如果哪个男孩因此而感到害怕，那就太丢脸了。在意志训练的最后阶段，孩子们会进行为期两天的长跑，其间不可以吃东西，也不可以休息。经过这次长跑之后，16岁的少年便做好了成为真正勇士的准备。

阿帕奇人谙熟攻其不备与快速撤退之道。他们在夜间赶路，在白天躲进草丛休息。他们吃的是不加热的食物，这让他们的牙齿更加强壮，不会上了点年纪就出现牙齿松动的问题，也不会因为生火而泄露行踪。那些首次参与袭击的少年需要在每天早晚跑更远的路。他们在山野狂奔，树下出恭，像草原狼那样号叫。唯有这样，方能在日后取得成功。为了执行埋伏和突袭抢劫，勇敢的少年还需要接受夜间训练，在月光下进行长跑。阿帕奇人的脚程极快，快到让对手们猝不及防。阿帕奇部落酋长杰罗尼莫（Geronimo，1829—1909）长年抵抗白人统治，并因此而闻名于世。想当年，他便是在墨西哥使用了奇袭战术。在崎岖的山路上，他的勇士小队可以在24小时之内急行75英里。

阿帕奇少年从步入青春期到结婚之前，要参加秋季接力赛。阿帕奇人相信，跑得最快的人都是没有性经验的处男。一旦破了童子之身，就再也无法达到之前的速度和活力了。不参加接力比赛的少年会成为弱者，受人鄙视。据传，这场赛跑起源于古老的神话，它可以保佑年轻人，并赐予他们力量。

传说在很久很久以前，地球上生长着丰富的动物和植物，各种食物多到吃不完。可是，农作物生长没有季节规律，这让人类感到无所适从。所以，太阳和月亮决定分管一年当中的不同时节，以便在不同时间生产出不同的食物。

月亮说："我拿我所有的植物当赌注，与你打赌。"

太阳说："我拿我所有的动物当赌注，与你打赌。"[7]

太阳和月亮一致同意，每四年举办一次赛跑，二者轮流获胜。这样一来，人类就不会只能吃肉食，或只能吃粮食了，于是人类食物的多样性得到了保证。后来，这项赛事由阿帕奇人继承了下来。阿帕奇人目睹过日月赛跑，并领悟了其中的奥秘。假如不举行这场赛跑，他们就会被饿死。[8]

阿帕奇人有两支接力赛队伍：制陶人队（Ollero）和平原人队（Llanero）。前者代表太阳和动物，后者则代表月亮和植物。阿帕奇人相信，月亮主宰水，决定四季，掌控收成，就像女人生孩子一样。月亮代表着女性，而太阳则代表着男性，与动物有关。[9]

最初的赛跑时间安排在狩猎和丰收时节；后来，比赛定在每年9月13日举行，为期三天。

参赛选手在赛前会吃素、禁烟和禁欲。进行训练时，他们会将向日葵茎搓成灰，洒在脚背上。这样做是为了能跑得更快，让关节变得更灵活。他们还会把嚼烂的向日葵根抹到腿上。比赛场地是两个围场，象征着两个造物地点——比赛的跑道就是植物和动物在地球上初次赛跑的地方。

随着比赛的临近，成群的观众来到了这里，就地搭起了帐篷。人们会清除跑道上不平整的地方，并在跑道的东西两侧放上两座神像。神像之间是长方形跑道，四颗颜色不同的石头分别标记出跑道的四角。每颗石头都放置在新鲜羽毛上。这些羽毛全部来自速度很快的飞鸟。倘若来月事的女人经过了跑道，少年们的跑步成绩就会大打折扣。[10]

经过激烈选拔，接力赛在第三天上午如期举行。负责彩绘的画师抽着烟。他一边吐出烟圈，一边泼撒花粉，喃喃地做着祷告。

有人带来了一些飞鸟的尸体,并用其羽毛装扮跑手,帮助他们取胜。杨树枝条也有助于提高跑步速度。部族首领和三名助手跪在地上,在规定的位置唱歌,撒花粉,涂彩绘。在每支队伍中,两名最强跑手的彩绘和服装会与其他选手有所区别。待一切准备就绪,比赛就开始了。

选手们把自己装扮成巨鸟的样子。人们开始唱歌。在两名未婚少女的带领下,男孩们跳着舞进入赛场。男女搭配是生育仪式的一个部分,这会给少女带来好运,方便其在接力赛之后找到如意郎君。

两支参赛队伍跳着舞,在场地中间相遇。他们四周是兴高采烈的观众。四名上了年纪的长者在场地内缓慢试跑,象征四种超自然的能力和力量。当两名长者在赛场西侧相遇时,接力赛便正式开始了。两队的第一名选手全速奔跑,当他们经过石头时,下一组选手接力跑出。比赛角逐异常激烈,当一方的领先优势扩大到跑道的一半时,才代表他们取得了胜利;所以,接力赛有可能会持续好几小时,因为选手们获胜的意愿都很强,少年们绝不会轻言放弃。

比赛过后,每个人的心情又恢复到平静而放松的状态。晚上,等待他们的是一场饕餮盛宴和通宵舞会。到了次日清晨,为期三天的接力赛就算全部结束了。

当纳瓦霍人和阿帕奇人的少女们长大成人时,也要参加一场作为成人礼的赛跑。纳瓦霍人称为"基那尔达"(Kinaalda)赛跑,它象征着少女未来的毅力和美貌。每逢少女参加成人礼赛跑,她的家庭就会进行四天的庆祝活动。少女每天要跑三次,每次的距离都要比上一次远一些。这样做的目的是为了延长寿命,强壮身体,给少女未来的生活带来好运气。

在加利福尼亚的尤罗科人(Yorok)部落中,跑步也是孩子体育锻炼的一个部分。在这些部落中，青少年的体育锻炼形式丰富多彩，十分全面，包括摔跤、游泳等。有一位传奇少年曾经从特沃溪（Terwer Creek）全速跑到海拔 3000 英尺的红山（Red Mountain）山顶。一开始，他背的是一些较轻的石头，后来他开始逐渐增加石块的重量，将小石头换成大块岩石。到二十五六岁时，这位年轻人在身后留下了一大堆石头，那是他此前刻苦训练的永恒纪念。[11]

在尤罗科人部落中，跑步水平较高的少年和少女会选择难度更大的"霍凯普"（hohkep）训练，与无形之力进行交流，开阔眼界，锻炼自制力。"霍凯普"训练包含一种重要的特殊形式——滑行跑步。这种跑步方式看似毫不费力，但只有在与神灵的交流进展到相当程度之后，才能进入这种境界。跑手可以从树丛上轻松滑过，成为大自然中流动的组成部分。用心的跑手能够与跑道建立起某种亲密关系，还会对着跑道唱歌、说话，让自己成为跑道的主宰。跑道在跑手的身下沿着自身轨迹向前延伸，可以说，跑手是闭着眼睛快速行进的，任由跑道指引方向。渐渐地，他们开始尝试更加困难的跑步形式，比如在悬崖峭壁上蒙眼跑步。

看清前方的路，对跑步而言至关重要。而滑行跑步的力量来自天地，跑手无须去感受自己的脚是如何踩在山丘上的，而应该去感受山丘如何用其脊梁托起自己的双脚。慢慢地，跑手开始学会利用山丘的力量，顺势而为。他们学着将空气"视为"一条绳子，通过呼吸技巧和手臂运动，让这条绳子拉着自己前进。这套高难度训练的终极考验是为期三天的山地跑步。跑手在夜间跑步，在白天休息和冥想。跑步是精神成长的一种方式，对于巫医而言，跑步还是一种十分重要的治疗方式。

霍皮人为了求雨，会进行一种名为"心灵感应"的跑步仪式。酋长光着脚，身体几乎全裸，通过飞速奔跑请求云神赶快降临：

第一天，酋长跑步的圆圈很大，因为云神们住在很远很远的云端之上。首长朝着西北、西南、东北和东南四个方向奔跑，以便引起云神的注意。为了让云神聚集得越来越紧密，他跑步的圆圈会逐日缩小。这样，等到做法事的那天，云神刚好会聚集到人们的头顶上方，而云神下的雨，则会正好落在人们的房子和土地上。[12]

福克斯仪式跑手的起源

在福克斯人（Fox）的神话中，跑手也很重要。一个关于福克斯人起源的传说曾经提到，这个部落的人曾感到非常不快和困惑，为了获得智慧，一些人开始禁食：他们懂得了人们应该如何生活，应该怎样成为一个团结的部落。这也正是福克斯人仪式跑手（ceremonial runner）的起源。

从前，上帝派了三个人（跑手）来到地球，并赋予了他们特殊的才能。不论是爆发战争时，还是首长无法平息争端时，人们都会来向跑手求教。跑手会参与谈判，与宗教领袖们讨论生死攸关的重要问题。这些跑手能够预言生死，他们走街串巷，帮人们解决各种问题。

> 人们称他们为"仪式跑手"，他们的生活极为不易。他们需要操心的事情很多：每个印第安村落的情况，这些村落应该建在什么位置。他们还有责任亲临战场，因为他们懂得神的旨意。仪式跑手有印第安神灵曼尼托（Manitou）庇佑，拥有通神的能力。所以他们才会如此强壮，如此能跑，如此有智慧。他们接受的任务可能远在千里之外，而无论他们需要跑多远，他们必须将消息带给远方的印第安人，或拜访远方的居民。跑手不得拒绝任何任务。[13]

福克斯人已知的仪式跑手有三位：一位首领，他的继任者，以及再继任者。其中，最后一名仪式跑手出生在1810年之前，我们并不知道他的名字，但是对他的事迹，还是有所耳闻。比如，为了成为一名仪式跑手，他曾经通过禁食十天来完成自身净化。

第二年的冬天，他又禁食了十二天。在做梦时，他梦到有人让他去河边接受神的保佑。[14] 于是，小伙子来到河边，等啊等，终于听到了口哨声，一个瘦小而英俊的男人出现在他的面前：

我跑过许多的地方。你刚刚看到我跑得有多快吗？是的，我会保佑你，虽然我不能为你做什么特别的事情，也不适合做任何工作。但是，谁能来接替我呢？

你会跑得非常非常快。你可以叫自己"仪式跑手"，那些富有智慧的人也会这样叫你。只要你是一个凡人，他们就会以你为骄傲。

你将接着帮助世人，千方百计，义不容辞。他们会给你一些困难的任务，去离家很远的地方，但你不能拒绝。我将赋予你快乐和勇敢的能力。[15]

他还将隐身的能力赐给了这位福克斯仪式跑手。

跑手接受了这样的安排，开始改变自己的行为。接着，他接到一连串指示，教他如何行善，就算送信差事路途遥远，困难重重，也不得产生丝毫恶念，或厌倦跑步的工作。每当开始一段旅程时，他总是从线路的南端开始。他应该将烟草扔进河中，并以神的名义歌唱，这会为他带来无穷的力量，让他避开子弹和箭的伤害。女人是危险的，她们受到了恶灵的传染，所以才会来月事。如果在跑手的住处周围有一位来月事的女人，他就会倒大霉。尽管如此，他也不可以说关于女人的任何坏话。

他会随身带个木盘。吃饭的时候，他既不可以狼吞虎咽地吃肉，也不能够剩下饭菜。在长途旅行中，如果他想吃肉，斑鸠和鹌鹑就是他最好的选择，因为这些鸟都飞得不快。每天晚上，他都得洗澡，还得尊敬长辈，照顾父母。他在屋外茅舍的南侧休息，睡在自己猎捕到的梅花鹿的鹿皮上。如果送信的内容是死讯，那他就不能穿戴红色，因为人死后，身体里的血液就不再流淌了。在送信途中，他不可以开任何玩笑。抵达目的地之后，当他交接传递的消息时，应该轻声告知——因为不管怎样，所有的印第安领导层都会对他倍加留意。他不可以说不好的话，不可以说脏话，不可以说人坏话，也不可以嘲笑别人。偷盗行为是绝对禁止的。此外，他还要善待儿童。

作为福克斯人的最后一位仪式跑手，他终身未娶，成为一位德高望重的人物。1865年前后，他完成了一个警告战争来临的送信任务。次年冬天，他与世长辞，享年56岁。在去世之前，他曾经预言，福克斯人将会被彻底消灭，消灭它的不是印第安人，而是白人。"当仪式跑手后继无人时，没人能为你预测未来。生活将变得更加艰难。就算有人死了，也没人能将死讯传递出去。一定要坚持自己的信仰，不丢弃自己的传统，否则白人将会利用这一点乘虚而入。"这位最后的仪式跑手为福克斯人敲响了警钟。

半个世纪之后，他的预言几乎成为现实。在福克斯部落中，再没有人严格控制饮食了，再没有飞毛腿了，也再没有人能够通晓神灵了。尽管仍有人从事信使的差事，但是相比原先的仪式跑手，他们并没有对送信工作特别上心。即使到了20世纪20年代，在福克斯部落，仍旧有专人负责宗教仪式事务，但他们懒惰无能，传统仪式虚有其表，日渐消亡。年轻人对传承部族传统漠不关心，反而接受了白人的风俗。印第安人曾是一个谨慎且警惕性很高的民族，因为仪式跑手为他们指明了方向，将各个村落和家庭联系在一起。

在加利福尼亚州南部的沙漠地带，切梅惠维人（Chemehuevi）也面临着同样的问题。在那里，跑手成立了一个行会，在战争时期与和平时期为部落首领服务。他们相互之间以"表亲"相称，因为共同的职业走到了一起。人类学家卡洛贝斯·莱尔德（Carobeth Lairds）研究了两次世界大战之间的切梅惠维部落，发现当时仅有一名跑手仍在按照传统方式工作。人们叫他"鼠小弟"（Rat Penis），他沉默寡言,为人谦逊。当同朋友们一起跑着玩时,他与其他人的跑步方式一样,而当他一个人独自跑步时,他则会按照传统的跑步方式,达到入神的境界。

一天早晨,鼠小弟在内华达州的卡顿伍德岛(Cottonwood Island)与友人道别,出发赶往亚利桑那州的希拉河(Gila River)。他的朋友们跟在他后面,很快发现他的步子越来越大,留在沙子中的脚印也越来越浅:他似乎是飘过去的,几乎没有接触到地面。当朋友们抵达尤马堡(Fort Yuma)时,才知道鼠小弟早就经过此地了。

与往常一样,没有人亲眼看见他特殊的跑步技巧:鼠小弟并没有借助超自然神力的帮助,他能够以这种方式跑步,是因为他了解印第安人的跑步传统。[16]

逃命之旅

曾有传言称,当殖民者和印第安人在当地相遇时,会进行和平赛跑,但是约翰·柯尔特(John Colter)的遭遇却严重得多。1808年,他和猎人同伴约翰·波茨(John Potts)在杰弗逊河(Jefferson River)上划船。这里距离后来建立的蒙大拿州斯里福克斯镇(Three Forks)很近。俩人时不时地停下船,检查他们设下的陷阱,接着沿着日常路线继续划船。突然,岸上来了500名黑脚人(Blackfoot)。

两个猎人只想打猎,可是却引起了误会。一瞬间,波茨和一名黑脚人被箭射中,倒地身亡。柯尔特被擒,眼睁睁地看着黑脚人将波茨的尸体剁成肉酱。

黑脚人扒光了柯尔特的衣服,商量着如何杀死他。他们首先想到的是把柯尔特当成活箭靶,可黑脚人酋长却问柯尔特跑得快不快。当时柯尔特才35岁,他身强体壮,行动敏捷,长期风餐露宿的野外生存经历让他在各方面能力都很强。

"不快。"柯尔特故意这么答道,他跑不了那么快。

黑脚人给了他一次机会。关于起跑的优势说法各异，有的说黑脚人让了他100码（1码为3英尺，即0.9144米），有的说是400码。但不论领先优势具体是多少，此事都关乎柯尔特的性命。他赤着脚光着身子在前面奔跑，六名黑脚人紧随其后。他们在草原上追赶了8英里，最后跑到了麦迪逊河（Madison River）岸边的一片树林中。

这一次，柯尔特比任何时候跑得都快，并且一直处于领先地位。黑脚人把他当成猎物，穷追不舍。柯尔特跑完半个草原时，脚被尖石块划破了。精疲力竭的他陷入了绝望，当看到有人快要追上自己时，他突然停下脚步，转身把那个人杀了。

跑到麦迪逊河边时，他已经快要累瘫了。他跳进河里，藏身于一个浮岛之下，追赶他的黑脚人四处寻找，却不见他的踪影，而他则躲在水里一动不动。天黑之后，他悄悄地爬了出来，奔向远在200英里之外的一个商栈，商栈位于比格霍恩河（Bighorn River）与黄石河（Yellowstone River）的交汇处。他整整花了一周时间才赶到商栈，途中他在雪中穿过迷踪小径，一路上靠山泉和树根充饥。

有人从丽莎堡（Fort Lisa）的瞭望台看到了这触目惊心的一幕：一个全身赤裸、鲜血淋淋的人正朝这边跑过来，没人能认出他是谁。后来，柯尔特瘫倒在赶来的营救者怀里。

这个故事听起来难以置信，可柯尔特并不是一个爱吹牛的人。此后，他在荒野生活了两年多时间。后来，他搬到圣路易斯（St Louis），在那里结婚成家，又在蒙大拿州的邓迪（Dundee）附近买了一处农场。1813年，年仅40岁的柯尔特因黄热病不幸离世。在去世之前，他向自然学家约翰·布雷德伯里（John Bradbury）口述了他的这次跑步经历，这是他一生中最戏剧化的一件事。1819年，布雷德伯里出版了《北美内陆游记》（Travels in the Interior of North America）一书，他根据柯尔特口述，将这个故事写进了书中。在20世纪70年代末，人们为了纪念这次跑步，专门组织了名为"柯尔特之跑"的8英里跑步活动。[17]

浮冰行走，雨林疾驰

所有的美洲原住民都要跑步。在北方严寒的努尼瓦克岛（Nunivak Island）上，因纽特人每逢 1 月会举行"布莱德节"（Bladder Festival），通过在冰天雪地中进行短跑比赛，纪念逝去的生命。他们会先比赛划船，然后赛跑，通过两种训练来全面地锻炼身体。

帕亚库人（Payacu）生活在南美的亚马孙河河口地区，他们的生存环境与因纽特人截然不同。[18] 在这片炎热而潮湿的土地上，总共有 20 多个部落。他们会扛着原木进行赛跑。与这项赛跑相比，其他任何运动都显得不那么重要。就连女性也会参加原木赛跑，只不过比较少见，而且所扛的原木也会轻一些。而男子原木赛跑一年四季都在进行，有些比赛是随机组织的，有些则是在固定节庆时进行。帕亚库人会主动相互挑战，砍下木头就比，完全不需要动员。

早在 16 世纪时，欧洲的探险家和研究员就曾提到过这种风俗。而事实上，这种风俗的出现还要更早。科拉霍人（Kraho）认为，他们的祖先太阳和月亮就曾经这样比赛，并将此风俗传给了人类后代。[19]

原木赛跑在平地上进行，跑道长度为 1 英里左右，跑手向四个点跑步，象征着天堂的四个角。他们会在 3 英尺长、100—200 磅重的原木上切割出适当的角度，以便更好地抓住木头，并在肩扛时掌握平衡。当他们实在跑不动时，就会将木头给下一名队员进行接力。

谢伦特人（Sherente）有两支赛跑队，男孩们会被分至其中的任意一队。而在阿皮纳耶人（Apinaye）中，赛跑队的分组按人们在村中的房屋地址来划分。除此之外，运动队的构成还会因季节变化和比赛目的不同而有所区别。部落之间也会相互挑战，而这种比赛很容易以争吵告终。

人种学家柯特·那姆恩达茹（Curt Numuendaju）曾经观看过一场部落赛跑。在比赛前夜，两支参赛队唱着好运歌，提振士气，让队员们团结一心。在比赛当天，他们首先要对跑道表达尊敬之情，然后准备原木,将木头整齐地摆放在一边。挑战者吹着号角唱着歌,宣示着他们的到来,然后开始热身。四个男人将原木举起,放在第一位队员的肩上。队员们迅速出发,朝着村庄的方向奔去。跑道两侧涌动着欢呼的人群,这些光着身子的纤瘦男人会一直守在属于自己队伍的那一侧。

为了保证顺利开局,第一棒的速度总是很快:

接下来,激烈的追逐便开始了。观众尖叫着鼓励参赛队员,他们吹奏着号角和其他乐器,印第安人在原木赛跑的跑道上忽左忽右地跳来跳去,挥舞着野草做的装饰物,在草地和灌木丛上跳着。在完成了150码的距离之后,准备接力的队员会追上扛原木的队友,边跑边弯下身子,让队友将原木传递到自己的肩膀上。比赛依然继续,不会因原木接力而中断。运动员继续不顾一切地奔跑。在炎炎烈日之下,他们先跑下山路,蹚过小溪,然后再上山,穿过烫脚的松软沙地。[20]

运动员很快就把站在起跑线旁边的男女老少甩在了身后。

只有最强的跑手才能跟得上前一棒的脚步,并确保在前一棒精疲力竭、速度放慢时,能顺利完成原木的交接。为了保持领先地位,每个人都会拼尽全力、争先恐后地奔跑,并准备就绪时发出交接信号。在进行了大约1公里的赛程之后,原木又回到了全部落最强跑手的肩上。此时的呐喊声不如之前那么大了,交接变得更加频繁。队员们的体力也已消耗殆尽。女人们站在跑道边上,把水浇到队员的身上,让他们感到好受一些。但不论领先多少距离,绝不会有人把原木扔到地上。

终于,村子映入了眼帘。队员们用尽最后力气,逼自己在双腿动弹不得之前再跑上几十码,不过总会有新人接过原木扛在肩上,继续完成接力赛,直至到达村子里的终点。只有到那时,原木才可以被扔到地上。

比赛结束之后，人们并没有胜利的喜悦或失败的叹息。赢的人不会得到赞扬，而输的人也不会受到埋怨。上一秒时人群还在躁动，呐喊，沿着跑道和运动员一起奔跑，可忽然之间，一切都结束了，大家又是好朋友了。在20世纪50年代，英国人类学家戴维·梅伯里-刘易斯（David Maybury-Lewis）在部落成员的鼓励之下，参加了一次原木赛跑。在这次比赛后，获胜队伍嘲笑了落败队伍，但失败队伍并没有回应，而是直接回屋吃饭去了。获胜队伍是科拉霍人，他们从150英里之外的地方赶来参赛，他们嘲笑主场作战的对手跑步的实力实在太弱：他们的水平太差劲了，根本不懂如何体面地庆祝盛会，只是吹牛厉害而已等。失败者听到如此言论之后，一笑而过。第二天，两支队伍再次交手。这一次，情况发生了逆转："科拉霍人才不懂跑步呢"，一名谢伦特人冷笑着评价道，尽管对手前一天才刚刚证明过他们的实力。"什么都做不好，只知道吹牛——这就是科拉霍人的本事。他们不务正业。他们不在菜园种菜。他们只知道在家扛原木跑步，可出了家门就怕了。"[21]

你也许会奇怪，为什么他们的态度变化如此之快。这一次，科拉霍人只想赢，而谢伦特人也动真格的了，他们是在为了证明自己而战。连梅伯里-刘易斯也无法解释这一切。第二天早晨，两个部落又进行了一场比赛，这次比赛的地点在村子外好几公里。

研究人员对原木赛跑这一习俗的象征意义和现实意义并不清楚。有人认为，不同部落通过比赛，来为自己在婚姻市场中增加机会。然而，参赛队员的年龄范围从15岁到50岁不等，许多队员早已成家。20世纪30年代，人种学家柯特·那姆恩达茹否认了这种假设，认为这种仪式无关婚姻。而另一种理论认为，原木象征着人类，而科拉霍人是在试图保护自己免受恶灵之扰。关于比赛的象征意义，各个部落的解释也模棱两可：它似乎既是一种象征行为，又是一种体育运动，而后者才是这项活动的重点。

塔拉乌马拉人

在墨西哥，运动也同样是塔拉乌马拉人（Tarahumara）的重要活动。在所有美洲印第安人中，塔拉乌马拉人在跑步方面是最有名的。他们称自己为"拉拉穆里"（*raramuri*），意思是"跑步很轻快的人"。"塔拉乌马拉"这个名字来自西班牙语，指的是生活在墨西哥北部吉瓦瓦州的印第安部落。19世纪90年代末期，挪威探险家卡尔·鲁姆霍尔茨（Carl Lumholtz）对他们进行了研究。塔拉乌马拉人对体育场和秒表一无所知。他们不懂现代田径运动，只知道跑步，就像其祖先几百年来所做的那样。毫无疑问，谈到跑步，塔拉乌马拉人是当之无愧的世界冠军，不是因为他们的速度快，而是因为他们的耐力强。一个塔拉乌马拉人可以一口气连续跑160英里，轻而易举。如果他们当中有人去送信，他就会轻快地一路小跑，既不会停也不会休息。

鲁姆霍尔茨曾经听说，有人从古扎帕雷斯（Guazapares）赶往奇瓦瓦（Chihuahua）送信，花了5天时间赶了640英里的路，一路上他们只喝一些水，并沿途采摘野果充饥。当他们为墨西哥人干活时，他们的工作往往是赶马，他们会花两到三天时间把马匹追回。他们也会赶鹿，不论是下雨还是下雪，他们都会在动物身后穷追不舍，直到小鹿累得精疲力竭，不得不沦为他们箭下的猎物。[22]

塔拉乌马拉人特别热衷于团队比赛，每支队伍包含4—20名跑手，一边跑步，一边带球。这样的比赛可以持续几小时或一整天，甚至有时候会通宵达旦。比赛场地往往是山上的一块平地。他们跑的最远路程可能相当于在15英里的赛道上来回跑12次，也就是说，一场比赛的总里程可能高达165英里。

这些印第安部落从小就接受此类训练，塔拉乌马拉人的崎岖山地让这里的人们身体强壮，不知疲倦，他们善于长跑是再自然不过的事情。在重要比赛之前，他们要遵守饮食和禁欲的特殊规定，还要举行祈福仪式和萨满法事。萨满巫师会帮助队长，向他们的先人献祭，将人骨埋在赛场下面，以此来削弱对手的实力。从这些人骨上经过，会使对手丧失力气和能量。为了赢得比赛，塔拉乌马拉人会使用部落巫术中的每种进攻术削弱对手。

观众会对比赛的结果下很多赌注。尽管印第安人没什么财产，但他们会赌上衣服、劳动工具，甚至还会赌上价值不菲的家畜。当所有人都下注完毕之后，人们会将一块石头放在跑道上，标出每圈结束的位置，然后比赛就可以开始了。大赛组织者会进行发言，警告参赛队员不要作弊，不要用手碰触球，一个手球会直接导致输掉整场比赛。

一旦发出了比赛开始的信号，跑手就会扔掉身上的毯子，一拥而上，追赶他们面前的球。赛场上人声鼎沸，跑手腰带上挂着的动物头骨和其他装饰物彼此碰撞，发出叮叮当当的响声，防止他们打盹。他们并不是一开始就冲刺，一切都在有条不紊地进行着，虽然速度快的球队可以在2小时内跑完18英里，但他们始终保持在每小时7—8英里的速度。

观众情绪之高涨亦属罕见。他们会跟着队伍跑很长的距离。当球不知踪影时，观众会帮忙指出球的位置，天黑时尤其常见。他们会乐此不疲地奔跑很长的距离，只为能够更好地欣赏比赛。女人们会准备热水，递给身边跑过的人群。当夜幕降临时，观众会点起火把，在跑手前面举着火把，方便他们看清跑道和地形。

随着时间的推移，许多跑手都渐渐中途弃赛，但观众的人数和欢呼声却有增无减，直至只剩下最后一名跑手，或者第一名已经遥遥领先于其他人。冠军会赢得荣誉和赞美，但没有奖品。不过，赌赢的人们往往会向冠军赠送礼物。[23]

印第安人为什么要跑步？

印第安人跑步的原因有很多。跑步是神圣而又神秘的运动，它将不同的人种、部落以及各种神灵联系在一起。而且，跑步还是一种重要的实用技巧：在很久以前，霍皮人没有马匹，只能徒步狩猎。为了跑得快，他们必须锻炼自己的双腿，努力思考并虔诚祈祷。一谈到跑步，男人们就会竭尽全力地超过其他人，这就是他们跑步的原因。[24]

还有一位霍皮人说，他们必须不停奔跑，跑得又远又快。就连天上的白云也乐于看见年轻人的成长，它们能听见人们求雨的祈祷之声。霍皮人明白，跑步会改善健康，驱散悲伤，强壮身体，增加活力。这些说法与现代慢跑者不谋而合。

对于美洲印第安人而言，跑步是日常生活中与生俱来的一部分，是他们必须掌握的求生技能。跑步不仅有用，还能为他们带来快乐。跑步还是印第安人在地球上繁衍生息的有效方式。在白人定居美洲并强行将印第安人局限在保留地之后，有些部落也依然将跑步传统保留了很长时间。不过，即便是这些部落，最终也沦落到了懒散的生存状态当中。

跑步对印第安人有什么意义，许多理论都给出了解释。斯图尔特·丘林（Stewart Culin）曾周游世界，研究世界各地原住民的运动和比赛。1905年，他出版了《北美印第安人体育活动》（*Games of the North American Indians*）一书。[25] 他认为，世俗体育锻炼和宗教体育比赛都起源于"极为古老的固有观念"，人们通过跑步等方式防治疾病，祈求神明降雨，粮食丰收。赛跑的出现是印第安人为生存而斗争的一种行动，它赋予各部落民众以身份认同，比赛的传统正诠释了这一点。在关于美洲印第安体育活动的实践和讲述中，丘林找到了创世神话的影子。它们体现了美洲印第安人对于自身传统的信仰。

不过，许多印第安人也会为了出名和赚钱，和白人一起赛跑。

第 12 章

装弱求赛与优势起跑

>在训练时，他会带上一盒雪茄、他的烟斗及烟草，还有大量的雪莉酒。
>
>——记 19 世纪 80 年代澳大利亚原住民、职业跑手桑勃·康博（Sambo Combo）

1861 年夏末，有"鹿脚"（Deerfoot）美誉的印第安人刘易斯·班尼特（Lewis Bennett）登上了轮船，离开纽约，前往英国。英国体育经纪人乔治·马丁（George Martin）发现了这位 30 岁的跑步明星，并向他承诺，假如刘易斯愿意跟随他去英国，一定会马到成功，名利双收。

马丁深知"鹿脚"刘易斯的巨大潜力——他体形健美，勇敢而富有魅力，其气质完全符合欧洲人心目中印第安人的浪漫印象。各种小说及新闻报道让人们对印第安人浮想联翩，移民美洲的亲朋好友寄来的一封封家书，全都讲述着印第安人生存的那片大自然，殖民者与印第安人之间爆发的冲突，以及印第安人剥下敌人头皮当作战利品的种种野蛮而残酷的见闻。

"鹿脚"刘易斯曾经和许多"装弱者"（bluffer，这种人常常扮猪吃老虎）进行比赛，这种跑手在 19 世纪 60 年代的美国很常见，这是以赌钱为目的的短跑比赛。扮猪者又称"下套者"（Ringer），这种叫法已经流传到了世界各地。[1] 下套者时常会隐藏身份，装扮成酒鬼或无业游民的样子。他们特别爱去那些没人认识自己的城镇或乡村，专门挑酒馆或人多的地方，吹嘘自己跑步多么快，以前有多么辉煌的成绩。他心里很清楚，用不了多久，就会有人跳出来向他发起挑战，并甘愿自掏腰包赌他会输：人们都迫不及待地想看一个外地人在这里颜面扫地，输个精光，更迫不及待地希望自己既赚面子又赚钱。

倘若镇上跑得最快的人不在现场，人们便会专程去请他出马。接下来，是骡子是马拉出来遛遛。人们用绳子在街道上拦出跑道的起点与终点，就地比赛。本地跑手的友人和老乡都乐于下注，赌自己人赢。

赛场上，一个外地人与一个本地最强跑手并肩而立，彼此都不清楚对方的实力。放眼望去，街上的观众翘首以盼，呐喊声不绝于耳，空气中弥漫着赛前的紧张与兴奋。

枪声响起，两位跑手飞一般地冲了出去，身后扬起阵阵尘土。周围的观众奋力呐喊。毕竟，他们都是下了注的人。

下套者并不怕输，就算人们认为他赌输了，出了洋相，也无所谓。厉害的下套者很清楚自己要什么。他会事先安排好托儿，控制好下注的多少，赢钱时装得喜出望外，仿佛这是他头一回赢钱似的。

对于下套者而言，这一切说白了就是吹牛、跑步和沉住气。真正的高手不会让任何人产生怀疑，他可以轻松前往下一个城镇，走进一间酒吧，拉出一把吧椅，然后故技重施，再赚一笔。不过，即便他做局完美，身份隐藏得甚好，他也必须要跑得快，因为愤怒的人群很可能对他带来威胁，甚至引发暴力事件：该走人的时候就必须走得干脆，不要在同一个地方耍太多花样，比如变换发型、留胡子或换一身行头。

来自密歇根州奈尔斯市的亨利·克兰德尔（Henry Crandell）是19世纪60年代最出色的下套者之一。他选择了加州。这里云集了各路淘金客，金矿四散分布，周围还有不少热闹的富人区。他化名格兰杰

（Grainger），赢了许多比赛，赚得赌金无数，不仅战胜过美国西岸跑得最快的跑手，还足足甩开他75码。

比赛的奖品一般是金沙。在科罗拉多州斯普林斯（Springs），克兰德尔打败了米利亚德·斯通（Milliard Stone），大赚一笔后离开了那里。随后，在同州的另一座城市普韦布洛，他又发出了新的挑战。他给斯普林斯市的人们写了封信，邀请人们来普韦布洛市再次为自己下注，他说自己感到有愧，因为在之前的赌跑中，斯普林斯市民为了他赌输了很多钱。

他姿态诚恳，还不惜透露了下注技巧，这让人们跃跃欲试，纷纷掏钱抵物，赌他能赢。有不少人甚至亲自前往普韦布洛观战。然而，打遍天下无敌手的克兰德尔却故意只跑了个第二名，让他的"朋友们"再次输了个精光。这就是一场彻头彻尾的骗局。

克兰德尔接连耍了斯普林斯市民两次。现在，他随时都有被人们施以绞刑的危险。据报纸的消息称，他早已拿着他的行李和钱坐火车离开了这里。报纸评论道，如果他在赌跑比赛中的跑步速度能有赶火车时速度的一半，就足以取胜了。从斯普林斯赶来观战的人们不仅失望透顶，还输得身无分文，他们已经买不起吃的，也住不起旅馆了。在他们坐火车返乡之前，普韦布洛为他们提供了免费食宿。直到此时，他们才明白自己是多么容易上当受骗。[2]

乔治·苏厄德（George Seward）也耍过同样的花招。1817年，苏厄德出生于康涅狄格州的纽黑文（New Haven）。他年纪很小时就可以从一匹站立的马背上跃过，显示出惊人的速度和敏捷的身手。后来，他成为职业跑手，人称"下东扬基"（Down East Yankee，意为新英格兰地区南部海岸的美国佬）。1841年，他打败了当年美国跑得最快的威廉·贝尔登（William Belden）。此后，再也没有人敢与苏厄德在赌跑中一较高下。

于是，他将目光投向了英国，化名签约成为一名水手，坐船去了利物浦。上岸后，他来到了一间组织赌跑活动的酒吧。在利物浦，许多酒吧的周围都设有跑道，这有助于吸引顾客。在比赛前后，口干舌燥的观众少不了要光顾酒吧。任何有意发起赌跑的跑手都会来这里，酒吧老板会负责组织比赛，发出邀请并张贴广告。

苏厄德深谙其中的套路。他来到了利物浦的一间酒吧，四下打听，察言观色，然后放话：除了像杰克·福勒（Jack Fowler）这样的厉害人物，其他人全都不配跟他比试。

什么！这个新来的人真的打算跟杰克·福勒一较高下？要知道，福勒可是大家公认的、在英国除伦敦以外地区的百码短跑王。

"没错。"苏厄德答道，但他要求福勒在起跑时让他一小段距离。

他当然可以要求一小段领先优势，这个从美国来的愣头青，一看就是个草包，准是给英国人送钱来的。

比赛之前，苏厄德一直在酒吧周围转悠。他身穿他的水手服，说话带着浓重的外国口音。英国人对这个美国佬冷嘲热讽，拿他寻开心。比赛当天，苏厄德头戴一顶优雅的帽子，穿着长裤，脚踩一双大靴子，仿佛这是一身适合参加短跑比赛的行头，引得众人哈哈大笑。接着，苏厄德脱去了他的衬衫和厚靴，露出了真丝紧身运动衣和专业跑鞋，摇身一变，成为一位全力以赴的跑手，让众人目瞪口呆。

在此之后，苏厄德并没有留在利物浦参加其他比赛，而是周游英国各地，与各位跑步明星比赛。比赛的距离从100码到1英里不等。有时，他还会参加越野障碍赛和跨栏比赛。为了吸引人们与他比试，他尽可能地输掉比赛，他在意的是通过输赢能赚到多少钱，而不是能赢多少回。1844年秋天，他在哈默史密斯（Hammersmith）创下了100码9秒的纪录，展现了他的强大实力；在120码和200码赛跑中，他的最好成绩分别是11又1/8秒和19秒。[3] 尽管当时的比赛条件极为简陋，只能站立式起跑，跑鞋没有鞋钉，跑道也凹凸不平，但如果将比赛距离转换成以米为单位，即便在20世纪，苏厄德的成绩也达到了世界水平。在当了25年多的职业跑手之后，他选择在利物浦定居，干起了银匠的老本行。[4]

在英美两国,赌跑的传统根深蒂固。因此,苏厄德以跑步为生,倒也过得衣食无忧。

"印第安人"[5]进城

1861年夏末,当"鹿脚"刘易斯抵达英国时,他将要挑战的正是这些跑步明星。他的经纪人乔治·马丁不断向他灌输,如何以"印第安人的方式"对付他们。

"鹿脚"刘易斯在英国引起了轰动。马丁告诉人们,刘易斯并非专业比赛选手,此前只是在山间追逐猎物时跑跑步。人们以为他不会说英语,因为他的教练杰克·麦克唐纳(Jack MacDonald)得靠手语与他交流。马丁向报纸透露了关于刘易斯的传说。故事本身就颇具传奇色彩,马丁还不时添油加醋。在充满污染和噪声的伦敦,"鹿脚"自然之子的形象引起了人们的好奇。经纪人的演技一流,使宣传难免有些夸大的成分。

"鹿脚"刘易斯能吸引众人,并不只因为他是一名跑手。在欧洲传统文化中,非洲人、澳大利亚原住民和俾格米人(Pygmies)都是现存的"野蛮原始人","鹿脚"就是其中之一。19世纪中叶,全球猎奇产业正蔚然成风。在世界的任何地方,只要出现了受人特别关注的东西,不论它是活的动物还是死的化石,美国人菲尼亚斯·泰勒·巴纳姆(Phineas Taylor Barnum)和其他经纪人就会前往搜罗。因此,在美国内战期间(1861—1865),一位美洲印第安人造访英国,正好从方方面面满足了人们猎奇的需求。

当"鹿脚"在大都会体育场(Metropolitan Ground)首次亮相时,他绕场一周,身上披着狼皮,头上绑着头巾,插着羽毛,完全是一副地道的印第安人打扮。在第一场6英里跑步中,"鹿脚"采用了普通的法特莱克战术(fartlek,原意为速度游戏,是一种加速跑与慢跑交替进行的战术)。他与观众进行着互动,他每跑一步,人们对这个高贵野蛮人的欢呼之声与赞许之情就高涨一些。他保持着这种变速跑的节奏，以32分30多秒的成绩输掉了比赛。

英国的观众和记者们一片欣喜若狂。不过，与英国人相比，一位来自《纽约快船报》（*New York Clipper*）的记者轻而易举地看出，"鹿脚"其实是在真人不露相。对美国人而言，这可没什么异国情调。"鹿脚"听从教练的安排，为了吊观众的胃口，故意在参加的各种比赛中时输时赢。

跑步时，"鹿脚"会赤裸上身，并在手指和脚踝上戴满密密麻麻的铃铛。在最后冲刺时，他会发出胜利的呐喊。他的脸上涂满了油彩。为了让自己的神奇传说深入人心，"鹿脚"对马丁的话言听计从，并故意对人们隐瞒自己的饮食和睡眠情况。

画家手绘了"鹿脚"的石版画，成百上千的人争相购买，挂在家里。"鹿脚"拜访过威尔士亲王和其他皇室成员，他成为各大家族的贵宾和招待会上的中心人物。女人们开始为了欣赏他棕色皮肤的胸膛而去竞技场看比赛，可他却穿上了衣服。1861年12月16日，他在秋季赛上最后一次亮相。此时的他早已不堪重负，英国媒体也开始对他颇有微词。

接踵而来的是针对他操纵比赛的各种指控，有传言指责他因思念家乡而饮酒无度。1862年，他一鼓作气，在1小时跑步比赛中创下了11英里729码（18412米）的民间世界纪录。当他于1863年离开英国时，他已经在这里待了20个月。他广受欢迎，还激励了许多人开始进行跑步运动。

"鹿脚"的名字充实了人们对印第安民族的所有幻想。与亨利·沃兹沃斯·朗费罗（Henry Wadsworth Longfellow）诗中的那个具有超人速度的印第安男孩海华沙（Hiawatha）相比，"鹿脚"的魅力和能力可谓不相上下。他以一种特殊的方式走进了英国人民的心里，激发了他们对于所谓原始民族的好奇心。

别出心裁的技巧

19世纪下半叶,跑步的职业在英国、美国、南非和新西兰等国已发展得十分成熟。除美国以外,在英联邦的所有成员中,跑步都十分流行。

伦敦、谢菲尔德(Sheffield)、曼彻斯特、伯明翰(Birmingham)和纽卡斯尔(Newcastle)等城市会举行各种大型运动会,主要项目就是短跑。1870年,在苏格兰爱丁堡波德霍尔体育场(Powderhall Ground)举行的跑步比赛至今仍在举办,它是持续时间最长的短跑赛事,距今已有二百多年的历史。1879年,淘金者在澳大利亚维多利亚州斯托尔(Stawell)举办了"斯托尔的礼物"(Stawell Gift)大赛。如今,这项比赛也演变为一年一度的运动会。19世纪下半叶,职业跑步运动在澳大利亚发展得如火如荼;当时,澳大利亚收押的犯人数量已接近10万。

1850年,澳大利亚发现了金矿,于是吸引了世界各地的淘金客云集此地。这些淘金客不久便开始彼此赛跑,胜出的人可以得到金沙或金块的奖品。他们的配偶成为比赛观众,为他们呐喊助威。在这种典型的男权社会中,竞技和跑步比赛弘扬了锐意进取的精神,也成为考量男性力量的一种手段。

在这段时期,在澳大利亚及其他地区,职业赛跑和非职业赛跑往往采取优势起跑的形式进行。在"二战"之前的非职业赛跑中,甚至在战后部分地区,这种优势起跑的比赛方式都十分常见,但今天却几乎已经绝迹了。

优势起跑的原则说起来简单,但下注却比较复杂。实力较弱的选手可以获得起跑优势,其跑步的距离要比实力强者更短。因为人们觉得他们是弱者,所以才给了他们这种优势。从理论上讲,这意味着在起跑时,任何在实力上的差异,都可以通过调整起跑优势来予以弱化,并达到平衡。这让比赛的结果更难预测,因而下注的难度也更大。这种职业比赛的特殊之处在于，参赛者未必会在每场比赛中都全力以赴，甚至不会去争取最好的成绩：他们的目标只是某些重要赛事，而这些比赛通常都在几年后才会举行。他们会将这些未来目标放在心上。教练会对整个过程进行指导，教导跑手如何为参加重大赛事积累必要的资源，以增加他们获胜的概率。隐藏实力是一种技巧，跑手心里记着的是终极目标。

1885—1890年，在悉尼（Sydney）和墨尔本（Melbourne）至少有100名职业跑手以跑步为生。一个教练最多可以训六七名同时参赛的队员。由于短跑比赛几乎全在冲刺，因此，比赛中成绩优秀的那些跑手往往生来就天赋异禀，根本无须过多的训练。1888年，在100码比赛中跑出了9.1秒成绩的澳大利亚原住民桑勃·康博就是这样的。据说，在训练时，他会带上一盒雪茄、他的烟斗及烟草，还有大量的雪莉酒。

比赛总是充满了戏剧性，爱尔兰人马特·希金斯（Matt Higgins）与澳大利亚人汤姆·丘萨克（Tom Cusack）二人的交手就是这样。1869年，希金斯与丘萨克狭路相逢。当希金斯携教练及两名助手提前两周抵达丘萨克的家乡时，当地的爱国人士便打算从中作梗。希金斯展现了自己惊人的实力，这让旺加拉塔（Wangaratta）的市民忧心忡忡。据坊间传闻，希金斯之所以在比赛头一天生了重病，可能是有人对他下毒了。当希金斯在更衣室换衣服时，观众甚至向窗户里扔石头，并对他恶语威胁。

希金斯还未挤出人群时，100码比赛的发令枪就已提前响起。然而，他却几乎与对手同时到达终点。有一位观众重重打了希金斯一拳。在后来的比赛中，丘萨克再次抢先起跑并取得了胜利。而这次，希金斯又被人从背后一拳打趴下了。当希金斯跑赢了300码比赛之后，二人战成平手。丘萨克的支持者气疯了，将越来越多的石子投向更衣室的窗户。

决赛是200码比赛，希金斯志在必得。面对舞弊、威胁和观众的压力,他似乎不为所动。一名当地的烟囱清洁工爬上了树,朝希金斯扑了下来,摔到了他身旁的跑道上。而希金斯依旧坚持比赛,并一举夺魁,让愤怒的观众怒火中烧。冲过终点线后,希金斯飞快地跑回了酒店,躲了起来。他担心自己会没命,所以尽量避开人群。那一天,丘萨克的金主们输了整整3000英镑,而此前,他们刚刚连输两场。[6]

尽管这种跑步文化毫无规矩可言,但其中却发生了具有划时代意义的故事,并让其他的体育项目从中受益。

故事发生在1887年。在澳大利亚悉尼卡灵顿体育场(Carrington Ground)的一场短跑比赛中,原住民跑手鲍比·麦克唐纳(Bobby McDonald)以蹲踞式起跑姿势取得了明显的领先优势。现场的观众和参赛运动员全都看呆了:这算什么起跑姿势?而在接下来的半决赛中,麦克唐纳意识到了自己的这种优势,于是再次遥遥领先,轻而易举地取胜了。裁判们针对舞弊和不当优势展开了严肃讨论,并禁止跑手在决赛中采用这种新的起跑方式。

而在他的下一场比赛中,麦克唐纳故技重施,依靠蹲踞式起跑占得先机。他的反对者们提出了抗议,而裁判也不允许他使用这种技术。

麦克唐纳发现这种起跑姿势纯属偶然。有一次,他在赛前忽然感觉有点冷,于是便蹲下身子避避风,也就摆成了今天的"各就位"姿势。当他正蹲着避风时,发令者出其不意地开了枪,麦克唐纳本能地跑了出去。他发现与站立式起跑相比,蹲着起跑加速更快,平衡感也更好了。不过,由于裁判们禁止使用,他也只得弃之不用了。

几乎在同一时间,澳大利亚白人跑手哈利·布谢尔(Harry Bushell)也对蹲踞式起跑进行了测试。他在地上挖了两个小坑作为脚踏,并发现这样可以更迅速地达到最快速度。在当时,跑手发力时会在拳头中攥住一颗软木,但布谢尔发现,不拿软木反而会感觉更轻松,还可以让动作完成得更流畅。

在进行了大量练习之后,布谢尔在卡灵顿体育场优势起跑赛中尝试了这种蹲踞式起跑,并一举夺魁。人们目睹了这种起跑方式的优势。

有一位参赛者对此提出了抗议,但是,裁判团最终驳回了他的抗议。从那以后,蹲踞式起跑在澳大利亚和世界其他地区迅速推广开来。[7]

我们不知道布谢尔是否是第一个这样做的人。但在19世纪90年代,曾经有个原住民参加了卡灵顿体育场的短跑比赛。他在优势起跑赛中得到了不错的起跑优势。他在比赛当晚露面了,准备在煤油灯下全力以赴,因为在茫茫黑夜之中,跑道从起点到终点完全看不见。这位原住民跑手的经纪人在一位白人跑手身上涂满黑色油彩,好让人们把他当成原住民跑手。发令者一声令下,这位调包的跑手箭一般地冲进黑暗之中,并在比赛中取胜。接着,他继续冲进了漆黑的夜色之中。他迅速套上厚重的大衣,然后被人悄悄带走,而事先藏好的原住民跑手则穿着一样的跑衣,一路小跑地来到裁判们面前,称自己就是冠军。他的支持者们自然大赚了一笔。[8]

在鼎盛时期,来自大城市的澳大利亚跑手也会前往农村,向当地英雄们发起挑战。赌跑经纪人会陪同前往,而他兜里的现金决定着他可以在没有节操的赌跑中下多少注。

这一行人来到了新南威尔士州的亨格福德镇(Hungerford),并化名参加了当地的短跑比赛。旅馆里,人们照例聊起了比赛的事,讨论着外地人能不能打败当地跑手。

"我们的英雄不可战胜!"亨格福德镇的居民说道。

"在我们队伍中,一个女人就可以打败他。"外地人反唇相讥道。

于是,当地人立刻接受了挑战,要请他们的英雄跟这个外地女人一较高下。

"没问题。不过,必须在晚上进行比赛,而且要在大路上比。"外地人说,他知道那里光线很差。

比赛那天晚上,人们用步子量好了跑道。观众蜂拥而至,所有的目光都集中到那个女人的身上。她当仁不让地赢了比赛,引起了轰动。接着,她一路飞奔进了旅馆。在动身前往附近乡镇之前,她再也没有露过面。

在周边城镇中，这位身手不凡的女跑手决定参加一场慈善音乐会。一些亨格福德镇的人认出了台上的她，冲着她粗鲁地吼叫起来。她立即跳下舞台，又不见了踪影：无论在哪儿，骗子的行动都必须快。其实，这个下巴光滑的男跑手是穿女装的行家，他特别善于穿着女装扮女人。[9]

这种纯属娱乐的骗人把戏让一些人感到愤怒，到了19世纪末20世纪初，他们开始呼吁并支持更加纯粹而单纯的非职业竞技运动。

要了解竞技运动，也就是跑步运动，光熟悉非职业竞技规则是不够的，还需要知道非职业竞技所反对的是什么，也要了解专业跑步比赛是如何运作的。在对专业跑步进行了详细了解之后，非职业爱好者对待跑步的态度更加容易为人们所接受。"我们不希望跑步运动变成那样！"他们说。没有人比英国人更加了解职业跑步，正因如此，多年来英国人才会一直在国际非职业竞技协会中占据核心地位。

为了在大型运动会中获得优势起跑资格，职业跑手会蓄意舞弊，而非职业跑手则对此嗤之以鼻。他们还反对将赌博引入跑步比赛，并以此牟利。职业跑手对跑"砸"比赛心领神会，也就是说，他们会为了迷惑对手而对自己的实力有所保留。他们可以通过各种方式做到这一点，比如在清晨或参赛前进行超负荷训练，这样一来，他们在比赛中就不可能跑出最好的成绩了。当然，在比赛中人为放慢速度是非常容易被识破的。而且，那些裁定起跑优势的裁判们其实也对这些小把戏心知肚明。因此，造假还是应该小心为上。关于如何在巅峰状态下放慢速度，澳大利亚跑手罗杰·贝斯特（Roger Best）是这样解释的："在去参加运动会的路上，我会先去一趟莫纳什大学（Monash University），连着跑两个400米，中间不休息，好让自己疲惫不堪，然后再去参加比赛。"在两年的时间里，他从未遭到成绩舞弊或不尽力比赛的指控。[10]

在造假方面，别的人恐怕就不如贝斯特这般娴熟了。在可以用于裁定起跑优势的那些比赛中，澳大利亚的约翰·惠特森（John

Whitson）就慢得太过明显，反倒降低了他在重大比赛中夺冠的机会。在一次训练之后，一位朋友的教练带给他一副跑鞋的鞋垫：

> 鞋垫的底部涂满了铅，每只鞋垫的重量大概有10盎司。整个赛季，我都穿着这双鞋垫负重跑步。只有当你脱鞋且被身边的人看到时，才有露馅儿的可能。这时，你一定得自己拿着鞋子，因为从外表看起来，它们同其他有鞋垫的跑鞋一模一样。而且，你绝不能让其他人拎你的训练包，因为它肯定是城里最重的训练包。就这样，我撑过了一整个赛季，裁判们从来没有找我谈过话。[11]

与短跑运动员相比，中长跑运动员造假的选择就更多了。他们可以沿着外圈跑，也可以在最后冲刺时，将自己置身于其他跑手的团团包围当中。他们可以在起跑前喝碳酸饮料、吃汉堡或其他不健康的食物。又或者，他们可以在大赛来临之际，一群人集体进行高强度训练。这样做是为了欺骗裁判，裁判们会在比赛过程中巡视参赛者的表现，从而裁定未来的起跑优势。[12]

到了20世纪20年代，黑手党四处招募跑手，还对比赛进行了系统安排。拜其所赐，跑步比赛也变得帮派气十足。帮派活动不光对澳大利亚联邦产生了影响，其势力之大甚至对政府都造成了威胁。被帮派招募入会的跑手必须严格遵守命令，不得相互告发。结果，政府花了十年时间，开展了大量调查，举行了无数次听证，完成了繁重的侦查工作，才彻底粉碎了这场阴谋。

六日赛跑

跑步比赛为期六天，是因为到了第七天，上帝和人类就该休息了。在19世纪80年代，六日赛跑在美国和英国是最受欢迎的。这些比赛在室内仓库或新建的溜冰场里举行。在比赛间隙，观众会发发呆，或者靠吃东西、抽烟和赌博来打发时间。人们称之为"随心所欲"的比赛。而参赛者也的确是这样做的，他们时而跑，时而走，时而累得踉跄。

首场六日自行车赛于1875年在伯明翰举行，受此启发，人们又举办了六日走路比赛，接踵而来的是六日徒步比赛；而六日跑步比赛是最为商业化的。参赛者可以选择自己的方式完成比赛：通常，他们一开始会跑，接着会走，最后在接近尾声时蹒跚挪步。要知道，这些耐力比赛时间真的是久到离谱。比赛的方方面面都经过仔细检查，每步距离都经过了严格测量。对于我们来说，在通风不良的室内，绕着小圈跑道一圈又一圈地跑步是件多么让人崩溃的事情，1英里就差不多得跑50圈，因为最短的跑道周长只有35码，而观众则近在咫尺。尽管六日比赛长到让人感到无聊，但它是新鲜事物，依然值得一看。

谈到六日赛事的起源和普及程度，美国人爱德华·佩森·韦斯顿（Edward Payson Weston）是个关键人物。他是一名徒步选手和表演者，而非跑手。自1861年起，媒体开始大篇幅报道他的徒步壮举。尽管他是独自行走，没有输赢的风险，但他得的成绩却让英国的徒步圈与长跑圈之间的竞争愈演愈烈。1877年之后，他先后多次访问了英国，并在英国出了名。[13]

在19世纪七八十年代，一系列越来越难的赛跑项目应运而生，如12小时、24小时、48小时、72小时赛跑，或40英里、50英里及100英里赛跑等。[14]在美国，有一种纯粹以赌博为目的的运动，名叫"走跳板"（walking the plank），也就是在一块5—15码长的跳板或长椅上来回不停地走，时间长者为胜。不论是男选手还是女选手，想走上100小时也是颇有难度的。[15]

19世纪80年代，在纽约参加六日赛跑的跑手大部分是以前在爱尔兰种土豆的贫农。为了赢得比赛，他们可以付出任何必要的代价。除了爱尔兰人，参加比赛的还有北欧人、德国人和意大利人。他们相互竞争，希望在国际赛场上拔得头筹。为了与新的对手过招，为了开辟新的市场，他们千里迢迢，远赴重洋。就像美国人到了欧洲会引人瞩目一样，刚刚来到美国的欧洲人也广受欢迎。他们每个人都有一个家喻户晓的绰号。由于跑步运动存在造假和人为控制比赛等弊端，跑手的名气都不会持续太久，他们的运动生涯也十分短暂。

到了19世纪80年代末，在纽约及其他美国城市，人们逐渐丧失了对六日赛跑的兴趣，而伐木营和采矿团体作为一种城市现象，则开始向乡村蔓延。在这样的团体中，男性的比重往往占大多数。长跑跑手彼此联系紧密，他们就像马戏班子一样，搬到了内华达州、密歇根州、威斯康星州及其他各州。90年代末，阿拉斯加州的淘金热吸引着跑手寻找新的市场。与资本家一样，跑手也会前往那些正在创造财富且容易赚到钱的地方。在阿拉斯加州的诺姆（Nome），他们在一栋巨大的木屋中进行比赛。这里的观众是一群粗野的淘金客，他们不畏严寒，在此定居。在短短两三年的时间中，他们便在这片荒芜的土地上发展出一块18000人的栖息地。

六日赛跑也有女子参赛，主要来自英国和美国。男选手倾向于边跑边走，而女选手则几乎是靠走来完成比赛的。这一方面是因为女性跑步不为世人所接受，另一方面是因为在世俗观念中，女性必须穿长裙和衬裙，而这样的服装并不适合跑步。

与男子赛跑一样，女子赛跑也纯属娱乐，纯粹而简单。不过，这也是在为女性争取体育锻炼的机会。在当时，一些国家的女性已经被赋予了接受高等教育的权利。19世纪六七十年代，英国、美国及其他地方已经专门设立了女子高中，女性开始在男权社会中获得权利。女生们在寄宿学校中进行体育锻炼，主要是做大量的走路练习。但是，女生常常被告知，要避免让身体过度疲累，以免影响生育能力。体育运动有可能影响生育能力，而这种可能性就是多年来令妇女及其丈夫和父亲对运动产生恐惧的原因。

耐力考验属于"时代精神"的一部分。在19世纪70年代中期，两位妇女在伦敦泰晤士河中游了6英里。当时，岸上有数千人在围观。

在环形广场上，男人和女人们循环行进并互相对抗，这是考察女性耐力的一个测验，也是大西洋两岸报章的头条新闻。

贝尔塔·冯·希勒恩（Bertha von Hillern）来自德国。在19世纪70年代后半段，她在美国进行了几场艰苦卓绝的比赛。其对手是美国的本土跑手玛丽·马歇尔（Mary Marshall）。在1875年和1876年，她们二人在芝加哥和纽约分别进行了比赛。成千上万名观众无法入场观战，因为所有的票都卖光了。

1876年，在波士顿音乐大厅的两场演出中，超过1万名观众花钱买票，只为一睹这位优雅而穿着得体的女士的风采。她的画像被上千人出售，她的帽子引领着最新的时尚潮流。冯·希勒恩为那些打算进行体育锻炼的女性树立了一个不错的榜样。她是一个谦逊且笃信宗教的年轻女子，十分在意基督徒对她的看法，也害怕上帝会发怒：尽管她刚满20岁，但与许多女性体育明星不同，她并没有被人们当成一个性对象。

在美国，她的主要支持者是受人尊敬的市民、神职人员、律师、有教养的淑女及医生。医生们对她的成就赞赏有加，说她堪称是女性锻炼身体的榜样。尽管她深受人们欢迎，或者说正因如此，她放弃了台前的生活，退隐后选择在波士顿定居，安度余生。长距离行走也是可以出人头地的一条路。于她而言，这让她不仅名利双收，还收获了美好的姻缘。

英国的安德森夫人（Madam Anderson）则与冯·希勒恩形成了鲜明的对比：她是一位肌肉发达、直言不讳的中年妇女。1877年，她在英国开始了徒步运动；而在此之前，她曾是一名小丑演员。通常，冯·希勒恩会在24小时内完成比赛，但安德森女士则会持续数天或数周。从距离上看，她所走的里程与男子比赛的最好成绩相差无几。她和威廉·盖尔（William Gale）一起训练。盖尔是当时最优秀的耐力教练之一，他还擅长唱歌、摔跤和演讲。在通往成功的道路上，安德森遇到了三位贵人——她的丈夫、经纪人以及健康助理。在比赛期间，安德森会像男人那样喝酒。在她的心里，藏着一个聪明、经验丰富而又自以为是的女商人。

与冯·希勒恩相比，安德森给当时的时代伦常带来的挑战更大。她结过两次婚，是个犹太混血，还是工人阶级的一员。她一步一步地改变了自己的命运。即便在安息日，她依然坚持比赛；1878 年，为了赚钱和出名，她远走他乡，去了美国。这两件事令许多英国人都感到愤慨。1879 年，英国人对美国依然抵触，可安德森却在旧金山比赛，在跑最后一圈时，她用美国国旗把自己裹起来，感谢上帝让她赚到成千上万的美元。[16]

在安德森抵达纽约的那一年，美国各大城市中的女子职业徒步运动员已经超过了 100 人。女子拳击手和女杂技演员也投身到徒步比赛当中，还有从欧洲移民到美国的小姑娘，刚刚下船就来参赛了。

到了 19 世纪 80 年代，人们对女子六日赛跑的兴趣直线下降，这其中的原因值得深思。来自宗教和医疗部门的警告，以及参赛者的被捕和当地的禁令都影响了女性跑手。当最初的新鲜感消失殆尽之后，拥挤、脏乱且充满火灾隐患的场地让女子赛跑变得声名狼藉。美国的娱乐风潮更替得很快，这也是事实。为了追求财富，社会总是处于不断变化当中的。但是，在 19 世纪七八十年代，女子六日赛跑第一次让女性为自己而感到骄傲；同时，它也给未来指出了一条有趣的道路。[17]

现代径赛的开端

19 世纪下半叶，英国的发展对体育和竞技比赛产生了巨大影响。苏格兰的高地运动会（Highland Games）就是一个重要的灵感来源。苏格兰的首届山地赛跑（hill-race）是这些综合运动会的重要特色之一。它起源于 11 世纪，几百年来，山地赛跑一直是凯尔特与苏格兰文化宗教庆典的重要活动。苏格兰高地是诸多部落的故乡，山地赛跑的传统在这里根深蒂固，而包括原木赛跑、投掷重物及跑步在内的其他比赛也于19世纪传播至英国、美国、加拿大等国，以及许多有苏格兰移民的英国殖民地当中。这些比赛是人们表达对故乡思念之情、庆祝同胞团结一心的一种方式。现代竞技体育在一定程度上也模仿了高地运动会中的项目设置。

在当时，全世界的目光都在关注英国。苏格兰人和英格兰人在许多体育活动中都占据着领先地位。而这些运动项目在日后成为奥运会项目，也恰恰是因为英国人的参与。要想了解现代体育运动和跑步的兴起，就必须了解英国在19世纪经历了些什么。此外，了解职业跑步的兴盛也同样重要。赌跑将社会各个阶层的人聚到了一起，这迫使英国上流社会重新定义属于他们自己的体育运动——不设现金奖励，而且，最好也没有腐败和舞弊。

徒步运动在英国既包括步行，也包括跑步。不过，英国是一个阶级意识极强的国家，在这里，后者是一种属于工人阶级的运动方式。19世纪中叶，英国的绅士们有时间、有房又有钱，他们属于与工人阶级完全不同的社会阶层。一些上流社会的人也会同下层阶级的人一起参加比赛，并自诩为非职业选手，比如约翰·阿斯特利（John Astley）爵士，他的职业是一名军官。当他在19世纪50年代达到巅峰状态时，"非职业爱好者"指的就是绅士，不论他是不是为了钱而比赛，一个绅士是不需要通过比赛来赚钱的。这反过来也体现出一定程度的优越感。严格说来，绅士是不需要工作的，单靠资产利息或房产收入，绅士便可过活。

英国的顶级学府也发生了巨大的连锁反应，比如牛津大学和剑桥大学。正是在这些大学中，上层阶级的年轻人渐渐成年，并在彼此间结下了长久的友谊。1850年，牛津大学埃克塞特学院（Exeter College）组织了一场跑步比赛。随后，牛津和剑桥的其他学院也纷纷效仿起来。人们开始对竞技体育感兴趣了，而跑步则是其中的核心项目。

这种兴趣与后来的强身派基督教（Muscular Christianity）颇有关联。强身派将锻炼身体视作对年轻人的一种教育，在这种教育中，体育运动成为打造基督教绅士的工具。这一现象也传播到其他国家，首先影响的是寄宿学校，接着是基督教青年会（YMCA）。

19世纪60年代初，英国出现了一些竞技体育协会，其中最重要的当数非职业体育俱乐部（Amateur Athletics Club）。1866年，约翰·钱伯斯（John Chambers）刚从剑桥毕业，就在伦敦成立了这家俱乐部。次年，非职业体育俱乐部发出了首届运动会的邀请，任何"绅士非职业爱好者"均可报名参加。[18] 但是，凡是曾经参加过公开赛或残疾人运动会的绅士，都不得参加由非职业体育俱乐部组织的任何赛事：从一开始，它就是一个排外的团体。

钱伯斯被人们称为现代竞技体育的建筑师。他的目标是将包括苏格兰和爱尔兰在内的英国各高校中，所有愿意遵守非职业体育原则的体育天才联合起来。

法语单词"amateur"源自拉丁语"amatorem"，相当于"爱好者"。18世纪末期，它首次被法国人用来表示对艺术、建筑或其他事物很感兴趣但不求经济回报的人。事实上，它在许多语言中都是一个表达赞美的词。自18世纪起，英语的"amateur"（非职业爱好者）一词就开始被用于划船和板球运动了。在《伦敦生活》（*Life in London*）杂志和1835年的《体育编年史》（*Sporting Chronicle*）中，"非职业爱好者"就是指从事划船运动但并非水手或以划船为生的人。那些接受免费训练并靠比赛牟利的人并不被视为非职业爱好者。1861年的《划船年鉴》（*The Rowing Almanac*）按照教育机构来规定哪些人属于非职业爱好者，并列出了培养这些"优秀"个人的大学、院校及科研机构。商人、工人和工匠则均被排除在外。

非职业体育俱乐部在1866年也给出了自己的定义："非职业爱好者指的是一个从来没有参加过公开比赛、不以赢钱为目的、从未收取出场费、不将参赛作为谋生方式的人。不过，他们并没有提到私人比赛或赌博。1867年，他们又明确了一个新的排除条件："不是工匠或工人。"次年，他们又将开场白改为：非职业爱好者定义中的核心词

"人"改为"绅士"。[19]

与其他的绅士俱乐部一样,他们希望自行选择会员并设定入会条件,以排除那些可能在工作中得到锻炼的工人。例如,铁匠和石匠身体非常强壮,十分擅长投掷项目;而牧羊人和其他从事户外工作的人在跑步项目上则具有优势。

19世纪70年代末,不同群体为了体育运动的未来发展而争论不休。所有的争论都围绕着下列问题:是否需要举办一场全国性的体育比赛,是否需要将原先被排除在外的职业群体纳入比赛,是否需要将"绅士"一词从入会标准中删除。

1880年,克莱门·杰克逊(Clement N. Jackson)、蒙塔古·希尔曼(Montague Shearman)和伯纳德·怀斯(Bernhard R. Wise)三个年轻人一起提出了一个倡议。他们希望通过成立非职业体育协会(Amateur Athletic Association)来结束争论,将全国的体育人才集中到这个属于全球首家的全国性体育协会中来。1880年4月24日,非职业体育协会创建大会在牛津伦道夫酒店(Randolph Hotel)的宴会厅举行。与会代表们共同探讨了一个重要话题,那就是"非职业爱好者"一词的定义。就连最保守的代表们也表示,同意接受原先被排除在外的职业群体。尽管接纳的群体比从前更多了,但仍然有许多人被排除在外。而围绕着"谁不符合非职业体育之规则"以及"这些规则意味着什么"的争论,恐怕将在竞技体育及其他体育分支的发展过程中持续百年甚至更长时间。同样,这家新机构还着手对比赛记录制定统一的标准,但这一过程相当漫长。

人们对赛跑记录进行保存的历史并不太长。1864年,牛津大学队和剑桥大学队举行了一次运动会,并记下了史上第一份比赛成绩记录;而在一份1868年的体育训练手册中,英格兰的跑步最佳成绩被记录了下来。《牛津英语词典》将1883年和1884年称为"record"一词被专门用于描述出色体育成绩的第一年。1887年,蒙塔古·希尔曼在其著作《体育与足球》(*Athletics and Football*)中使用了"record"一词，并认为读者会对这个词逐渐熟悉起来。然而，美国人痴迷于打破纪录，这令他感到痛苦。除了美国，其他任何国家都没有表现出这种痴迷，希尔曼非常担心这会让竞技运动误入歧途，违背英国非职业体育的理想。

随着跑步项目国家纪录的出现，跑道建设、精确测距和可靠计时等方面的标准化变得势在必行。标准化的过程在不同的国家中花了许多年才得以完成。跑步成绩的记录并不像人们认为的那般"自然或明显"。技术、标准化、想法及态度缺一不可。直到19世纪末期，在欧洲社会发展的影响下，人们的想法才变得一致起来。[20]工业社会的规范被转移到体育运动中，成为主流规范，为的就是制造可量化的比赛结果。这当然也扼杀了体育运动中的马戏和狂欢节等活动。

体育运动规范化的发展是渐进的。对于一个近代观察者来说，早期的正规体育项目往往带着娱乐的属性，因为即便运动员都极为认真，它看上去依然既幼稚，又滑稽。在维多利亚时代，英格兰推崇的是对行为进行约束，以及"为了比赛"而竞争。在上层阶级看来，与下层阶级粗俗的运动方式相比，这体现出一种更有教养、更加文明的态度。

职业跑步只能算是一种上不了台面的运动。在史书中，其地位并不高，这是因为非职业体育的理想开始占据主导地位。而且，记载历史的人也是非职业爱好者。他们没有在职业跑手身上花太多篇幅，甚至极少提及。19世纪末及20世纪初，随着现代体育的发展，非职业体育爱好者的概念变得家喻户晓。在从前，这并不算是问题；而如今，由于奥林匹克运动会这个伟大的国际赛事的出现，它变得格外重要了。

第 13 章

奥林匹克运动会的复兴

> 马拉松运动员吐着灰尘,有的咳嗽,有的呕吐。来自加利福尼亚州的威廉·加西亚(William Garcia)差点因中毒而丧命,吸入的灰尘造成了胃出血,这使他不得不住院治疗。
>
> ——记 1904 年美国圣路易斯奥运会马拉松赛,那天热得出奇

法国人皮埃尔·德·顾拜旦(Le baron Pierre De Coubertin)凭借一己之力,让奥林匹克运动会重生,并于 1896 年令其走向复兴,这简直就是个神话。在此之前,工业发展已经经历了相当长的一段时期。到了 19 世纪末期,在尘封了千年、经历了大量考古工作之后,奥林匹亚的运动场终于重见天日,再现于世人的面前。

自 18 世纪以来,法、德和英等国的考古学家们不断造访奥林匹亚,并提议进行考古发掘。19 世纪初,欧洲考古学家们对奥林匹克运动会已十分了解。一些英国的探险队来到了奥林匹亚,而这里已成为当地居民的采石场。1805 年冬天,英国人威廉·马丁·利克(William Martin Leake)来此处,打算"替英国当局了解一下这个重要而有趣的国家"。1829 年,法国在奥林匹亚进行了首次的大规模发掘工作。同年,希腊宣布脱离土耳其,实现了独立。[1]

1838 年,皮尔戈斯镇(Pyrgos)为刚刚实现国家独立的希腊和重

见天日的古代遗产感到欣喜不已，于是便提出了重新举行奥运会的倡议。希腊富豪埃万耶利乌斯·扎帕（Evangelios Zappa）主动请缨，愿意承担全部费用，并愿意为了举办奥运会捐出其全部财产。他的捐款总共资助了1859年、1870年、1875年、1877年和1888/9年的雅典奥运会。

1874年，威廉一世与希腊达成协议，奥林匹亚的所有考古发现都应属于希腊人，而德国人则拥有公布挖掘结果的权利。1875—1880年，德国考古学家恩斯特·科尔提乌斯（Ernst Curtius）牵头完成了发掘工作。他的书畅销欧洲各地，激发了人们对古希腊的兴趣。

德国人正在系统地挖掘并重建着欧洲历史上如此伟大的一个时代，这让他们的宿敌法国人不禁感到眼红。如果说德国人正在揭开古代的辉煌，那么法国人巴不得在相同的领域也做出举足轻重的贡献。

皮埃尔·德·顾拜旦的心中就充满了这样的想法。顾拜旦于1863年1月1日出生在法国的一个贵族家庭中。他的父亲是一位艺术家，母亲是一位受过高等教育的音乐家，二人皆爱好研究历史。父亲打小就教育自己的孩子们，要对历史心存敬畏。在巴黎耶稣会学校里，顾拜旦对古代世界有了深刻的认识。为了光耀门楣，顾拜旦选择了法律专业。然而，从小到大对古典主义的热爱一直伴随着他长大成人。在学生时代，当他进行击剑、骑马、拳击和划船等各种运动时，他发觉这些运动给自己的存在提供了一种平衡。顾拜旦的打算既源自他的这些经历，也源自他希望重振法国的教育体系、不要让孩子们光知道枯坐死记的强烈渴望。在巴黎，他目睹了社会的日新月异，在以前所未有的速度发展，铁路修好了，工业化进程加速了，人们的生活节奏也变快了。

1883年，顾拜旦前往英国，希望从国外学习有用经验，带回法国为我所用。当时，是否和如何发展体育是法国人激烈争论的话题。他访问了英国和爱尔兰的多家寄宿学校，询问了学生和老师们的日常生活，得知体育是学校教育的一个重要组成部分。他写了许多相关的文章、信件和书籍，试图将该信息有效地传递给尽可能多的人。[2] 1888年，他被任命为法国学校体育教育促进委员会的秘书长，这正是他理想的职位。两年后，他去美国进行了一次研究访问，并得出了这样的结论：不同于1612—1880年组织的许多运动会，奥林匹克运动会应该成为真正的国际赛事。至少有13个不同国家曾经举办过以"奥林匹克"命名的运动会。但是，不论在瑞典、加拿大、美国、德国、希腊、法国还是英格兰，从本质上讲，这些运动会依然属于地方性的运动会。

1890年，顾拜旦参加了在英国什罗普郡（Shropshire）举办的马奇文洛克奥林匹克运动会（Much Wenlock Olympian Games），这次运动会使他下定了决心。同年晚些时候，他登上了巴黎索邦神学院的讲台，在进行完关于现代体育的演讲之后，他慷慨激昂地宣布："必须在全世界范围内恢复举办奥林匹克运动会！"[3]

他提出的观点是，在当代重新举办奥运会，重新引入古希腊的这种体育精神，不仅是为了锻炼身体，更是为了追求心灵与身体的和谐统一，进而在各国之间实现和平；所有参加奥运会的人都是和平大使。

索邦神学院的绝大多数听众都认为顾拜旦的提议无法实现。不过，1894年，在旨在规范国际非职业体育规则的巴黎体育大会上，顾拜旦抓住了更好的机会来推广奥运会。顾拜旦极尽游说之能事，提议重新举办奥运会，来自九个国家的代表似乎对此持怀疑态度。不过，在投票表决时，该提案还是获得了多数支持。

顾拜旦能在投票中胜出，是因为他坚持不懈，拥有良好的人际关系；而且，时局也对他有利：国际化程度日益加深，交通工具更加便利，新闻媒体也倍加热衷，这都让组织国际体育赛事成为一种必然趋势。欧洲文明和特定体育项目的传播，均是在殖民时代精神的影响下进行的。每个国家的运动项目自然都有自己的特色，也自然可能与奥运会的项目不尽相符。在奥运会存在的头十年中，它的存在形式尚不明确，还需要时间来慢慢打磨。

一个划时代的提议

公元前 490 年，一名信使从马拉松跑到雅典，将战胜波斯的消息带回故乡，而后力竭而亡。为何不组织一场赛跑来纪念这位信使？

1892 年，法国人米歇尔·布雷亚尔（Michel Bréal）提出了上述建议。当时，复兴雅典奥林匹克运动会的计划正在酝酿之中。顾拜旦对组织如此长距离的赛跑心存疑虑。"我要为比赛捐赠奖杯。"布雷亚尔在对该建议进行投票表决前说道。[4] 他建议将跑步路线定为从马拉松市到雅典的普尼克斯山（Pnyx），也就是从郊外平原到古代雅典运动会的传统场所。这是对意志力的一种考验，也是对历史的共鸣。[5]

该想法在希腊激起了人们的爱国主义情绪，并受到了热烈欢迎。马拉松平原将成为长跑比赛的起点，终点设在雅典新落成的奥林匹克体育场，全程 25 英里（约 40.2 公里）。可见，在首场马拉松赛的背后，是一位学者对历史的热爱；而在 19 世纪 90 年代，没人担心关于马拉松的传说在历史上是否准确无误。

据古希腊及古罗马史料显示，古时候，人们从未组织过 40 公里或更长的长跑比赛，而在有史记载的长跑比赛中，距离最长的也不过是马拉松赛程的十分之一。作为一种体育项目，马拉松赛史无前例，且一成不变。马拉松传说中的那个信使名叫费迪皮迪兹（Pheidippides）或菲迪皮茨（Phillipides），他并非一个虚构的人物。而他与传说之间的联系却令人生疑。[6]

公元前 490 年，波斯军队打算攻占雅典，于是便走水路，在马拉松平原附近的一处战略要地登陆。波斯人调运了两三百船的士兵、一千匹战马和一架强大的战争机器，可谓有备而来。为抵御外敌，雅典人倾城而出，并派出了经验丰富的信使菲迪皮茨前往 150 英里以外的斯巴达城求援。尽管他第二天就赶到了斯巴达并将信带到，但斯巴达人得在满月之后，也就是大概六天之后才能派出兵力支援，因为他们正在庆祝一个宗教节日。信使只得返回雅典。在途中，他偶遇潘神

（Pan），潘神答应会出手相助。

雅典人主动出击无异于以卵击石：雅典士兵仅有1万人，而波斯战士却多达2.5万人。但是，雅典人素来有勇有谋，擅长出奇制胜。天还不亮，雅典士兵就已集合出发，急行1英里，并对波斯人展开了闪电攻击。将士们奋勇杀敌，誓将波斯军队打得落花流水。一旦进入波斯弓箭的射程范围，雅典人就会加速前进，迫使波斯人不断后退；雅典军队的突然出现令波斯士兵心神大乱，以为雅典人已被鬼魅附身。战斗进入了使用刀剑、弓箭和拳头徒手肉搏的阶段。最后，波斯人落荒而逃，撤回到海上的船只中。在持续数小时的战斗中，波斯人损失了6400人，而雅典人才损失192人。[7]

在马拉松战役中，雅典人大获全胜，而波斯人则遭受到第一次真正意义上的军事打击。这场战役在雅典和希腊历史上都是关键一仗。

古希腊历史学家希罗多德（Herodotus）曾与参战的士兵们进行交谈，在当代文献中，可以找到他的记述。其中，他未曾提到菲迪皮茨或其他任何人曾经从马拉松一路跑回雅典，并在宣布完胜利的消息后力竭而亡。毫无疑问，肯定有人完成了这项重要的任务。可以想象，城里的人已经做了最坏的打算，当时是多么紧张和焦虑；而当信使将胜利的消息告诉人们时，他们又该有多么喜悦和自豪。对菲迪皮茨这样的信使而言，完成此类送信任务属于家常便饭，可并没有证据表明，他曾经出现在战场之上。而且，作为一名经验丰富的跑手，这个送信距离相对而言并不算长，他似乎不太可能因此累死。

古希腊讽刺作家卢西恩（Lucian）首次提出，菲迪皮茨就是传递胜利消息的信使。[8]但这条证明信使就是菲迪皮茨的唯一证据，却发生在600多年之后。古希腊史学家普鲁塔克（Plutarch）指出信使其实另有其人，他名叫优克勒斯（Eucles），从国外归来后，他便赶到了马拉松，加入了战斗。后来，他全副武装地跑到雅典，告知当局胜利消息之后，便倒地身亡了。据普鲁塔克称，当时，大部分古希腊历史学家都认为信使的名字是优克勒斯，还有些人认为他名叫特西普斯

（Tersippus）。然而，这场辩论确实表明，这些传说在战争后延续了几个世纪；而在那之后很久，有关菲迪皮茨的传说再次在欧洲其他国家的学术界广为人知。

希腊在 19 世纪初为争取独立而进行了艰难反抗，这重燃了人们研究希腊的兴趣，让希腊历史爱好者欣喜不已。英国诗人拜伦勋爵在希腊四处游历，与希腊革命者并肩作战。他曾经来到过马拉松平原。在这里，他感受到了浓浓的诗意：

> 马拉松平原背靠青山，面朝大海；此时此地，独自冥想，光阴匆匆，心中有梦：待有朝一日，希腊可以自由地屹立于波斯坟冢之上，而我亦不再身为人奴。[9]

诗人罗伯特·勃朗宁（Robert Browning）也对希腊的黄金时代充满了希冀，在写给菲迪皮茨的诗意悼词中，他赞颂了这位信使向斯巴达人急报军情并以生命为代价从马拉松跑到雅典的光荣事迹。[10]

许多诗人都将马拉松作为创作素材，相关的文学作品层出不穷，对希腊的研究也百花齐放。此外，在 1896 年奥运会组织者等希腊爱国主义力量的热情支持下，人们已经接受了布雷亚尔关于长跑比赛的提议。这是古今奥运会相互衔接的最后一环，也恰恰是顾拜旦所需要的。希腊人自己也对马拉松赛分外关注：人们对此津津乐道，有可能参加比赛的选手对此也抱以期待。英国和美国跑手擅长短跑；而相比之下，希腊人则将马拉松赛视为可以崭露头角的一个机会。

夺冠的送水工

1895 年，正在服兵役的斯皮里宗·路易斯（Spiridon Louis）是马罗米查尔（Mavromichalis）将军麾下的一名马夫。有一天，当他们经过新奥林匹克体育馆的建筑工地时，将军告诉他，来自许多国家的跑手将参加一场光荣的长跑比赛,他们要从马拉松跑到这座体育馆。

"我也想和他们一起比赛,我跑步很厉害的,将军。"路易斯说道。[11]

"你,斯皮里宗?去赛跑?"将军反问道,用手指轻轻敲了敲路易斯的头,像是要让他重新过脑子。

服完兵役后,路易斯便回到了家乡。在老家,不少跑步运动员和摔跤运动员已经在为奥运会进行训练了。希腊人对马拉松赛的准备最为充分。

穷人家的孩子们早就提前备战,光着脚丫子跑了好几周了。他们不仅对奥运会着迷,还深受奖品的诱惑。为了希腊能够夺冠,乔治斯·阿韦罗夫(Georgios Averoff)和扬尼斯·兰布罗斯(Ionnis Lambros)等希腊富人特地捐出了古董花瓶,作为给冠军的额外奖励。

这个消息传遍了整个希腊。人们四处寻找耐力好的牧羊人和天赋异禀的跑步奇才。在雅典城外,方圆数里,农家子弟和工人都在加紧训练。据传,过度的训练已经造成三个年轻人不幸身亡了。[12]

希腊人举行了两次马拉松赛试跑。第一次试跑于 1896 年 3 月 10 日举行,共有 12 人跑完全程。这是有史以来的第一次马拉松赛,经验丰富的加利拉霍斯·弗斯拉克斯(Karilahos Vasilakos)夺得了冠军,成绩为 3 小时 18 分。第二次试跑在奥运会正式开幕的前 5 天举行,共有 38 人参加,最好成绩为 3 小时 11 分。名不见经传的路易斯排名第五。

意大利的优秀长跑运动员卡洛·艾罗尔迪(Carlo Airoldi)想要去参加奥运会。1896 年 3 月 12 日,他从米兰启程,前往希腊。20 天后,他来到了克罗地亚的拉古萨(Ragusa),然后走海路途经科孚岛(Corfu),最终抵达希腊的帕特拉索(Patrasso)。接着,他步行前往雅典,全程 1336 公里。可当他要求报名参赛时,希腊裁判们却拒绝了他,理由是意大利人曾在公路赛中赌钱,而在野牛比尔马戏团中,艾罗尔迪本人曾与马赛跑,也曾与自行车手赛跑。最终,他只得失望而归,成为奥运史上,受到非职业原则制约的首批运动员之一。[13]

1896年4月9日是马拉松赛前一天。选手们从雅典乘车前往马拉松市,历经4小时漫长而颠簸的旅程。马拉松市长对他们的到来表示欢迎,并叮嘱他们要吃好喝好,尽可能为比赛做好万全的准备。

"你们还有什么别的需要吗?"

"请多给我们来些酒,市长先生。"选手们说道,他们吃吃喝喝,说说笑笑,唱唱跳跳,直至深夜。[14]

在18名参赛选手中,一位不知名的德国选手退出了比赛。在剩下的选手中,有13人代表希腊出战,其余4人分别是澳大利亚选手埃德温·"泰迪"·弗拉克(Edwin "Teddy" Flack)、法国选手阿尔班·莱米西奥(Albin Lermusiaux)、匈牙利选手久洛·克尔纳(Gyula Kellner)和美国选手阿瑟·布莱克(Arthur Blake)。站在起跑线的外国选手当中,只有匈牙利选手曾经跑过40公里的距离。启程前往马拉松的那一天,弗拉克夺得了800米比赛的冠军;而三天之前,弗拉克、布莱克和莱米西奥还在1500米比赛中分别获得了金牌、银牌、铜牌。可见,这是一场实力强大的外国中长跑选手与坚毅爱国且信仰上帝的希腊人之间的较量。比赛当天清晨,人们在马拉松教堂做礼拜,几名希腊参赛者双膝跪地,在胸口划着十字,为希腊人能获胜而祈祷。

路易斯和另外三名同乡穿着朋友们凑钱买的优质跑鞋,系好鞋带,在附近的社区里跑了两圈,活动了一下身体。回到旅馆后,队医对他们进行了体检,用锤子小心地敲了敲选手们的膝盖,其他人敲了三下,而路易斯则敲了四下。当看到他的膝盖积极反射后,医生说:"或许他会成功的。"

上午11点,选手们每人喝了两杯啤酒,还有一些牛奶。起跑的枪声在1896年4月10日下午2点准时响起,穿着轻便的跑手、骑车人以及维持跑道秩序的武装士兵一起浩浩荡荡地出发了。一辆马车尾随在后,里面的医生丝毫不敢懈怠。沿途的所有居民都观看了比赛。对大多数人来说,这是他们生平第一次观看体育比赛。他们为选手鼓掌欢呼，并为他们带来了食物和饮料。

脚步轻快的外国运动员一路领先，每人都有一个骑车人随行。法国选手在前面领跑。当他经过皮克尔米村（Pikermi），也就是赛程过半时，他领先于澳大利亚、美国和匈牙利选手。路易斯状态也不错，当继父递给他一杯酒时，他询问前面的运动员领先多少，并承诺说："我一定会追上他们的。"[15]

到达15英里（24公里）处的哈瓦蒂村（Harvati）时，法国选手花了1小时34分，澳大利亚选手花了1小时35分，美国选手花了1小时38分。成绩最好的两位希腊选手弗斯拉克斯和路易斯紧随其后。[16]

不一会儿，他们就进入了山地赛段。法国选手的助手赶过来向他报告战况，给他加油鼓劲，旁边围满了好奇的观众。正当法国选手向助手喊话时，澳大利亚选手超过了他，第一次位列第一。当赛程已过20英里（32公里）时，法国选手瘫倒在地，被人扶上了马车。澳大利亚选手弗拉克也已经跑得双腿发抖了，快要坚持不下去了。此时，路易斯从后面赶上了他。

此时此刻，路易斯第一次真正体会到想赢的本能。看到希腊选手和澳大利亚选手并驾齐驱，一个军官高兴地向空中开了一枪，并高呼"万岁"。路易斯用余光盯住对手，确保在自己冲刺前，对手不会取得任何优势。又过了一小会儿，澳大利亚选手也开始跟跄，最终不得不放弃比赛，颤悠悠地上了马车。

比赛的发令官帕帕迪将军骑着车来到路易斯身边，说道："你想喝点什么吗？"

"水。"[17]

不过，他们给了路易斯白兰地，而他直接吐了出来。将军把自己的手帕递给他。路易斯擦了擦脸上的汗，不小心把手帕掉到了地上。正当他打算弯腰捡起时，将军向他喊道："保存你的体力！"路易斯此时感觉不错，得到家乡熟人递的一杯酒，让他倍感振奋。在城中的终点线，响起了象征着胜利的枪声，震耳欲聋。街上的观众放着烟火，人们递给他一些橘子瓣，还有不少姑娘向他求婚。

体育场中的 7 万观众对赛况议论纷纷。当德国自行车手奥古斯特·戈德里希（August Goedrich）来到体育场并宣布澳大利亚选手暂时领先时，整个体育场里充满了失望的哀叹声。可不一会儿，发令官骑着马进入了体育场，风尘仆仆地直奔坐在皇家看台上的乔治一世国王。

几分钟后，一个穿着白色运动衣的选手跑进了体育场的大门。他满身大汗，在阳光下分外耀眼。人们将帽子扔向空中，彼此相拥呐喊。在斯皮里宗·路易斯的身上，历史与今天合二为一。他用自己的双肩扛起了希腊昔日的荣耀与辉煌。自那段奥林匹亚光辉岁月之后，希腊再度奏响了最热烈的凯歌。与其他观众一样，希腊国王与王子也深深地被感动了。当路易斯分辨不清体育场的方向并询问观众哪里是终点时，国王和王子从看台一跃而下，与路易斯并肩冲向终点。他花了 2 小时 58 分 50 秒完成了比赛。欣喜若狂之余，他精疲力竭地瘫坐在地。

他觉得肚子很饿，人们给他拿了些牛奶和饼干；与此同时，其他选手跟跟跄跄地冲过了终点。一共有 9 人完成了比赛，最后一名的成绩为 3 小时 58 分 50 秒。其中唯一的外国选手久洛·克尔纳提出了抗议，称获得第三名的贝洛卡斯（Belokas）在途中偷偷乘坐了一段时间的马车。事后调查证实该抗议属实，匈牙利选手跻身前三，位列两名希腊选手之后。

路易斯时年 23 岁，来自雅典郊外的阿玛拉斯村（Amaroussion）。他并非一个训练有素的专业运动员，而是一个勤快的工人。他在家附近采集山泉水，再用马车拉到 9 英里外的雅典，他自己则跟着车一路快走或小跑。

路易斯得到了金牌和冠军证书，还有乔治一世国王的赏赐："你想要什么都可以！"然而，路易斯只要了一辆稍好一点儿的马车和一匹更有活力的马来运水，别的什么都没要。他还得到了不少求婚及工作机会；还有一家巧克力厂承诺，比赛冠军可以终身免费吃巧克力。路易斯此后一直保持着普通人的身份，平淡一生，再未参加过任何比赛。

很少有运动员像他这样,一辈子仅参加过两次比赛,且间隔不超过一周时间,便获得了如此好的成绩。[18]

为母则刚

1896年的马拉松赛只允许男性报名;可是,有一个女人也想参加。当7岁的幼子不幸夭折之后,斯坦玛塔·拉维瑟(Stamata Revithi)下定决心,要去城里碰碰运气。于是,在奥运会开始数周前,她离开了位于比雷埃夫斯(Piraeus)的家,步行前往雅典。这个可怜的女人刚刚30岁,可当她拿着仅有的行李、背着17个月大的婴儿一路走过时,看上去却比实际年龄要苍老得多。[19]

她在路中碰到了一个好心的跑手,问她为什么一个人走得这么慢。他给了她一些钱,鼓励并建议她去参加男子马拉松赛。

斯坦玛塔听从了他的建议。她身体强健,又有毅力,一定能完成比赛。然而,她也感到有些尴尬——她一个女人独自参赛总是不妥。不过,这也将成为一种成就,有可能会出名,对孩子也有其他好处。

斯坦玛塔在男子比赛前一天抵达马拉松市。她告诉记者,不管裁判们会说什么,她都要参加马拉松赛。

"等你跑到雅典时,所有的观众都已经回家了。"一个人说。

"不,不会的。"斯坦玛塔固执地答道。

对于女人而言,在大庭广众之下穿着短裤跑步是有危险的,因为双腿或肌肤过于暴露有可能被人攻击。所以,斯坦玛塔穿了一条齐膝的裙子,将手臂藏在三角巾之中。比赛当天早上,她请求一位年长的马拉松市神父为她祈祷,却被拒绝了,因为裁判们不准她参赛。

除了知道斯坦玛塔被禁止参赛之外,没人知道究竟发生了些什么。然而,她还是在男子比赛的第二天跑了马拉松赛,市长为她见证了跑步的时间与地点,并签了一份书面证书。

她花了5个半小时跑回雅典,由于她在途中有几次休息时间比较长，因此速度并不快。一路上，她对船感觉很新奇，便驻足观看，还碰到有人向她打听时间。

"你为什么跑这么远的路，把自己搞得筋疲力尽呢？"

"为了将来国王能够给我孩子安排个一官半职。现在，我就去找希腊奥林匹克委员会秘书长，告诉他我从马拉松跑到雅典花了多长时间，以及无论是谁，只要他愿意，就可以跟我比试。"[20]

她脱下她的木鞋，光着脚跑走了。她后来的命运无人知晓，但是，她并没有被人们遗忘。

马拉松赛的后续发展

布雷亚尔原本只是建议举办一次马拉松赛，因为在那个古老的传说中，特定的地点具备着特殊的意义。在其他国家中，并没有任何举行马拉松赛的先例。但是，奥运会之后，全球媒体的报道层出不穷，让路易斯被成功的光环所环绕，也让人们对马拉松赛的热情经久不衰。于是有充分的理由继续举办这项比赛，马拉松赛由此获得了自己的生命。1896年夏天，巴黎举办了马拉松赛。之后，美国、匈牙利、挪威、丹麦等国也在举办奥运会的同年秋天举行了马拉松赛。两年后，德国和意大利举办了首届国内马拉松赛。1899年，瑞典成为第九个举办马拉松赛的国家。

在来到雅典的美国运动员中，许多人来自波士顿，他们都受到了马拉松赛的鼓舞。回到波士顿之后，他们潜心研究美国历史，并在1897年举办了一次马拉松赛，理由是纪念保罗·里维尔（Paul Revere）和威廉·道斯（William）。在18世纪70年代美国独立战争中，里维尔和道斯曾经连夜长途跋涉，给马萨诸塞州的农民报信，告诉他们英国军队正向这里进发。为了纪念他们，马拉松赛被安排在4月19日爱国者日举行，也算是意料之中。[21]

波士顿马拉松赛的成功，在于它是一个全国性的重要比赛。截至

1902年，该比赛很快就吸引了至少10万名观众，成为举世瞩目的体育赛事。如今，110年过去了，波士顿马拉松赛依然是全世界历史最为悠久的马拉松赛事，并广受欢迎。

尽管马拉松赛在奥运会之外获得了不错的发展，但是在奥运会中，该项目在最终确定之前，还是经历了一些尝试和挫折的。1900年，巴黎运动会于7月中旬举行。在时间上，它与从5月14日到10月28日举行的世博会恰好发生了重叠。结果，对于该运动会就是奥运会这件事，观众并非全然清楚。巴黎运动会既没有开幕式，也没有闭幕式；人们并不指望顾拜旦提倡的奥运复兴能够持续多久，或多么受人重视。[22]

来自英国的职业明星莱恩·赫斯特（Len Hurst）是当时跑得最快的马拉松运动员，可他却被禁止参加巴黎运动会。所以，那些参加1900年7月19日马拉松赛的人其实并非全球最佳阵容。16名选手来自7个国家，他们戴着头巾或鸭舌帽等防晒护具。当天的气温高到39℃。[23]

由于天气太热，一些人早早就退出了比赛。此外，比赛路线设计不合理，缺乏引路向导，给不熟悉比赛地区的人增加了难度。法国选手图凯-丹尼斯（Touquet-Denis）就拐错了弯，于是在一家小餐馆歇了歇脚，想找点喝的：这里只卖啤酒，他喝了两杯酒，接着就退出了比赛。选手们已经跑了9英里了，接下来他们要穿过巴黎的大街小巷，而游荡的牛羊，川流不息的摩托车、汽车，乃至过马路的行人让比赛变得愈发困难。最后，米歇尔·希托（Michel Theato）以2小时59分45秒的成绩获得了第一名，比第二名埃米尔·尚皮翁（Emile Champion）快了5分钟，至此，法国选手囊括了比赛的冠亚军。大约90年之后，人们发现希托其实出生于卢森堡，他在参加马拉松赛时代表了错误的国家。

1904年，美国圣路易斯市举办奥林匹克运动会时，也恰逢世博会。在这次的马拉松赛中，首次出现了两位非裔选手——莱恩·塔乌（Len Tau）和简·玛什阿尼（Jan Mashiani）。[24] 此外，古巴邮递员费利

第13章　奥林匹克运动会的复兴

克斯·卡瓦哈尔·迪索托（Felix Carvajal de Soto）也靠在家乡进行跑步表演赚得了前往新奥尔良的船票。他从新奥尔良搭便车来到了圣路易斯，一路上都在学习英语。

在 1904 年马拉松赛这一天，天气也十分炎热，选手都很渴。仅有的可以喝水的便利站设置在 6 英里处的一个水塔旁和不远处的一口水井边。选手们严重脱水，有的抽筋，有的忍无可忍地退出了比赛。同时，他们还被汽车团团包围，既有护送他们的车队，又有普通的过往车辆。车子扬起了灰尘，让本来就缺水的选手们状态更糟。他们吐着灰尘，有人咳嗽，有人呕吐。来自加利福尼亚州的威廉·加西亚（William Garcia）差点因中毒而丧命，吸入的灰尘造成了胃出血，使他不得不住院治疗。

不同选手获得的支持与帮助程度不尽相同，这让比赛有失公平。获得冠军的美国选手托马斯·希克斯（Thomas Hicks）显然不是长跑运动员中的佼佼者，可他却有帮手。在途中某处，他碰到了一群外出散步的人，正在吃桃子。"请问，能给我一些吗？"只可惜问了也白问，他只得乘机抢了两个桃子，边跑边吃。他还有一辆后勤车一路随行，用海绵帮他降温，给他补充水还有酒。在 18 英里处，他喝了一杯加了马钱子碱（一种味道苦涩的白色物质）和蛋清的酒。马钱子碱对中枢神经系统有刺激作用，老鼠药中也含有该成分，因此其用量必须精准，以避免中毒。在最糟糕的情况下，这种物质是可以致人死亡的。[25]

尽管希克斯的领先优势明显，但他却萌生出退赛的念头，而他的助手给了他酒，帮助他撑下去。在喝完第一杯马钱子酒之后，他开始面色发白，于是又喝了一杯，并吃了两个鸡蛋的蛋清和一些烈性酒。他继续艰难前行。在进入体育场之前，他补充了更多的蛋清和烈酒，并用海绵帮助降温。体育场里，颁奖仪式正在举行。

美国选手弗雷德·洛尔兹（Fred Lorz）在一刻钟前就已经到达了终点，人们以为他就是冠军。其实，洛尔兹在跑完 9 英里之后就放弃了，后来他一直坐车，直到距离终点 3 英里处才下车。他没有坐在炎炎烈日之下，等待后勤车修好，而是徒步继续比赛，并一路赶超了希克斯。他以 3 小时 13 分的成绩完成了比赛，观众对他报以热烈的掌声。他将错就错，跟人们开着玩笑，直到希克斯到达，他才坦白了自己并非冠军。

当天表现最精彩的当数法国选手阿尔贝·科里（Albert Corey），他在没有接受任何帮助的情况下获得了亚军。第四名费利克斯·卡瓦哈尔·迪索托在路上摘了苹果充饥，还向行人问了路。

紧随其后的 1908 年伦敦奥运会马拉松赛在许多方面都体现出其重要性。马拉松赛的准确距离就此被确定为 26 英里 385 码（42.195 公里）。由于威尔士王妃希望她的孩子们可以观看开赛情况，起点被挪到了温莎城堡里的空地上。接着，人们测量了从温莎城堡起点到白城体育场（White City Stadium）中皇家包厢的距离。该体育场是世界上最大的体育场，能够同时容纳 9 万人。从 1924 年的奥运会开始，该距离成为马拉松赛的官方标准距离，尽管多年来，马拉松赛的距离一直以大约 25 英里为标准。

灾　难

在 1908 年的马拉松赛中，年轻的意大利选手多兰多·彼得里（Dorando Pietri）的惊人表现被载入史册。在最后 6 英里中，他赶超了南非选手查尔斯·赫夫森（Charles Hefferson），处于领先。赫夫森为了支撑比赛，喝了一杯观众给的香槟，结果却出现胃痉挛。彼得里赶上了他，尽管消耗了许多力气，但彼得里依然以钢铁般的意志继续坚持跑着。进入白城体育场后，他没有右拐，而错拐到左边，接着瘫倒在地。他做出超乎常人的努力，重新站了起来，想要继续比赛。只可惜他心有余而力不足，根本迈不动步子。他试着往前走，却再次摔倒了，他爬了起来，又倒了下去，就这样像个醉汉似的站也站不起来。

整个体育场人声鼎沸，人们把水倒在他身上，给他按摩，冲着他喊叫。当第二个人进入体育场时，他距离终点线只剩最后 50 码了。

看到对手近在咫尺，多兰多用尽全身力气重新站了起来，拼命地跑向终点。身后的海耶斯（Hayes）也紧追不舍，二人相距几乎不到 50 码。终点线就在多兰多眼前。他终于要夺得桂冠了！

怎奈好事多磨！在仅剩最后两三码时，他彻底瘫倒在地。

看到自己的英雄倒下了，意大利人如同疯了一般对着他喊叫。人们扶他起身，他挣扎着挪过了终点。朋友们兴高采烈，像对待婴儿一样，将他立刻拥进怀中，并抱到担架上，抬上了救护车。32 秒之后，自始至终都没有借助任何帮助的哈耶斯也通过了终点，他对自己倍感失望。正当他快要倒下的时候，有人伸手扶住了他。接着，他也被带上了救护车。[26]

选手都出现了脱水和碳水化合物过度消耗的症状。他们早餐吃了美味的牛肉，外加两个生鸡蛋、吐司和茶。官方食品站为选手们供应了大米布丁、葡萄干、香蕉、矿泉水和牛奶，酒当然是必不可少的。不过，陪同选手比赛的自行车手禁止饮酒，白兰地和马钱子酒均不能沾。

美国就彼得里在终点处接受帮助一事进行了投诉，果然得到了支持。彼得里被取消了比赛资格，美国选手约翰·海耶斯夺得了冠军。

当天晚上，有谣言称彼得里过世了。尽管在赛后数小时中，他的身体情况危急，但是他还是恢复了，并于第二天去体育场参加了颁奖典礼，看来身体并无大碍。他像换了一个人一般，精力充沛，已经准备好迎接人群的欢呼和女王颁发的特别奖品。海耶斯得了金牌，却没有赢得关注。彼得里才是人们心中的王者。

彼得里的惊人一跌改变了人们对马拉松赛的看法。在此之前，人们对于马拉松赛持乐观态度，尽管参赛选手们被当成是一群禁欲的怪人，有折磨自己的倾向。随着 1896 年雅典奥运会的举行，人们开始崇拜斯皮里宗·路易斯，马拉松赛已经成为一项伟大的壮举。人们尚未对这种新的比赛进行充分研究，但是它却有着很深的历史渊源。

在1908年马拉松赛中，第一个跑回来的人似乎就快要成功复制那个古老的神话，可最终，却倒在了终点线上，这引发了一场关于马拉松赛是否合理的国际大辩论。这个意大利选手难道是什么野蛮人剧目中的傻瓜吗？马拉松赛对健康有害吗？

彼得里曾说，到达终点时，人群的欣喜若狂让他在身体精疲力竭的同时，又心生疑惑，大脑短路。还有人认为，彼得里饮了酒，当然，这有可能产生相反的效果，导致人体突然变得虚弱或产生不可预见的生理反应。

马拉松赛对健康有害吗？

批评家们认为，1908年的马拉松赛象征着一种人们因奥运会而产生的对体育的狂热，在数以万计的观众面前，运动员对突破人体极限有着过度的追求。英国、德国、美国、斯堪的纳维亚半岛和其他地方的著名体育评论家对此持有同样观点。马拉松赛已经成为运动项目族谱上的一个病态的分支。但是，没有任何评论员参加过马拉松赛，而参与者的想法也并未被人重视。

1908年的马拉松赛也产生了政治上的影响。马拉松赛带来了如此之多的争吵和不和谐，美国总统西奥多·罗斯福（Theodore Roosevelt）对此也持怀疑态度。不过，他也乐于将体育成就作为国力强盛的标志。他喜欢和体育明星握手，喜欢站在他们中间。针对白城体育场中官员的做法，他曾在私人信件中表达过自己的愤怒，怀揣着一颗爱国心，他认为英国人一直在试图阻止美国获胜。[27]

在1908年的夏天和秋天，多兰多·彼得里无疑是全世界最出名的运动员。他被取消了比赛资格，可这不过平添了全世界对这个有着大眼睛和优雅胡子的小个子男人的同情而已。在伦敦，他的一套纪念币价值 300 英镑，而在意大利，人们的收藏罐已然装满。在马拉松赛刚结束之后，彼得里的追随者可以挤爆各家剧场。不论他在何地现身，人们都会全体起立，为他鼓掌。彼得里是个充满豪情的人。他行为谦逊，令人敬佩，媒体和娱乐圈的人都认为他很有魅力：许多国家的评论家和卡通画家为马拉松赛创作了可供售卖的艺术品，美国人哼着作曲家欧文·柏林（Irving Berlin）谱曲的《多兰多》。整个秋天，欧洲的电影院一直在播放着关于奥运会的影片。

人们要求海耶斯和彼得里再比一场，一较高下。可是，二人都不再属于非职业选手之列，彼得里在奥运会之后接受了潮水般的礼物，而海耶斯虽然在纽约的布鲁明代尔百货公司（Bloomingdale Department Store）上班，但是他的时间并没有用来工作，而是用来在楼顶上练习跑步了。

美国的推动者也希望从伦敦奥运会中获利，但是，要想赚到钱，就必须在体育场里开奥运会，这样一来，人们只有花钱买票，才能在看台上近距离观看比赛。在美国，这意味着需要修建一个封闭体育场。伦敦奥运会过了大约四个月之后，彼得里和海耶斯在纽约重聚，出现在了 1.2 万名观众面前。就像拳击手那样，他们被领进了赛场，这里弥漫着香烟的烟雾，为了找乐子，人们还对赌了比赛的输赢。二人的穿着与参加伦敦奥运会时一样，只是彼得里的背心上印上了香烟广告。这种级别的比赛自然不乏慷慨的赞助者。在这种混乱的环境中，海耶斯报了一箭之仇。在比赛时还出现意外，意大利裔移民跳上跑道，追着海耶斯跑完了最后两圈。

一股马拉松赛的浪潮席卷了整个英国。人们为了争夺可观的奖金而相互挑战，赞助商则为了从中榨取利益而不择手段。在利益诱惑下，优秀的长跑运动员纷纷进军马拉松赛界。1908—1911 年，人们对马拉松赛的需求高企，媒体称为"马拉松热潮"（Marathon Mania）或"马拉松癫狂"（Marathon Craze）。

那些对职业体育，尤其是对马拉松赛持批评态度的评论家们认为，在1908年奥运会之后，以盈利为目的的马拉松赛逐步繁荣，这属于一种不良发展。不过，不可否认，这些有组织的体育比赛造就了一大批英雄：他们身为血肉之躯，却都是神一般的存在，满足了人们对英雄的原始崇拜。茫茫红尘充满未知，而英雄们看得见，摸得着，像人生的灯塔与路标一样带给人们启迪。马拉松运动员的成就不仅受人认可，而且还具有超自然属性。当多兰多·彼得里及其对手大步走来时，他们好像是从一出古典大戏中走出来的，带着一种令人窒息的神秘。马拉松运动员常常让人联想到虔诚的宗教信徒，联想到清苦的修行生活。他们是否能够达到旁人无法达到的修为呢？

多兰多的传奇故事让人们开始关注许多长跑运动员的体检情况，医生们就马拉松赛是否合理展开了辩论。在1912年斯德哥尔摩奥运会上，葡萄牙选手弗朗西斯科·拉扎罗（Francisco Lazaro）因中暑而去世，让争论愈发激烈。他在跑完18英里后倒地不起，尽管他很快就得到了救治，但还是在昏迷14小时之后与世长辞了。

鉴于1908年和1912年两届奥运会之情形，在后来数年中，奥运会不再举行马拉松赛也就不足为奇了。关于跑步是否对心脏不好的讨论持续了许多年，医生们误解了休息时的低心率，认为心率过高是有害的。他们认为，在心跳过快时，血液对动脉壁造成的血压会达到危险级别，"这将损害运动员的健康，并缩短他们的寿命"。

马拉松赛是一种有风险的体育项目，尽管对波士顿马拉松赛的研究表明，心脏是可以承受如此负荷的。与许多其他的男子项目相比，马拉松赛对身体的伤害要小得多。

1909年，美国对马拉松赛进行了最彻底的调查。那一年，有一位医生在匹兹堡举办了一场马拉松赛，共有55名参赛者填写了他们的体检、饮食、训练、烟酒嗜好等信息。医生测量了他们的心脏尺寸和心跳声音，检查了他们的脉搏，并在赛前和赛后进行了尿检。尽管比赛路线崎岖，有大段山路，但据医生检查，这并未对跑手的器官造成任何永久性损伤。

然而，人们对高强度耐力运动项目的怀疑并没有很快消失。专家和公众依然持怀疑态度，因为这些项目都是新鲜事物。19世纪末和整个20世纪，这些项目象征着一个躁动的新时代。在这样一个时代中，生产力效率亟待提高，时钟成为工作生活的权威仲裁人。[28]

第 14 章

田径赛跑

> 他一路遥遥领先，眼看就要毫不费力地赢了。然而，一只迷路的小羊误入赛场，在跑道上停了下来，大约是被选手们飞快的速度惊呆了。他撞上羊，尽管腿撞断了，但他依然只用了 50 多秒就跑完了 1/4 英里。
>
> ——记 1868 年英国田径锦标赛

随着奥运会和有组织的国家田径锦标赛的蓬勃发展，昔日的集市、宗教仪式、展会和赌场等主流赛跑场所逐渐淡出了人们的视线，运动俱乐部和田径协会采用了全新的、更固定的比赛形式。尽管如此，一部分传统跑步项目依然被保留了下来。

中欧地区素有妇女头顶木桶或用勺子盛鸡蛋进行赛跑的传统，这象征着妇女的日常活动。在潘普洛纳（Pamplona）和巴斯克地区的其他城镇，奔牛赛跑展现了年轻人的勇气。斗牛活动一般安排在下午举行，而奔牛赛跑则安排在清晨进行。人们将公牛赶上街道，年轻人在公牛前面狂奔，随时都有被牛角顶飞的危险。

19 世纪末，英式越野长跑在各大洲陆续出现，在英国和比利时发展得尤为迅猛。相比之下，1895 年出现在挪威和瑞典的定向越野赛以及历史悠久的下坡赛，则未能在其他国家站稳脚跟。1900 年前后，英国的体育锻炼手册推荐人们进行适量的跑步。然而，作为一种锻炼身体的方式，跑步并未受到人们的重视。大家认为，走路才是健康的身心放松方式，对那些平日里很少走路的人们而言更是如此。

在各国的民间故事中，跑手是耳熟能详的一种神话人物类型，是传说中奔往世界尽头取水、建树非凡功勋之人。在新西兰的民间传说中，毛利人特·侯达华（Te Houtaewa）曾经为了觅食，在海滩上跑了100英里。在威尔士人的记忆中，最熟悉的跑手当数18世纪的牧羊人古托·尼斯布兰·摩根（Guto Nythbran Morgan）——年轻时，他的跑步速度比大地上奔跑的兔子和空中飞翔的鸟儿还要快。只可惜，后来他的身体不行了，在完成了一次传奇跑步之后，便撒手人寰。在爱尔兰，芬恩·麦库尔（Finn McCool）通过组织女子赛跑来为自己挑选妻子，没想到比赛的冠军居然跟一位更年轻的亲戚跑了。从那之后，便有一座山因此而得名。

这样的故事数不胜数，其中既有真人真事，也有神话传说。前文提到的三个民间故事都是真实的，故事的主人公都颇具传奇色彩。在加拿大，雪地赛跑传统历史悠久，而关于亚历克西斯·拉普安特（Alexis Lapointe）的传说也确有其事。

拉普安特出生于1860年。他的家乡位于加拿大魁北克省的沙勒沃伊（Charlevoix），属于法语地区。他家有14口人。从小到大他都坐不住，整天在外面跑个不停。据说，他小时候曾做了不少木马玩具，对马十分着迷；他坚信，自己原本是一匹马，只因为投胎时搞错了才成为人。年轻时，他通过鞭挞自己来刺激肌肉，完成了许多次徒步和长跑旅行。就这样，他一直过着不安分的生活，显露出了超乎寻常的耐力。

有一次，拉普安特与父亲在拉马尔拜镇（La Malbaie）的码头等船。他们准备乘坐11点的船去巴戈特维尔（Bagotville）。由于父亲不愿带他同行，这让拉普安特感到十分气愤："我会在巴戈特维尔等你的船靠岸，帮你拉缆绳。"[1]于是，拉普安特扭头就跑走了。他跑了整整

90英里。当天晚上,当父亲的船在巴戈特维尔靠岸时,他早已在那里等候。

在魁北克省的大小集市上,拉普安特凭借数不清的战绩为自己挣得了好些名头:"超级良马""北方之马""沙格奈(Saguenay)飞马"等。与著名种马"拉马尔拜的杜根爵爷"(Seigneur Duggan de La Malbaie)的较量当数他的成名之战。那一战中,他大获全胜,甩了马儿很远的距离。

拉普安特是个简单的人,但他头脑灵活,知道如何靠自己的过人本领赚钱。他能整夜跳舞,不知疲惫。他乐于给女人留下印象深刻,并急于向她们求爱。只可惜,他常常被人拒绝。他极具男子气概,是一个活力四射的人,而旁人的嘲笑和女人的拒绝则让他感到难过。

年过50之后,拉普安特的体力和耐力开始减退,正如他在马塔佩蒂亚(Matapedia)一个建筑工地上的工友所说:"人们虽然还会常常谈起他,但只当他是个过气明星。他们说,拉普安特现在连匹普通的马都跑不赢了。"[2]

亚历克西斯·拉普安特成为故事书和漫画书中的主角。人们用他的名字为街道命名,为他写歌,甚至将他的故事改编为芭蕾舞剧。

米和英里

现代体育有一个根本特征,即跑道和赛场的距离是固定的,并且经过了准确的测量。竞技赛跑的规则不断被规范,在工业时代中,为可测距运动而修建的体育场馆恰好体现了这一特点。在现代跑步运动中,以米、码为单位的距离测量和秒表计时是必不可少的;如果没有这些条件,裁判和赛事组织者会认为比赛是不合格的、不规范的,也不会去认真地对待比赛。19世纪末期,测距及计时的国际标准化发展也推广到了体育比赛方面。

"更快、更高、更强"的奥林匹克精神推动着竞技体育以惊人的速度发展。不同级别的新纪录、破纪录的意识、成绩持续的提高、拒绝停滞不前、对更快一些的执着,这些都是现代体育的主要特点。按照顾拜旦的观点,记录意识在奥林匹克思想中的重要性不亚于重力在牛顿力学中的地位。破纪录的意识是永无止境的根本原则,是动力,也是目标。它既需要对人类进步和个人进步抱有坚持不懈的追求,又不乏一种浪漫的情怀。[3]

阿尔伯特·爱因斯坦(Albert Einstein)曾经说过:"时间是用钟表来测量的。"在 20 世纪,人们就有这样的想法。他们很清楚,每个人所感知的时间并不总是相同的。不过,假如有了精确的计时,就不会有人去怀疑跑步的成绩,而这些成绩,也就可以被记录下来,自成体系,可以相互比较。将计时精确到秒,是现代竞技体育发展的前提条件。

在各类体育分支中,很少有项目可以像田径跑步这样,可以进行精确计时的。计时从起跑开始,跑步过程中持续计时,跑到终点时结束计时。与此同时,比赛的排名也被记录下来。要做到这一点,就必须有一套标准化系统来确保跑道测量和计时的准确性,同时该系统还可以进行复查。

在 19 世纪末期,跑道的尺寸和形状尚未统一。有的跑道距离短,有的跑道距离长。在 1896 年奥运会上,甚至还出现过 U 形跑道,较长一侧的距离超过 200 米。在 19 世纪 80 年代,英国人蒙塔古·希尔曼提出,跑道的设计应该尽可能直,弯道越短越好:最好设计为等边直角的形状,而非矩形。然而最终,矩形跑道却成为标准。

现代田径运动是从小型跑道、田地、草地、平原和街道上发展起来的。这些场所的地势比较平坦,也不会有动物闯入。1868 年,英国全国田径锦标赛在伦敦的博福特之家体育场举行。短跑运动员爱德华·科尔贝克(Edward Colbeck)正在 1/4 英里赛跑中进行最后的冲刺:"他一路遥遥领先,眼看就要毫不费力地赢了。然而,一只迷路的小羊误入赛场,在跑道上停了下来,大约是被跑手们飞快的速度惊呆了。科尔贝克撞上了小羊,尽管腿撞断了,但他依然只用了 50.4 秒就跑完了全程。"[4]

在英国以外的欧洲地区,跑道的距离多为 500 米。例如,在 1900 年巴黎奥运会上,1500 米跑自然而然地成为一个比赛项目。而在 8 年之后的伦敦奥运会上,跑道的距离为 1/3 英里,即 536.45 米。在 1912 年斯德哥尔摩奥运会上,体育馆中跑道的距离为 383 米。这让世界运动精英感到莫名其妙,好在大家也都见怪不怪了。

在 1920 年和 1924 年两届奥运会上,跑道的距离为 500 米。而在随后的 1928 年阿姆斯特丹奥运会上,跑道的距离为 400 米,并被定为标准距离。[5] 这一距离是在米与英里之间选取的折中距离,1/4 英里恰好略短于 402 米。到了 20 世纪,该距离逐渐成为世界标准。

为了确保成绩的有效性,跑道必须在水平地面上,不能有太陡的高低坡度。在伯明翰的阿斯特体育场(The Astor Ground)中,整个跑道的倾斜程度达到了 2 米。然而,这还不算最离谱的。在 20 世纪初及此后的几十年中,运动员的竞赛场地一直坑洼不平,地面上的凸起随处可见。不过,在顶级的比赛场中,地面一定是经过整修的,必须确保跑道的平坦。

有时候,因为裁判对风力条件有所怀疑,或跑道不规则,或运动员疑似存在舞弊的行为等原因,跑步成绩也会被取消。在跑步项目上,欧洲人和美国人一直占据着主导地位。对于其他地区比赛的计时及场地条件,他们多少总是会有些怀疑。

例如,1902 年,日本运动员藤井实(Minoru Fujii)在 100 米比赛中跑出了 10 秒 24 的成绩,比世界纪录还要快 0.36 秒。日本裁判及官员们给美国和英国的田径协会写信,要求将该成绩记为新的世界成绩,却徒劳无功。尽管他们描述了比赛中所用电子计时系统的准确性和可靠性,却丝毫不起作用。日本的计时系统和麦克洛德(C. H. McCloud)教授在蒙特利尔发明并于 1883 年投入使用的计时器类似:它在发令枪响起时开始计时,当冠军冲过终点线时停止计时。起始和结束时刻的电子脉冲都记录在由计时器控制的磁带上。原则上讲，该计时可以精确到百分之一秒。

1902年藤井的成绩缺乏风力条件、跑道距离及坡度等准确信息。他从未在欧洲或美国参加比赛。倘若他在欧美比赛也能够取得如此成功，那么，他的成绩肯定会被认可为世界纪录。

舒适的跑鞋

随着跑步运动的长时间发展，跑鞋也经历了特殊的改进，形成了统一标准。在美国俄勒冈州的福特岩洞（Fort Rock Cave）中，人们发现了一万年前的草鞋。这很有可能就是原始人在狩猎奔跑时所穿的鞋子。在随后的千年岁月中，缝衣做鞋的技术逐步发展，许多族群都学会了做衣服、扎草鞋和更加结实的鞋子。但对于跑鞋，我们仍旧知之甚少。

古希腊人中，只有信使才穿鞋子，大部分人都不穿鞋子。罗马皇帝戴克里先（Diocletian）规定，跑手要穿特制鞋子。与农民穿的双层鞋底的鞋子不同，跑手的鞋子为单层鞋底皮鞋，鞋带系在脚踝上。罗马人认为，跑鞋应该具备功能性，还要尽可能轻一些。[6]

直到19世纪，才在英国出现了专业跑鞋。

1839年，查尔斯·古德伊尔（Charles Goodyear）发现了一种可以将橡胶转化为实用原料的方法。在此之前，橡胶对冷热的耐受性都比较差，古德伊尔的方法非同寻常，他发现，如果将生橡胶与硫黄一起加热至融化，那么等其冷却后，就可以得到稳定的具有弹性的材料。这大大地拓宽了橡胶的用途。这种硫化加工促成了橡胶工业的发展。

在随后的几十年中，橡胶的用途越来越广，其中就包括制作跑鞋。英国的约翰·阿斯特利（John Astley）爵士曾经参加过19世纪中期的跑步比赛，他写道："橡胶跑鞋就像量身定做的鞋那样合脚"。[7]在提到一位1852年的对手时，阿斯特利还这样形容："他穿了一双很棒的钉鞋。"为了满足这些内行跑手的需求，鞋匠们一直在不断尝试。

1861年，板球项目的钉鞋在英国获得了专利。四年之后，斯宾塞勋爵（Lord Spencer）定制了一双用来跑步的钉鞋。它看起来像板球靴一样，然而重量却不足280克。跑鞋的前掌有三颗鞋钉，脚跟有一颗鞋钉，十分适合长跑和越野跑。

　　19世纪90年代起，没有跑钉的跑鞋在许多国家流行起来。尤其是在马拉松赛中，穿着一双舒适又合脚的跑鞋至关重要。对于马拉松运动员而言，鞋子过硬或过重都是脚疼和水泡的罪魁祸首。

　　为了参加20世纪20年代的波士顿马拉松赛，乔克·森普尔（Jock Semple）每天晚上都会用牛肉卤水泡脚半小时，好让双脚能够抵抗跑鞋的摩擦。人们会涂抹脚霜，或者用别的家庭护理手段来滋润双脚。森普尔常会与一些运动员讨论护脚的问题，就像他们讨论训练问题一样。绝望的马拉松运动员尝试过网球鞋和保龄球鞋，还尝试自己动手用轮胎来剪裁鞋底。

　　德国运动员阿道夫·"阿迪"·达斯勒（Adolf "Adi" Dassler）看到人们对特制跑鞋的需求与日俱增，便开始为不同田径项目制作运动鞋。1920年，他在母亲的洗手间中，以帆布为主要原料，手工制作出了第一双运动鞋。在"一战"之后的数年中，达斯勒用降落伞绸和头盔革来做鞋子。这种轻便钉鞋成为他的特色产品。

　　1924年，达斯勒在纽伦堡（Nuremberg）东北12英里的家乡荷索金劳勒市（Herzogenaurach），与其兄弟鲁道夫·"鲁迪"·达斯勒（Rudolf 'Rudi' Dassler）一起开了家鞋厂，联手打造了运动鞋品牌"达斯勒兄弟鞋厂"（Gebruder Dassler Schuhfabrik）。刚开始，他们每天生产50双跑鞋。这时，他们便已然察觉到了巨大的潜力。雄心勃勃的兄弟俩将他们的运动鞋送给运动员免费试穿，与各国运动员保持长期联系。他们懂得，大型体育赛事就是其产品的最佳宣传窗口。杰西·欧文斯（Jesse Owens）在1936年的奥运会上穿了他们的运动鞋。此后，达斯勒品牌开始风靡奥运赛场。在"二战"爆发的前一年，达斯勒总共卖出了20万双运动鞋。

尽管兄弟俩取得了成功，但合作却出现了裂痕，二人最终于1948年分道扬镳。鲁迪耶·达斯勒创立了彪马（Puma），而阿迪·达斯勒则以自己的名字命名，创立了阿迪达斯（Adidas）。两个品牌之间的竞争异常激烈，而阿迪达斯最终更胜一筹，成为运动领域经久不衰的知名品牌。[8]

体育帝国主义

英国有意识地通过体育活动，向其他国家传播自己的风俗与文化。盛产长跑运动员的肯尼亚就是一个例子。

英国于1888年开始对肯尼亚进行殖民统治。在此之前，肯尼亚并无任何关于跑步的史料。直到1901年，这里才出现了报纸。不过，对于游戏和体育比赛等许多日常活动而言，跑步是一项重要技能。早在1876年，法国地理学家埃利泽·勒克吕（Elisée Reclus）就指出，身材高挑而苗条的马赛人天生就是跑步的料。即便为了捎个口信而跑了60英里的路，他们也乐此不疲。[9]

从1901年开始，肯尼亚出现了各类英式跑步比赛。比赛按照欧洲人、非洲人和亚洲人来划分。田径锦标赛的安保工作全部由军队来负责，比赛吸引了成千上万的观众。

在殖民政府当中，许多的英国官员均来自牛津和剑桥大学。这两所学府都有着悠久的体育传统。作为英国文明的使者，他们周游世界各地，散播英国思想，其中也包括体育思想。英国人在肯尼亚组织跑步比赛，不仅可以提高运动员和士兵的身体素质，还可以借此来控制社会。肯尼亚不是一个自然形态下的国家，而是被殖民政权划分成了跨部落的好几个部分，以便于管理。在这个被"重铸"的国家中，非洲人必须模仿白人统治者的生活方式和思维方式，放弃对帝国主义的抵抗态度，而接受其更加"文明"的风俗习惯。20世纪20年代，田径运动开始在肯尼亚的学校、监狱、警察和军队中普及开来。从长远来看，这些机构举办的全国田径锦标赛具有重要意义。肯尼亚南部的马赛人（Masai）对参加英国体育运动持怀疑态度，他们认为这是一种不正当的征兵方式，他们的体育行为并不像英国人所希望的那样绅士。

1922年，在英国人的倡议下，非洲和阿拉伯体育协会（AASA）在肯尼亚成立。两年之后，田径分会也成立了。从1924年开始，肯尼亚的体育圈子开始出现依据种族的划分。

英国人希望掌控非洲人的休闲娱乐活动，让他们远离那些反殖民统治的政治活动。在整个非洲，来自欧洲的殖民者总是带着深深的优越感来对待非洲人。相比之下，英国人采用的这种方式更容易让人接受。他们剥夺了肯尼亚人自己的文化，用欧洲的文明模式取而代之。英国的体育项目在公立学校、教会学校、军队、警察系统和监狱系统全面发展，逐渐将非洲的传统娱乐和体育运动边缘化。在肯尼亚，田径运动极为普及，尤其是跑步。不过在"二战"之前，肯尼亚人的跑步成绩并没有达到很高的水平，他们并没有把世界顶级水平作为心中的奋斗目标。1934年，肯尼亚最棒的赛跑运动员首次前往乌干达参加比赛。在6英里和1英里的比赛中，他的成绩分别为30分57秒和4分35秒，并不算出众。[10]

在他们看来，殖民者鼓励体育运动是相当高尚的。在英国，体育运动可以健全人格，让人变得忠诚而可靠，还能带给人以满足感。而殖民者之所以在非洲推广体育，正是希望把同样的人格特质带到此处。其目的与那些基督教传教士截然不同。在英国人的心目中，培养非洲人的"人格"比启发民智更为重要。过多的教育培养可能会给殖民政权带来威胁，英国人并不鼓励非洲人读书，受了教育之后，他们反而有可能去批评殖民体制。

女子比赛

女运动员也很快就加入了田径大家庭。19世纪90年代，美国的女子高校实现了长足的发展，走路锻炼已经成为每天课程表上的固定内容。

纽约瓦萨学院（Vassar Colleg）是倡导女子田径和赛跑的先锋。学校的运动场是最受学生欢迎的聚会地点。19世纪90年代，女性开始进行田径运动。当时，女子赛跑的最长距离为220码（201米）。在瓦萨学院，女生们穿着一天当中最轻便的衣服冲刺跑步。手持发令枪的女生穿着一身长裙，戴着一顶巨大的帽子。在瓦萨学院的照片中，快乐的女生们在接力比赛和跨栏比赛之后开怀大笑，彼此拥抱。女性有能力参加各类体育比赛，但是，将女性的比赛成绩与男性成绩进行比较是没有道理的，女子比赛应该设立自己的标准。[11]

1903年，艾格尼丝·伍德（Agnes Wood）在220码赛跑中的成绩为30.3秒。她在一个圆形跑道上比赛，诸多的弯道并不利于冲刺，所以她的成绩并不算太差。比赛现场几乎没有任何男性，只有女学生和女老师。一切都是遵循女子礼仪来进行的。虽然她们的裙子下面露出了双腿，但她们依旧衣着得体。随着流行时尚的改变，她们的裙子变得越来越短了。

20世纪伊始，在美国上流社会的白人女性中，也开始出现了田径和跑步比赛。其他国家也开始推广女子跑步，尤其是英国和法国。而女子跑步的推动者正是当时的体坛精英，通常都是男性。

这是一个女权运动的时代。美国、英国和其他各国的女性都在争取选举权和各种职场权利。1893年，新西兰成为首个允许女性投票的国家，随后其他国家纷纷效仿。工厂女工罢工游行，让工厂主不胜其烦。1908年5月3日，芝加哥女工设立了第一个妇女节。在许多上层阶级和工人阶级的女性中，越来越多的人开始争取女性权利。其中，有些激进分子甚至以武力来抗争。在伦敦的大街小巷，主张男女平等的女性游行队伍不仅高喊着口号，还砸破窗户，闯进商店里闹事。游行的带头人入狱后坚持绝食，最终成为烈士。[12]

女权主义者加速了女子体育的发展。为什么女性不能参与到这些新活动当中？难道女人生来就不该进行体育锻炼，就不能活力四射吗？女性运动的先驱们遭遇了抵制与嘲笑，这是可想而知的，好在她们拥有自己的男性支持者。

1922 年，刚刚成立一年的国际妇女田径协会在巴黎举办了国际女子运动会，女权运动支持者哈里·伊顿·斯图尔特（Harry Eaton Stewart）博士与一些权威人士鼓励美国的女青年们前去参加。同年 8 月，来自五个国家的女运动员参加了比赛，2 万多名观众观看了本次赛事。[13]

20 世纪初，女子比赛项目主要为短跑。在英语国家，200 码比赛就属于长跑了。而在德国，500 米和 1000 米均被纳入了女子比赛项目。在舆论的热烈引导下，到了 20 世纪 20 年代，许多国际女子运动会都增加了各种距离的赛跑项目。尽管顾拜旦本人反对精英女性参加体育比赛，但是奥运会依旧向女性敞开了大门。

1928 年，女子田径项目首次被列入奥运会。毫无经验的美国小将伊丽莎白·贝蒂·罗宾逊（Elizabeth Betty Robinson）夺得了首枚金牌。她参加的是女子 100 米跑，成绩为 12.2 秒。

贝蒂的家在伊利诺伊州的一个小镇上。因为镇子太小了，她必须坐火车去哈维镇（Harvey）上学。哈维镇的火车站在一座小山丘上。有一天，火车吐着蒸汽朝山顶开去时，贝蒂还在山脚下。月台上，一位老师看到了山下的小女孩，心想站务员的哨声都已经吹响了，这小姑娘肯定赶不上火车了。然而，贝蒂竭尽全力地一路飞奔，跨着大步迈上站台，最后，窜到了老师身边的座位坐下，把老师看得目瞪口呆。

"我们得测一下你跑完 15 码需要多长时间。"他说道。[14]

放学时，他们在走廊里进行了测试。当老师看到她的成绩时，他意识到应该让这个女孩参加大型比赛。这是贝蒂未想过也不曾了解的事情。她只是单纯地喜欢跑步而已，她是同学中跑得最快的。老师们帮她找来了钉鞋，带着她参加各类比赛。在第二次比赛中，她创下了 12 秒跑完 100 米的世界纪录。她的第三次比赛就是奥运会的预选赛。

一次为了追赶火车的偶然冲刺，竟然带给了她意想不到的结果。

四年后的奥运会在洛杉矶举行。这里是贝蒂的主场，她成为最受欢迎的运动员。1931年的一天，天气十分炎热，热得女运动员无法进行任何的跑步训练。而跑步运动员被禁止游泳。为了让自己凉快点，贝蒂让一位拥有飞机的表亲带她进行一次露天驾驶舱飞行。

飞机爬升到400英尺的高度后，突然发生了旋转和下降，最后坠落到柔软的土地上。贝蒂的身体多处受伤，股骨都摔断了，膝盖不能弯曲。医生告诉她，今后要用拐杖走路，再也不能参加比赛了。昂贵的医疗费用和长期康复练习使贝蒂不得不中断了训练。

三年后，她开始尝试跑着玩。康复的结果很好：她重新回到老东家的体育俱乐部，虽然膝盖依然僵硬，但她还是获得了1936年奥运会的参赛资格。在柏林，她为美国队出征，在4×100米接力赛中获得了金牌。

早在贝蒂那个年代，短跑运动员就乐于去尝试一些能够提高成绩的流行做法。美国短跑名将埃迪·托兰（Eddie Tolan）会在100米比赛时嚼口香糖，因为他发现这样做可以提高跑步的节奏和速度——他将迈腿节奏与咀嚼节奏保持同步。杰西·欧文斯是托兰的朋友。在当时的战争年代，美国踢踏舞者及电影明星比尔·"博杰利斯"·罗宾逊（Bill "Bojangles" Robinson）是一个伟大的体育奇才，能够以13.5秒的速度倒着跑完100码（91米），令人叹为观止。于是，欧文斯和与这位舞王进行了一场比试，欧文斯向前跑75码，而罗宾逊则是倒着跑50码。结果，22岁的体育明星险胜57岁舞王。舞王的秘诀就是，盯住赛道标记，避免扭头向后看。

在电影《小上校》中，"博杰利斯"·罗宾逊与童星秀兰·邓波儿（Shirley Temple）共舞，跳着踢踏舞下楼梯。而其中最令人惊叹的就是，罗宾逊一边跳着踢踏舞，一边倒着上了楼梯。

有些人把倒着跑步当作一种锻炼方式，尤其是拳击手。1926年，重量级拳击手吉内·滕尼（Gene Tunney）为了迎接与传奇人物杰克·登普西（Jack Dempsey）的对战，每天清晨会倒着跑 4—8 英里，边跑边打拳。在近距离搏击时，拳击手经常要后退，这会快速消耗他们的体力。滕尼最终战胜了登普西，这些后退的动作帮了他大忙。几十年后，穆罕默德·阿里（Muhammad Ali）也使出了这一招，通过闪躲和后退来消耗对手的体力。

古希腊人和其他专家都知道，倒着跑可以增强体力，锻炼小腿和大腿肌肉，提高速度和平衡感。中国人已经用这种方式行走和奔跑了几千年。道士都会练习倒着爬行。这种修炼方式既富有哲理，又有肌肉理论作为支撑。后来的研究表明，倒着跑步比正常跑步要多消耗 20% 的热量。[15]

在 20 世纪的头十年中，跑步和田径赛跑成为许多国家的正规运动。但是，在全世界普遍接受跑步运动之前，人们还需要克服许多偏见，更需要以新的态度来对待这项运动。

第 15 章

芬兰人的意志力

> 鲁米（Nurmi）及其同类就像森林里的动物一样。他们开始跑步是源于一种强烈的冲动，奇幻梦境一般的风景呼唤着他们，拥抱这迷人的神秘。
>
> ——杰克·舒马赫（Jack Schuhmacher）对芬兰跑手的描写

年轻的科莱赫迈宁（Kolehmainen）三兄弟准备出门跑步。他们穿着大衣和长裤，因为当地一家精神病院的管理员告诉他们，只有穿成这样跑步，才不会吓到路上遇见他们的人，否则，他们看起来就会像是逃跑的病人，有可能会被人举报，遭到逮捕。

1906年时，许多芬兰人去哪儿都是走路，他们可以走很远，也常常走路，但没有人会跑步。跑手的速度超出了步行速度的极限，不为大众所接受。跑步的人太夸张了，横冲直撞的，一个守规矩的人没必要把自己搞得如此慌张。好好走路不行么，非得突然跑起来，这种行为太不稳重了，只有孩子才干得出来。

来自库奥皮奥（Kuopio）的三兄弟明白这个道理。其实，跑步训练也是对自我控制的一种训练，不能呼吸得太重，不能来回地挥舞胳膊，也不能看起来太疲惫。如果跑步时在路上或森林中遇到了其他人，一定要表现出平静而安逸的样子，以免引起别人怀疑。正因如此，他

约翰内斯·科莱赫迈宁身着爱尔兰裔美国田径俱乐部的翼拳衫,摘自1919年《纽约时报》

们才尽量选择在深夜或清晨,去荒无人烟的地方跑步,这样他们被人看见的可能性才最低。如果他们在荒郊野外悄悄跑步,不被人看见,问题也不大。但如果被人看见他们穿着短裤和短袖上衣在跑步,那人们就会大喊:"快来看呀,有人在裸体跑步!"在那个年代,"裸体"的意思并不是"一丝不挂"。[1]

在当时,人们心里有一种共识,认为不论是孩子还是成年人,只要是身体健全的人,都不应该把精力和时间浪费在没有产出的事情上面。"你们可真懒惰!"这是跑手圈子里的人常常会听到的评价,因为他们花时间去跑步,就必然会占用休息或做其他事情的时间。在训练和比赛之后,运动员不仅身体精疲力竭,还要承受内心的煎熬。

科莱赫迈宁三兄弟的真实身份本来是越野滑雪运动员,可他们越来越喜欢跑步了。约翰尼斯(Johannes)是最有天赋的一个,田径很快就变得比滑雪更重要。1912年的瑞典奥运会正在向他招手。

在1912年的奥运会上,约翰内斯·"汉内斯"·科莱赫迈宁(Johannes "Hannes" Kolehmainen)摘得5000米、10000米和越野赛的金牌,还创造了世界纪录。可是当他登上冠军领奖台时,升起的却是俄国国旗。他内心感到愤愤不平,芬兰被瑞典和俄罗斯统治了几个世纪，现在，芬兰人获得了金牌，而荣誉却属于俄国，这点燃了他心中的独立意识。

约翰内斯·科莱赫迈宁成为芬兰的民间英雄，长跑也迅速发展为芬兰的一项民族运动。英雄崇拜的时代已然到来。科莱赫迈宁兄弟已经好几年不用穿着大衣和长裤练习跑步了。曾经跑步是受人鄙夷的怪异行为，它究竟是如何在突然之间，就成为芬兰的民族财富的呢？

1912年奥运会是一次具有划时代意义的体育盛事。

这届奥运会结束后不久，劳拉·皮哈拉（Laura Pikhala）就用"密不可分"来形容长跑运动和越野滑雪运动之间的关系。其实，从芬兰古代文化来看，这两种运动的起源和发展并不相同。但是，上述观点却被人们普遍接受，并且已经成为民间传说的一部分。就这样，长跑披上了带有芬兰民族色彩的外衣，变成了可以和越野、滑雪相提并论的、需要从更广泛的民族视角来看待的体育运动。

在当时，芬兰并没有什么民族英雄。因此芬兰需要这样的人出现，来强化自己的民族身份和民族意识。拥有坚强意志力（sisu，芬兰语意为"精神力量"，是一种"内在的""内生的"力量）的跑手诠释了这个年轻民族的内心和渴望。芬兰于1917年脱离了俄国的统治，实现了独立。而这种意志力也成了芬兰民族的象征。意志力这一民族文化的精髓，在运动场上也被展现得淋漓尽致，成为芬兰人的明显标志。当芬兰人遇到困难时，这种意志力可以帮助他们共渡难关。

与其他斯堪的纳维亚国家相比，长跑在芬兰出现的时间相对较晚。首届芬兰马拉松赛于1906年举办，比周边国家晚了十年。石匠卡洛·涅米宁（Kaarlo Nieminen）以3小时15分钟的成绩夺得冠军。他在一年前开始练习长跑，也是在芬兰国内练习长跑的第一人。[2]

芬兰是一个传统农业国家，练习长跑的人并不常见。1883年，芬兰木匠约翰逊（K. J. Johansson）接受了维也纳人阿道夫·迪贝尔斯（Adolf Dibbels）的挑战，准备在赫尔辛基火车站附近进行一场1小时的长跑比赛。约翰逊起跑太晚了，结果与奖金失之交臂。但是，约翰逊的平均速度比迪贝尔斯更快。有些人将这次比赛称作芬兰跑步史上的奇迹。不过，根据学者埃尔基·维滕尼米（Erkki Vettenniemi）的研究，其实这次比赛和后来长跑运动的发展并无关联。³ 芬兰现代体育的起源确实可以追溯到 19 世纪 80 年代，但是当时的体育项目主要为越野滑雪、自行车和体操。要想找到真正推动长跑运动在芬兰发展的关键因素，我们需要将目光投向南方。

芬兰人埃米尔·卡尔松（Emil Karlsson）曾经在德国和丹麦学习印刷装订技术，他也参加过哥本哈根的跑步比赛。1897 年，当他回到故乡芬兰之后，便成立了赫尔辛福步行体育俱乐部（Helsingfors Pedestrian Sports Club）。该俱乐部总共经营了三年，曾在公路、公园、田径场和赛车场等场地组织了多场比赛。

但是，跑步仍旧属于一种小众运动。大部分芬兰人更喜欢骑自行车、越野滑雪等体育运动。越野滑雪很快就成为社会各个阶层都十分热衷的大众运动，主要原因就在于，在芬兰人心中，越野滑雪是一项民族运动。芬兰民族史诗《卡勒瓦拉》（Kalevala）对滑雪运动进行了讴歌，而优秀的越野滑雪运动员也成为 19 世纪 80 年代芬兰家喻户晓的楷模。在寒冷的冬季，家家户户都会出门滑雪。人们觉得，滑雪有助于提升修养。许多一开始从事滑雪运动的芬兰运动员，在日后的跑步比赛中均取得了相当好的成绩。

一份 1898 年的芬兰体育报纸刊登了一篇文章，列举了各种有益于身心的重要体育项目。可以想象，跑步未被列入这篇研究报告中。因为在 1898 年的时候，人们并不了解跑步运动。漫画杂志常常取笑跑步的人不是愣头青就是神经病，要么就是在疗养院里努力康复的人。而谈到有组织的田径比赛，截至 1899 年秋天，压根就没有超过 6 英里的跑步比赛。

数十年来，芬兰的体育倡导者们一直在建议将短跑作为芬兰体育运动的一部分。直到 19 世纪 60 年代，布袋赛跑和短跑比赛才开始在集会上日渐流行起来。第一场有成绩记录在册的比赛，是 1871 年由维克多·海克尔（Viktor Heikel）组织的跑步比赛。维克多曾经在瑞典和德国学习体操。[4] 在1882年到1884年的阿喀琉斯运动会上，体操和跑步也被列为比赛项目。秒表被用来记录成绩。儿童赛跑距离为70米，学生为356米。海克尔比较看重跑步的技巧和姿势。海克尔强调技术和姿势，他警告人们不要过度使用身体，不要跑超过一两英里的距离——这正是芬兰跑步奇迹的核心和灵魂。

冷面跑手

照片里，帕沃·鲁米（Paavo Nurmi）穿着西装，打着领带，身体微微向倾，仿佛正准备起跑一般。在他身旁站着一男一女，两人穿着体面，正在模仿赛跑发令员拿枪的姿势。这张照片是1924年在好莱坞拍的。鲁米笑容神秘，双眼注视地面。摄影师费力地偷听到了他们的对话，并抓拍到了这张消瘦脸庞上的笑容。鲁米会笑，或许是因为与他一起拍照的，正是好莱坞当红夫妻档，无声电影时代的超级巨星——道格拉斯·范朋克（Douglas Fairbanks）和玛丽·碧克馥（Mary Pickford）。鲁米的表情总是如同狮身人面像那般木讷，或许，也只有这对明星夫妇，才能让他显露片刻笑意。在20世纪20年代，这位屡屡打破世界纪录的芬兰跑步天才，就像是一个谜。

1897年，帕沃·鲁米出生于芬兰的图尔库（Turku）。他是家中幸存下来的四个孩子中年纪最大的一个。这是一个严格的基督教家庭。他们把厨房出租给了一个工人阶级家庭，自己一大家子则挤在一间屋子里生活。他的父亲约翰·弗雷德里克（Johan Fredrik）是农民出身，和马蒂尔达·威尔米纳（Mathilda Wihelmina）结婚时，是一个木匠。父亲的身体很差，常常因为心脏病发作而昏倒。1910年，父亲去世，终年50岁。时年13岁的鲁米成为家中的顶梁柱。

早在那个时候，鲁米就已经确定了自己的人生道路：他要当一名跑手。他的母亲跑得很快，他从母亲那里继承了跑步的才能和体魄。

爸爸去世后，鲁米离开校园，步入了社会。他替人跑腿打工，推着沉重的手推车往返于土库尔山。繁重的体力活强壮了他的双腿，磨炼了他的意志。为了当运动员，他成为素食主义者，也不再喝咖啡。一连六年，鲁米没有吃一口肉，没有喝一口咖啡或茶，不饮酒，也不抽烟。清苦和禁欲成为他生活的主题，这让他与同龄人格格不入。其他年轻人在咖啡馆打发时光时，他却在家旁边的树林中跑步。他总是独来独往，不苟言笑，只是一门心思地练习跑步。

他想得很长远。1912年夏天，科莱赫迈宁夺取了奥运金牌，激励着成百上千的芬兰男孩开始进行跑步训练。他们当中，有许多人因为过度训练而毁掉了身体，但鲁米没有。在接下来的数年中，他每周只跑三到四次，每次距离为1—4英里。到了17岁，他开始参加比赛。在下一个赛季时，他3000米的成绩达到了9分30秒，5000米达到了15分57秒。不过，他并未达到最佳状态，冲刺的速度也不够快。在进行了大量的冲刺练习和速度训练之后，他已经战无不胜了。鲁米减少了滑雪时间，生活也不再像从前那般克制。他开始吃肉，喝茶，喝咖啡，不过量都不大。谷物和奶制品依然是他的主要饮食。

到了19岁，鲁米延长了训练计划。他加入了大量的走路练习，每天走15英里，每周跑5次长跑，每次4英里，其间穿插冲刺练习。在此之后，还有体操集中训练。1919年，鲁米开始服兵役。在长途拉练过程中，他并没有走路，而是全副装备地跑步，将众人远远抛在身后，令人叹为观止。就算在整个芬兰，也没有人是他的对手。[5]

在1919年中，鲁米实现了个人突破。他在开始在跑步训练和比赛中佩戴秒表，并因此培养了良好的节奏感。手握秒表成为他的标志。接近终点时，他会将秒表扔到跑道的内侧，对自己的步伐节奏胸有成竹。当鲁米一边跑步，一边回头看身后的第二名时，对手们感到分外窝火，而观众却看得津津有味。他打算干什么？秒表让他在比赛时能够计算自己的跑步速度，也让人们意识到，可以利用秒表来规划比赛。鲁米并不想以大幅提高的成绩来破纪录，小幅但频繁地提高成绩才更加符合他的风格。

为了提高跑步速度、增加步幅，鲁米还曾经尝试去火车站训练。1920年，他在图尔库到利托伊斯（Littois）的火车慢速行驶时，追着火车跑了1.5英里，他的速度比平时训练快，步伐也比平时更大。他在火车的右侧跑步，左手抓住火车的最后一节车厢。通过这种方式，他坚持跟着慢速火车跑步，他锻炼了自己的步幅，增强了自己的跑步能力，同时，也让车上的旅客看得目瞪口呆。平地和上坡的跑步训练也进展顺利；至于下坡训练，速度真的很快，不过这对鲁米很有帮助。

到了1920年安特卫普奥运会时，芬兰已经独立，并派出了自己的奥运代表队。鲁米，作为芬兰人的体育明星和夺得奥运奖牌的希望，共摘得了10000米金牌和5000米银牌。

整个20世纪20年代，鲁米及其同期的芬兰跑手就像天上闪耀的星星，绚烂夺目。芬兰跑手创造的奇迹让记者、观众和医护权威人士着迷不已。芬兰人是全世界1500米以上项目的常胜之师。从1912年到1940年，他们总共创造了70多项世界纪录。他们看起来几乎是不可战胜的，这三四个男人，一个紧跟着另一个，肌肉发达，脸颊凹陷，颧骨高耸，显然是为跑步而生的。

在1924年奥运会上，鲁米在几乎两小时的时间里，接连夺得1500米和5000米长跑项目的金牌。当晚，鲁米来到一间酒吧跳舞。一位芬兰记者在舞池中发现了这位奥运冠军，倍感惊讶，不过鲁米知道，在如此紧张的跑步比赛之后，跳舞和放松是多么重要。[6]他在六天之内获得了五块奥运金牌，分别是三个个人项目和两个团体项目。

服完兵役之后，鲁米在赫尔辛基参加了一个技术员课程，借住在一位老奶奶家中。每天清早，他离开自己的房间，出门进行长途训练。在郊外，有个农妇看到这个怪人，穿着羊皮袄和军靴，背着一个很重的包，行色匆匆，于是便冲回谷仓去保护她的家畜。黑暗中，这个人影隔一段时间就会出现一下，让农妇以为这个人是个疯子。但是她错了：这是鲁米在进行 12 英里 66 磅负重长跑练习，跑完了就会回学校上课；到了上午 8 点，鲁米都会坐在课桌边听课。[7]

到了这个阶段，鲁米的跑步风格开始形成自己的特色。他跑步时会剧烈摆臂，前后幅度很大，他从臀部发力，步伐长而有力，身体看起来像是在推动力下不可抗拒地向前移动。这种跑步风格要求跑手的臀部力量要足够强，同时在大跨步跑步时，跑手仍需保持身体的灵活性。很多运动员都开始模仿鲁米，试图能够追上他。

美国人也想邀请鲁米去参加比赛。在横跨大西洋的航程中，鲁米在甲板上练习跑步，每天泡澡数小时，来保持肌肉状态。1924 年 12 月 9 日，鲁米抵达纽约。他没有居住在主办方为他准备的豪华别墅中，而是选择和一个芬兰老乡住在纽约教区的一个简陋的地下室里。鲁米的到来在美国引起了巨大反响，比在欧洲时更胜一筹。

鲁米一边训练，一边比赛，每周要参加三四场赛事。比赛通常安排在晚上，赛场面积很小，环形跑道的弯转得很急，看台距离很近，观众都在吞云吐雾。鲁米对泛光灯和赛后的喧闹感到很不适应。鲁米是赛场上的焦点，当他跨过终点线时，时间往往已到了深夜。等他回到家中，准备睡觉时，已经是深夜 2 点钟了。然而，他仍然坚持早上 7 点起床，白天也不会小憩一会。就这样日复一日，鲁米度过了一周又一周。他在 1 月和 2 月均参加了 12 场比赛，3 月为 15 场。除此之外，鲁米还要舟车劳顿地各地跑，进行长跑训练，与陌生人握手，访问中小学，到军营进行表演，访问各大高校。总是有各种各样的理由，让他去不同地方表演跑步。鲁米并没有打算在美国待很长时间，但是，他是如此广受欢迎，这让他的回国计划一再推迟。

在美国，室内田径比赛的观众人数很多。每个城市，每所大学，都有各种不同的赛场和运动馆，地板的材质包括水泥、砖块或泥土。这些场地可以很快布置成马戏场、拳击场和跑道，是直道很短、弯道很急的那种。与跑马比赛一样，室内田径比赛也是两两较量和重金赌博的好地方。鲁米在其经纪人兼翻译雨果·奎斯特（Hugo Quist）的帮助下,成为赛场上的王者。两人的合作,几乎征服了整个美洲大陆。

为了驱散旅途的疲劳感,在火车到站后,鲁米会沿着站台从头跑到尾。这个不知疲惫的斯堪的纳维亚人从站台尽头跑了过来,不放过任何训练的机会——即便穿着西服,打着领带,他依然可以追上蒸汽火车!芬兰人很喜欢蒸桑拿,那种温度和湿度只有芬兰人才能忍受。在蒸桑拿的间隙,鲁米躺在按摩床上,让奎斯特用力捶打身体。坚持用冷水洗澡并在桑拿之后用桦树枝鞭打身体是他的习惯,即便在旅行途中,也从不间断。

报纸将鲁米捧上了天,他注定成为名流中的一员。报纸大亨伦道夫·赫斯特(Randolph Hearst)既可以利用一条流言蜚语,毁掉一个人的一生;也可以为了报纸卖得更好,不惜代价地将一个人神化。鲁米是来自欧洲的洪荒之力,是天生的赢家,对赫斯特的报纸销量绝对有好处。

鲁米代表着美国人希冀的浪漫世界。那时,许多美国人都是新移民,他们怀念故土,或者干脆说,他们放不下从前的情怀。鲁米的神秘还在于他从来不接受采访。当记者蜂拥过来,摄像师忙着从各个角度不停暗下快门时,他们对鲁米的内心却一无所知。

鲁米对于芬兰而言极为重要,据估算,他当时的身价高达数百万美元。美国银行家给日内瓦商人发电报,问也不问,就打算给芬兰提供新增的优惠贷款:如果一个国家可以培养出如此独一无二的传奇人物,当然值得拥有信用。移民到美国的芬兰店主用鲁米的名字给他们的产品打广告,而那些失业的芬兰移民,也因为自称自己认识家乡的英雄而找到了工作。在其他人眼中,芬兰人是一个顽强而坚韧的民族。

室内赛跑纪录就像多米诺骨牌一样,被一个个打破。各种非常规距离——码、英里、半英里、1/4 英里、1/8 英里,层出不穷。这意味着,鲁米在 50 场左右的比赛中,打破了 30 多项纪录。公众就喜欢看纪录被打破,所以,比赛被安排成了各种非常规距离,这样一来,组织者就可以在每次运动会结束时,宣布一个新纪录。鲁米只输过一场比赛,也仅有一次未完成比赛。

很少有白人跑手能够战胜鲁米，不过在美国西海岸，倒是流传着关于印第安跑手战无不胜的故事。4月末，鲁米和印第安跑手在洛杉矶体育场进行了一场3英里（4.8公里）的比赛。在四万名观众面前，他在比赛中轻而易举地与最好的霍皮人拉开距离，这是白人与美洲原住民之间的较量。

在一张赛后拍摄的照片上，鲁米闷闷不乐地站在两个组织者中间，手中拿着奖杯和鲜花。那两个官员站在他身边，脸颊丰满，打着领结和领带，得意扬扬，就好像他们发现了一块大金块。鲁米身材瘦削，神情淡漠，从他身上可以感受到一种深刻的满足感，他就像是来自另一个星球的人，心里想着：“我是冠军，我是世界上跑得最快的人，没有人能将这份荣耀从我手中夺走。”这番谜之表达揭示了他多年的训练和付出。在众人的喝彩声中，鲁米配合照相是对局外人的补偿，而他冷漠的表情则代表着一丝报复。他经常像这样站在一群欣喜若狂的观众面前，心满意足，同时又下定决心要提高自己，保持自己第一的地位。然而他痛苦地意识到，总有人紧随其后，一步之遥。

对鲁米职业精神的指控通常都是在他1925年的美国之旅时期发生的。不少赛事赞助商都试图用非法酬劳来引诱鲁米，尽管他们很清楚，这样做可能会让鲁米失去非职业选手的身份。一些运动员表示，美国人正试图让欧洲选手卷入金钱设下的圈套中，为的就是在奥运会之前，将他们淘汰出局。[8]

鲁米经常会收到并拒绝职业比赛的邀请，例如酬劳为5万美元的马戏团5个月表演合约，或价值约2.5万美元的电影片约等。纽约一家剧院老板曾希望聘请这位芬兰明星在跑步机上跑步，以证明人类的双腿可能达到的速度极限。[9]

然而事实上，鲁米的确经常为了非法收入而参加比赛。原因是可以理解的：他出身贫寒，肩负着养家糊口的重担，在做出了这么多自我牺牲之后，他终于有能力掌握自己的未来。作为一名商业嗅觉敏锐的人，他后来在赫尔辛基投资了房地产，变得比大多数顶级运动员更加富有。

非职业规则存在一定的模糊性，这让其他的创收方式有机可乘。比如，一位大明星可以要求主办方支付非法出场费——在20世纪20年代的重要赛事上，美国最大牌的明星的出场费大概是800美元。[10]在比赛结束后，主办方会来到运动员的酒店房间里，兜儿里塞满钞票，或是一个信封，里面装着商量好的钱。能不能拿到这些钱，完全取决于运动员能否在当天破纪录。主办方或许会说："我拿800美元跟你打赌，你不能从那把椅子上跳过去。""我打赌我能。"运动员可能会先这么回答，然后从那把椅子上跳过去。这么一来，这笔非法收入就变成一笔赌注了，让人抓不住把柄。

所有参与其中的运动员都心知肚明，但没人会把这些事情爆料出去，因为他们自己也常常会感到内疚。封口费可以换来几代人的持续沉默。如果运动员遭到指控，矢口否认便是，因为他们知道，对手也干过同样的勾当。当然，在顶级运动员中，也会存在始终秉持非职业精神的运动员，他们从来都不会参加任何违规的比赛。

1925年的美国之行破坏了鲁米从前一直坚守不破的操守。在1500米、5000米和10000米等奥运会项目上，鲁米再也没能打破他在1924年创下的3分52秒6、14分28秒2和30分6秒2的纪录。他的成绩开始缓慢下滑，胜利的次数越来越少，失败的次数越来越多。

鲁米原本打算在1928年之后就选择退役，结果，他在第二年冬天又去了趟美国。这次去的时间并不长，但他很快就找回了最佳的比赛状态，成绩也比从前更好了。他非常希望能够在1932年的洛杉矶奥运会上夺得马拉松赛金牌，让他的事业重回巅峰。

只可惜，鲁米的美梦还是破灭了。1932年春天，国际非职业田径联合会取消了他的参赛资格，原因是有人指控他违背了非职业体育精神。鲁米去了洛杉矶，为争取参赛资格而拼尽全力。不能参赛让他愤懑不已，加上他的脚受伤了，走路都很困难，更别提跑步了。但是，他依然咬牙坚持训练，希望最终能够被授予参赛资格。

最终，鲁米依然被禁止参赛，而且不得去现场观看10000米比赛和马拉松赛。用他自己的话说，假如他能够参加10000米比赛，他一定能把现在的冠军成绩再提高5分钟。

芬兰田径联合会拒绝接受国际田联的禁赛处罚。芬兰的体育主管部门很清楚，在许多体育运动中都存在双重道德标准，因此，自然也不愿意断了鲁米这位芬兰最伟大长跑英雄的后路。鲁米被允许在芬兰继续比赛，1934年秋天，37岁的他赢得了10000米比赛的最后一场胜利。

"跑步是每个芬兰人的骨子里的东西"

许多人试图解释芬兰人在赛跑上创造的奇迹。难道说，因为芬兰人拥有这种意志力，所以他们就比其他种族更适合跑步吗？

芬兰最大报纸《赫尔辛基新闻》（*Helsingen Sanomat*）打造了这样一个神话：因为付出的艰辛努力和体力劳动，一个国宝级运动员从农民当中脱颖而出。正如其他许多国家一样，在芬兰，社会经济精英传播民族神话的套路，也是提升普通人身上的特质，并将他们变成国家财富。芬兰的下层劳动人民不辞辛劳，创造辉煌；而社会精英沐浴在光辉之下，阳光正好。

在芬兰，国内许多地区依然以发展农业和畜牧业为主。《赫尔辛基新闻》和其他报纸认为，缺乏工业和现代化基础设施，恰恰为创造体育成绩提供了动力：事实上，由于芬兰缺乏工业发展和多样化就业机会，导致经济上涨乏力，进而导致大量芬兰人选择移民美国和瑞典，正因如此，芬兰人才在全世界的顶级赛事中跑出了成绩，拥有了王牌。

勤劳是芬兰人的美德。在世人心中，芬兰人的形象一直是一支强壮的森林民族。当人们称芬兰人为"天生的"运动员时，所指的是那些出身农民、属于下层社会的芬兰人。可想而知，当芬兰人发现在许多国家中，体育与学术研究其实是有关系的，他们会感到多么惊讶。

芬兰的顶级运动员经常会提到，他们从六七岁起就开始干繁重的体力活了。不论他们来自芬兰或其他国家，对于这些勤劳的农村孩子来说，让他们在参加比赛时，将时间整天花在跑步上，是非常不习惯的事情。

20世纪30年代，德国人杰克·舒马赫对芬兰的自然景观和地理条件进行了研究，并以此为由解释了芬兰人在跑步上创造的奇迹。芬兰的气候和地形得天独厚，让这里的人生来就具备坚韧不拔的个性和意志力：

> 跑步是每个芬兰人骨子里的东西。面对这纯粹而幽远的森林，这肥沃而广袤的原野，刷着经典红漆的护林员小屋，山脊上的丛丛树林，一望无际的蔚蓝地平线，盈盈波光中的倒影，你会不由自主地兴奋起来，产生跑步的冲动，恨只恨，人类没有翅膀可以飞。脚步轻盈地跑起来，沿途欣赏北欧风光，就这样跑过1英里又1英里，一小时又一小时。鲁米及其同类就像森林里的动物一样。他们开始跑步是源于一种强烈的冲动，奇幻梦境一般的风景呼唤着他们，拥抱这迷人的神秘。

斯堪的纳维亚的男儿热爱跑步，他们取得了这些非凡成绩，不仅仅是为了打破纪录、获得赞美、享受荣誉。他们生活在一个敬畏自然的时代，跑步正是他们向地球母亲表达感恩的方式。[11]

但倘若气候是成功的原因，那么瑞典和挪威也理应在两次战争期间涌现优秀的跑手。瑞典跑手的水平尚佳，然而，挪威尽管人口数量与芬兰相当，但跑步水平却落后不少。在挪威，长跑文化并未广泛发展，挪威人很少进行跑步训练，挪威的运动专家也经常会提醒人们，过度训练和身体疲劳对人体健康不利。

芬兰人在跑步方面是最厉害的，因为他们训练最刻苦，训练方法在当时而言也是最巧妙的。在芬兰，支持跑步的氛围是最好的，运动员投入的努力也是最多的。在两次世界大战之间的大约二十年中，许多芬兰人都成长在简朴的环境之中。通过长跑，他们锻炼了强健的身体和坚强的意志。他们生活在森林中的小村庄里。从小到大，他们走了很多很多的路。他们在地里干活，弯腰劈柴。自然的力量让他们在跑步方面占了上风。不过，这并不是芬兰所独有的：在欧洲各国中，人们都需要努力工作才能生存，长途步行上学和童工现象都很普遍。芬兰人的名声和所有关于他们的故事，让舒马赫形成了自己的观点：在国际赛事中，芬兰人表现得很害羞，他们以沉默寡言和双眼低垂而闻名。他们的这种谦逊，在大型跑步赛场上化成了一种自信。芬兰跑手身上有那么一种调调。当然，他们的沉默和缺乏语言技巧，让他们变得更有意思。对于没见过的人，不熟悉的事，人们总是很有兴趣了解。芬兰跑手在国外创造了一个个跑步神话，也成为许多芬兰作家创造芬兰的民族身份认同的基石。

芬兰广泛的跑步文化是他们取得成功的决定性因素。但没人能够否认，芬兰人从骨子里，就觉得长跑运动极富吸引力。古代的人在森林中艰难跋涉，而今天的人则在森林中长跑——这是在芬兰人把荣誉从国外带回家之前，需要向全世界展示的东西。跑步的距离就好比蒸桑拿的时间，关键是要在尽可能高的温度下坚持尽可能长的时间。苦尽甘来，先苦后甜。通过训练，人的忍耐力可以被锻炼得很强大。

在芬兰的跑步史上，很难选出一个最伟大的时刻。要是非得说一个，或许最伟大的时刻出现在 1952 年在赫尔辛基举办的夏季奥运会上。

体育场里挤满了参加开幕式的观众。芬兰成为全世界关注的焦点。各国体育代表团列队入场，被带到他们的国旗后站队。

接下来，到了大家共同期待的时刻，奥林匹克火炬入场了。一个小个子男人手里拿着火炬，轻松地跑了进来。他大步流星，庄严而镇定，他的跑步风格大家再熟悉不过了。在这个芬兰的夏天，人们的呐喊声响彻全场："帕沃·鲁米！"体育场里回荡着他的名字，广播记者的声音将现场的情景传播到世界的每个角落。此人正是鲁米，他是芬兰人意志力的象征。尽管他的头发不如从前浓密，但他还是那么充满活力，还是那么神秘。数以万计的观众激动不已，成年男子情不自禁地站起身来，眼含热泪，为鲁米鼓掌呐喊。

帕沃·鲁米与芬兰已经融为一体。他是民族意志力的典范。尽管芬兰已然独立，但鲁米的存在，让人们不会忘却芬兰曾被外国统治的那几个世纪，和他们长久以来对独立的渴望。虽然跑步是一件再简单不过的事情，但让鲁米和芬兰人民拥有了一个如此独特而精彩的故事。

第 16 章

超级马拉松赛与民族塑造

> 我原本以为印第安人是最糟糕的人类寄生虫,但从他们的身上看到了光芒。
>
> ——雅各布·达列维埃尔塔(Jacobo Dalevuelta),论在 20 世纪 20 年代跑得又远又快的墨西哥塔拉乌马拉人

日本的"驿传赛"(Ekiden)和南非的"同志(Comrades)超级马拉松"是"一战"期间出现的两个历史最为悠久的传统超马赛事。

1917 年,为了庆祝东京建都 50 周年,日本举办了第一届驿传赛。比赛路线从古代首都京都到现代首都东京,全长 315 英里,共分为 23 站。赛程总共 3 天,在普通街道上举行。

驿传赛"ekiden"是一个复合词,"eki"代表"驿站","den"代表"传递"。1917 年,日本诗人土岐善麿(Toki Zemmaro)为比赛起了这个名字。当时,土岐善麿就职于日本的《读卖新闻》。而一直以来,该报社都是这场赛事的赞助者。所以,正如环法自行车大赛风靡全法国一样,驿传赛也成为日本国内万众瞩目的大型赛事。与法国同行一样,日本的新闻报社也意识到了,通过举办自己的体育赛事,可以刺激报纸的销量。

不过,组织驿传赛的想法在日本文化中是有根基的。古时候,日

本人靠马匹来运输货物，而这种运输体系的工作原理就是驿站接力。日本人在主要街道的沿途设立驿站，当赶路的人在同一间驿站歇脚时，可以在那里更换马匹。通过这种接力的方式，旅客、信件和重要包裹就可以实现长途运输。而驿传赛正是在模仿和纪念这种古老的运输理念。让跑手来参加这样的比赛，也象征着一个崭新而高效的现代日本。

1917年，《读卖新闻》开展了驿传赛的大型宣传活动，吸引人们参赛。经过选拔，46名选手被分成了两支队伍，一队是来自东京的23名学生，另一队是来自爱知县的23名学生和老师。

比赛的消息一经公布，便立刻引起了广泛关注，日本举国上下都兴奋不已。当选手们抵达东京，向终点线冲刺时，数十万名观众站在路边，为他们呐喊助威。驿传赛成为日本最受欢迎的体育赛事。全国各地纷纷效仿，类似的赛事不断涌现。

金栗四三（Shizo Kanaguri）曾参加过1912年斯德哥尔摩奥运会的马拉松赛，被称为日本的马拉松赛运动之父。他希望在日本培养出世界级的跑步运动员。当他看到第一届驿传赛取得了圆满成功之后，便敦促全国的大学继续举行类似的马拉松赛。1920年，四所大学联合举办了箱根驿传赛。比赛路线从东京出发，到达箱根山区后再返回东京。此类新型马拉松赛事层出不穷，也反映了日本对西方体育的日益关注。

早期的箱根驿传赛赛制比较随意。由于大学生们上午要上课，因此，比赛的开始时间总是安排在下午。选手们可以自行选择跑步路线，只要从起点跑到终点即可。

在2002年的第78届箱根驿传赛上，共有15支大学代表队参赛。四分之一的日本电视观众收看了赛事直播，成千上万人站在街道两旁现场观看。这次比赛共分为10站，去程和回程各分为5站，全长134英里，获胜成绩约为11小时。许多日本年轻人都希望自己能够参加这个比赛，这个愿望也鼓励着他们努力考上大学。

在驿传赛中，每名选手身上都会佩戴一条有字的绶带。当选手抵达下一站时，会将绶带交给下一名选手。绶带代表着选手所属的参赛队、公司或参赛队所属的地区，参赛队名次的变化让观众或开心，或失望。这全都代表着日本人对家乡的热爱和对公司的忠诚。在20世纪，这种忠诚感往往会贯穿一个员工的整个职业生涯。表面上看，绶带和接力赛中的接力棒是一样的，但实际上，绶带具有更深层次的象征意义。驿传赛能成为最受欢迎的赛事，原因在于，它将传统的竞技比赛与独特的日本精神合二为一。

每名参赛选手都为团队做出了贡献，并通过团结合作的方式赢得比赛，这展现了队员对团队的忠诚，也很好地解释了，为什么驿传赛会如此受欢迎。在日本，人们对奉献精神和团队精神极为看重，与最初开始创办驿传赛时相比，现在人们对此的注重甚至有过之而无不及。

距离最长的驿传赛是"高松宫宣仁亲王杯西日本环九州驿传赛"，全长661英里，共分为72站。这恐怕是全世界最长的接力赛了。[1]

同志超级马拉松赛

维克·克拉彭（Vic Clapham）从小便跟随父母，从伦敦移民到南非的好望角殖民地。当布尔战争爆发（1899—1902）时，年仅13岁的他参了军，成为一名救护车上的医护人员。"一战"期间，他加入了英军在南非的第八步兵师，并曾经为追击德军而穿越东非大草原，全程1700英里。德军将领格伦·保罗·冯·莱托-福贝克（Glen Paul von Lettow-Vorbeck）擅长游击战术。在东非的德国殖民地（现在的坦桑尼亚），莱托-福贝克将军通过开展游击战，避开了与南非军队的正面交锋。

在这段艰难的岁月中，克拉彭目睹了痛苦、死亡和毁灭；但同时，他也看到了什么是团结，这才是他最看重的。1918年，战争结束之后，他希望能够通过一场高难度的超级马拉松赛，来反映当年长征的艰难，并以此来纪念他逝去的战友。于是，他联系了南非当地的体育主管部门，也向南非"同志联盟"（League of Comrades）寻求了帮助。同志联盟是一家老兵组织，其成员包括战时的战友、朋友和盟友等。

克拉彭从布莱顿到伦敦的长征中获得灵感，提出在彼得马里茨堡（Pietermaritzburg）和德班（Durban）之间，举行全长56英里的超级马拉松赛。然而，同志联盟却拒绝了他的提议，理由是这个想法不切实际，试问，谁会有能力完成这么长的比赛？而克拉彭却认为，他和战友原本就是普通老百姓，可自从穿上军装之后，也身负着55磅的重量，穿越了半个非洲。所以说，对于训练有素的运动员而言，在无负重的情况下，跑完56英里应该是有可能的。1919年和1920年，克拉彭的提议均被驳回。但是，到了1921年，同志联盟终于同意举办这次赛事。在5月24日的英联邦纪念日那天，34名勇气可嘉的白人选手在彼得马里茨堡市政厅开始了比赛。最终，W. 罗恩（W. Rowan）以8小时59分的成绩夺取了冠军。

第二年，同志超马的路线方向对调，变为从德班到彼得马里茨堡，这种"隔年反向跑"的传统一直延续到今天。1923年，弗朗西斯·海沃德（Frances Hayward）成为第一名跑完了同志超马全程的女选手。1931年，一位名叫杰拉尔·丁沃森（Geraldine Watson）的女教师在仅仅训练了六周之后参加了比赛，并且连续三年跑完了全程。最后一次比赛时，她花了6个月的时间准备，并取得了9小时31分的好成绩。在接下来的几十年中，同志超马不断吸引着那些寻求比马拉松赛距离更远的跑手前来参赛，也成为培养全世界顶级超马跑手的摇篮。

同志超马的消息传遍了世界各地。[2] 瑞典人因此而获得了灵感，于1922年举办了全长56英里的瓦萨越野滑雪节（Vasaloppet），来纪念瑞典的开国英雄古斯塔夫·瓦萨。

此外，同志超马还为一场经久不息的辩论提供了新的论据。几十年来，人们一直在为跑步时能否喝酒的问题争论不休，也产生了一些有趣的结果。比如，在长跑比赛结束时，运动员一定要喝啤酒，以恢复人体的水分平衡。因为在当时，城市里的饮用水并不干净，而啤酒则成为最好的替代品。选手们在比赛结束时早已经精疲力竭,他们往往会接过人们递过来的啤酒,一饮而尽。终点线的空气中弥漫着汗水和酒精的气味。国际顶尖的跑手都认为,快速摄入酒精对于健康而言是必要的。

阿瑟·牛顿(Arthur F. H. Newton)在英国出生,在南非生活。20世纪20年代,他在南非当农民。在那十年中,他跑步的距离恐怕要比任何人都更远。他喜欢拿许多东西来做实验,包括酒精,尽管当时的运动员大多认为,在参加比赛时喝酒,有可能导致很糟糕的结果。类似的故事不胜枚举,比如,南非人查尔斯·赫弗森(Charles Hefferson)在喝了观众给的香槟之后,与1908年奥运会马拉松赛金牌失之交臂,还有一些运动员因饮酒过量而倒在了赛场上。

牛顿认为,当身体完全精疲力竭时,如果能够通过正确的方法使用酒精,就会产生积极的效果,就好比吃药一样。为此,他做了一个实验。他刻意减少了自己每天的跑步训练量,低于往常的12英里,目的就是在参加40英里的跑步中,让身体产生超负荷反应和异常疲劳,以便测试酒精所起的作用。[3]

在跑完35英里之后,牛顿喝掉了一匙白兰地与六份水的混合饮料,这是他邻居专门给他带来的,他的邻居也是他的训练助理。在接下来的比赛中,他感到神清气爽,脚步也快了起来。这样的效果保持了三四英里,几乎一直持续到终点。后来,他又做了第二次实验。

这一次,他在跑马拉松赛时,将酒精的剂量提高了50%,并在相同的下坡路段喝了下去。结果,他仿佛被人打了一拳,酒精使他双腿麻痹,让他几乎无法跑步。他缓慢地恢复了过来,拖着沉重的脚步回了家。毫无疑问,这次的酒精剂量太大了。

牛顿又重复了第一次的实验,结果同样产生了积极效果。在一杯小小的酒精饮料的帮助下,他有望实现自己在这一赛季的最大目标——夺取同志超马的冠军。

在跑完48英里之后,牛顿喝下了特定剂量的酒精饮料,结果真的在半小时后赢得了比赛。当然,他的胜利也不光是酒精的功劳。他在后来总结时表示,其实没必要在比赛时喝酒,并在后来的参赛中不再喝了。不过,他的确曾坚持认为,在比赛接近尾声时,喝少量酒精有助于刺激身体,取得更好的成绩。

拯救墨西哥民族

1926年11月7日,在墨西哥的帕丘卡市(Pachuca),每个人都起得格外早。这是60英里超级马拉松赛的日子。就连市长和伊达尔戈州(Hidalgo)州长,都在凌晨3点05分赶到现场观看比赛。随着爆竹声响起,三名印第安跑手开始从这里跑向墨西哥城。街道被汽车和摩托车照得灯火通明。参赛者虽然身穿红、绿、白三色的传统墨西哥服装,但都在腰间挂了铃铛,代表他们是来自塔拉乌马拉部落的印第安人。[4]

这场比赛引起了人们的极大关注。沿途的一家家教堂里传出钟声,呼唤市民们前来观战。有一名参赛跑手中途退出了比赛。当其他参赛者快到墨西哥城时,尾随他们的车队一度造成了交通堵塞。参赛者进入了国家体育场,他们跑完了60英里的路程,总共耗时9小时37分钟。

托马斯·扎菲罗(Tomas Zaffiro)和莱昂西奥·圣米格尔(Leoncio San Miguel)创造了60英里这一非常规距离的非官方世界纪录,成为民族英雄。当墨西哥当局给他俩颁奖时,由于这两个印第安人对西班牙语知之甚少,因此并没有完全听懂。他们的奖品是两条红丝巾、许多白棉花和两把犁。

赛事的组织者希望利用这个印第安部落,展现墨西哥人的耐力和运动技能。他们希望60英里长跑能够成为奥运会项目,最好能被纳入1928年的阿姆斯特丹奥运会。因为这样一来,塔拉乌马拉人就有可能赢得比赛,为墨西哥争得荣誉。一枚奥运金牌将有助于打消人们对懒惰的墨西哥人的刻板印象。

在1921年之前的十年间,墨西哥经历了血腥的革命和大规模冲突,此时正处于重建阶段。这两名塔拉乌马拉人代表了政府在包容性方面做出的努力。政府希望,所有的印第安原住民都能够融入一个崭新的、骄傲的墨西哥当中,并尽可能减少种族歧视。而塔拉乌马拉人,则是扮演运动超人的最佳人选。

通过接纳塔拉乌马拉人,墨西哥人践行了该国最著名艺术家和文化大师"阿特尔博士"(Atl)的想法。1924年,在墨西哥为自己参加的首届奥运会进行筹备的过程中,阿特尔博士曾提出,代表墨西哥参加奥运会的,应该是强壮的印第安人,而不是"有教养而又娘娘腔"的上层社会人士。如果墨西哥想在奥运会上久负盛名的跑步项目中取得成绩,就必须要依靠塔拉乌马拉人。

这种安排的目的在于,将原始力量和现代化结合在一起。塔拉乌马拉人曾在1926年创下了60英里的超马纪录,他们在一条刚刚面向全国各地的机动车辆开放的公路上进行了这样的尝试。他们用这次超马证明了,即使是全国最贫穷的人,也有可能被现代化进程所包容和接纳。跑步还有助于解决墨西哥所谓的"印第安人问题",由于当地的印第安原住民既无知又缺乏教育,因此一直饱受着贫困的无情摧残。

对于墨西哥革命和总统普卢塔科·埃利亚斯·卡列斯(Plutarco Elias Calles)将军而言,接纳印第安人无疑是件好事。总统相信,推动印第安人发展具有重大意义。[5]

世界各大媒体都刊登了关于这两名塔拉乌马拉人的消息,并引起了轰动,特别是在美国。美国人总认为墨西哥人十分懒惰,不可能成为顶级运动员。

20世纪20年代末期,塔拉乌马拉人在其他几次长跑比赛中,将60英里的成绩缩短到7小时30分,因此而备受瞩目。然而,国际奥委会并不接受将60英里超马及女子马拉松赛纳入奥运会的提议。在1928年的阿姆斯特丹奥运会上,何塞·托雷斯(Jose Torres)代表墨西哥出战,可最终仅获得第21名,铩羽而归,令人大失所望。不过,尽管塔拉乌马拉人运动员在发达国家的参赛表现参差不齐，但他们在墨西哥国内依然保持着神一般的地位。为了向他们致敬，诗人阿方索·雷耶斯（Alfonso Reyes）写了一首著名的诗：

  你们是全世界最优秀的马拉松运动员，
  是吃着涩口的鹿肉长大的人，
  他们将是第一个带来胜利消息的人。
  让我们心花怒放地跨越长城。[6]

  在当今世界中，体育成为一个民族为自己代言的方式，变得越来越重要，而塔拉乌马拉人则是崭新的墨西哥为全世界做出的贡献。作为自然之子，塔拉乌马拉人对留声机和电影等发明表现出一种孩子气的迷恋，这更加深了人们对他们的偏见。在完成了从帕丘卡市到墨西哥城的超马之后，其中一位塔拉乌马拉人跑手说道："我们如此强大，是因为我们生活在大自然中。崇拜自然使我们的双脚生出翅膀。只有这时，人才能真正快乐。"[7]
  在墨西哥的这次60英里超马比赛中，塔拉乌马拉人成为耐力的象征。而与此同时，在世界各地，更丰富多彩的赛事正在发生。

第 17 章

横跨美国大赛

> 可是,来自英国的选手因为牙齿发炎,几周来只能吃流食,苦不堪言。想当初,他真应该听牙医的话,在出发前先把牙拔掉,省得以后出问题。
>
> ——记英国人彼得·加乌齐(Peter Gavuzzi),
> 1928 年横跨美国大赛选手

1928 年春天,商人 C. C. 派尔(C. C. Pyle)从筹办体育比赛中看到了巨大商机,于是宣布,将发扬法国环法自行车赛(Tour de France)之精神,举行一场横跨美国的长跑比赛。这将是一次举国瞩目的大型赛事,从来没有任何人组织过类似比赛,更别提第一名奖金高达 2.5 万美元,奖金总额高达 4.8 万美元了。有一名医生指出,这项比赛将使参赛者的寿命缩短 5 年至 10 年,而且,即便参赛者都是从全世界精挑细选出来的铁人,也依然存在无人完成这项比赛的可能性。

出现反对的声音,主要是因为钱。派尔的批评者声称,派尔组织这次比赛的原因,不过是以参赛选手坚韧不拔的性格为噱头,想要借此树立他们的形象,而并不是真正为了推广跑步运动。可是在 20 世纪 20 年代,美国的世道本就如此。以测试耐力为目的的离谱比赛层出不穷,比如舞蹈马拉松、冒失的游泳特技比赛,还有遭遇海难的水手凯利（Shipwreck Kelly），靠着一连好几天坐在桅杆上的把戏来谋生。而所有这些比赛，都只是为了比上一位冠军坚持得更久一点而已。

参赛选手会使用签署了广告协议的跑鞋、护发素、足霜、旱冰鞋和其他赞助产品，以达到宣传效果。麦斯威尔（Maxwell）咖啡公司开了一辆外形像咖啡壶的面包车，为赛事赞助免费咖啡，这恐怕是世界上最大的咖啡壶了。派尔与所有的参赛者都签订了一份协议，规定派尔有权获得参赛者一半的收入，而这些收入可直接用于组织赛事。派尔希望能够借此赛事，打造出新的体育明星，为他们今后的发展争取到电影和戏剧合同，或者以他们的名字命名新产品。

派尔还向美国各地发出了热爱家园的呼吁。比赛线路上的所有城镇都会被国家媒体报道，记者和摄影师会将比赛的新闻传播到世界各地。派尔以此为由，要求沿途的城镇交赞助费给他，好让比赛的商队在此地停留。在洛杉矶到芝加哥的66号公路沿线有许多城镇，派尔就像拍卖商一样，向这些城镇进行招标。66号公路是美国的首批高速公路之一，只有三分之一的公路地面不平。但是，如果连人都可以在这条公路上跑步，那开车就更不成问题了，因此，比赛还能吸引更多车辆来这条公路上行驶。[1]

世界各地的媒体都对这场横跨美国的疯狂比赛进行了大篇幅的报道。比赛的起点是电影之城洛杉矶，终点是摩天大楼林立的纽约。比赛吸引了众多冒险家、竞走运动员和跑步明星，他们都看到了可观的名利正在向他们招手。来自美国、芬兰、意大利、英国、德国、希腊等国的选手都认为，比赛冠军非我莫属。世界上实力最强的跑步和竞走运动员都为比赛请了好几个月的假，有些人干脆选择了辞职。在他们当中，有些人并没有工作，但是他们都很快凑齐了报名费和参赛费用。大部分参赛者都通过家乡的募捐活动筹到了钱，然后立刻动身前往加州，仿佛要去那里淘金。

1928年初，有近300人表达了参赛兴趣，其中不乏一些国际明星。1928年1月，选手们从美国各地云集芝加哥。他们当中实力最强的人担任运动员的临时教练，带领众人在好莱坞附近的山上进行训练。2月12日，训练营在距离比赛还剩三周时正式落成。训练营位于洛杉矶老阿斯科特赛道（Old Ascott Raceway）旁，营地里搭满了帐篷。每天早上6点，运动员成群结队地离开营地，进行几英里左右的慢跑训练。

在选手当中，不乏一些夺冠的热门人选。威利·科莱赫迈宁是传奇人物"芬兰三兄弟"之一，自从他成为美国公民后，他的参赛便获得了芬兰和美国两个国家的支持。阿瑟·牛顿在创造了100英里的世界纪录之后，看起来实力不俗。他坚持着自己的训练计划和饮食安排，着重练习他典型的长短步交替技巧，虽然这种步态看上去有些不自然，但消耗的能量却是最少。为了补充能量，他会喝上几大口自己特制的混合饮料，包括半升柠檬汁、大量的糖和半茶匙盐。每天早上训练前，牛顿都会高兴地抽上一支雪茄，在按摩师给他消瘦的双腿做完日常肌肉按摩之后，牛顿还会再抽一支。

牛顿是个古怪的人，不过还有比他更古怪的人，那就是这场赛事的吉祥物之一卢西恩·弗罗斯特（Lucien Frost）。这位43岁的演员是某个宗教支派的信徒，他留着长发，蓄着长须，出场扮相如同穿越一般：他曾在电影《万王之王》（King of Kings）中出演摩西一角，而他参赛时，穿的正是他扮演摩西的那套行头。当风从背后往前吹时，他的头发和胡须被吹到他的眼睛前，挡住了前方的路；当风迎面吹向他时，长发和胡须则减慢了他的速度。为此，弗罗斯特想到了一个解决办法——当风从他背后吹来时，他就把胡子散开，就像船帆一样，借顺风之力往前跑。

3月4日，比赛在老阿斯科特赛道正式拉开帷幕。派尔的一贯风格是用一颗小型炸弹来发令，爆炸在周边地区引起了不小的震动。共有199名男性选手参赛，年龄从16岁至63岁不等。

比赛第一天就有10万名观众排在街道两旁，观看了这次长跑盛宴。选手的速度有快有慢。在瘦骨嶙峋的马拉松选手和扭臀前进的竞走选手身后，跟着一位拄着拐杖的老先生。不过，这位老先生并不是这一赛段中最慢的，还有一个弹着夏威夷吉他、牵着两条狗散步的男孩跑得更慢。选手的穿着五花八门，有的人穿着大裤衩，有人穿着日常的衣服和不适合跑步的鞋子；选手中有前自行车手、拳击手，还有独臂的罗伊·麦克默特里（Roy McMurtry）。英国选手查尔斯·哈特（Charles Hart）曾在六天的赛跑中战胜了两匹马。德国马拉松游泳赛运动员弗雷德·卡姆莱尔（Fred Kamler）这次尝试在岸上比赛，他是参赛选手中从未参加过跑步比赛的人之一。起跑线上的选手如此形形色色，实属少见。

比赛的规则很简单。所有的参赛选手每天在同一时刻开始比赛，当他们抵达当天赛段的终点时，所花费的时间会被记录下来，并计算出总耗时。如果在午夜前还未完成比赛，将被取消参赛资格。到达纽约时，总耗时最短的选手将获得胜利。

比赛第五天，选手们来到沙漠中的莫哈韦井（Mojave Wells）附近，这里只有一台水泵。第二天，派尔在沿途有水源的地方都设立了补给站，但仍旧无法在水泵之间的路段为选手提供足够的饮用水。许多选手饱受口渴和晒伤之苦。在某些地段，石油被倒在了路面上，形成了一层沙壳，常被选手的脚给踩裂。因此第一周就有超过四分之一的参赛者退出了比赛，也就不难理解了。跑步名将亚当·焦乌科夫斯基（Adam Ziołkowski）也因踩到了玻璃严重受伤而退赛。他就地在加州的一个农场上找了一份种土豆的工作，并以此为生。在比赛结束五个月之后，他终于来到了纽约。

晚上，选手们忙着吃饭、按摩和泡脚。参赛者必须参加一些推广比赛的节目，或者接受美国唯一一家移动电台的采访。在当时，电台的发展还处在起步阶段，但是派尔充分利用了这一点。在比赛刚开始时，派尔过得很奢侈，让众位选手极为不满。他住在一所名叫"亚美利加"（America）的特别建造的移动房屋中，据说这是同类房屋中档次最高的，配有冷热水、淋浴、电冰箱、阅读灯，十分豪华。

派尔还带上了一个"杂耍团"（sideshow）同行。这是当时风靡美国的一种娱乐形式。杂耍团里有胖女人、吞火者、吞剑者、蛇，以及任何可能在小镇上引起轰动的东西。例如，在派尔的杂耍团中，就有一条五条腿的狗，还有一具来自俄克拉何马州的亡命之徒的干尸。每天，这些杂耍艺人都会在赛程结束的地方支起表演摊子。派尔希望，能够借此吸引更多的观众，赚更多的钱。杂耍团虽说算不上是一台赚钱机器，但在有些地方还是很受欢迎的，也为商队增添了一种令人向往的异国情调。正如派尔所希望的那样，从早到晚，这里交替上演着轻松的娱乐和痛苦的挫败，不过实际上，派尔并没有赚到足够多的钱，因为虽然沿途有成千上万的观众来看比赛，但是，他们并没有掏一分钱。有时候，派尔觉得自己是在给人们提供一场免费的好戏。

比赛进行了12天后，仍有110人坚持了下来。每天都有人在比赛途中或比赛结束后退出比赛，或者在第二天早上宣布因为疲劳、受伤、感染或脚痛而不能继续比赛。有些人被汽车或摩托车撞倒，有一个人精神崩溃了，还有一个人因为太想家了而无法坚持比赛。不过，也有一些人退赛，是为了抗议派尔的严格规定。

在比赛开始之前，派尔一直坚信，印第安人的耐力是很强的。然而事实证明，印第安人也无法在公路上连着跑几周，最终也都放弃了。威利·科莱赫迈宁在开赛三天后因伤退出了比赛。甚至连一度领先的阿瑟·牛顿，也没跑够600英里就放弃了比赛。牛顿具有重要的国际影响，为了能让他继续投身比赛，派尔特地任命他为参赛选手的顾问：一场大型赛事必须要有名人参加才行，这一点至关重要。

牛顿出局后，比赛的结果变得更加充满悬念。新的领军人物是来自俄克拉何马州的20岁小将，印第安切诺基人（Cherokee）安迪·佩恩（Andy Payne）。

来自洛杉矶的哈里·冈恩（Harry Gunn）是走路型选手之一。他有两台私人保姆车随行。他的父亲是富豪迪克·冈恩（F. F. Dick Gunn）。迪克·冈恩曾以75000美元为赌注，赌他的儿子将完成这次比赛。迪克·冈恩还承诺，只要儿子完成比赛，就会奖励他一大笔钱，相当于第一名的奖金。从比赛第一天起，哈里就故意以每小时3.5—4.5英里的速度行走，以避免身体受伤或太过劳累。许多一路小跑的人很快就两脚酸痛或被迫退赛，哈里与这些人形成了鲜明对比：他经常换鞋，晚上在旅馆舒适的床上睡觉，吃的是餐馆的美味食物。当其他选手试图在吵闹的帐篷里休息时，他却躺在浴缸里，接受着教练的按摩。然而时间终将证明，胜利或第一名是无法用钱买到的：胜利是靠跑步赢得的，光靠走路可不行。

比赛进行了16天之后，赛场上的选手人数减少了一半。安迪·佩恩以一小时的优势暂时领先。第二名是来自芬兰的按摩师阿尔内·苏米南（Arne Souminen）。为了参加比赛，苏米南特地关掉了他在芝加哥的按摩诊所——他相信，凭借他专业的自我按摩经验，一定可以让自己具备很大的优势。

在佩恩连续领跑了几天之后，他患上了扁桃体炎。他放慢了脚步，忍受着高温和疼痛，一边勇敢地坚持比赛，一边不停地咽口水。六天之后，他逐渐恢复了常态。当时，苏米南领先佩恩三小时，紧随其后的是英国人彼得·加乌齐（Peter Gavuzzi），一个相当危险的挑战者。

在途经新墨西哥州时，一场风暴袭击了他们。大风吹得沙子漫天飞舞，人们几乎无法跑步。沙尘让选手、汽车司机和摩托车手都看不清路，车辆常常会撞倒艰难前行的参赛选手。加乌齐看到有机会重新领跑，便趁着裁判维持车辆秩序的时候，加速向前冲。选手们跟跟跄跄地走到终点，口干舌燥，身上和嘴里全都是沙子。他们用双手捂着脸跑了好几小时。那天，有好几名选手都迷路了，但是，加乌齐的总排名却上升到了第二位。

在一次大会上，选手们提出了一些生活上的要求：更好的食物以及比帐篷里的肮脏床铺更好的住宿条件。在整个旅途中，帐篷里的床单只在得克萨斯州洗过一次。选手们对派尔的反感尤为强烈，因为最过分的一次，他们在沙漠的营地里完全断水了。选手们就像船上计划着叛变的水手一样，可是他们的威胁并没有奏效，因为他们的精力，只能全部投入跑步比赛中。

随着比赛的进行，睡在帐篷里的选手越来越少了。一开始，不同国家的人共用帐篷，但随着参赛人数的减少，或者商队到达指定地点的时间较晚，许多能够承受旅馆费用的人就会选择在别的地方睡觉。除此之外，帐篷没有任何保护措施来屏蔽杂耍团和其他活动的噪声干扰。不过，对于那些非洲裔选手来说，即使他们有钱，也很难摆脱睡帐篷的命运：种族隔离法案使他们很难找到其他的住所。

选手们曾得到了新鲜食物，包括新鲜水果、蔬菜和美味肉食的承诺。当他们回到训练营地之后，的确吃到了这些食物。但是，在横跨美国的整个路途中，饮食供应却十分单调，通常是一些调料味儿很冲的大杂烩，盛在未曾清洗的盘子里。而派尔却在他的活动房屋里吃着精美的食物，过着贵族般的生活，这让大家恼怒不已。

在新墨西哥州的阿尔武凯克（Albuquerque），市政府拒绝支付5000美元的赞助费来举办比赛。因此，整个车队都驻扎在城外的沙漠中。派尔生性不愿妥协，加之地方政府对活动的怀疑态度，这意味着只能去改变比赛路线。有时，路线的改变发生在一天的赛程开始之后，在这种情况下，裁判们会乘车将相关消息告知参赛选手。派尔承诺，当大家到达人口更多的地区时情况会有所改善，但是，并非所有人都相信他的承诺。

许多选手坚持比赛，是因为他们没有别的事情或工作可做，尤其是排在队尾垫底的二三十人，更是如此。他们对比赛并不上心。每天早上，当领跑的选手已经以稳定的步伐出发，暗下决心，要保持或提高他们的排名时，这些垫底的选手会走进自助餐厅，享受早餐。他们完全不着急，就仿佛过上了流浪生活。如果他们来到了一个湖边，他们会跳到水里洗个澡。他们会在狗的陪伴下钓鱼、睡觉，享受这次横跨美国的旅程。最著名的狗从亚利桑那州就开始追随他们，已经一同跋涉了几周。在这些垫底选手当中，有些人的参赛费用是由他们的家乡政府支付的，他们靠这些钱生活得很好。麦克·凯利（Mike Kelley）是这帮垫底选手的老大，带头钻派尔规则的空子，经常带着垫底的这帮人，躲在终点线附近的暗处，然后在12点差5分的时候，卡在截止时间之前跨过终点线。²

比赛进行了1004英里之后，苏米南的成绩为167小时55分钟，领先佩恩和加乌齐4小时。但是，苏米南在得克萨斯州的冰上摔了一跤，韧带严重拉伤，被迫终止了比赛，而另一个芬兰裔美国人约翰尼·萨洛（Johnny Salo）的排名因此而上升到第三名。

奔跑在路上的生活既富于变化，又十分单调。跑步者要接受大自然的所有情绪，在各种天气下坚持比赛。苍茫的天空下，他们在狭长而平坦的公路上独自奔跑，并痛苦地意识到，虽然在前进，还是距离终点遥遥无期。有时候，凌晨4点就会响起闹铃，催促选手起床，以便他们能够在5点之前开始比赛，避开白天的酷热。在得克萨斯州，他们遭遇了暴风雪，天寒地冻，导致选手指甲开裂，身体冻伤。在途经得克萨斯州格鲁姆（Groom）时，负责运送食物和睡眠用品的补给车陷入淤泥之中，选手们不得不自己安排吃饭和住宿。加拿大的竞走选手菲利普·格兰维尔（Philip Granville）因此发电报回家，让家人给他寄1000美元。格兰维尔发现跑步比竞走更有效率，并在得克萨斯州赢得了一场赛段胜利。这种有益的经费支持，也说明了赛场上的阶级差异。有钱的选手生活得最舒适；而那些身无分文的运动员，则更容易让人联想到流浪汉。他们衣衫褴褛，皮肤被晒伤，每当下午或傍晚到达终点时，他们总是有啥吃啥，从不挑三拣四。

在得克萨斯州时，曾经有一个赛段的第一名可以获得500美元的奖金。这激励了选手中的一些人加快了脚步，最后，彼得·加乌齐赢得了这笔奖金。俄克拉荷马州政府拿出1000美元，奖励给第一个跨过州界的运动员。这启发了艾德·"酋长"·加德纳（Ed "Sheikh" Gardner），他戴着酋长的帽子，是参赛选手中为数不多的黑人。他是一个令人难以捉摸的人：他可以突然发力，赢得一次赛段胜利，而第二天却在吃饭的间隙，和陌生人一起躺在水沟旁打呼噜。一路上，加德纳遇到了不少热情好客的人，连体重都增长了。在寻找以美食款待他的善良女人这方面，他可是个行家。经常有人邀请他留宿，各地的黑人乐队也会在阶段比赛结束时，欢迎他回家坐坐。为他举办的聚会活动会一直持续到午夜以后。他很享受成为众人的焦点。但是，人们对他的友善也使他放慢了比赛的脚步。

据传闻，西雅图的博彩公司向加德纳发出了电报，指示他应该以什么名次结束比赛，以便博彩公司能控制赌局。在得克萨斯州，三K党抓住了他，并限制了他的人身自由，以便安迪·佩恩成为第一个跨过州界进入俄克拉荷马州的人。他们可以容忍印第安人获此殊荣，但不会容忍黑人成为第一。当三K党意识到黑人与白人一同比赛时，他们放火烧掉了加德纳的补给车。

对佩恩来说，俄克拉荷马州的赛程是一次胜利之旅。他与加乌齐之间的竞争异常激烈。他们二人都赢得了这一赛段的胜利，前后相差仅半小时，而第三名比他们晚了大约二十小时。在俄克拉荷马城时，佩恩的领先产生了轰动效应，吸引了大批观众前来围观，达到了派尔梦寐以求的关注程度：观众有的跟着选手们跑，有的跟着骑自行车，警察则骑着摩托车鸣笛示意，驱赶那些靠赛道太近的人。

还有数位选手也曾在自己的家乡率先跨过了州界，尽管他们的总名次远远落后，但依然受到了当地民众的盛大欢迎。其他的参赛选手会放慢脚步，让这些选手在自己的家乡获胜。派尔意识到了这种潜在规则的价值。可是，当没有人愿意为密苏里州的一个赛段支付足够的赞助费时，派尔下令，从66号公路绕道而行。这让小镇迦太基（Carthage）的居民深感受骗，相当愤怒。他们向领头的汽车扔臭鸡蛋，冲着车里的派尔怒吼，而派尔则坐在车里安然无恙。

比赛进行了50天之后，赛程已完成了2000英里。还有73名选手留在赛场上，他们都出现了劳损或受伤的迹象。许多选手认为自己上了派尔的当，认为他把大家骗入了一场没完没了的噩梦中，有可能会给选手带来长期的伤害。

此起彼伏的谣言使事态进一步恶化。有没有选手在比赛时乘坐汽车作弊？作为领跑选手的教练，他们会对那些总成绩与己方队员最接近的对手保持密切关注。当他们发现，有一名表现优秀的选手躲在教练车后座的一堆衣服下面，并且车子前行了8英里时，这种怀疑得到了证实。他被取消了比赛资格，还有两名排名靠后的运动员也因为搭了顺风车而被除名。

有许多参赛选手和评委都怀疑扮演"摩西"的卢西恩·弗罗斯特有作弊行为。他习惯于每天晚上最后一个达到终点。但是，要想查清楚一路上每个人的每步是否合规，是不太可能的事情。然而，有位裁判偶然注意到，在一辆汽车驶过时，从后备厢里飘出了一缕长长的胡子。他命令女司机停车，然后发现弗罗斯特像逃犯一样，蜷缩在后备厢里。弗罗斯特心中满怀羞愧和悔恨，他含泪向最高裁判做了自我辩护，提出重跑他搭顺风车的那段路，并接受计时时间上的处罚。可这些全都无济于事。他声称一旦被取消了参赛资格，就等于毁掉了他的电影事业。但这条理由依然没有说服裁判。弗罗斯特被退还了100美元的押金，然后回家了。

就在比赛队伍进入密苏里州的圣路易斯（St Louis）之前，加乌齐超过了佩恩，成为整个比赛的领跑手。在圣路易斯，两人彼此做伴，第20次同时完成了阶段赛事。媒体注意到加乌齐身上的两大特点：一是他与佩恩如同"双胞胎"般跑步，二是他的胡子。在那个只有老年人才会留胡子的年代里，一个留着长胡子的年轻人，足以成为头条新闻。派尔一直鼓励选手们为记者提供新闻素材。在抵达芝加哥之前，加乌齐无意间来到一家理发店，剃掉了胡须，还打算在接下来的比赛中都不再留胡子。结果，派尔在知道了这一切后大发雷霆。

"给我一副假胡子，我戴着它去芝加哥。"加乌齐说道。

但派尔并不屑于这样造假。

"你只有两个任务：跑步和留胡子。你可倒好，一下子就砍掉了自己一半的任务。"[3]

到了芝加哥之后，派尔与芬兰人奥利·万特宁（Olli Wantinnen）一起跑了一段路，打破了自己从不与选手一起跑步的规矩。万特宁曾被汽车撞断了几根肋骨。为了活跃气氛，派尔和这个体重80斤的小个子芬兰人一起跑了一小段路。

然而，到这个赛段时，派尔其实已陷入了严重的财务危机当中。他在伊利诺伊州的一家银行进行了大笔投资，损失惨重，他不得不和律师商量，以避免失去他名为"亚美利加"的移动住所。在芝加哥，66号公路背后的赞助机构拒绝支付全部费用，因为比赛常常会偏离原定路线。派尔的赤字接近20万美元，有可能在赛程还剩900英里时被迫叫停比赛。他要么天天躲着债主，要么尽快找到解决办法。这时，迪克·冈恩出手救了他。冈恩答应替派尔还掉最紧迫的债务，以及前往纽约所需的其余费用。

比赛实际花费的时间比计划的要长。所以，派尔将每个赛段的长度增加到至少40英里。派尔等人低估了参赛者的耐力：真正的怀疑论者认为，没有人能够完成比赛，最终跑到纽约；而派尔相信，应该有十到十二人能够成功。可现在，他想淘汰跑得最慢的选手，以节省食宿开支。在赛段长度增加之后，很快就有五个人放弃了比赛，但仍然有65个固执的家伙坚持了下来。

现在，真正的决斗就在眼前。在印第安纳州的整个赛程中，加乌齐将他对佩恩的领先优势扩大到6小时以上。可是，来自英国的加乌齐因为牙齿发炎，几周来只能吃流食，苦不堪言。想当初，他真应该听牙医的话，在出发前先把牙拔掉，省得以后出问题。媒体曾将加乌齐命名为"钢铁侠"，认为他即使体力不支，也绝不会主动放弃。然而，加乌齐去看了牙医，之后便退出了比赛。

于是，佩恩得以第三次处于领先地位，比来自新泽西州的码头工人约翰尼·萨洛快了整整24小时。萨洛在比赛刚开始时状态不好，以往也从未取得过任何成绩。但是现在，萨洛领先第三名10小时，领先第四名24小时。萨洛希望缩短自己与第一名之间的差距,他在这个赛段赶上一小时,在那个赛段又赶上一个半小时。但是在最长的赛段上,即使付出超人的努力也无济于事——萨洛花了12小时,跑完了74英里的山路。

这场比赛在新泽西州引起了极大的关注,尤其是当萨洛经过他的家乡帕西亚克(Passiac)时,更是备受瞩目。他很快就被分配了一份警察的工作,年薪高达2000美元。5月26日晚,选手齐聚城市体育场,准备向纽约进发,开启最后一个赛段。现场有超过2万名观众为他们欢呼呐喊。在萨洛等成绩优秀的选手身后,跟着一排摩托车。所有人都登上了开往纽约的同一艘渡船,越接近终点,他们的心里就越激动不已。

车队中的所有车辆先行离开渡口,驶向终点。派尔下令不许洗车,车身上的尘土和泥巴,足以证明他们的确横跨了整个美洲大陆。车队沿着纽约街道行驶,一路风尘仆仆。这样的一幕,将吸引更多观众前往麦迪逊花园广场的终点线观看比赛。在新泽西州,车队享受了夹道欢迎,气氛热烈;而在纽约,却仅有4000人迎接比赛车队,与上一站的成功相比,终点站的冷清令人大失所望。车队才刚刚绕场一圈,萨洛等跑得最快的选手便率先来到了广场。他们下了渡轮之后,一路冲刺,只花了19分钟就来到了花园广场。

而在广场上,奇怪的一幕正在上演。派尔正在向选手们高呼,叫他们拿出冲刺的样子,全力冲过终点线;可选手们却拖着沉重的脚步,跑得很吃力。为了活跃气氛,有人组织了1英里赛跑,并拿出了100美元,奖励给用时最短的人。人们排好了队,可刚跑了十几米,就有许多人跑不动了。不过,依然有六个人为了这份奖金,竭尽全力地跑完了1英里,其中跑得最快的人得到了属于他的五张20元美钞。

在所有参赛选手中,乔治·尤西克(George Jussick)依旧是老样子:一边跑着步,一边不停地抽烟。来自蒙特利尔的选手尤金·杰曼(Eugene Germaine)左小腿肿了,足足有另一条腿的两倍大。选手们在观众面前一瘸一拐地跑过，步伐沉重。共有40多名选手完成了比赛。虽然没有机会获胜，但他们依然坚持到了最后。16岁的T."棉花"·约瑟夫（T."Cotton" Josephs）是年龄最小的参赛者，他的弟弟递给他一杯酒，向他表示祝贺。他的父亲亨利·约瑟夫（Henry Josephs）是个瘸子，没有工作。他凑了50美元买了一辆车，一路上陪伴着儿子。约瑟夫并没有指望能在比赛中取胜，他只是希望，能够通过完成比赛获得一些名气，进而赚到一些钱，帮助家里人改善生活。在距离终点一步之遥的地方，他父亲的车坏了，只能推着前进。

在决赛赛段中，萨洛夺得了第一名，而安迪·佩恩则以573小时4分34秒的总成绩赢得了整场大赛的冠军，领先萨洛15小时。第三名由竞走选手菲利普·格兰维尔获得。

没人相信派尔能够在比赛结束一周后，也就是在约定时间内，向获奖者支付奖金。大部分完成了比赛的选手对自己感到十分满意，他们欣然前往医院，接受体检。事实上，安迪·佩恩比赛前还重了整整2磅。

安迪·佩恩是个谦虚的人。如今，他成为全国人民的焦点。他接受了包括美国总统在内的多位政府高官的接见。他结了婚，还去学了法律。在此后的人生中，佩恩一直是一个受欢迎的人。人们永远都记得，他是这场世纪比赛的冠军。

在颁奖结束之后，派尔不再是参赛选手的保护者了。他曾考虑，今后去当一名体育推广者，尽量避开愤怒的债权人，躲避官司。然而，方方面面都在给派尔施压，甚至连商队的员工都在抱怨他们的工资太少了。当时，派尔已经濒临破产，尽管他深受各种愤怒质询的困扰，但依然在酝酿新的商业思路。他打算出一本关于足疗的书，介绍水泡治疗和足部保养的知识。在对足部保养研究了三个月之后，没人比他更了解相关问题。凡是购买了派尔的专利足部保养套装的人，都会收到他计划出版的这本书。根据派尔预测，将有成千上万的美国人在这次伟大的比赛后开始跑马拉松赛，从而产生对新产品的需求。在这些年中，马拉松赛确实在美国刮起的一阵短期风潮，为这位发明家带来了一份不错的收入。派尔自己也相信，这些自愿长跑的疯子会让他像大富豪那般富有。

次年，派尔又组织了另一场横跨美国的比赛。这一次，比赛从纽约开始。然而，无论是1928年还是次年，派尔的愿望终究还是未能实现。

第 18 章

似是而非的人种论

> 黑人在某些体育项目上成绩出色，是因为与白人相比，黑人更接近原始人。黑人在丛林中生活时，冲刺和跳跃是性命攸关的能力，而这段历史距今并不遥远。
>
> ——1936 年柏林奥运会美国队田径教练
> 迪安·克伦威尔（Dean Cromwell），1941 年

"优生学"（eugenics）一词来自希腊语，意思是"良好的繁殖"。1882 年，英国科学家弗朗西斯·高尔顿（Francis Galton）在现代科学中引入了这一概念。与遗传卫生一样，优生学教导人们如何通过遗传来实现进化，这是一种自古以来一直存在的观念。尽管优生学和种族卫生常被当作同义词使用，但二者并不能完全画等号，因为优生学并不以优化某个特定种族为出发点。

20 世纪初，欧洲白人征服了全球大部分地区，建立了广阔的殖民地，人种理论也随之被欧洲和北美的知名学者所接受。他们认为，土著和黑人存在着遗传上的劣势，因为这些种族不仅技术发展水平较低，还常常死于征服者带来的大规模疾病，而对这些疾病，征服者则具有更强的抵抗力。此外，这些人均属于未开化的蛮夷，在欧洲人看来，他们不仅文化水平低下，而且不是上帝的信徒。

1904 年，在距离美国圣路易斯奥运会开幕两周前，圣路易斯召开了世界博览会，白人给来自西方以外地区的人们安排了一系列西方运动项目的测试，并美其名曰"人类学日"（Anthropological Days）活动。受试者是从世界博览会中特别挑选出来的，包括非洲人、亚洲人和美洲原住民。活动组织者认为，他们均属于"野蛮""未开化"的种族。[1]

尽管非洲人包括祖鲁人（Zulu）、俾格米人（Pygmy）和布须曼人，但在测试中，他们被归到了一个组。组织者将所有"原住民"分为八组，逐一进行奥林匹克体育项目测试，同时，他们还安排了一些更适合受试者的运动项目，比如爬杆等。

这项调查除了向现代美国人展示人类文明的早期发展阶段之外，其目的还在于考察原住民进行西方体育运动的能力。有人猜测，原住民会不会因为文化水平较低、技术水平较原始、生活环境较接近自然，而在运动方面更具优势。许多著名人类学家都十分重视这次研究。在那个时代，欧洲人和美国人看待原住民时，总是带着殖民者的种族优越感。当时，在世界博览会上展出各种"原住民"，也属于时代精神的一部分。

跑步测试的结果令人大失所望。这些原住民跑得很慢，1 英里的最好成绩仅为 5 分 38 秒，远远落后于最优秀的奥运选手。原住民不明白如何在跑道上正确地跑步："他们对短跑一无所知，这一点倒并不令人意外。"很难让他们明白，当八九个人站在起跑线上时，听到发令枪声一响，就应该起跑。而到达终点时，他们也不知道直接冲过去，有的人看见冲刺带就停下来，而有的人干脆从冲刺带下面钻了过去。[2]

威廉·麦基（William J. McGee）博士是美国人类学协会主席，也是本次测试的发起者之一。他对该测试的科学价值表示怀疑。然而，他的质疑很快就被大众的呼声盖了过去。测试结果证明了，原住民在田径运动方面毫无天赋，人们都乐于看到这样的结果。在"人类学日"活动结束之后，官方报告归纳了上述结论，并将之应用于各类讲座和学生教材。

这种看法持续了很长时间。1943年瑞典出版的一本体育百科全书中，也包含了这种观点。作者引用了1904年的这次测试，并得出了结论，认为"不可能将非洲黑人培养成体育明星"。例如，他们在跑步时没有能力去充分利用和分配自己的身体资源，而这种不足在智力层面亦同样存在。

所谓的"北欧人种"常被视为欧洲文明的主要源泉。不同的人种具有不同的特征。人种理论的追随者将人类大致划分为三大人种：高加索人、蒙古人和尼格罗人。雅利安人高贵的学说找到了适合的沃土，尤其是在20世纪30年代的纳粹德国。在这一时期，许多国家颁布的绝育法表明，政府希望阻止那些被归为劣等人种的人进行生育。由此，我们不难看出，在两次世界大战之间，为何会产生关于跑步的人种之争了。

哈里·爱德华兹（Harry F. V. Edwards）是一名来自英国的黑人短跑运动员。他曾于20世纪20年代参加了全球顶级的跑步赛事。他由衷地表示："多年以来，人们一提起黑人，就会说黑人能歌善舞。而从今天起，人们将听到的评价是，黑人全都能跑善跳。"[3]

"二战"之前，白人在各种距离的国际跑步比赛中占据主导地位。20世纪30年代起，尤其是1936年柏林奥运会之后，黑人短跑运动员崭露头角，取得成功；专家们也开始讨论，人种对跑步是否具有意义。问题在于，来自西非的黑人是否比白人更适合短跑。美国、巴西和加勒比地区的黑奴全都来自西非。

德国独裁者阿道夫·希特勒（Adolf Hitler）认为，在短跑方面，黑人无须同白人竞争，因为黑人比白人强太多了。在希特勒看来，美国黑人短跑和跳远运动员杰西·欧文斯的水平堪称举世无双，无人能及。1936年，欧文斯在100米、200米、跳远和4×100米接力等项目中囊括四枚奥运金牌。不论是黑人还是白人评论家，都纷纷称赞他是当时最伟大的运动员之一。欧文斯虽然不是第一个达到如此高水平的黑人运动员，但是第一个受到全球关注的黑人运动员。

以往，人们常说黑人缺乏运动天赋，而如今，却又常常把黑人运动员的成功归功于他们与生俱来的强健体格和动物般的运动天赋。美国的X光专家阿尔伯特·金利（Albert Kinley）此前曾经预测，黑人将会在多个体育项目上创造纪录，原因在于，黑人的脚后跟比白人的更长。[4]

甚至，连美国黑人优生学家也加入了这场争论。其中最著名的当数威廉·蒙塔古·科布（William Montague Cobb），他曾是霍华德大学（Howard University）的教授，也是"二战"之前唯一拥有人类学博士学位的美国黑人。1936年，他召集了凯斯西储大学（Case Western Reserve University）的科学家，一起对保存完好的黑人和白人骨骼标本进行了测量，其目的就是为研究，黑人在体育上取得的成功是否与他们的生理特点有关，比如他们的脚跟较长，脚掌较平，腿部肌肉中的肌腱较长，腿也较长等。

调查人员分别对杰西·欧文斯和弗兰克·怀科夫（Frank Wykoff）进行了体检。怀科夫是当时跑得最快的美国白人，在1936年奥运会的100米项目中名列第四。科布认为，欧文斯的腿部肌肉具有典型的黑人特征，而怀科夫则具有典型的白人特征。

科布得出的结论是："黑人冠军们没有任何共同特征，事实上，就连区分其身份的肤色，都不尽相同。"[5] 在他看来，并没有任何证据表明，黑人的成功是由他们身上的某些生理特征造成的。因此，按照体格对黑人和白人进行划分，或是将黑人的成功归因于其身体优势，其实都是不对的。此外，他还驳斥了许多伪科学概念，譬如黑人拥有"平和的内心""较厚的皮肤"，以及心脏、肾脏和肝脏等器官均较小等。深入而彻底的调查使科布怀疑，黑人和白人之间到底是否存在显著差异。[6]

然而，科布并没有对所有的测试结果引起重视。比如，他曾测量了杰西·欧文斯的反应时间，发现他右臂的反应速度极快，而他左臂的反应速度也高于平均水平。后来的测试表明，西非裔黑人的平均反应速度比白人更快。[7]

1941年柏林奥运会美国队田径教练迪安·克伦威尔曾写道："黑人在某些体育项目上成绩出色，是因为与白人相比，黑人更接近原始人。黑人在丛林中生活时，冲刺和跳跃是性命攸关的能力，而这段历史距今并不遥远。黑人柔软的肌肉和开朗的性格有助于他们获得身心放松，而这恰恰是那些跑步和跳远运动员所必需的。"[8]

与此同时，伦敦医生弗朗西斯·克鲁克香克（Francis Crookshank）也在进行类似的研究，探索三大人种在体育成就和社会行为方面的差异。他认为，这些人种可以追溯到不同的猿类祖先：非洲人是从大猩猩进化而来的，欧洲人是从黑猩猩进化而来，而亚洲人则是从猩猩进化而来的。白人最聪明，因为黑猩猩是所有猿类中最聪明的。

1957年，法国医生马塞勒·热贝（Marcelle Geber）对乌干达儿童进行了体检，并发现，他们与欧洲同龄儿童的身体发育过程存在一定差异。非洲儿童学会站立和走路的时间相对更早一些，也就是说，非洲儿童的运动能力发育要早于欧洲同龄儿童。[9]

研究人员还发现了其他差异。与欧洲或亚洲婴儿相比，非洲婴儿的出生时间平均提前了一周。然而，就出生时的骨骼发育及其他指标而言，非洲婴儿反而发育得更为成熟。[10]

在美国，罗伯特·马利纳（Robert Malina）自20世纪60年代起，就开始研究这一课题。非洲婴儿的肌肉似乎更具灵活性，手眼协调能力也优于欧洲婴儿，他们学会走路的时间比白人要早一个月，青春期也比白人要早一年。尽管总体而言，黑人比白人贫穷，摄入的热量也比白人更少，但在身体发育过程中，黑人的早熟现象仍在继续。[11]

20世纪60年代，威廉·弗兰肯堡（William Frankenburg）教授在科罗拉多大学进行的研究，也显示出了上述差异。该研究对婴儿的30项运动指标进行了测试。结果表明，即便在六个月大时，黑人婴儿的发育速度也比白人婴儿更快。测试结果令人如此惊讶，促使科学家们做了进一步的调查，而深入调查的结果，再次证实了这一说法。在一岁之前，白人婴儿没有任何发育指标早于黑人婴儿，甚至到了 4 岁时，黑人儿童依然在 15 个发育指标上早于白人儿童，而白人儿童仅在 3 个发育指标上早于黑人。[12]

多项研究皆表明，在跨栏、跳远和跳高等需要短时间爆发力的运动项目上，5—6 岁的美国黑人儿童都具有很好的天赋。而青春期的黑人男孩在膝盖反应上，比同龄的白人男孩速度更快，反应时间也更短。[13]

创造神话的男人

一谈到某些运动员，人们就会联想到某些特定的历史事件，因为报纸、书刊、电影和课本不断重复着这些故事，导致人们在回顾历史时，也常常将他们与这些事件联系在一起。当人们谈起杰西·欧文斯在体育上取得杰出成绩时，就常常会联想到那段纳粹历史。在那个年代，疯狂的独裁者和千年帝国的国家机器正咆哮着挑起另一场世界大战。

与 20 世纪上半叶的其他运动员不同，杰西·欧文斯出现，代表着黑人正式进入了白人竞技场，并大获成功。欧文斯不得不近距离忍受美国对黑人的歧视和种族政策，但最终，他还是赢得了跻身上流社会的唯一一张黑人入场券，要知道在当时的社会中，欧文斯的黑人兄弟姐妹都被认为是低人一等的。

詹姆斯·克利夫兰·欧文斯 1913 年出生于亚拉巴马州的农村，他是亨利·欧文斯（Henry Owens）和玛丽·欧文斯（Mary Owens）夫妇的第十个孩子，也是家里最小的孩子。他的祖父母是奴隶，父亲一直是佃农。1923 年，他的父亲带领全家搬到了俄亥俄州克利夫兰（Cleveland）。在那里，他父亲找了一份钢铁厂的工作。小欧文斯说起话来总是结结巴巴的，带着浓重的南方口音。在学校，老师一开始叫他杰西，因为当欧文斯在做自我介绍时，老师听错了他的名字。

1936年柏林奥运会，杰西·欧文斯在打破200米纪录前位于起跑线上

记者查尔斯·赖利（Charles Riley）在学校体育课上看到了欧文斯，便建议他去搞体育。欧文斯放学后要给人擦皮鞋，没有时间训练，所以，他们会在上学前见面，进行了一小时的训练。赖利带着他去马场，学习马是如何奔跑的。欧文斯在年轻时不仅形成了这种轻松而有效的跑步风格，还培养了协调的跑步技术和非凡的个人魅力，这些鲜明的标志吸引了各地的观众。高中时，他在79场比赛中连赢75场，充分证明了他的跑步天赋。

1935年5月25日，欧文斯在密歇根州的安娜堡（Ann Arbor）取得了真正的突破。他在一小时内创造了三项世界纪录，还差点儿创造了第四项。同年，欧文斯卷入了一起关于职业精神的官司当中，好在最终，他还是获得了参加1936年奥运会的资格。当时，美国的黑人棒球和橄榄球联赛是独立于白人比赛之外的，但是，美国国家田径队却开始向少量黑人运动员敞开了大门。在1928年奥运会上，美国田径运动员全部是白人，而四年后，已经有四名黑人运动员站在了起跑线上。在1936年的奥运会上，19名黑人运动员获得了美国田径队的参赛资格。

1936年8月，欧文斯在柏林奥运会上的表现出色。在奥运会之前和比赛期间，德国禁止了一切纳粹活动，墙上和商店窗户上的反犹太标语全都被撤了下来，对犹太人的公开迫害也全面停止。德国人希望借此向全世界展现其光辉形象，以博取大家的好感。德国宣传部部长约瑟夫·戈培尔（Joseph Goebbels）要求德国报纸对美国黑人运动员进行正面报道，以避免外国的批评。其实，记者们并不需这一番交代：杰西·欧文斯是伟大的奥运英雄，不知不觉中，他已成为人们心中的超人。

在杰西四度摘得奥运金牌的一小时后，美国非职业体育联合会（Amateur Athletic Union）安排他前往科隆（Cologne）比赛。当时，该协会正计划以每场比赛门票收入的15%为条件，为美国田径明星们安排一次欧洲巡回赛。欧文斯签了合约，答应将参加短跑和跳远比赛。运动员其实还不知道，美国奥委会当时负债3万美元，而且必须马上筹集这笔钱。

欧文斯在科隆、布拉格（Prague）、波鸿（Bochum），以及英国参加了多场比赛。同时，来自美国的邀约也如雪片般飞来，而且全都报酬丰厚。8月15日周六，欧文斯在伦敦白城体育场完成了比赛。按照原定计划，他下一站将飞往斯德哥尔摩，开启为期一周的斯堪的纳维亚半岛巡回赛程。但是，在教练拉里·斯奈德（Larry Snyder）的建议下，欧文斯拒绝接受飞往斯德哥尔摩的机票。他们打算回美国，利用奥运会金牌打开一条财路。

美国非职业体育联合会立即采取了行动。杰西·欧文斯因违反非职业原则而被禁赛。在柏林奥运会的最后一天，美国非职业体育联合会的艾弗里·布伦戴奇（Avery Brundage）和丹尼尔·弗瑞斯（Daniel Ferris）召开了新闻发布会，向全世界宣布了这一戏剧性的消息。欧文斯因为拒赛而违反了巡回赛合约，被禁止参加由美国非职业体育联合会举办的任何比赛及各类高校赛事。欧文斯感到自己遭受了不公正的对待，因为在此次被禁赛之前，他并未做出任何违反非职业原则的行为。

杰西·欧文斯返回纽约之后，依然受到了隆重的欢迎。在黑人和白人观众的欢呼声中，他乘坐一辆敞篷车，在百老汇大街上游行。他的老朋友比尔·罗宾逊（Bill Robinson）策划了这场欢迎仪式。

不久，欧文斯就希望一切回归正轨并表示："我没有违反非职业原则。"[14] 而美国非职业体育联合会则认为，至少要对欧文斯禁赛一年。可是，欧文斯却财源滚滚。他与黑人开办的体育公司签了合约，出席各类庆祝活动和舞会，以获取酬金。媒体曾在1936年11月报道，欧文斯回国之后已经赚了50000美元——这个金额显然被夸大了。不过，杰西·欧文斯确实赚到了很多钱，比世界上所有其他赛跑运动员赚得都要多。

运动生涯就此结束，欧文斯会不会很痛苦？美国非职业体育联合会没有将杰西·欧文斯评选为1936年最佳运动员，而是选择了格伦·莫里斯（Glenn Morris）。莫里斯是一名白人汽车销售员，他在柏林奥运会获得"十项全能冠军"，并在一部电影中扮演了"丛林之王"泰山。当莫里斯得知评选结果后说道："不要胡说八道，只有欧文斯才配获得这份荣誉。"[15]

1936年12月，欧文斯参加了奥运会之后的第一场比赛。比赛是在古巴哈瓦那举行的一场足球比赛的中场休息时举行的。欧文斯与赛马胡里奥·麦考（Julio McCaw）赛跑，赛马的起跑线设在他身后40码处。欧文斯以9秒9的成绩赢得了这场100码比赛。此后，他还进行了许多类似的职业比赛，对手包括职业赛马、赛狗、汽车、公共汽车、摩托车和其他一切能够快速运动的东西。由于赛马站得离发令枪很近，枪响时被吓了一跳，略有迟疑，因此让欧文斯有了获胜的机会。欧文斯常常绕着棒球场和篮球场跑步。有时，他会故意装作摔倒，好让小男孩们说他们打败了奥运会冠军。虽然欧文斯被禁赛了，但在收入方面却得到了弥补。

他最后一次与马比赛是在1943年。比赛是在俄亥俄州的弗里蒙特（Freemont）举行的。一走进这座小镇，你就会看到一个标语牌，上面写着"狗和日本人禁止入内",好像还写着"黑人禁止入内"。美国当时正在和日本交战,而欧文斯则将与一匹他曾赢过六次的马交锋。这一次,他输了。从那以后,他便开始拒绝类似的邀约,而倾向于接一些更体面的工作。

欧文斯改掉了说话结巴的毛病,成为一名演说家,在黑人和白人之间搭建沟通的桥梁。1951年,他访问了德国柏林,并在奥林匹克体育场中发表讲话,打动了千千万万德国人的心。他很高兴自己能借此机会,代表美国国内所有受压迫的黑人吐露心声。艾弗里·布伦戴奇此时已经当上了国际奥委会主席。在弘扬奥林匹克精神方面,他将欧文斯视为主要发言人。而美国也需要一个黑人英雄。

欧文斯形象优雅,极富魅力,并不是一个普普通通的退役运动员。只有当一名运动员在体育之外做出了更大贡献时,才能成为真正的英雄,欧文斯就是个最好的佐证。他证明了,当天时、地利、人和皆备时,伟大的人便可做出更大的成就。欧文斯的举止无可挑剔,尽管他在30岁时就成了一个老烟枪,却仍旧能够在42岁时,以9秒7的佳绩跑完100码,令人叹为观止。

欧文斯可谓独树一帜。他很有钱,虽然身为黑人,但是在社会各界都吃得开,走到哪儿都受人尊敬。无论大事小事,他都能应对自如。他将自己活成了传奇,并以此为荣,因为他从中获得了回报,也因为他就是这样的人。诚然,他的人生也有不完美之处:他曾数次破产,逃税和罚款也偶有发生,但是,这些都不足以摧毁他的神话。作为一个男人,他并不完美。他有阅读障碍。一直以来,他还专门准备了一套公寓,用于婚外情。

1936年在柏林奥运会上,杰西·欧文斯取得了巨大成就,但美国电视台却并未播放。直到1968年3月30日,巴德·格林斯潘(Bud Greenspan)的纪录片《杰西·欧文斯重返柏林》在全国180家电视台和15个海外国家播出之后,美国人才最终看到了当时的奥运画面。影片中响起了欧文斯低沉的旁白,给数百万美国人留下了难以磨灭的印象,因为他们当中的许多人,都目睹了20世纪60年代美国的种族歧视。就在影片上映五天之后,马丁·路德·金惨遭谋杀。

同样是在1968年,汤米·史密斯(Tommie Smith)和约翰·卡洛斯(John Carlos)在200米比赛结束后,在奥运会颁奖台上做了著名的抗议手势。他们两人都举起了紧握的拳头,手上戴着黑色手套,这是黑豹党解放运动的标志。一些激进的年轻运动员认为,杰西·欧文斯漠视黑人的权利斗争,已经屈服于强大的白人了。但是,他们并不属于同一代人。在欧文斯年轻的时候,也曾是引发骚乱的原因,也曾为黑人争取更多包容做出了贡献。

1980年3月31日,杰西·欧文斯因肺癌去世,享年66岁。欧文斯去世的消息和随后的讣告让一切变得物是人非。当电视台滚动播出欧文斯以最快速度冲刺的画面时,年轻一代也了解了他的神话。而在奥地利维也纳,著名的"纳粹猎人"——犹太人西蒙·维森塔尔(Simon Wiesenthal)高调宣布,通往柏林奥林匹克体育场的主干道,将以杰西·欧文斯的名字重新命名。

第 19 章

战争与和平

> 你想做什么都行，黑格，只是千万别再运动了。
> ——瑞典医生 1939 年给贡德尔·黑格（Gunder Hagg）的忠告，后来，黑格成为中长跑世界冠军

20 世纪 30 年代后期，芬兰在跑步运动上达到了巅峰。在激烈的国际竞争中，跑步的水准不断提高。为了进一步提高跑步成绩，特别是长跑成绩，新的训练方法层出不穷。芬兰的鲁米派训练方法的显著特征，是其夸张的臀部、肩膀和手臂运动。其他国家的运动员很清楚这种训练方法的优势与不足。新西兰人杰克·洛夫洛克（Jack Lovelock）是 1936 年奥运会的 1500 米冠军。他认为，跑步训练应该兼具游戏的特点，他本人就采用了比较放松的跑步技巧。在尝试了五花八门的方法之后，洛夫洛克意识到，只要他能找到比芬兰人更好的训练方法，就有机会战胜他们。

在训练方法上，瑞典人一直注重节省能量，同时，他们还充分利用了本国平缓的地势和道路进行训练。亨利·荣松·卡兰（Henry Jonsson Kälarne）是瑞典首屈一指的长跑运动员。他的教练古斯塔·霍尔默（Gosta Holmer）创造了一套独特的训练法，即"法特莱克"（fartlek），又称"速度游戏"，具体来说，运动员是在郊外的自然环境

中跑步，而不是在跑道上进行枯燥训练。同时，在跑步过程中，运动员会不断变换跑步的强度。比如，运动员会先慢跑一小时，然后冲刺，接着再次放慢速度，最后再来一次距离更长的冲刺。速度的变化既可以遵循预定的计划，也可以由运动员本能地做出改变。在不增加心肺负担的情况下，"法特莱克"跑步法不仅可以提高跑步速度、强化心肺功能，还能在优美的环境中，让运动员的心情获得放松。它打破了跑道或公路的单调环境，培养出能力更加全面的选手。1934年，卡兰还开始在雪地里跋涉和奔跑，以强健双腿，这种训练方式不仅锻炼了他的身体和力量，还磨炼了他的意志。

第二次世界大战期间，瑞典保持了中立。在800米及以上中长跑项目上，瑞典培养出了世界上最好的赛跑运动员。事实证明，法特莱克跑步法和野外训练给运动员带来了新的动力，具有重要意义。[1]

20世纪30年代，许多德国选手开始进行更为系统的间歇跑训练。就连古希腊人都知道，在跑步过程中进行短暂停顿，然后再接着跑，可以提高运动员的速度和耐力。几个世纪以来，人们或多或少地有意识地这样训练。1900年以后，英国运动员、芬兰运动员以及波兰运动员贾尼斯·库什齐斯基（Janis Kuszoczinsky）开始有意识地选择这种训练方法。在20世纪30年代初，库什齐斯基可谓是当时间歇跑训练的先驱，不过，与德国人的训练方法相比，库什齐斯基的方法稍微欠缺一些科学性。

20世纪30年代，心脏病专家赫伯特·赖因德尔（Herbert Reindel）博士和跑步教练瓦尔德马·格施勒（Waldemar Gerschler）在德国开展了一项关于心跳和心率的研究。赖因德尔博士通过间歇跑训练，帮助心脏病患者康复。他测量了3000名研究对象跑步之后的心跳数据，并总结出了一项训练规则。如果选手的心率达到180次/分钟，可以通过休息1分半钟，让他的心率回落到120次/分钟；如果恢复心率需要花更长的时间，其原因要么是因为跑步的速度太快，要么是因为跑步的距离太长。

格施勒推荐的重复训练距离为100—200米，对于训练有素的运动员，该距离可以扩大到2000米。他认为，在休息的间歇，心脏可以变得更加强壮。所以说，休息是一个很重要的过程。有了休息间歇，运动员在自己主动停下来之前，就必须强制休息，进而避免了过度训练的风险。与更快的步频相比，格施勒更加推荐短暂休息。此外，他还推荐力量训练和测试跑，并建议每周进行一次变速跑训练，时长为1.5小时到3小时，这种在大自然中进行间歇跑的训练方式，可以让运动员从单调的跑道训练中获得暂时的解脱。

德国赛跑运动员鲁道夫·"鲁迪"·哈比希（Rudolf "Rudi" Harbig）在训练时会用秒表计时，并测量脉搏。他在跑道上进行富于变化的间歇跑训练，训练距离从80米到1500米不等。他坚持在训练前进行适度热身，在训练后进行拉伸，并严格控制饮食，从不喝酒，以钢铁般的意志著称。哈比希是世界上最好的中长距离跑步运动员之一，他的腿很长，步伐也很独特，而且他的百米速度也非常快（10秒6）。

1939年，哈比希以1分46秒6的成绩刷新了800米的世界纪录，比之前的纪录提高了近2秒。同年，他又将400米的世界纪录提高到46秒整。此后，他不断参加各种比赛，直到"二战"爆发，他被派到了东线战场。1944年，哈比希在乌克兰身亡。[2]

哈比希是第一位致力于发展间歇跑科学训练方法的国际明星。几十年来，有很多人都采用了赖因德尔和格施勒的训练原则，并结合个人需要，发展出了新的训练组合。"间歇跑"成为通往成功的关键词。但同时，间歇跑也是一种难度很高的训练方法，你没在训练中摔倒之前，会误以为这种训练很简单。在间歇跑当中，每段训练路程都会被计时，跑步变得比以往更加可控，也更便于测量。尽管间歇跑与瑞典的法特莱克训练法都包含了步伐的变化，但在可控性方面，两种方法形成了鲜明对比。

从20世纪30年代起，对于世界顶级的跑步运动员来说，教练、医生和科学家变得更加重要了。当然，从前他们干的都是幕后工作，而随着医学研究的飞速发展，体育运动的影响力越来越大，他们也渐渐走到了幕前。尽管志向远大的选手越来越依赖于先进科学的辅助，但是，从大自然中汲取能量依然十分重要。

贡德尔·黑格

1918年12月31日，贡德尔·黑格出生在瑞典查姆特兰省（Jamtland）卡兰区（Kalarne）的阿尔巴肯镇（Albacken）。这是一个与世隔绝的小镇。黑格的偶像是世界顶级选手亨利·荣松（Henry Jonsson）。荣松的老家也在这里，而且，荣松还将家乡"卡兰"加在了自己的名字后面。

黑格最初的愿望是当一名越野滑雪运动员。他很小的时候就外出打工。12岁时，他已经开始在伐木队中抢斧子，挥剥皮铲，成为个子最小的伐木工。没人指望他能干多少活，尽管如此，黑格依然竭尽全力地工作。他一连干了五个秋冬，并出人意料地成为一名强壮的伐木工。

每天，黑格在上学往返途中都要跑好几公里，可他从来没把这当成跑步训练。他穿着厚重的衣服，饿着肚子从林间伐木场跑回家，心里巴望着能早点吃上饭。十五六岁时，黑格开始参加田径比赛，并在赛场上崭露头角。他第一次正式参赛是在离家20英里的布拉克（Bracke）。他拦了辆卡车，搭着顺风车去了布拉克。在1500米比赛中，黑格跑出了5分2秒的成绩，虽然这谈不上是国际巨星的先兆，但是，黑格的父亲感到非常自豪，还给儿子买了一双跑鞋。爷俩带着这双跑鞋一起去了伐木营地。1936年6月的一天，黑格的父亲在郊外用脚步丈量出了750米长的跑道，这一天成为黑格的人生转折点。

"你来回跑1500米，我给你计时。"父亲说道，然后发出了起跑的指令，并开始计时。

黑格跑完了，跑得上气不接下气，精疲力竭。

"4分45秒！"父亲兴奋地喊道。

这个成绩看起来真的很不赖。

"你是不是少算了一分钟？"

"没有。"父亲回答道。每过一分钟，他就用小刀在椅子上划一个口子。要计算时间，只需要数一数有几个口子即可。那天晚上，父子俩难以入眠。他们一起聊天，谈论着黑格当一名跑步运动员的可能性。父亲比儿子更渴望这个美梦成真，儿子的前途可谓不可限量。黑格一向听从父亲的安排。在伐木场的小木屋里，黑格当场决定，要将全部精力投入到跑步中。多年之后，父亲才对黑格坦白，当年他为了鼓励儿子，将那次成绩少报了 30 秒。[3]

两个月后，黑格计划参加当地的一个青少年跑步比赛。比赛将在卡兰体育场举行，然而，家乡的阿尔巴肯俱乐部却无意让黑格参赛，也没有为他提供任何资助。黑格借了一辆自行车，骑了 20 多英里的山路，来到了卡兰。出乎所有人意料的是，黑格夺得了 1500 米的冠军。他还想参加第二天的 5000 米比赛，但没钱支付一宿的住宿费。于是，他替一名口渴的农民跑腿儿，去商店买啤酒，农民则给他留下了足够晚上住旅店的钱。第二天，黑格再次夺冠，令人惊叹。在观众席中，有一个名叫弗里多尔夫·韦斯特曼（Fridolf Westman）的农民，刚好需要雇一名农场工人，于是，韦斯特曼便向黑格递出了橄榄枝。

"我得问问我父亲。"黑格腼腆地答复道。当时，黑格并不知道，亨利·荣松·卡兰也曾在韦斯特曼的农场上工作过。[4]

很快，黑格便开始在梯田上辛勤种地了。他成天跟在马屁股后面，推车施肥。此外，他还干些修修补补的细致木工活儿，有时还干一些搬运的重体力活儿。黑格看上去并不强壮，但能够举起很重的东西，这让他的雇主感到惊奇：有一次，当他们把农具从地里搬回来时，黑格一把就把犁举了起来，放进了车里，看起来轻而易举。黑格住的小屋就是卡兰以前住过的。在辛苦训练之余，黑格躺在卡兰的床上，望向窗外的湖水，畅想未来。在这里，黑格的生活很简单，每天就是干活、训练、吃饭、睡觉，每晚保证十小时以上的睡眠。

韦斯特曼建议黑格少滑雪，多跑步。1937年，黑格在几场跑步比赛中取得了不错的成绩，引起了人们的注意。1938年，黑格过完20岁生日之后，便正式开始了跑步训练。他的教练提醒他，切勿训练过度。1938年到1939年的冬天，教练逐步增加了黑格的训练量，可对于心急的黑格而言，这些训练毫无吸引力。每天6英里的步行加上每周日35英里的长跑训练，完全无法满足黑格的需要。黑格想要提高跑步速度，为什么在5月之前，他要花一整个冬天和半个春天的时间，天天进行这样慢吞吞的训练呢？

黑格在1939年的赛季中遭遇失利，后来因为双侧肺炎而住院治疗，医生建议他不要再跑步了："你想做什么都行，黑格，只是千万别再运动了。"

1939年12月，黑格被派到芬兰边境附近的诺博顿（Norrbotten）服兵役。他觉得自己身体状况良好，应该可以开始训练了。厚厚的积雪和刺骨的寒冷并没有让黑格打退堂鼓。相反地，他奋不顾身地进行着跑步训练。黑格一周训练六天，当战友们休息时，他却在拼命跑步。

黑格设计了一条5英里的训练路线，沿途地形丰富，包括森林、沼泽、洼地、草地和山地等，最终到达河边。这段路上的积雪非常深。在刚开始的一段路上，积雪没过黑格的脚踝，而在剩下的路上，积雪没过了他的膝盖，有时候甚至齐腰深。每前进一步，黑格都需要花费很大力气。

在林间雪地中跑步，难度就更大了。即便黑格拼尽全力，跑步的速度依然和走路差不多，到了下山路段，才会略有好转。在平地路段，黑格需要对抗齐腰的积雪，不得不把腿抬得高高的。这根本不叫跑步，而是对大腿的惩罚，是对意志力的考验。黑格艰难前行，不时地用手拨开面前的积雪，大汗淋漓，气喘吁吁。跑完了平地，紧接着是上山路段。跑上山顶之后，黑格就可以稍作喘息了。下山的路上没有了积雪的阻碍，他仿佛获得了新生力量，可以一路加速跑到河边，然后再返回山上的军营。尽管与其他路段相比，沿河路段没有那么多积雪，可这段路才是最难的。加快的步伐和冲刺的速度意味着，黑格有时会在这里摔个大马趴，破坏跑步的呼吸和节奏。这时，他唯一能做的就是尽快爬起来，咬紧牙关，坚持到底。黑格意识到，这些不同路段都在磨炼他的意志。每当夜晚入眠时，黑格都比昨天的自己更强大了一些，离他世界冠军的目标也更近了一步。

黑格的整条训练路线包括 2.5 公里的雪地行走和 2.5 公里的雪地奔跑。在雪地行走时，黑格必须在雪路上尽可能快地行走，以免新雪积得太多，让他无法跑步。在不同的训练路段中，如果新雪并没有积到足够高，黑格还是可以运用一些特殊的技巧跑完这些路段的，比如将腿抬得异常高，在腿上增加负重，或加大摆臂幅度等。黑格的身体条件很好，他的肺也能抵御寒冷的空气。春天时，黑格在没有积雪的路上每天跑 5 公里整。从 5 月开始，他有时候一天跑两趟，早上慢跑 5 公里，晚上再完成一段距离稍短的冲刺跑训练。

黑格的进步非常明显。1940 年 6 月中旬，黑格跑出了 1500 米的个人最好成绩——3 分 59 秒。在成为一名训练有素的运动员之后，黑格迎来了第一个赛季：在 1500 米和 3000 米项目上，他的成绩分别只比世界纪录慢了 4 秒和 9 秒。他坚信，野外的艰苦训练和体力劳动让他获得了成功的机会。第二年冬天，古斯塔·奥兰德（Gosta Olander）邀请黑格去瓦拉达伦（Valadalen）训练和工作，这与他本人的打算不谋而合。

瓦拉达伦没有河流，黑格没法儿沿着冰河跑步。因此，他将 5 公里的训练路程全部安排在平地上。在皑皑积雪中的跋涉，速度一定是很慢的，所以，节奏和步频就变得非常重要。1940 年 12 月 7 日，黑格设计好了他的训练路线，并在当晚的日记中写道："我计划完成与去年同样多的训练量。我相信，刻苦训练总是没错的。"[5] 冬天的雪下得很大，在开阔的路上，积雪很快就厚得无法跑步了。黑格只得将整个训练路线改到了树林中，大树多少能挡一些雪。黑格在训练时总是穿着钉鞋。在雪地中穿这样又薄又冷的鞋子似乎很疯狂，可无论在野地里还是在湿滑的路面，钉鞋的抓地性都很好。而且既然是训练，黑格总是需要去克服各种各样的困难的，比如脚冷、鞋湿等。

从 3 月中旬起，随着积雪的减少，黑格终于可以跑完整条训练路线了。在这条路线上，黑格仅训练了五周，每次训练 20 分钟，但是，他的跑步速度已经提高了不少。黑格不再为奥兰德工作。他回到了部队，在那里待了一小段时间，重新开始了艰苦训练：每天早上，黑格会在郊外进行 6 公里的轻松匀速跑，下午再进行 15 分钟的冲刺跑训练。

在一系列比赛中，黑格取得了振奋人心的好成绩，数次刷新了个人最好成绩，并打败了众多优秀选手。在 1941 年的瑞典锦标赛上，黑格在 1500 米比赛中以 3 分 47 秒 6 的成绩，创造了自己的第一个世界纪录。

然而，同年夏天，黑格在参加一次比赛时收了 350 克朗的钱，违反了非职业规则，并因此而遭受了禁赛的严厉惩罚，禁赛时间为 1941 年 9 月 1 日到 1942 年 6 月 30 日。黑格感到万分难过，他告诉记者："早知道会被禁赛，我就该跟着军队去芬兰，参加对俄战争。"[6]

有传言称，匿名举报黑格的是一位知名的足球经纪人。与许多人一样，他担心观众因为争相去看田径运动会，而减少对足球的支持。而事实上，就连足球运动员本身也在喋喋不休地谈论金钱了。由于黑格是一个很受欢迎的公众人物，对他禁赛的决定也成为一个热门话题。为了巩固自己在瑞典第一的地位，黑格制定了一个完美的复出计划。对待黑格的这件事情，我们应当结合当时瑞典激烈竞争的大环境来看。

20 世纪 40 年代，瑞典培养出了大批优秀的跑步运动员。在这十年之间，瑞典运动员总共创造了 25 项田径世界纪录。在瑞典，黑格最大的对手就是阿尔内·安德松（Arne Andersson）。这是一位出色的挑战者。

阿尔内·安德松

步幅大、腿长、心肺强壮、上身前倾，这些全都是阿尔内·安德松的特点。1918年，在安德松过完1岁生日时，西班牙暴发了流感，他的母亲不幸病逝。后来，姑姑和姑父成为他的养父母。安德松来自一个强大的家庭——他的爷爷就是著名的"长腿约翰"，并被誉为布胡斯兰省（Bohuslan）最强壮的人。[7]

安德松在范内斯堡（Vanersborg）长大。他花了大量时间练习皮划艇和游泳。事实上，在安德松年轻时，曾作为游泳运动员，多次创下了瑞典国内的最好成绩。他的肺越练越强壮。但是，由于皮划艇会导致大腿僵硬，安德松不得不放弃这项运动。他开始练习长距离滑雪。直到16岁时，安德松才开始练习跑步。那年夏天，安德松住在乌德瓦拉（Uddevalla），与当地一名优秀的长跑运动员一起训练。1936年和1937年，安德松参加了瑞典全国高校田径锦标赛，在1500米比赛中与芬兰选手竞争。虽然安德松显示出了自己的天赋，但此时的他，还算不上是一位跑步奇才。

1939年，在瑞典和芬兰每年举行的田径对抗赛芬兰营（Finnkamp）中，安德松取得了突破。在最后一圈的冲刺中，安德松从两名瑞典运动员和一名芬兰运动员中脱颖而出，以3分48秒8的成绩夺得了1500米的冠军。安德松创造了一项新的瑞典国内纪录，与世界纪录仅相差1秒，比他上年的个人最好成绩提高了10秒。

一些专家认为，安德松虽然是个能力很强的人才，但未经雕琢，他的成功将难以持续，因为他的跑步方式造成了能量的浪费，技术仍有待进一步提高。安德松听从了教练的建议，开始在林间小路上训练短跑，距离不超过六七公里。对于安德松而言，这种训练自然不在话下。"你不能跑上坡路，否则就会毁掉你的跑步风格。"教练嘱咐道。在20世纪30年代，跑步风格至关重要，跑步姿势必须要好看。安德松的步幅很大，身体前倾，从他的照片中就能看出，他是一名出色的选手。有一位记者形容安德松如"水牛疾驰"。在中长距离跑步赛场上，安德松的这种风格十分少见。1943—1944年，在新教练佩卡·埃德费尔特（Pekka Edfeldt）的要求下，安德松缩小了他的步幅。到了这一阶段，安德松的冲刺能力已经有了很大的提高，也取得了职业生涯中的最好成绩。

医生对安德松的胸腔进行了检查，指出他在童年时曾患有佝偻病，可安德松对此毫无印象。除了有一次在蒸汽浴时晕倒之外，他并未感到任何不适。但医生却听出了他的心脏有杂音。这位医生曾经去过美国，了解心脏杂音的危险性，因此，他对安德松进行了为期三天的检查，具体包括脉搏测量、对试管吹气等，安德松被各种高级的检测仪器环绕着。这项检查关系到安德松的身体健康和运动生涯，年轻的他难免会感到担心。不过，医生的检测结果表明，安德松的心肺功能异常强大，完全不必担心，医院从来没有见过像安德松如此强大的肺。

丰收的盛夏

贡德尔·黑格结束了野外生活之后，便开始在耶夫勒（Gavle）的消防站工作。1941年12月，他像往年一样，开始为下一个赛季做准备：冬天的训练必须刻苦一些，夏天的比赛才会轻松一些，寒冬腊月锻炼体格，雪地4公里加公路2公里。待积雪融化后再训练速度，从4月1日起，停止雪地训练，改为6公里的公路训练。

1942年7月1日，也就是黑格解除禁赛的第二天，他就创下了1英里的世界纪录。随后，各种比赛和纪录接踵而来，应接不暇。两天后，黑格在2万多名观众面前，又打破了2英里的最好成绩。由于比赛场地空间有限，数千名观众不得不在体育场外面驻足观看。为了维持秩序，警方还特地设置了路障。

1942年，黑格在80天内连续打破了10项世界纪录。比赛距离从1500米到5000米不等。黑格破纪录的秘诀不外乎刻苦训练，每天坚持跑步，距离保持在6英里以内。每周，黑格最多要参加五场比赛。在整个赛季中，他总共出场了33次，并保持了全胜战绩。超过31.6万名观众观看了这些比赛，瑞典举国上下都收听了赛事广播。电台广播变得越来越受欢迎，尤其是黑格1943年赴美参赛时，更是产生了轰动效应。比赛当晚，瑞典可谓万人空巷，有许多人甚至熬夜收听广播。当黑格与美国牧师吉尔伯特·多兹（Gilbert Dodds）进行首场比赛时，在他的老家阿尔巴肯镇，一位邻居跪在地上祈祷："上帝啊，求您让黑格打败那个该死的牧师吧！"[8]

黑格不是个普通人。他很有个人魅力，但不属于趾高气扬的那种。在最佳身体状态下，他身高5英尺11.5英寸（181.6厘米），体重约10.5英尺（66.7公斤）。他看上去是一个脚踏实地、讨人喜欢的人。在他瘦削的脸上，闪耀着必胜的光芒。他的头发向后梳着，宛如一个邻家男孩。

黑格跑步的姿势十分优雅，他的上身微微向前倾，双臂放松，修长的双腿很适合长跑。这头"阿尔巴肯的麋鹿"一路领先，最终夺冠。这一切看起来显得那么自然。黑格从不会去适度地冲刺，因为在距离冲刺很长一段时间之前，他就已经遥遥领先了。芬兰名将帕沃·鲁米的摆臂和步幅都很大，这种跑姿看起来略显僵硬，有些机械化。与鲁米的技术不同，黑格虽然腿很长，但他的步幅却并不大。黑格在1500米的比赛中的步幅为180厘米，鲁米虽然比黑格要矮得多，但他的步幅却接近2米。

来自山林乡野的黑格吸引了全世界的目光。在瑞典人民心中，黑格"如神一般""不可战胜"。在将黑格塑造成全民偶像的事情上，报刊媒体功不可没。其宣传力度之大，可谓前无古人。黑格就是瑞典美好生活方式的全部象征。他向人们展示了，在山林间默默无闻地挥洒汗水，可以获得怎样的成就。数以万计的农民正从农村来到城市生活，还有更多人在步他们的后尘，然而，在北方茂密的森林中，乡野之人依然过着亲近自然的简单生活，他们领略到了瑞典人朴素的美德——力量和坚持。黑格就是瑞典的巨人杀手杰克，一个从民间故事中走出来的英雄人物。黑格的成功还归功于他的机智。与他的成就一样，他的机智也令人叹为观止。黑格在记者采访时有问必答，为打造他的个人神话提供了充足素材。后来，黑格还将这份机智用在了做生意上，先后卖过手表、跑鞋、面包、剃须刀片和服装等多种商品，再后来，黑格还开始卖书，卖电影，并在报纸上开设了个人专栏。

巅峰对决

黑格和安德松在800米及以上的中长跑项目上，可谓是瑞典运动员当中的两棵参天大树。他们的跑步风格不同，来自瑞典的不同地区，职业也有很大差别。安德松是一位训练有素的老师，也是一名全面发展的田径运动员。他的步伐虽然比不上黑格那般轻盈，但是他更具活力，而且能将身体中的每份能量物尽其用。媒体常常将他们相提并论，并刊登出两人相互较量的照片。照片上二人齐头并进：黑格动作流畅，步伐较小，埋头奔跑，而安德松则目光坚毅，摆臂用力，好像一名武士。瑞典民众根据他们所支持的不同对象，也划分为两大阵营。

随着"二战"的爆发，关于战争、入侵、国破家亡、鱼雷击沉船只的消息铺天盖地。世界已陷入了全面战争，但是，黑格与安德松之间的巅峰对决，却让瑞典人从天天关心的战争中得到了喘息的机会。两位高手在最好的年华一较高下，就如同一场拳击赛，既具娱乐性，又是一场认真严肃的比赛。在"二战"连天炮火的包围之下，瑞典人举行了这次王者之战，要选出世界上最优秀的跑步者。老人们坐在家中，专心致志地收听着赛事广播，年轻的男孩们则跟在黑格和安德松的后面，以他们为榜样。

阿尔内·安德松常被人当作"黑格的影子"或"永远的第二名"，实际上，安德松只是在1942年赛季中屈居第二。1940年，他曾赢过黑格一次，次年又在一次越野赛中击败了黑格。1943年夏天，当黑格在美国参加巡回赛时，安德松创造了1500米和1英里的世界纪录。1944年，安德松与黑格的交手为6胜1负。从那时起，安德松成为二人之中更具优势的那个了。1945年，黑格在1英里比赛中创下了4分

1秒4的最好成绩，这也是那一年，黑格唯一一次战胜安德松。在二人的整个职业生涯中，黑格以14胜9负的总成绩领先安德松。

有一次，安德松差一点儿就追平甚至打破了世界纪录，谁知下一秒，就被身后更强大的黑格打败了。他认为失败是成功之母，强大的对手会督促运动员不断磨炼自己的技术。

在"二战"期间，瑞典运动员取得了很多成绩，这与他们的领跑战术不无关系。在比赛的第一圈和第二圈时，领跑手保持领先，直到真正有实力打破世界纪录的运动员超过他们。领跑手往往是运动员的朋友或是同一家俱乐部的队友，他们通过在比赛中领跑换取经济报酬。当时，不同场地的煤渣跑道条件相差迥异，即便如此，人们仍旧期盼着新纪录的产生。就算天气不好时，也有新纪录诞生，例如1942年7月17日的1500米比赛。在这场比赛中，安德松下定决心击败黑格。

当时恰逢暴雨过后，整个田径赛场就像一个大游泳池。只要稍微看一下内侧跑道，你就明白，在这样的场地中，想要创造世界纪录是不可能的事情，因为那条跑道就像林间小路一样泥泞不堪。运动会的组织者决定将比赛从距离最短的第一道改到比较干燥的第三道上进行。按照国际规则，跑道的边缘标记应该至少高出地面5厘米，因此，主办方就将体育场的消防水龙带铺在赛道边缘，作为标记，可是水龙带的长度不够铺满整个跑道，于是他们就用绳子来标记剩下的跑道。

在激烈的起跑之后，黑格取得了领先。在最后一圈中，黑格爆发了全部潜能，以3分45秒8的成绩创造了新的世界纪录。这位英雄在获胜后绕场一周，向欢呼的观众挥手致意。这时，赛场上传来了一个要命的消息：跑道没有经过正式的测量。精确测量后得出的结论证实，黑格实际上跑了1500.9米。

1944年7月18日，在阔别两年之后，两位老对手在马尔默市（Malmo）的1英里比赛中再次相遇。这里是黑格的主场。此时，安德松正处于该赛季的最佳状态中，他对黑格的获胜率已经上升到了2比1。但黑格也迫切希望，能够在家乡父老的面前，发挥出自己的最好水平。对于自己位居第二，黑格不屑一顾地笑了。虽然他讨厌看到别人率先越过终点线，但他从来不会收起脸上的笑容：在精神上，他是一个赢家，在他的个人成绩单上，从未将失败计算在内。在马尔默比赛的当天，是否会创造纪录已经不重要了，是否打败对手才最重要。看台上挤满了14000多名观众，还有5000多人因为没有票，只能站在体育场外，通过里面的广播和观众的呼声来判断赛况。

伦纳特·斯特兰德（Lennart Strand）是这次比赛的领跑手，他以1英里比赛中有史以来最快的速度在前面领跑，并以1分55秒9率先完成半程。面对这"梦想的1英里"，运动员能否打破4分钟的瓶颈呢？在完成3/4英里时，用时为2分59秒8，这是一项新的世界纪录。在最后冲刺阶段，黑格处于领先，但安德松后来居上，他疯狂地摆臂，取得了领先，并第一个冲过终点线，以4分1秒6的成绩创造了新的世界纪录。

众所周知的"梦想的1英里"是有可能在3分50秒以内跑完的。赛场上报送了单圈最好成绩：56秒0、59秒9、63秒8和61秒8。当听到单圈成绩时，黑格和安德松都想到了一点：他们所需要做的，就是提高第三圈的速度。

1943年以来，安德松一直在斯德哥尔摩郊外的斯克图帕（Skrubba）寄宿制男校担任教师。孩子们当中，有些人在城里工作，但是晚上住在学校。当安德松在斯德哥尔摩运动会上赛跑时，他的学生都坐在观众席的前排。他们都很尊敬这位老师。安德松很严格，但也绝对正直公平。安德松平时的生活并不轻松，他并没有像体育明星那样，将个人需求放在首位：他不是那种只为自己着想，而给自己安排了充足的休闲时间的人。

早上7点之前，他要叫24个男生起床，督促他们穿衣服，吃早饭，为一天的学习做好准备。放学后，他要负责孩子们的课余活动，带着孩子们游泳、跳水，在学校的小操场上踢足球、做游戏。此外，他还得花时间干其他的活儿，一直得忙到晚上10点到10点半。如果他不能在早上安排训练的话，那就只能等到一天的工作结束之后，在夜里训练。他会去森林里跑步，寻找自己的节奏，时而冲刺，时而放松，一切都在这完美的训练环境中进行。林间小路充满了乡村风情，石头上布满了青苔，对于来自问题家庭的都市男孩们而言，这样的自然环境对他们产生了积极的影响。对于安德松而言，这里就是训练的天堂；训练完之后，他可以去澡堂洗澡。尽管与正常学校相比，安德松在这里的工作时间更长，假期更短，但他还是对学校的生活感到很满意。在斯克图帕寄宿学校当老师既是安德松的生活方式，也是他的职业：在这里，学生没有暑假，他们必须修满自己的全部学时才能离开这里。

钱，钱，钱

有传言称，黑格和安德松的跑步收入都很高，一场比赛就可以挣到几千克朗。"所有人"都知道这件事，但并没人去深究，直到审计局给一位著名审计员派了一项艰巨的任务，让他去可疑的俱乐部调查账目。审计员发现了会计做的假账。于是，俱乐部的官员承认了他们的集体作弊行为：以差旅费、生活补助等名义，向体育明星支付了出场费。与参赛运动员不同的是，官员们其实并不是为自己谋取利益，而是在为俱乐部服务，他们面临着两难境地：到底是应该不邀请明星，让看台门可罗雀；还是应该出钱邀请大明星，让看台座无虚席呢？

1945年11月7日，遭到指控的明星们承认的确收了出场费，违反了规定。相关裁决直到次年的3月17日才宣布：贡德尔·黑格、阿尔内·安德松和亨利·荣松·卡兰被处以终身禁赛，其中，卡兰在好几年前就已经退役了。还有其他六名运动员被禁赛一到两年。田径官员被从轻发落了，大部分人的处罚仅为撤职三个月。与运动员一样，只有最大的官员才需要重罚。[9]

瑞典最受欢迎的三名运动员被贴上了"不要脸的骗子"标签，这让瑞典人民感到愤怒。诸如"瑞典式自杀"之类的言论不绝于耳，而挑起整个事件的体育协会的领导也遭到了媒体的围攻。这次风波对田径运动会造成的影响显而易见，人们对田径运动的兴趣锐减。

尽管体育协会属于按章办事，但许多人却认为，没必要对运动员进行处罚。在这个问题上，芬兰人的做法或许更为可取。1932年，芬兰运动员帕沃·鲁米因违反非职业原则而被禁止参加国际比赛，芬兰人当即宣布，鲁米是芬兰的"非职业国家运动员"。更重要的是，反对禁赛的瑞典人认为，芬兰及其他国家的运动员都在通过参加比赛赚钱，可只有瑞典人愿意主动牺牲本国最大的体育明星。大多数人认为，跑步运动员所赚的每克朗，都归功于他们付出的辛勤努力和给大家带来的快乐。

当然，黑格和安德松原本是可以拒绝这些灰色收入的。可是，在他们所处的体育圈中，夸张的差旅费和非法收入早就存在了几十年。运动员认为，这些收入是可以接受的，因为他们从小就听说过这种收入。安德松用赚来的钱支付了自己的学费和生活费，如果没有这些收入，他就不可能完成学业。所涉及的出场费金额从每场500克朗到战后通胀时期增长为五六倍不等。

在判处禁赛的过程中，体育协会主要针对的是那些靠体育谋生的运动员。与其他国家相比，瑞典人在体育上所取得的成就更加引人瞩目，令人印象深刻，因为在"二战"期间，其他的国家都停止了体育比赛，假如当时是和平时期，那么其他国家的跑步运动员也可能取得很好的成绩。目睹着世界上大部分地区在遭受战争的蹂躏，而瑞典运动员一边不断刷新着世界纪录，一边视非职业原则为无物，瑞典体育当局的官员们似乎也感到了良心的不安。随着世界大战的结束，百废待兴，体育圈这块越来越大的毒瘤也该被切除了，更何况这是奥林匹克运动的原则。瑞典人喜欢讲诚信、守规矩，这是他们引以为傲并乐于向全世界展示的形象，不论付出何种代价，也要保持这些优秀品格。

对于禁赛处罚，运动员的反应也各不相同。黑格一如既往地拿禁赛不当回事儿，还表示他其实并不在意能否比赛。卡兰则觉得十分郁闷，他虽然已经退役多年了，但禁赛仍旧令他的职业生涯蒙羞，他发誓，再也不会参加任何一场比赛了。

安德松仍然渴望提高成绩，禁赛的处罚简直就是给他判了死刑。他没有放弃训练，寄望于体育协会能够在1948年伦敦奥运会之前撤销禁赛，他的目标是参加奥运会的5000米比赛。对于他来说，坐在看台上观看队友比赛，简直是太痛苦了。他曾在报纸上发表了多篇关于田径运动的文章。1946年，安德松在捷克斯洛伐克当教练时，遇到了年轻的跑步苗子埃米尔·扎托佩克（Emil Zátopek），两人成为一生的挚友。当捷克队参加1946年的斯德哥尔摩运动会时，安德松与捷克运动员一起步入赛场。这时，一名瑞典官员对他说："你已经被禁赛了，赶紧从这里离开。"[10] 安德松只得退到了赛场外面，就像被赶出去的观众一样。

1948年伦敦奥运会前夕，安德松请求撤销禁赛，但被一票否决。不过，他被允许与接力赛队员进行一场表演赛。安德松向观众证明了他的风采不减当年。这让他从与日俱增的挫败感中获得了些许慰藉。他开始骑自行车，还参加了1953年的环瑞典自行车公路赛。刚开始他骑得不错，可中途却因故退出了比赛。第二年，他获得了非职业自行车手执照，成为一名精英自行车手。他还参加了定向越野赛和曲棍球比赛。任何比赛项目，任何可以获得运动兴奋和乐趣的项目，他都乐于尝试。他还买马，驯马，参加骑马比赛，充分展现了一名优秀运动员对于运动的热爱。他无法想象，如果没有运动，生活会变成怎样。

虽然瑞典最伟大的三大跑步明星在1945年被禁赛，瑞典的跑步运动依然保持在很高的水平。可惜，战时的绚烂烟花就此熄灭了，公众对跑步运动的兴趣也不在了，或许，这是因为足球运动吸引了越来越多的观众。"二战"期间，瑞典的中长跑传奇不仅在瑞典的历史上是独一无二的，甚至从世界历史的角度来看，也是一个神奇的时代。当有竞争实力的其他国家深陷混战、无暇比赛的时候，两名年轻的瑞典运动员主宰了中长跑的一整片天地。

第 20 章

为祖国而战

年轻的运动员！请记住，我们的冠军将从你们当中诞生，你们将打破资产阶级创造的纪录，高举苏联体育的伟大旗帜，将苏联的体育发展水平推向新高度。

——1935 年苏联克拉斯尼体育场（Krasnyi Sport）

1942 年 5 月 15 日，在捷克斯洛伐克的巴塔（Bata）工厂里，年轻小伙们正准备参加镇上一年一度的跑步比赛。厂领导很乐意看见工人们身体健康的样子，因此要求，人人都必须参赛。工人们对这场比赛都没什么兴趣，还有一个名叫埃米尔·扎托佩克的工人，直接拒绝参加。结果，厂长特意来到工人宿舍找他谈话。

"周日你要去参加跑步比赛！明白吗？"

"可我不会跑步。"

"没关系。不管你跑第一名还是最后一名，都无所谓，但是，你必须去跑。"[1]

扎托佩克知道，如果他想保住自己的工作，保住自己在技术部的位置，就不能拒绝，但他并不甘心就这么同意去参赛。体检时，他走路一瘸一拐的，假装膝盖受伤了。医生并不上当，叫他准时去比赛。但即便如此，他还是不情愿。周日一大早，他拿着一本书溜进了教室，

埃米尔·扎托佩克于1951年

希望没人看见他。当他背诵着化学公式的时候,童年的回忆又浮现在他的脑海中。儿时的他跑步跑得太多,父亲经常为此而斥责他,又浪费精力,又穿坏了鞋子。父亲告诉他,读书和工作才是正事,体育不重要,对孩子反复灌输这样的道理。正当扎托佩克回忆起这一幕时,一个朋友的到来打破了沉默。

"赶紧走吧。"朋友带着他一起赶往赛场。

跑步比赛的距离是1400米。在数百名男孩当中,大多数人都在拼尽全力,争取胜利,而扎托佩克却有些无所谓。不过后来,他好胜的本能终于被激发出来了。很快,在他的前面,就只剩下他的朋友克鲁格皮卡(Krupicka)了。

扎托佩克得了第二名,还得了一支自来水笔作为奖品,可他并没有因此而兴奋不已。"反正这是我最后一次跑步了。"[2]

他可真是大错特错了。

很快，跑步就变成了扎托佩克生活中最重要的事情，大家纷纷祝贺他，报纸也报道了他的成绩。在户外跑步，轻松自在，这可比在工厂里做工有趣得多。在工厂里，工人们猫着腰站在流水线前面干活，干慢了还会被工头斥责和罚款，干得越慢，罚得越多。

德国兵虽然占领了捷克，可却并没有占领运动场。在运动场上，他们可以说捷克语，尽情享受运动的快乐，暂时忘掉战争的恐怖。兹林（Zlin）的运动场上尘土飞扬、煤烟弥漫。风把工厂烟囱里的污染物都从城里吹到了这里。不过，对于那些整天在工厂吸入有毒灰尘的工人来说，体育场还是个不错的地方。扎托佩克曾尝试要求转到别的部门，结果却遭到了反问："难道你想被送到劳改营吗？"

扎托佩克的斗志被彻底唤醒了。1942年，他第一次参加捷克跑步锦标赛，就在1500米比赛中得了第五名。他只要一有时间，就会去尝试各种训练。

通往工厂的路是一条林荫道，道路的两旁种着杨树。扎托佩克无意间发现了一种特殊的自控力训练方法，可以充分利用时间，来练习气息。每天上下班的路上，他会进行自我训练。刚开始，他要求自己屏住呼吸，走到第四棵杨树时才开始呼吸。几天之后，他就可以坚持屏息到第五棵杨树了。他不断地对自己提出更高的要求，直到他能够屏息走过所有的杨树，到达小路尽头的小树丛。

扎托佩克走啊走，所有的意识都集中在气息上。他听到脑袋里的嗡鸣声，胸口有巨大的压力，整个人就快要窒息了——可他还是咬着牙不呼吸。当他到达小树丛时，他差一点儿就晕倒了。[3]

扎托佩克对训练的要求很高。相比之下，比赛似乎更容易一些。扎托佩克成功的秘诀就是间歇跑训练。他一般会以20—30米为一组进行训练，有时，也会以一整条200米长的跑道为一组，在每组训练的间隙，他会通过慢走放松。1944年，他在长跑运动员赫伦姆（Hronem）

的课堂上，学习了间歇跑这种训练理念。

人们逐渐了解了扎托佩克的这套间歇跑训练原理。一开始，他遭到了很多人的批评。然而，扎托佩克取得的无数好成绩，让那些批评其训练方法及跑步风格的人们无话可说。批评者认为，在每次比赛前都进行如此严苛的训练，会把身体累坏的。而扎托佩克的回答却是："要是我的训练方法真的有问题，我自己会考虑的。"任何研究过他迈腿方式的人都能看出来，对长跑而言，短而有效的步伐才更加适合。

埃米尔·扎托佩克1922年出生于科普日夫尼采（Koprivnice）。这是一个位于捷克北部摩拉维亚地区的小地方。他家里有六口人。父亲是塔特拉（Tatra）工厂的一名木匠，为人踏实，工作勤快，经常对儿子的想法感到不满："你又要出去跑步了吗？你应该把精力放在有用的事情上啊。"[4]

有一次，妹妹偷偷地向父亲告状，说老师让扎托佩克去买香肠，结果他就像疯了一样，在街上一路狂奔，跑得满脸通红，上气不接下气。父亲不喜欢孩子们因为跑步和踢足球而把鞋子弄坏。他曾考虑将扎托佩克送到师范学院读书，可是学校的报考人数太多了，而且，家里也穷得揭不开锅了。后来，扎托佩克在兹林市的巴塔鞋厂找了份工作，还进了工厂的技校学习，如果他能从早上6点到晚上9点半，安排好工作和夜校学习的话，他的生活将得到保证，前途一片光明。

可无聊的工作让年轻的扎托佩克快要疯掉了。有一段时间，他所在的部门每天生产2200双网球鞋，而他的工作就是用齿轮在鞋底上刻出花纹，一整天都是在重复同样的动作。工人们在鞋厂的生活，就像如同查理·卓别林（Charlie Chaplin）1936年的电影《摩登时代》（*Modern Times*）一样，在一个巨大的工厂里不停地工作着，一切都只与生产速度、流水线和单调重复的任务有关。扎托佩克后来调到了鞋厂的化学部。在那里，他学到了更多知识，但是那里的污染情况也更加严重。

为了理解扎托佩克后来的人生乐趣，了解一下他的少年生活是很有必要的。跑步不仅让他可以暂时逃离平时单调的生活，还为他提供了一条离开工厂的出路。与其他未来的冠军一样，扎托佩克意识到了导师的价值，比如哈鲁扎（Haluza）博士和捷克优秀的长跑运动员赫伦姆。1945年秋，扎托佩克入了伍，进入捷克斯洛伐克军事学院学习，这也成为他自我救赎的开端。

此时的埃米尔·扎托佩克已经成为捷克最优秀的长跑运动员之一。他保持着3000米成绩为8分33秒4和5000米成绩为14分50秒2的国家纪录。有些人劝他不要去军校，因为在军校，他没有机会专心进行体育训练。可扎托佩克却利用休息时间进行训练；冬天，他在军校的骑兵学校里进行训练。当别的战友都在撒木屑时，扎托佩克却一个人在操场上一圈又一圈地跑着步。

1946年秋，扎托佩克和战友们被安排到了一个军营中。这里任务繁重，几乎没有空闲时间。晚上7点左右，扎托佩克一吃完晚饭，就会立刻穿上军靴，穿过阅兵场，跑到一片400米长的林间空地上：

> 林地上的足迹无声地见证着这幅前所未有的景象：一个士兵在这里训练折返跑，他不停地来回跑着，直到深夜。没有人强迫他这么做，也没有人命令他这么做，而他，也绝不是为了好玩而随便跑跑而已。显而易见，他对自己的要求很高，一直在努力跑得更快，直到他用尽了劳累一天后的全部精力。他对自己毫不手软，一圈接一圈地跑着，折磨着自己的双腿，虽然肌肉已经十分疲惫，但他却不肯停下来休息。直到夜很深了，他才会结束训练，借着一支袖珍手电筒的微光，在漆黑的夜色中走回营地。[5]

就这样，扎托佩克度过了一整个秋冬。对他而言，穿着钉鞋和短裤在跑道上比赛，就像是一种解放。

1947年至1948年，扎托佩克当之无愧地成为一名世界级的优秀长跑运动员。他在世界各地参加比赛，包括巴黎、伦敦、奥斯陆，以及德国、芬兰、阿尔及利亚等国的城市。他希望可以不断尝试，不停学习。他尝试不热身就直接跑步，一天最多会跑 40 公里，包括 60 圈 400 米。在 1948 年的伦敦奥运会上，扎托佩克夺得了 10000 米长跑的金牌，成为捷克斯洛伐克首屈一指的体育明星，享誉世界。要说公众和媒体真正意识到他的超凡魅力，却是在他与比利时运动员加思东·赖夫（Gaston Reiff）的 5000 米决斗中。

比赛中，赖夫一直保持着 60 米的领先优势，向着胜利勇往直前。而来自捷克的扎托佩克突然发力，渐渐追上了赖夫。他挥舞着手臂，头晃动得很厉害，脸上满是痛苦的表情。伦敦的现场观众和世界各地的广播听众都屏住了呼吸，在比赛结束时，扎托佩克仅落后赖夫 2 米的距离。赖夫为比利时夺得了金牌。

在一篇头条新闻中，扎托佩克被形容为"人类火车头"，而在他随后的整个职业生涯中，这个称号一直伴随着他。[6] 扎托佩克的成绩源自大量训练，其训练量比大多数竞争对手都要大得多。不过，超强的意志力才是他最鲜明的特征。他看上去就像死都要死在跑道上一样。他真的能够保持这飞快的速度再跑一圈吗？他真的能够更快一些吗？

体育英雄在自己的祖国常常会被神化，而扎托佩克在全世界都广受欢迎：无论是亚洲还是南美，他走到哪儿都有人为他着迷。1949 年、1950 年和 1951 年，他连续三年被评选为全球最佳运动员，但他依旧享受着运动带给他的孩子般的快乐，也喜欢结识新朋友，并乐于接受挑战。1948 年 10 月至 1952 年 6 月，扎托佩克保持了 5000 米和 10000 米比赛 72 场不败的骄人战绩。

1952 年 5 月，扎托佩克为是否参加当年的赫尔辛基奥运会而犹豫不决。他很悲观，因为他给自己定下了两枚金牌的目标，可是那年春天，他因为感冒而患上了支气管炎，一直在带病训练。躺在病床上，他满脑子都是将要在盛夏举行的赫尔辛基奥运会。医生们担心他的心脏会破裂，可他不听医生的劝告，想要通过训练，使自己恢复健康。他离开了病床，想通过走路和跑步，赶走自己身上的病魔。

在 1952 年赫尔辛基奥运会上，埃米尔·扎托佩克勇夺三枚金牌，取得了世界体育史上最受瞩目的成就之一。在他之前，从未出现同一届奥运会上 5000 米、10000 米和马拉松赛三项冠军被一人囊括的先例。没有人比扎托佩克更适合获得此项殊荣了。尽管扎托佩克和"芬兰飞人"帕沃·鲁米（Paavo Nurmi）拥有着截然相反的性格，但他却获得了同样传奇般的地位。

扎托佩克身上有着其他人没有的闪光点。他是那种让人无法讨厌的人。澳大利亚的罗恩·克拉克（Ron Clarke）是继扎托佩克之后，20 世纪 60 年代最伟大的长跑运动员。"我送你一份礼物，"扎托佩克对克拉克说，"在离开这个国家之前别打开它。"这时的克拉克还没有获得过一块金牌，而扎托佩克送给他的礼物，是自己获得的一枚奥运金牌。

1968 年，扎托佩克上校因抗议苏联入侵捷克斯洛伐克，而被贬到一个对身体健康危害很大的铀矿中工作。后来，捷克当局为扎托佩克恢复了名誉。此后，他一直以跑步大使的身份到各地旅行，直到 2000 年去世。

巨人的觉醒

第二次世界大战刚一结束，苏联就全身心地投入国际体育比赛当中。在此之前，苏联坚持抵制"资产阶级体育运动"，自 1912 年以来，就一直没有参加过奥运会。不过，1917 年以来，苏联一直在高举共产主义的旗帜，发展体育运动。

20 世纪 20 年代，不少欧洲国家的工人阶级都成立了体育协会，还组织了工人奥林匹克运动会。谈起两次世界大战期间的苏联体育，从莫斯科斯巴达克足球队的发展可以看出，其核心就在于，重视集体发展而忽视个人发展。不过，1935 年，苏联国家领导人在克拉斯尼体育场发表讲话，呼吁年轻运动员挑战西方体育纪录，标志着这种思想的转变："年轻的运动员！请记住，我们的冠军将从你们当中诞生，你们将打破资产阶级创造的纪录，高举苏联体育的伟大旗帜，将苏联的体育发展水平推向新高度。"[7]

此番号召，是苏联的五年发展计划和斯大林提出的"体育为社会主义服务"战略的大背景下提出的。对于如此浩大的工程而言，没有什么体育项目比跑步更适合了。比赛成绩必须可以测量，这一点很重要。在跑步比赛中，跑步的距离和计时都很精确，因此，在成绩可测性方面，跑步比包括足球在内的任何其他体育项目都更加明确。1937年，在苏联的一场男子马拉松赛中，有好几名运动员都打破了苏联国家纪录，可赛后人们才发现，比赛的距离短了两公里。赛事组织者因此而被逮捕，并受到了严厉惩罚。20 世纪 30 年代，许多苏联最伟大的体育英雄都是跑步运动员，比如谢拉菲姆·兹纳曼斯基（Serafim Znamensky）和耶奥伊·兹纳曼斯基（Georgij Znamensky）兄弟俩，他们包揽了从 800 米到 10000 米的所有苏联国家纪录。尽管在训练优秀赛跑运动员方面，苏联的投入很大，但要想达到足以与西方运动员竞争的水平，还需要一段时间。[8]

1948 年，苏共中央提出了一项重要的体育培养计划：其目标除了提高人民群众的身体素质之外，还要培养苏联运动员，在几年之内，让苏联运动员在一些重要的体育项目上达到世界领先水平。两年后，苏共中央党报《真理报》（*Pravda*）的一篇社论宣称："青年运动员的任务，就是要打破世界纪录。"[9] 与西方国家的运动员比赛并打败他们，是苏联运动员最重要的事情，尤其是打败美国运动员。苏联应该在工业、农业、科学和体育等各方面处于领先地位。体育成绩上的优势，将成为无产阶级比腐朽的西方资产阶级国家更加优越的证明。

自 1952 年起，苏联开始参加奥运会，取得的成绩也越来越多了。到了 20 世纪 50 年代末，苏联已经成为世界领先的体育强国。在西方看来，苏联人把田径场当成战场，让人联想到当年的斯巴达人。他们的心里只想着比赛，总是很严肃，完全没兴趣与其他选手进行沟通和交流。

结果，西方国家普遍不信任共产主义政权，也不看好苏联参加运动会。当时，坊间流传着关于苏联的各式谣言。比如，在1951年的一场比赛中，匈牙利的长跑运动员本来是有希望夺冠的，结果却被苏联选手推来踢去，最终输掉了比赛，因为苏联人不能容忍在自己家门口失利，为了获胜，他们什么事都做得出来。西方对苏联的质疑由来已久，加上苏联国内的体育竞争日趋激烈，对成功运动员的奖励也越来越丰厚，导致苏联出现了一大批对成功极度渴望的运动员。对个人而言，体育是通过汗水获取利益的一种方式，而对苏联而言，体育则是国家的一种宣传手段。

意志力在燃烧

说起完成为国争光的任务，没人比长跑运动员弗拉基米尔·库茨（Vladimir Kuts）做得更好了。与其他苏联运动员一样，库茨的家乡经受了几十年战争的摧残，到处民不聊生。

库茨出生在乌克兰的一个小村庄里。童年时，他在饥荒带来的浩劫中，眼睁睁地看着很多人饿死了。14岁时，德国人占领了他的家乡。尽管他年纪还小，但德国人还是逼着他干一些成年人的重体力劳动。年轻的库茨不甘心沦为奴隶，表现出了强烈的反叛倾向，尤其是当戴头盔的德国人咆哮着发号施令的时候。德国人在惩罚奴隶时，常常用棍子打人。有一次，库茨被一连打了25下，却连哼都没哼一声。被迫为奴的经历给库茨的身心留下了不可磨灭的印记，他希望逃出去，为祖国而战，而不是终日被困在这里，为德国这架战争机器修路。在他16岁生日之前，库茨从村子里逃了出来，加入了俄罗斯武装部队，将德国人打得节节败退。他过着扛枪杀敌的日子，为苏联而战，将个人生死置之度外。

战争结束之后，库茨回到了乌克兰，却发现家乡的村庄已经被烧光了。19岁的他没有了家，也没有工作，留在家乡没有任何前途。库茨从来没接触过跑步，也完全没有想过搞体育。在那段岁月中，库茨绞尽脑汁，只为了活下去。好在他运气不错，加入了苏联海军。

库茨早已经习惯了每天干重体力劳动的艰苦生活，而海军的生活相对轻松，所以，他便开始了体育运动。尽管库茨的身体很结实，但跑步的速度不够快，当不了短跑运动员。他身高171厘米，体重71.7公斤，看上去最适合举重或摔跤。正是扎托佩克激发了库茨的灵感。库茨开始按照扎托佩克的方式进行训练，而且练得比扎托佩克还要刻苦。

库茨在25岁时崭露头角，被送到了列宁格勒，同尼科福洛夫（Nikiforov）一起训练。那时，他确实不具备在国际体坛站稳脚跟的实力。虽然跑得慢，但库茨勤能补拙，通过刻苦训练，弥补了自己跑步能力的不足。从小到大，库茨一直在干粗活，每天要走很多的路，还经常搬运重物、挖土、砍柴、锄地。他主要练习的项目是5000米和10000米长跑，通过一些简单而残酷的间歇跑训练来提高跑步的速度。例如，他会先完成一组400米的冲刺跑，然后稍作休息，接着开始下一组训练；他还会进行6个800米或3个1200米训练，并尽量缩短每组训练之间的休息时间。库茨总是跑得上气不接下气，腿都快抽筋了，也从不放弃。

他让自己习惯于那种濒临身体极限的状态，体会那种嘴里有鲜血，腿像灌了铅的感觉。他必须对自己狠心，因为他的对手在最后冲刺时比他更快、更强。在最困难的训练结束之后，他会休息一天，洗个热水澡，做个按摩来恢复体力。在最严格的训练安排下，他每周休息两天，以确保自己不会精疲力竭，而海军生活为他提供了完美的条件。

库茨像一头来自苏联的小熊一样，出现在1954年的欧洲田径锦标赛上。在5000米比赛中，他击败了捷克选手扎托佩克和英国选手克里斯·查塔韦（Chris Chataway），并创造了新的世界纪录。

库茨就是西方人印象中典型的苏联人。他清澈的蓝眼睛和国字脸，透露出坚定的意志力和实力，金黄色的头发让他看起来有些像芬兰人，但他看起来比芬兰人更充满怒气。他的肢体语言在说:"苏联来了。我们在第二次世界大战中遭受了最大的痛苦,我们决不退缩。我们是共产党人,我们反对资本家。我们工人阶级是社会主义世界的革命的排头兵,而不是美国人的走狗和应声虫。"这就是库茨传递给西方观众的想法,可见苏联的宣传达到了预期的效果。

库茨起跑的速度惊人,而且,他通常上半场跑得比下半场快得多,在比赛快结束时,他显然已经精疲力竭,但始终能保持领先。这种战术是为了震慑对手,甩开他们,让对手士气低落,同时使自己处于领先地位。与德国人的奴役和酷刑相比,比赛又算得了什么?

在1956年奥运会之前,库茨在10000米项目上世界排名第一,在5000米项目上排名第二,仅次于英国长跑运动员戈登·皮里(Gordon Pirie)。在国际比赛中,他只输过两次,而他的对手在赢他的同时,均打破了世界纪录。在库茨看来,这两场比赛中,他与对手势均力敌,只是运气差了点而已。皮里于1956年在挪威的卑尔根(Bergen)打败了库茨。那场比赛中,皮里一直咬住库茨,并在最后一圈时冲刺反超。这让库茨决定在奥运会上采取自杀战术:不是普通的速度变化,而是每圈进行两到三次全力冲刺,以彻底击垮对手。

1956年秋,库茨在澳大利亚做适应性训练。在刻苦训练之余,一家报纸在休息日找到库茨,希望给他拍一张飙车的照片。库茨喜欢飙车的感觉,油门一踩到底,结果失去控制,撞到了电线杆上。库茨的膝盖和胸部都受到了撞击。这是一个不小的打击,但幸运的是,在10000米比赛之前,库茨还有三天的时间可以用来恢复。

这场比赛是皮里和库茨之间的决斗。他们俩很快就遥遥领先了。皮里就像一个影子一样,跟在库茨的后面,甩也甩不掉。就连库茨进行了200米冲刺之后,皮里依然紧随其后。这让库茨十分恼火。在比赛还剩最后四圈时,库茨终于拉开了距离,向金牌继续前进,而皮里最终只得了第八名。在5000米比赛中,库茨再次击败了皮里。

皮里在他1961年出版的《狂野奔跑》(*Running Wild*)一书中,专门提到了上述比赛。在领奖台上，库茨看起来眼神呆滞，很不正常。皮里认为，这可能是因为药物作用，比如苯丙胺类药物或其他兴奋剂。很多运动员都会服用苯丙胺类药物，尤其是欧洲职业自行车手，他们经常目光呆滞，这可能是药物作用，但也可能是努力所致。如果库茨没有服用药物，只是感到疲惫不堪，那么在领奖这样激动人心的时刻，他的双眼应该泛着喜悦的泪光才对。

对于来自苏联的库茨而言，战胜西方的宿敌，应该是一次甜蜜的胜利。对自己的胜利，库茨当然感到欢欣鼓舞。而他还将把胜利带回苏联，作为创造纪录、夺取金牌的回报，他的祖国会给他一生享用不尽的丰厚奖励。对苏联当局来说，库茨是苏联逐步走向振兴和强大的杰出榜样。

库茨于1959年退休。随着年龄的增长，他的身体已无法承受这样严格的训练了。在后来见过他的人们眼中，他变成了一个好脾气的胖子，再也不跑步了。当金牌和国家养老金全都装进口袋之后，继续跑步已经变得毫无意义了。[10]

间歇跑成为主流

扎托佩克对于匈牙利跑步运动员的影响也很大。尽管捷克和匈牙利是一对宿敌，并不热衷于交流训练心得，但是，扎托佩克还是将间歇跑的训练思想带到了匈牙利。匈牙利长跑教练米哈伊·伊格洛伊（Mihaly Igloi）还从波兰教练詹尼斯·库佐辛斯基（Janis Kuszoczinsky）以及瑞典和芬兰等国的长跑教练那里，学到了一些关于间歇跑的技巧。伊格洛伊培养了许多优秀运动员，包括山多尔·伊豪罗什（Sándor Iharos）、伊斯特万·饶罗沃尔吉（István Rózsavölgyi）和拉兹洛·塔波里（Laszlo Tabori）等，他们创造了多项匈牙利全国纪录和世界纪录，也让匈牙利成为20世纪50年代中期的中长跑强国。后来，伊格洛伊移民去了美国。他不断通过间歇跑这种单刀直入的训练方法提高成绩，并取得了巨大的成功。

在 20 世纪 50 年代，匈牙利所有的顶级跑步比赛都是在布达佩斯的田径场上举行的。匈牙利首都布达佩斯是一座双城，多瑙河将其一分为二，河西是布达，河东是佩斯。这里是匈牙利向外界展示自我的窗口，吸引着追求上进的跑步运动员从全国各地云集于此。虽然匈牙利各地不乏企业和大学，但是，在首都以外的体育俱乐部其实得不到什么资助，训练条件也十分艰苦。而在布达佩斯，教练、按摩师、高级跑道，一应俱全，一切井然有序，为运动员提供了全面配套的训练环境。

只有在冬季，运动员才会成群地到城市公园里去跑步。3 月之后，积雪融化，地面变干，正常的跑道训练也就可以恢复了；这些跑道对于匈牙利人而言，就像森林之于斯堪的纳维亚人一样，是一个可以放松的所在。在这里，运动员得以远离城市喧嚣，稍作喘息。布达佩斯有 200 万人口，在城市街道上跑步，是达不到训练效果的。城市周边几乎没有林地，而公园里的草地又不能踩。在所有跑步大国中，匈牙利运动员是城市化程度最高的。由于匈牙利 90% 的运动会都在首都布达佩斯举行，因此，跑步运动员可以放心地利用俱乐部的跑道和体育设施进行训练，无须到其他城市参加国内比赛。

20 世纪 50 年代，在匈牙利，人们并没有通过跑步锻炼身体的想法：你要么不跑，要么就选择间歇跑，一周又一周、一年又一年地在跑道上反复训练，有时候需要以不同的速度跑 75 圈。进行间歇跑训练，只是为了提高跑步技巧，在比赛中取得更好的成绩。跑步运动员组织了一个兄弟会，一些短跑女运动员也加入了，她们平时的生活也是以间歇跑训练为主的。运动前热身和运动后拉伸，同样是训练中的一个重要部分，可以让运动员的身体得以放松。如果不做热身和拉伸，面对艰苦的训练，运动员将难以坚持下来。

盖尔盖伊·森蒂瓦尼（Gergely Szentiványi）早在六岁时，就决定长大要当跑步运动员了。盖尔盖伊的爷爷是匈牙利中央党的创始人。

1948年，匈牙利共产党上台之后，他爷爷成为国家公敌。20世纪50年代中期，盖尔盖伊加入了布达佩斯的大学体育俱乐部。鉴于他与爷爷的关系，他不得不处处谨小慎微，否则可能随时被禁赛。[11]

在训练之后，运动员可以吃面包卷和酸奶等奢侈食品，教练负责食品的发放，盖尔盖伊也可以享受到这些福利。很多人加入体育俱乐部的原因，就是为了这些食物。在第二次世界大战中，匈牙利被苏联打败，不得不以物资和金钱的形式支付赔款。每天，一车车的谷物、肉类和黄油从匈牙利运往苏联。1955年以前，匈牙利人没有肉吃，谷物和黄油的供应不足。这种食品短缺的情况在其他欧洲国家中也很普遍，在20世纪50年代，粮食配给卡依然是匈牙利人日常生活的一部分。

运动员每月可以享受300福林（forint，匈牙利货币单位）或更多的"热量"补贴，以满足他们较大的饮食需求。在粮食配给紧张的情况下，热量补贴自然是件好事。成绩越好，补贴越多，成绩最好的运动员，可以得到的补贴也最多，补贴金额会根据成绩进行调整。

1958年，18岁的盖尔盖伊创造了他这个年纪1500米的世界最好成绩（3分49秒）。他所在的体育俱乐部给一家电缆厂的厂长写了信，询问是否有适合盖尔盖伊的工作。厂长十分热情地录用了盖尔盖伊。员工中有如此优秀的顶级运动员，无疑可以提高电缆厂的身价。每天早上，盖尔盖伊先进行训练，然后再按部就班地去上班，通常会比别人晚到一个半小时；为了下午的训练，他还会提前下班。尽管如此，工厂还是按每天八小时向他支付工资，而且他的工资还比别人多。盖尔盖伊等匈牙利运动员生活得都不错，与西方的竞争对手相比，他们不必担心因缺勤而被扣工资。

然而，要想达到如此高的水平，是极其困难的。运动员必须不断取得成绩，才能留在这个制度中。政府为运动员提供了工资、物资和社会福利等各种形式的奖励，激励着运动员不断追求成绩的提高。如果一名国家队队员的成绩出现大幅下降，他就可能面临降级，还可能永远失去国家队队员的资格。另一方面，在共产主义国家，部队里的运动员只要一打破世界纪录，就可以马上得到提升。

多年来，东欧运动员及其经纪人一直在出国旅行时走私货物。能够通过小规模走私牟利，也是人们愿意搞体育的另一动机。匈牙利对出入境管控得很严格。而运动员在回国时，往往会在运动服、裤兜和行李中夹带私货物品。他们是有名的体育明星，海关不会对他们仔细检查。20世纪50年代，从西方国家带回国的圆珠笔很畅销，悄悄卖出500支圆珠笔，既给运动员带来了额外收入，还让他们觉得很刺激。在黑市中，尼龙长袜严重供不应求。人们对西方消费品的需求似乎是个无底洞，除了因为物资供应长期不足之外，还因为西方商品可以抬高一个人的身份。任何稀缺的商品都能赚钱，即使它可能毫无用处，也能轻松地卖出去。

盖尔盖伊在出入边境时，常常会在行李中夹带一些可以倒买倒卖的东西。1958年，他在罗马尼亚参加比赛时，以200福林的价格卖掉了自己的运动服。当时，胡椒在匈牙利十分紧缺，他就用卖运动服的钱买了胡椒，等回到匈牙利后，又以四倍的价格卖了出去。第二年，匈牙利国家队去东德参加比赛，香烟在那里是紧俏商品。盖尔盖伊便在出发前买了许多香烟，然后在东德大街上以高价出售。在波兰比赛时，他在街上卖烈性酒，然后用赚来的钱给自己买了一台唱片机。

匈牙利运动员时时处于监视之下，尤其在国外比赛时，因为他们存在叛逃风险。盖尔盖伊出国时，会有两名看守人员专门负责监视他。例如在瑞士比赛时，看守他的是来自匈牙利警察俱乐部的两名大块头，他们从来未让盖尔盖伊离开他们的视线。

如果盖尔盖伊说："我出去散个步。"看守就会回答："我跟你一起去。"接着，便叫上他的同事一起去。匈牙利当局给他们布置的任务是，确保盖尔盖伊不会叛逃。成千上万的匈牙利人处于监视之中，还有更多的人在监视别人。人和人之间缺乏信任，人们每天都生活在猜忌之中。

在20世纪60年代，匈牙利跑步运动员在森林和公园里进行长跑训练或法特莱克训练时，可能会突然听到有人大喊："停下来！"然后便看到，一名全副武装的士兵站在自己的面前，守卫着俄罗斯或匈牙利的某个军事禁区。在匈牙利有很多军事基地，每个地区都会有一个俄罗斯和一个匈牙利军事基地，苏联拥有着来自各个阶层的支持者。

盖尔盖伊经常会考虑叛逃，可除了他的女朋友伊尔玛（Irma）之外，他没有对任何人提起过这件事。有一次，他打算在匈牙利边境叛逃，但出于常识，他没有这样做。但他为叛逃做了充分准备：他拥有运动员护照。在上班期间，他曾以运动员的身份学习了德语课程，还很熟悉德语国家的情况。上一年的夏天，伊尔玛在维也纳的一个商铺里打工，她也希望有机会摆脱匈牙利的铁腕统治，开启自己的新生活。

他们二人是当局眼里的潜在叛逃者。伊尔玛在维也纳工作期间，曾申请延长签证期限，并因为当时盖尔盖伊正在汉诺威参加比赛而遭到拒签。他俩打算，如果盖尔盖伊没有获得1968年奥运会的参赛资格，他们就一起叛逃；如果他被选上了，他们就留在匈牙利。结果，盖尔盖伊没有入选奥运会，但他们并没有在那一年马上逃跑，因为有人告发了他们，风险太大了。

过了一段时间，他俩才抓住了逃跑的机会。对于这个小家庭来说，坐火车离开匈牙利是不现实的。他们的女儿诺拉还是个小婴儿，海关人员会立即认出他们是叛逃者，并将他们遣返。运动员护照的颜色不同，这为盖尔盖伊提供了机会，因为他和伊尔玛的姓氏不同。盖尔盖伊没有向任何人透露他们的计划。伊尔玛抱着11个月大的婴儿，与盖尔盖伊一起登上了多瑙河上的一艘轮船，前往维也纳。船上除了几个美国记者，并没有普通的匈牙利乘客。这些记者总共有十来人，他们既对东欧着迷，又很庆幸自己不必在此生活。众人乘着轮船，一路逆流而上，欣赏着沿途的乡村风光。盖尔盖伊与记者们用英语交谈着，度过了紧张的五小时。海关人员和警察并没有上船检查，维也纳欢迎他们。在那里，还有成千上万的匈牙利难民。

第二次世界大战后，东欧和西欧在政府、生活方式和生活条件等方面的差距一直很大，并持续了几十年。运动员的日常生活是由政治环境决定的，国与国之间的对立带来的结果是不断提高的运动水平。然而，在20世纪中期，依然有些人怀着纯粹而高尚的爱好者心态，只想成为顶尖的跑步运动员。当东欧国家的运动员为了赚钱而蠢蠢欲动时，有一些年轻人，尤其是英国的年轻人挺身而出，用实际行动证明，这个日渐衰落的世界强国依然保持着昔日的活力。

第 21 章

梦想的 1 英里

> 我倒在地上，几乎失去了知觉，两只胳膊瘫在身体两侧。就在此时，我开始真切地感觉到疼痛。我就像一个炸掉的灯泡，毫无求生的欲望；只剩下一副行尸走肉般的躯壳，意识全无。
>
> ——1945 年，罗杰·班尼斯特（Roger Bannister）成为 1 英里跑进 4 分钟的第一人

1935 年，加州大学的长跑教练布鲁图斯·汉密尔顿（Brutus Hamilton）得出结论称："没有人能在 4 分 1 秒 66 以内跑完 1 英里。"[1] 雄心勃勃的运动员并不这么认为，不过我们也无从得知，谁是第一个幻想 1 英里跑进 4 分钟大关的选手。英国赛跑选手罗杰·班尼斯特于 1954 年 5 月 6 日以 3 分 59 秒 4 的成绩跑完 1 英里。虽然他是公认的第一个跑进 4 分钟的运动员，但并没有人可以肯定，他就是史上突破四分钟大关的第一人。

20 世纪初，没有人听说，在美国，印第安波尼人的雄鹰酋长（koo-tah-we-cots-oo-lel-hoo）早在 1876 年就以 3 分 58 秒跑完了 1 英里。美军的军官用秒表为他计时，他一共跑了两次，且两次成绩都在 3 分 50 秒左右。然而，并没有证据表明，他所跑的距离被精确地测量过，也没有证据表明，跑道的坡度能够满足 20 世纪对纪录审核的要求。[2]

在两次世界大战期间，流传着各种 1 英里跑进 4 分钟的传闻。然而，这些成绩全都是在训练过程中创造的，看台上并没有观众，也没有媒体在场，只有教练和队友可以做证。据说，美国跑步运动员、世界纪录保持者格伦·坎宁安（Glenn Cunningham）曾在 20 世纪 30 年代完成了这一壮举，而新西兰运动员杰克·洛夫洛克在同一年代，也曾在非公开场合完成了两次。

洛夫洛克的事迹重见天日，有点儿像一则间谍故事。英国医生约翰·埃瑟里奇（John Etheridge）在阅读了有关洛夫洛克的传记小说后，给《英国医学杂志》（British Medical Journal）写了一封信。埃瑟里奇声称，在 20 世纪 30 年代，当洛夫洛克还是一名医学院学生时，曾先后在伦敦的帕丁顿（Paddington）和萨里郡（Surrey）的莫特斯波公园（Motspur Park）跑完 1 英里，而埃瑟里奇本人就是计时员。他将比赛的各项细节都详细地写进了日记中，包括比赛条件、测距和秒表的可靠性等。现在半个世纪过去了，如果不看日记，埃瑟里奇已经记不清确切的成绩了，在他的记忆中，洛夫洛克在帕丁顿跑了 3 分 56 秒，在莫特斯波公园跑了 3 分 52 秒，而且没有安排领跑手。可惜的是，埃瑟里奇在日记被找到之前就去世了。[3]

"二战"中断了各类体育活动。"二战"结束后，人们又重新有了观看国际体育比赛的好心情。1945 年，16 岁的罗杰·班尼斯特和父亲一起坐在白城体育场里，观看世界顶级跑步运动员进行 1 英里比赛。现场总共有 5.7 万名观众。这次经历让班尼斯特难以忘怀，并在他的心中播下了一颗种子。尽管他的身体不够灵活，老是笨手笨脚的，但他仍旧希望，自己有朝一日，也能够在大型体育场中参加各种精彩的跑步比赛。

1929 年 3 月 23 日，罗杰·班尼斯特出生在伦敦北部的哈罗镇（Harrow）。他的父亲是一名公务员，母亲曾经就读师范，但并没有当老师。从小，家里的两个孩子就在读书环境中长大。他们常常被教导，要抓紧每分每秒，去做一些有意义的事情。班尼斯特天生学习勤奋，做事有条理：他的梦想是当一名医生。1946年，他获得了牛津大学的奖学金，并在那里度过了人生中重要的五年。后来，他去了伦敦的圣玛丽医院实习。当班尼斯特打破纪录时，尽管已经不是牛津大学的学生了，但依然与母校保持着良好的联系。

牛津大学有着悠久的运动传统，产生了多名中距离项目的奥运会冠军，其中就包括杰克·洛夫洛克。在牛津大学，学生运动员的生活条件相当不错，步行就能到达田径场。学校非常重视体育发展，还制订了一整套培养优秀运动员的制度。牛津大学的大部分学生都来自富裕家庭，属于社会的精英阶层。在20世纪50年代，如果一个工人阶级的男孩想要搞体育，可就没这么容易了。男孩八成从15岁起，就得出去工作。在工作的地方，或许压根就没有跑道和教练，与学生运动员相比，男孩几乎没有空闲时间去进行训练。

约翰·贝尔教授研究了罗杰·班尼斯特的运动生涯，并对他非职业运动员的神话提出了质疑。[4] 贝尔强调，班尼斯特当然是一个纯粹的业余爱好者，因为他并没有靠比赛挣钱。但是，作为牛津大学的一名奖学金获得者，班尼斯特享受着诸多的便利条件。他在牛津大学学习多年，积累了大量社会和文化资源，这对他后来的职业生涯和个人经济发展都大有裨益。

1946年，班尼斯特以4分53秒的成绩，在1英里赛跑中首次亮相。从那一天起，他开始逐渐提高自己的训练水平，锻炼自己的身体。他身高6英尺2英寸，长得又高又瘦。很少有中长跑运动员像他这样，接受过如此系统和科学的训练。他并不愿意公开承认这一点，因为一个真正的英国非职业运动员不应该把体育比赛看得那么重。每场比赛都是一次实验，都是为了在4分钟内跑完1英里。在德国参加巡回赛期间，他有幸见到了著名的德国教练瓦尔德马·格施勒。

作为一名学生和未来的医生，班尼斯特花了很多时间在实验室里做实验。他会调节跑步机的速度和梯度，借此研究身体在达到最佳状态时的反应。他在不同条件下，在跑步机上进行测试，以研究体温、血液酸度和空气成分对跑步成绩的影响。[5]他用自己的身体做实验，在氧含量66%的空气中跑步。他发现，当氧含量为66%时，跑步是如此容易，以至于他停下来是因为厌烦而不是疲惫。而在含氧量22%或23%的普通空气中，跑步七八分钟后，就会出现疲劳感。

所有这些，都远远超出了人们对于非职业运动员训练的"常识"。在当时，班尼斯特的训练方式是极为先进的。班尼斯特既是一个研究人员，又是一个希望打破世界纪录的运动员，这样的双重身份在世界跑步史上是独一无二的。

在1951年的《体育周刊》（Athletics Weekly）上，班尼斯特声称他每周训练三次，每次45分钟。而在他所著的《第一个四分钟》（The First Four Minutes，1955年）一书中，他承认自己每周进行四次训练。但事实上，他的训练次数比这还要多。[6]班尼斯特不愿意透露他的备战方法。在牛津大学，不能表现得太努力是一个传统，班尼斯特也不例外。不论是学习还是体育运动，都不应看得过重，否则，就会让人觉得自己是一个过于执着、过于有野心的书呆子，而这些都是不受欢迎的。

1953年，班尼斯特创造了1英里的英国国内纪录。于是，他将全部精力都放在了下一个赛季上。其他运动员也在做相同的事情，例如美国的韦斯·桑蒂（Wes Santee）和澳大利亚的约翰·兰迪（John Landy），以及来自斯堪的纳维亚国家、英国、匈牙利等国的运动员。他们都预感到，1英里跑进4分钟的难关即将被突破。兰迪看起来是最强的竞争对手。1953年12月，兰迪在没有领跑手的情况下，以4分2秒追平了班尼斯特的个人最好成绩。而那时，班尼斯特已经为下一场大赛备战一个月了。

班尼斯特与麦克沃特（McWhirter）兄弟等几个朋友一起，将这场比赛的时间定在了1954年5月6日，比赛地点为牛津的伊夫利路。麦克沃特兄弟是一对双胞胎，他们是牛津大学的毕业生，也是《吉尼斯世界纪录大全》的编写人。与班尼斯特一起参加集训的人，除了刚到英国不久的奥地利教练弗兰兹·斯坦福里（Franz Stampfl）之外，还有班尼斯特学生时代的两位朋友：克里斯·布拉舍（Chris Brasher）和克里斯·查塔韦。布拉舍被安排为比赛的领跑手。在测试跑中，他的成绩优异，能够担此重任。

他们将集训安排在1954年的春天并非偶然，因为来自美国和澳大利亚的消息表明，桑蒂和兰迪当时均处于最佳状态。班尼斯特的跑鞋是纯手工制作的，去掉了所有多余的重量。在实验室里，他亲自用磨刀石磨尖了鞋钉，并在鞋底涂上石墨。这样，泥土就不会粘在上面，从而增加额外重量了。

1954年5月6日，班尼斯特在为期半年的紧张备战之后，与教练弗兰兹·斯坦福一起乘坐火车，从伦敦前往牛津。班尼斯特似乎有些紧张：这次真的能够打破4分大关吗？斯坦福告诉班尼斯特，要保持冷静。他很清楚，班尼斯特已经做了充分的准备，假如他发挥出最佳状态，按计划完成了比赛，且风向和天气也都正常的话，他应该能够跑出3分56秒的好成绩。

他们到了牛津的伊夫利路（Iffley Road）。大风呼啸而过，天气看起来很糟糕。班尼斯特试了试他的钉鞋，简单吃了点东西，然后便休息了。赛前一小时，班尼斯特、克里斯·查塔韦和记者乔·宾克斯（Joe Binks）提前来到了赛场，现场已经有一两千名观众在那里守候。诺里斯·麦克沃特（Norris McWhirter）在赛前曾向BBC透露，此次比赛很有可能会创造世界纪录。一名电视台的摄像师正在调试设备，为当天晚上的体育新闻拍摄比赛素材。麦克沃特兄弟也来到了现场，他们将为自己旗下的体育杂志撰写报道。诺里斯是本次比赛的广播员，也是短跑接力赛的参赛选手。罗斯是1500米处的非官方计时员，以防班尼斯特在比赛过程中，同时创造出新的1500米世界纪录。[7]

由于天气情况不佳，伦敦交通局建议班尼斯特慎重考虑，是否要在当前的天气条件下为比赛全力以赴，或许班尼斯特可以选择保存实力，推迟比赛。在比赛开始前一刻钟，班尼斯特决定放弃比赛，因为风实在太大了，完全没有破纪录的可能性，他不想在这种情况下进行尝试。

突然间,风停了。六名参赛选手站到了起跑线上,他们是班尼斯特、克里斯·查塔韦、克里斯·布拉舍,以及美国运动员乔治·多尔(George Dole)、艾伦·戈登(Alan Gordon)和汤姆·胡拉特(Tom Hulatt)。胡拉特是一个来自工人阶级的孩子,也是所有选手中,唯一一个无缘大学生活的人。只有班尼斯特是 1 英里项目的世界级运动员。查塔韦后来创造了 5000 米的世界纪录,布拉舍也在两年后获得了 3000 米障碍赛的奥运金牌。

这是一场科学实验,而查塔韦和布拉舍则是班尼斯特的两个助手。胡拉特可以自己跑自己的。头两圈由布拉舍负责领跑,然后,在班尼斯特进行最终冲刺之前,由查塔韦负责领跑。赛场上的每个人都明白自己的位置。他们很清楚,这场比赛就是为了破纪录。

在心照不宣的起跑之后,每个人都到了约定的位置。前半场比赛的半程用时为 1 分 58 秒,优于他们的预期。进入最后一圈之后,班尼斯特冲到了最前面。他迈着优雅的大步,以 3 分 43 秒的成绩跑过 1500 米。他拼尽全力,凭借角斗士般的努力冲过了终点,脸上露出痛苦而扭曲的表情。他气喘吁吁,双手抱头,好像在问:"破纪录了吗?跑进 4 分钟了吗?"三位计时员的秒表显示,他的成绩是 3 分 59 秒 4。

他做到了!许多观众激动地冲上了赛场,以至于最后两名选手根本无法跑完比赛。班尼斯特的成绩被记录在册,交到了诺里斯·麦克沃特的手里。于是,他激动地宣布:

> 女士们,先生们,现在宣布本次运动会第九号项目 1 英里跑步的比赛结果:第一名,41 号,R. G. 班尼斯特,非职业田径协会会员,前牛津大学默顿学院学生。他的成绩创造了该运动会的新的田径纪录,在正式批准之后,3 分 59 秒 4 将成为一项新的英格兰本土纪录、英国(国内)纪录、英国(所有参赛者)纪录、欧洲纪录、大英帝国纪录和世界纪录。

人群中爆发出一阵阵欢呼与呐喊，庆祝这样一个伟大的历史时刻。[8]

班尼斯特已经精疲力竭了。他足足花了3小时，才让自己的脉搏降至正常的每分钟四五十次，他的视觉也出现了模糊。在电视镜头前，他表现得很谦虚，只表示很高兴自己这次能够成功。实现1英里跑进4分钟很棒，而赢得国际比赛的冠军更棒。班尼斯特向全世界保证，跑步是他的爱好，他是一个真正的非职业体育爱好者。只有那些业内人士才知道，尽管班尼斯特是一名工作努力的医生，也没有因为跑步成绩而获得任何报酬，但是在1954年，很少有运动员能像班尼斯特这样，接受如此先进而专业的训练。

班尼斯特的名字传遍了全世界，各地报章都在头版头条刊登了这则消息。他拼尽最后力气冲过终点线的照片，象征着人类的又一次伟大壮举，堪比一年之前人类登上珠穆朗玛峰。大英帝国或许正风雨飘摇，许多殖民地的人民纷纷要求独立。但是，这个英国年轻人证明了，在英国人自己发明的1英里体育项目上，他们依然是全世界最优秀的。"英里"是真正的英国度量单位，也是帝国宽广的象征，这种英式单位要比不断推广的公制单位更为优越。"英里"是英国人用来规范世界秩序的尺度，所以，由英国人来打破"梦想的1英里"也是理所当然的。

不过，领跑手的做法也招致了一些批评的声音，并非人人都能完全接受。美国和澳大利亚的评论家表示，这种方式虽然可行，但不是正大光明的获胜方式。新纪录的产生是人为安排的结果，这算不上是一场真正的比赛。

帕沃·鲁米和许多专家曾预测，跑步成绩会出现快速提高，因为当前的水平还远远没有达到人类极限。

1954年的夏天，两个中距离跑步的世界纪录先后诞生了。在班尼斯特比赛结束一个月之后，韦斯·桑蒂在美国又创造了新的1500米世界纪录——3分42秒8，从而打破了贡德尔·黑格保持的多年未破的世界纪录。然而不久之后，桑蒂便因在比赛中收取了过多费用而被判处违反了职业准则,并受到了禁赛处罚。

1954年春天,世界排名第三的长跑运动员约翰·兰迪从澳大利亚来到了斯堪的纳维亚半岛。在参加了一系列比赛之后,兰迪于6月21日来到了芬兰图尔库(Turku)的体育场。在比赛中,兰迪在700米处开始领先,并以此为起点,以3分41秒8的成绩创造了新的1500米世界纪录,并以3分57秒9的成绩打破了1英里的世界纪录。这一成就显然是兰迪一个人的努力,而不是与经过精心挑选的助手们进行的实验。

至此,罗杰·班尼斯特的1英里纪录总共保持了46天。

显然,班尼斯特和兰迪的对决指日可待。1954年8月,两人在温哥华举行的英联邦运动会上狭路相逢。这次比赛被称为"奇迹1英里"之争。结果,班尼斯特以3分58秒8的成绩夺冠。虽然兰迪在上半场一直保持着明显的领先优势,但他的最终成绩为3分59秒6。毫无疑问,在1954年中,班尼斯特摘得了1英里比赛的桂冠。

1957年,美国的赫伯特·伯杰(Herbert Berger)博士声称,安非他明的使用可以解释,为什么1英里跑进4分钟的运动员不断涌现。伯杰认为,迄今为止已有12名运动员先后18次跑进了4分钟,这种现象十分可疑。他的说法引发了医生和其他专家的国际辩论。而跑步运动员觉得受到了侮辱,并表示在中长跑比赛中,绝对不涉及安非他明等兴奋剂。在许多国家,这些兴奋剂药丸或喷雾随处可得。1957年,光美国就生产了60亿颗安非他明药丸。辩论很快就结束了,除了提出这种论调并遭到运动员否认之外,没有产生任何结果。

不过,伯杰的说法揭示了,人们对于纪录诞生的怀疑从很早就开始了。西方总是对进步充满了信仰,并相信科学有能力解决所有可以想象和无法想象的问题。那么,不妨想一个简单的问题:既然当时的人们对未来抱以乐观态度,坚信一切成绩都可以实现,而且应该更快,那么体育的进步可能源于作弊的现实,是否与这种信念相冲突呢?殊不知,任何主张其实都违背了自然之道。[9]

第 22 章

非洲人来了

> 对于来自不同部落的许多年轻人来说,偷牛是一项传统运动。
> ——在肯尼亚的卡伦津(Kalenjin)部落,
> 年轻人们会成群结队地跑 100 英里去偷牛

到了 20 世纪 60 年代,西方大部分地区都已经看上了电视。1960 年的夏季奥运会也首次进行了电视直播。奥运会期间,人们或聚在电视机前,或围在商店橱窗外面,观看电视直播。这种新型媒体让全世界观众感到着迷。人们终于可以足不出户,在自家客厅里直接观看全球最盛大的体育赛事了。电视增进了人们对体育的兴趣,为人们观看体育比赛增添了新渠道。这种神奇的媒体不仅改变了观众的生活,也改变了他们对体育的看法。

在 1960 年的罗马奥运会上,有两名黑人跑步运动员给人们留下了格外深刻的印象。美国女子短跑运动员维尔玛·鲁道夫(Wilma Rudolph)凭借她的大长腿包揽了 100 米、200 米和短跑接力三枚奥运金牌,成为历史上第一位黑人短跑皇后。而令人感到震惊的是,她曾是一名小儿麻痹症患者,年仅 20 岁的她还是一个小女孩的妈妈。鲁道夫是早期女子跑步运动员的代表人物。她优雅而温柔,令摄影师眼前一亮。男人们常常觉得,鲁道夫的特点不是跑得快,而是很有女人味。

早期的女运动员常常缺乏女人味,这一点也是她们时常遭受诟病的原因。维尔玛·鲁道夫或许不是第一个闻名世界的黑人女子短跑运动员,但是她提醒了全世界,要及时改变观念,尤其是在种族歧视方面,这为后来黑人运动员走向世界铺平了道路。

在1960年奥运会马拉松赛中,还有另一位黑人运动员脱颖而出。他就是来自埃塞俄比亚的阿贝贝·比基拉(Abebe Bikila)。当时,人们对埃塞俄比亚体育的发展一无所知。

在这次奥运会上,马拉松赛的起点和终点首次设在了体育场之外的地方。比赛时间定在下午5点30分开始,而不是像以往那样,从清晨开始比赛。整条比赛线路途经罗马的许多著名景点。这是一段穿越历史的路程。比赛的起点设在米开朗琪罗设计的坎皮多利奥广场(Piazza di Campidoglio),比赛结束时已是深夜。士兵们沿途举着火把照明,燃烧的火焰让人联想到了古代奥运会。

最受欢迎的运动员是来自苏联的马拉松赛世界纪录保持者谢尔盖·波波夫(Sergei Popov)。

在马拉松赛程过半时,埃塞俄比亚的阿贝贝·比基拉和摩洛哥的拉迪·本·阿布德塞勒姆(Rhadi ben Abdesselem)保持领先。大家对眼前这个光脚跑步的埃塞俄比亚选手非常陌生。有人说,他光着脚是因为他没有鞋穿。其实不然。比基拉从家乡带过来的鞋子跑烂了,而他在罗马买的新鞋不合脚,把脚都磨出水疱了。比基拉在赛前训练时,一直穿着这双新鞋。直到正式比赛之前,出生于芬兰的瑞典教练翁尼·尼斯卡宁(Onni Niskanen)建议他别穿这双鞋上场。于是,比基拉决定光脚参加比赛。

两名非洲选手你追我赶,一直咬得很紧。在途经卡普纳港广场(Piazza di Porta Capena)时,比基拉看到了意大利人在1936年侵略埃塞俄比亚时抢走的著名的阿克苏姆方尖碑(Obelisco de Axum),便开始发力领先。最终,比基拉夺得金牌,比摩洛哥选手快了25秒,并以2小时15分16秒2的成绩创造了新的马拉松赛世界纪录。

奥运会结束之后,比基拉载誉回国。他和皇帝的雄狮一起坐在卡车后面,穿过首都亚的斯亚贝巴的街道,受到了家乡人的夹道欢迎和热烈欢呼。皇帝封比基拉为低阶将官。很快,比基拉便成为皇帝的亲信。

比基拉开启了一个全新的时代。在欧洲人眼中,他是第一个夺得奥运会金牌的非洲黑人运动员。20世纪头十年,两名南非白人曾经获得奥运会马拉松赛的冠军;1928年,阿尔及利亚的布格拉·埃尔·奎菲(Boughera El Quafi)代表法国获得金牌。1956年,马拉松赛金牌得主——法国运动员阿兰·米蒙(Alain Mimoun),实际上也是阿尔及利亚人。比基拉证明了,西方关于黑人不善长跑的理论是毫无道理的。

对于埃塞俄比亚而言,罗马奥运会具有特殊意义。早在1896年,意大利就曾试图对埃塞俄比亚进行殖民统治。1936年,意大利入侵埃塞俄比亚,并占领该国长达五年之久。埃塞俄比亚皇帝海尔·塞拉西一世(Haile Selassie I)及其人民都对意大利痛恨不已。直到1941年,在外流亡的海尔·塞拉西一世才得以回国。所以,比基拉的夺冠,实属一次非同寻常的胜利。这一好消息迅速传遍了整个非洲大陆。当时,非洲各国正纷纷摆脱欧洲殖民主义的枷锁。在西方人眼中,比基拉是非洲野生的长跑天才;但在非洲人眼中,比基拉代表着希望,代表非洲人可以在体育赛场上,打败不可一世的白人。

埃塞俄比亚是一个贫穷而落后的国家。在1800万人口中,受过教育者仅有28万人,至少90%的人是文盲。全国只有一家公立医院,位于首都亚的斯亚贝巴。在城市中,土狼和野狗四处啃食垃圾,麻风和天花等病随处可见。不过,埃塞俄比亚的学生人数在持续增加。在这个高地国家中,皇帝统治着一切。当皇帝乘坐时髦的卡迪拉克轿车从街道上驶过时,人们常会当街跪拜。埃塞俄比亚是一个封建国家,有很长的独立历史。早在4世纪,基督教就传到了这里,科普特派基督教会在此势力很大。

西方人对埃塞俄比亚知之甚少,因为埃塞俄比亚接受苏联的援助,也从不对外公布国内情况。许多人以为，比基拉从未受过训练，完全是凭借跑步天赋取胜的。不过，与许多黑马一样，比基拉其实也接受过长期的正规训练。早在1947年，埃塞俄比亚政府就任命了翁尼·尼斯卡宁来负责国内的体育工作。

翁尼·尼斯卡宁出生于芬兰的皮赫蒂普达斯（Pihtipudas），1929—1936年移居瑞典，成为瑞典公民。他参加过工人阶级体育运动，并获得1936年巴塞罗那工人奥运会的参赛资格，但由于西班牙内战爆发，这次运动会在开幕前一天被取消了。第二次世界大战期间，尼斯卡宁参加了芬兰对苏联的反击战，负伤后晋升为中尉。尼斯卡宁是埃塞俄比亚发展体育事业的最佳人选：他在家乡时就有从事体育事业的经验，还曾受过军事训练，并且，他来自一个重视跑步运动的社会。[1]

1932年8月7日，阿贝贝·比基拉出生于贾托村（Jato）。这里离德卜勒伯尔汉（Debre Birhan）山区的门迪达镇（Mendida）有6英里路程。比基拉的父亲是一个牧民，家里共有四个男孩和一个女孩。20世纪30年代，意大利入侵埃塞俄比亚，比基拉与家人在逃难时走散了。1941年，意大利人撤军之后，比基拉又与亲人团聚，并成为一个小牧民。20世纪50年代，比基拉来到了首都亚的斯亚贝巴，皇家警卫队的训练给他留下了深刻印象。比基拉的哥哥就是一名警卫，他帮助弟弟入了伍。警卫是一个有特权的职业，每天只需要站岗两次，每次两小时。这使他们有大量时间可以进行体育锻炼。

1957年初，比基拉注意到，有些警卫穿的制服特别漂亮。原来，他们参加了墨尔本奥运会，这些制服就是给参赛者的奖励。比基拉也想拥有这样的制服，于是，他的奥运梦就此诞生。他加大了训练强度，下班后也去跑步。母亲很为他担心，觉得这样下去，他的身体会垮掉，所以便每天不让他吃饱，希望他因为没有力气而停止跑步。可是，比基拉并没有放弃，他花了很多钱在外面吃饭，也因此总是被唠叨。有一次，比基拉受邀参加了一个自行车赛，他很认真地训练备战。在埃塞俄比亚，自行车项目也很受重视。他的母亲依然十分担心，打算给他说一门亲事，让他没有那么多时间去训练。结果，比基拉在自行车赛中获胜，并得到了人生中的第一个奖杯。

曾有传言称，埃塞俄比亚因在1956年奥运会上没有获得任何奖牌，正考虑放弃参加1960年奥运会。翁尼·尼斯卡宁当时在红十字会工作。当他听到这个消息后，直接去见皇帝海尔·塞拉西一世，向他说明拥有优秀运动员的重要性。他提到了自己的祖国芬兰，并表示埃塞俄比亚也可以通过体育强国，赢得全世界的认可和尊重。皇帝同意尼斯卡宁继续筹备奥运会。于是，他建造了一间桑拿房。这让埃塞俄比亚人感到无法理解，他们本来就身处热带，为什么还需要建造一间热得要命的桑拿房呢？

数百名运动员在塞俄比亚各地的军事基地中参加了奥运选拔赛。比基拉也参加了，并在5000米和10000米比赛中，分别位列第六和第九名。选拔赛的目的是在1959年全国军事运动会中，挑选出具备参加1960年罗马奥运会资格的运动员。在首都亚的斯亚贝巴举行的军事游行上，比基拉获得了人生中的第一个马拉松赛冠军。[2]

在埃塞俄比亚，人们并没有西方的运动传统，他们一向按照自己的想法去生活。比如，当发生了什么不好的事情时，他们会抱怨"恶灵"和看不见的神秘力量。神灵决定着一切，所以，他们并不认为竭尽全力地去突破极限有任何意义。出于这样的想法，运动员就算还有力气跑步，也很容易放弃，或毫无缘由地放慢脚步。尼斯卡宁希望能够彻底扭转这种态度。最终，埃塞俄比亚人还是接受了尼斯卡宁的意见。

1960年夏天，埃塞俄比亚人训练得异常刻苦。尼斯卡宁开着吉普车，让运动员成群结队地跟着车跑步，有时在前，有时在后。每个人都是一名战士，一名愿意接受任何训练的战士。他们的身体和意志力磨炼得越来越强大。尼斯卡宁用吹哨下达命令，他的埃塞俄比亚助手负责计时，记录成绩，并给他翻译结果。每天，他们都会在丘陵地带进行两场训练。训练结束之后，他们会去蒸桑拿，在那里流的汗甚至比训练时还要多。

一次，在返回军营的 5 英里跑步训练中，比基拉的鞋子出了问题，穿了半天也穿不上。其他人全都已经出发了，比基拉只好将鞋子装进口袋里，光着脚追了上去。尼斯卡宁对比基拉穿鞋时和光脚时的训练成绩进行了研究：6 月 28 日，他光脚在路上跑了 20 英里，成绩是 1 小时 45 分，两天后，他穿鞋跑完了相同路程，成绩是 1 小时 46 分 30 秒。[3]

在距离罗马奥运会仅剩一个月时，在亚的斯亚贝巴举行的一次马拉松赛中，比基拉跑出了 2 小时 21 分的好成绩。要知道，这座首都的海拔高度为 8000 英尺。当比基拉来到罗马奥运会赛场时，他完全不像许多西方人以为的那样，是一个从山里随便找到的跑步爱好者，被骗到这里来参赛的。

1960 年 12 月，埃塞俄比亚皇帝出访巴西，皇家警卫队乘机发动了政变。叛军逮捕了所有皇室成员，并将大臣们扣为人质。美国大使试图在叛军和军方之间斡旋，但军方不愿做出任何让步。结果，叛军在逃跑前，使用机关枪杀死了所有人质。与此同时，皇帝得知了政变的消息，立刻乘机赶回国内。

政变得以平息。对于一些军官的不忠，皇帝深感失望，下令绞死了其中一部分人。比基拉由于工作原因，也受到了牵连，但他并无意推翻自己的朋友。比基拉被关押了一段时间，他没有被处以绞刑，是因为没有证据表明他本人主动参与了政变，而皇帝的善意起到了关键作用。皇帝不能下令对这位伟大的埃塞俄比亚英雄处以极刑。

比基拉的马拉松赛生涯得以继续。在职业生涯中，他共参加了 15 场马拉松赛，12 次夺冠，其中包括 1964 年的东京奥运会。在比赛结束后，他在草地上做了一套放松身体的拉伸操，没有流露出一丝疲惫的样子，让全世界的电视观众叹为观止。其实，他跟其他人一样疲惫，但他坚持将这套操做完了，数百万观众跟着他做着每个动作。他的这套招牌动作是精心设计，很好地巩固了这位非洲长跑天才的地位。皇帝将比基拉提升为中阶将官，还送了他一套房子和一辆大众牌汽车——这可是埃塞俄比亚人能拥有的顶级奢侈品。

1969年3月的一个雨天,比基拉在训练结束后,开着他的大众汽车去农场。雨天路滑,能见度很差。桥对面开来一辆大巴,速度很快,撞上了他的汽车。大巴的乘客们认出了车里受伤的人是比基拉,大吃一惊,好像他们撞的是上帝一样。

当比基拉恢复意识时,看到妻子、母亲和医护人员全都围在他的身边。这位世界上最伟大的马拉松运动员刚一醒来,就想着继续跑步。可他发现自己动不了了。刚开始医生认为,这是他长时间昏迷的结果。可他的情况并没有好转:他胸部以下已完全瘫痪。埃塞俄比亚最好的医生都黔驴技穷,只好将他送到英国,做进一步治疗。只可惜奇迹并没有发生。如果换作普通的埃塞俄比亚人,受了这种伤,必定是躺在家中,由家人照料。可是比基拉却被汽车和飞机运送到世界各地求医,总是被好奇者包围着。曾经那么敏捷的双腿,而今却动弹不得,真是个悲剧。比基拉坐着轮椅,给他人进行训练指导,去挪威参加雪橇比赛,还用手练习射箭。

1973年秋天,比基拉得了严重的胃病,疼痛难忍。在医院里,他的身体每况愈下。皇帝命令医生将他送到英国,接受专家治疗。可是没等他们动身,比基拉就去世了,享年41岁。1973年10月22日,在得知他去世的消息之后,埃塞俄比亚举国哀悼。人们在大街上哭泣,成千上万的人参加了他的葬礼。

在亚的斯亚贝巴,非洲统一组织的总秘书长为比基拉致悼词:

> 比基拉带给埃塞俄比亚的荣耀将永世长存。他不仅为埃塞俄比亚争了光,还为整个非洲争了光。他的去世,是埃塞俄比亚和整个非洲的重大损失。比基拉代表非洲人,在国际田径赛场上大放异彩。作为两枚奥运会马拉松赛金牌的获得者,比基拉证明了,非洲人不仅可以与国外对手同台竞技,还可以赢他们。更重要的是,比基拉创造了历史。他提醒着那些种族主义者,不要轻视非洲人。[4]

从西方的角度，很难真正理解比基拉在非洲的地位。西方人认为比基拉是一个跑步天才，虽不知出身，却一胜再胜，后半生身患残疾，悲惨地死去。而在埃塞俄比亚人和非洲人心中，比基拉有着非凡的意义：他是一个神话般的人物，是人们心中的神。即使在他死后，他依然是人们心中的英烈。比基拉证明了古希腊人的思想：体育运动和对体育英雄的崇拜，可以让一个国家更加团结，一个光辉榜样可以鼓励他人不断前进。比基拉的幸运在于，当他参加马拉松赛的时候，电视媒体的时代已经到来，非洲国家正在纷纷摆脱殖民统治争取独立，美国黑人也在摆脱过去奴隶制的束缚，争取自己的自由。

肯尼亚人的井喷

在西方人的眼中，非洲人就像是天生的跑手，他们来自高地国度，没有受过任何训练，就直接参加比赛。肯尼亚人尤其如此。不过，肯尼亚人究竟是什么时候开始跑步的呢？

"二战"之前，与西方的田径比赛标准相比，肯尼亚可谓十分落后。肯尼亚第一位具备国际水平的跑步运动员名叫尼安迪卡·麦约罗（Nyandika Maiyoro）。他出生于1931年，父亲是一个有名的猎人。小时候，麦约罗在基西（Kisii）地区的丘陵地带放牧，锻炼出良好的体格。他没有上学。有一次，他看见一所天主教传教士学校正在举行运动会。他来不及询问父亲的意见，就参加了这次运动会的跑步比赛，并获得了冠军。从那以后，父亲便同意他代表这所学校去参加其他比赛。

殖民地政府也发现了麦约罗的巨大潜力。1949年，政府安排麦约罗离开了学校，把他当作一名职业跑步运动员来培养。麦约罗被带进了一栋有围墙、有守卫的楼房里。英国人希望将他培养成世界一流的跑步运动员，让他成为肯尼亚人的榜样。但是，肯尼亚人却并不羡慕麦约罗——他每天要跑28英里，过着监狱般的生活，没有老婆，也没

在 2009 年伦敦马拉松赛中，塞缪尔·万吉鲁（Samuel Wanjiru）领先策加耶·凯比德（Tsegaye Kebede）。此时赛程已进行到 24.5 英里处，选手们正在经过寺庙广场的中庙附近。万吉鲁此时用时不到 1 小时 56 分。最终，他以 2 小时 5 分 9 秒的个人最好成绩，创造了新的马拉松赛世界纪录。凯比德获得了第二名

有女朋友。但是，由于麦约罗在东非运动会上表现出色，他的地位也变得越来越高。

英国人还想取缔肯尼亚人的偷牛传统。在卡伦津部落中，偷牛现象十分普遍。殖民政府采取的方法之一，就是通过举行跑步比赛，将肯尼亚人，尤其是南迪人（Nandi）的精力分散到其他事情上去。1959 年，东非大裂谷地区的管理者表示："对于来自不同部落的许多年轻人来说，偷牛是一项传统运动。"殖民政府打出了"反对战争，请在体育比赛中展现你的勇敢"的口号，其用意不言而喻。[5]

1949 年，英国人阿奇·埃文斯（Archie Evans）出任殖民地的体育委员，并成为肯尼亚田径队的领队。在他的领导下，肯尼亚体育活动开展得井然有序，比如全国运动会上不再设置种族障碍。埃文斯还带领肯尼亚人参加国际赛事，包括 1954 年在加拿大温哥华举行的英联邦运动会。参赛途中，肯尼亚田径队在伦敦做了短暂停留。拉扎

拉·切普科尼（Lazara Chepkwony）参加了在白城举行的6英里赛跑。这是肯尼亚选手第一次在欧洲参加比赛。

光脚的非洲选手在马拉松赛场上引起了轰动，英国最有魅力的马拉松运动员高尔登·皮里当时也在场上。切普科尼紧跟着领先的选手。他会时不时地冲刺几百码，并没有在匀速跑。跑到第15圈时，他因为拉伤了肌肉不得不中途退出。媒体对非洲选手并未重视，他们认为切普科尼的表现很荒唐，一看就是没受过训练的。西方人一贯认为黑人不善于长跑，他们既缺乏肌肉，又缺乏意志力，也没有长跑天赋。切普科尼在1954年伦敦马拉松赛上的间歇冲刺和受伤退赛，都佐证了这一观点。

第二天，切普科尼的老乡尼安迪卡·麦约罗出现在3英里的赛场上。现场有3万名观众。当发令枪响后，他以飞快的速度出发，让观众始料未及，惊叹不已。他取得了45码左右的明显领先优势。可他突然抽筋了，结果被其他选手后来居上。尽管如此，他还是一路冲刺到底，以13分54秒8的成绩获得了第三名。弗雷德·格林（Fred Green）和克里斯·查塔韦获得了前两名，他们二人都曾经打破过世界纪录。[6]

在跑步方面，1954年是肯尼亚突破的一年。不过，只有关注田径的人注意到了这一点，并且相信，肯尼亚国内跑步人才济济。比如，有两个15岁的少年在15分30秒以内跑完了3英里。这一时期，人们并未觉得肯尼亚人具有格外突出的跑步天赋。

20世纪50年代，肯尼亚人对独立的要求越来越强烈。白人定居者掠夺了非洲农民的土地，激起民愤。乔莫·肯雅塔（Jomo Kenyatta）是一位肯尼亚精英，曾赴欧洲留学。他一直在竭尽全力地为肯尼亚争取独立。后来，肯雅塔与183名民族斗士被捕入狱。肯雅塔因为组织了1952—1959年的茅茅起义（Mau Mau Rebellion），而被判处七年监禁。在肯尼亚的独立斗争中，共有1.3万人丧生，其中英国人不足百人。1956年，英国人逮捕并处决了肯尼亚游击队领袖德丹·基马蒂

（Dedan Kimathi），得以继续在肯尼亚为所欲为。肯尼亚内战也起到了一些推波助澜的作用。当时，有些非洲人站到了欧洲人的一边，并非所有的非洲酋长都放弃了对殖民地政府效忠。

为了镇压肯尼亚起义，殖民地政府强行将非洲人重新安置在"保护村"中。村子周围全都用铁丝网给围了起来，还挖了沟渠，里面插满了削尖的竹子。任何违反禁令擅自离村者，都可能被随时射杀。在整个起义期间，殖民地政府大力鼓励体育运动，以转移肯尼亚人的注意力，让他们无暇思考政治和反抗问题。

不过，20世纪50年代的体育发展在不知不觉间，为肯尼亚成为今天的跑步大国打下了基础。一些著名的英美教练先后访问了肯尼亚，对运动员的训练提出建议。1963年，肯尼亚实现了独立。次年，乔莫·肯雅塔成为肯尼亚的首位总统。

终于，肯尼亚运动员可以代表独立的祖国参赛了。他们得到了总统肯雅塔的支持。总统意识到了体育作为一种政治工具的价值：体育可以让肯尼亚人团结一心，在国际上产生积极影响，向世界证明肯尼亚人的品格和力量。1884—1885年的柏林会议将非洲分割为跨语言、跨文化的殖民地，结果导致不同的民族被迫组成同一个国家。体育可以将不同民族团结起来，跑步在肯尼亚就起到了这样的作用。1964年，一位肯尼亚部长向凯旋的奥运代表团致谢时说道："你们向世人展示了，世界上有一个名叫肯尼亚的国家，肯尼亚人民是有才华、有活力、有潜力的。"[7]

这让人联想到20世纪20年代的芬兰。一个刚刚获得独立的国家，通过体育强国，在世界上争得了属于自己的一席之地。与芬兰的情形一样，肯尼亚跑步运动员在国外的知名度，远远超过了那些政客和艺术家。与芬兰的另一个相似之处在于，肯尼亚拥有强有力的跑步训练的组织和指导。在肯尼亚，跑步教练多半为英国人，其中包括约翰·维尔兹（John Velzian）。

1962年，正是维尔兹"发掘"了基普乔格·凯诺（Kipchoge

Keino）。当时，凯诺 1 英里的成绩为 4 分 21 秒 8。1968 年和 1972 年，凯诺两度摘得奥运金牌。他在肯尼亚的地位之高，堪比阿贝贝·比基拉在非洲的地位。凯诺和比基拉的家庭背景很相似，他家里也很穷。凯诺从小放牧，很晚才开始上学。20 世纪 60 年代，凯诺在 1500 米比赛中一鸣惊人。他并没有采用常见的匀速跑步方式。没有人能像凯诺那样，在跑一整圈或 200 米时，能够毫不留情地从头冲到尾，在世界顶级跑手中杀出一条血路，击败所有大牌运动员。早期的非洲运动员也曾使用过这种冲刺技术，但苦于缺乏指导，一直没有成功。凯诺发展了这种技术，并靠它走向成功。

关于凯诺的传说更巩固了他在非洲的传奇地位。据说，他在 10 岁时，曾遇到一只豹子，并成功逃掉了。在这件事情的触动下，他成为一名跑手。这个故事其实是凯诺自己编出来的。人是不可能跑赢豹子的，更何况是一个小孩子。不过，他在放羊时是真的遇见过豹子。那只豹子咬死了一只羊，还想把它拖走。凯诺为了不让豹子把羊拖走，紧紧抓住羊不放。最终，豹子松了口，并离开了。

不过，有些故事确有其事。比如，凯诺在参加 1968 年墨西哥奥运会时，患有严重的胆结石，在比赛期间连续八天无法进食固体食物。又比如，他是如何及时赶到 1500 米比赛赛场的："当时，从奥运村到体育场有 5 英里的路程，我知道，如果我坐大巴是绝不可能赶上比赛的，因为当时堵车非常严重。所以我决定，干脆跑过去。我超过了绝大多数载满运动员的大巴，最终及时赶到了赛场。"[8]

在海拔 7400 英尺的缺氧条件下，凯诺勇夺金牌。那天正好是肯尼亚的国庆日，也是他的妻子生下老大的日子。在 1968 年奥运会上，肯尼亚运动员总共获得了三枚金牌、四枚银牌和一枚铜牌。肯尼亚用实力向全世界宣布，一个跑步大国已经到来。

1972 年，凯诺偶遇五名孤儿四处游荡，吃土充饥，便收养了他们。三年后，他和妻子搬到了肯尼亚的埃尔多雷特（Eldoret），并在那里成立了一个儿童之家。到了 2000 年，这里已经成为 82 个孩子的家。

与凯诺后来的人道主义善举相比，他在田径场上取得的成绩显得微不足道。他为几代肯尼亚人树立了榜样，让人们看到，跑步是一条可以摆脱贫困的道路。

　　骄人的成绩让肯尼亚运动员在国际上大受欢迎。20世纪60年代末，第一批肯尼亚人开始获得奖学金，赴美国大学留学。1974年，肯尼亚国家队教练吉姆·瓦姆布亚（Jim Wambua）抱怨道，美国人正在榨干肯尼亚的跑步人才，用外来运动员来提高其国内高校的跑步水平。令人哭笑不得的是，肯尼亚人的大量涌入在美国同样引起了争议。一些人认为，外来运动员阻碍了美国本土跑步人才的发展。从1971—1978年，至少有168名肯尼亚人参加了美国学生锦标赛，并且参加的几乎都是400米及以上距离的比赛。到了1980年左右，至少有200名肯尼亚男子跑步运动员靠拿奖学金在美国生活。肯尼亚正在系统化地向国外输出跑步人才，这让他们可以出国读书，赚钱养家。[9]

第 23 章

痛并快乐着

> 上帝陪不了你，我陪不了你，你的父母也陪不了你，一切，都只能靠你自己。
>
> ——珀西·韦尔斯·塞洛蒂（Percy Wells Cerutty）
> 对中长跑运动员的建议

人生中的挫折常常会让人获得新的感悟。人们会诉说生活中的绝望、麻烦和伤心事，而后重整旗鼓，变得更加强大。

澳大利亚的跑步教练珀西·韦尔斯·塞洛蒂（1895—1975）正是在经历了人生中的低谷之后，才开始他的跑步事业的。1939 年，塞洛蒂体重仅有 45 公斤。他消化功能紊乱，还有严重的偏头痛和风湿病。大量吃药严重地损坏了他的脏器。医生表示，他只剩几年的寿命了。

就是那年，塞洛蒂在墨尔本的一家图书馆里忽然顿悟了。他读到了一种全新的宗教观点，于是幡然醒悟，意识到了自己生而为人，在精神上的真谛。他仿佛脱胎换骨了一般，一连五天都处于狂喜状态。[1]

为了让塞洛蒂恢复健康，单位给他放了六个月的假。由于生病，他被禁止开车，所以不管去哪儿，他都只能走路去。在一个失眠的清晨，他去了墨尔本的考尔菲尔德赛马场（Caulfield Racecourse）。黎明时分，马场上马匹正在训练。阿贾克斯（Ajax）是一匹优雅的、名气很大的马。塞洛蒂像个孩子一样,好奇地看着阿贾克斯从自己身旁疾驰而过。恍惚间,他觉得马儿在给自己传递某种讯息。回家的路上,他突然有了一种想要跑步的冲动。刚开始,他跑得很慢,接着越来越快,最后像马儿那般痛快地跑了起来,直到他的心脏开始剧烈跳动。他已经几十年没有跑步了。此时此刻,他仿佛获得了重生,他的生命又重新开始了。

塞洛蒂戒了烟,还将饮食改成了水果、蔬菜和什锦麦片。三年时间,他只吃未经加工的食物和清蒸蔬菜。他常去一些人迹罕至的地方散步、跑步、游泳,以及徒步旅行。他付出的努力越多,心情和身体就感觉越好。他通读哲学,将自己沉浸在宗教文学中,一遍遍地重温《圣经》和古人的智慧。他求知若渴,学习瑜伽修行者和诺贝尔医学奖得主的著作。塞洛蒂一直觉得,自己一定会做成一件大事,被世界历史铭记。现在,他找到了属于自己的这条路。

阿瑟·牛顿是跑步圈里的重量级人物。他在1935年的《跑步》(*Running*)一书中建议,在进行较高步频和较为激烈的训练之前,应该先进行慢速跑练习,循序渐进。跑步给塞洛蒂带来了切实好处,他的偏头痛不治而愈了。于是,他加入了墨尔本的马尔文·哈里斯(Malvern Harriers)跑步俱乐部。年轻时,他也曾加入过这个俱乐部。而再次归来时,他已经47岁了。塞洛蒂会在黎明时分起床,去观察马儿训练,学习马的奔跑技巧。训练场旁有几条跑道。这个瘦削的白发男人会与马一起奔跑,还会把脸贴在栅栏上仔细观察这些马,模仿它们的动作,在晨雾中足足跑上几小时。望着这个精力充沛的老人,骑师和驯马师只能无奈地摇摇头。塞洛蒂注意到,所有的马跑起步来动作都一样,而人跑步的方式则各有不同。马跑步时极富节奏感和律动感,虽然毫不费力,速度却很快。虽然马在跑步的时候,全身都在运动,但没有任何多余的动作。

塞洛蒂还开始了举重训练,这与20世纪40年代的跑步理论背道而驰。他能够将大石高举过头顶。虽然他长得很瘦,但是肌肉发达,能举起超乎想象的重物。而且，他在跑步时总是穿短裤，还光着脚，在不违背公序良俗的前提下，他会穿尽量少的衣服。

塞洛蒂尝试过各种不可思议的运动方式：或高抬腿，或慢跑，或变换步幅，或手脚并用。他专门去墨尔本动物园，观察羚羊、黑豹、美洲豹和猿猴跑步的动作，并据此提出了跑步技术的新理论。从技术上讲，未来最优秀的跑手应该结合马、羚羊、美洲豹和黑豹的跑步技巧，各取所长。就连"亚历山大技巧"的发明者——弗雷德里克·马蒂亚斯·亚历山大（Frederick Mathias Alexander）也对塞洛蒂的观点表示赞同。亚历山大技巧在舞蹈家和演员中广受欢迎。

人类原本是完美的，只可惜被文明的软弱给摧毁了。这是塞洛蒂最讨厌的东西，没有什么比文明更能摧毁人的身心了。事实上，所谓的文明进步，就是人类的巨大倒退。在医生给塞洛蒂判了死刑之后，他却依靠返璞归真的生活方式重获健康。

在塞洛蒂看来，原住民是目前唯一保留着原始运动方式的人："我觉得，在原住民被文明摧毁之前，他们是世上唯一以完美方式和姿势走路和奔跑的人。原住民的运动方式，不论是脚着地的方式、身体的姿势或是摆臂的姿势，都与其他人不同。而这正是我想教授的。"[2]

塞洛蒂希望自己能当老师、教练和导师。他希望自己能够训练出"斯多葛派运动员"（stotans），"斯多葛"的意思是"对痛苦或困难能默默承受或泰然处之"，常与"斯巴达"相联系，也就是"简朴的、不爱出风头的人"。在距离墨尔本60英里的波特西（Portsea）海岸上，一间15平方米的小屋成为他培养斯多葛派运动员第一个摇篮。

《斯多葛训练计划》共有六页，内容全面，不仅包括饮食、睡眠和训练方案，还有一些关于天地人的问题，如天地之道和生命意义等。物竞天择，适者生存。其核心要义就是，为了尽可能地回归人的真实本性，人需要进行艰苦的体育锻炼。只有先走出舒适区，人类才能真正成长。经历过奋斗和痛苦，人才能变得更强大，更和谐。在自然界中，这样的压力无处不在。世间万物都在为生存而努力挣扎。运动员应该对自己高标准、严要求，要么赢，要么死。只有这样，他们才能发挥出最强实力。除了身体更强之外，他们还会得到心灵的净化，达到更高的精神境界。对于塞洛蒂而言，跑步是人类与生俱来的行为，是人类回归原始之路。从本质上讲，它还是一种对自我的巨大冲击。

一个人可以通过与自然的交流，找到属于斯多葛派的那个自我。例如，在星空下睡觉，听鸟儿歌唱，赤脚在沙滩上奔跑，闻花儿的芳香，听海浪的声音等。这些交流方式听起来没有新意，但其实是独一无二的，因为塞洛蒂与同时代的人们截然不同。

塞洛蒂认为，那些情绪低落的商人尤其需要进行斯多葛训练，以帮助他们重新找回自我。当在澳大利亚碰不到这样的训练对象时，塞洛蒂就会去当私人教练。几十年来，美国的好莱坞电影明星和健康改革者一直在进行这样的实践，例如伯纳尔·麦克法登（Bernarr McFadden）。从某种程度上讲，麦克法登算是塞洛蒂的前辈。他推荐的健身计划包括走路训练、清淡饮食和全面的力量训练，而塞洛蒂则在此基础上进行了扩展，加入了跑步训练和重量训练。在许多国家，一些非主流人士与塞洛蒂的观点一致，他们在自己的书中建议人们以一种更为积极的"自然"生活方式，来抵抗文明的进步。塞洛蒂从他们当中脱颖而出，是因为他的关注重点在跑步上。

塞洛蒂于1946年发表了他的《斯多葛训练计划》。此后，他曾尝试争取1948年伦敦奥运会马拉松赛的参赛资格。时年52岁的他以不到3小时2分的成绩完成了比赛。由于落后得太多，塞洛蒂最终无缘奥运会。他意识到自己的年纪太大了，没有办法在国际赛场上立足，唯有依靠别人，他才有可能赢得人们的注意和认可。他太需要这些了。塞洛蒂的父亲是个酒鬼。父母在他三岁时就离异了。从那以后，他只见过父亲三次。

塞洛蒂随时都愿意做新的尝试。

塞洛蒂认为，运动员没必要在马拉松赛之前进行热身，尤其在天气炎热的澳大利亚。1948年，墨尔本举办马拉松赛的那天天气很热，莱斯·佩里（Les Perry）在跑了 3 英里后就后劲不足了。佩里是塞洛蒂培养的第一批优秀长跑运动员之一。

约翰·波蒂奇（John Pottage）是塞洛蒂的另一个徒弟。佩里发挥失常的那天，当别的运动员都在热身时，他却坐在一旁乘凉。

比赛开始之前，波蒂奇洗了个凉水澡。站到起跑线上时，他又将一瓶凉水倒在自己的身上。塞洛蒂曾在一只睡着的猫身上做过冰水实验，并证明凉水的刺激是有效的。他将冰水泼在了猫的身上。结果猫一跃而起，撞到了树上。"猫和其他动物都没有进行热身。"塞洛蒂代表斯多葛派争辩道。这一"战术"果然奏效了。在比赛的前 2 英里中，波蒂奇没有受到高温影响，位列第三。

塞洛蒂在报纸上为自己刊登了教练广告，以吸引那些对自己有所耳闻，并愿意自己登门求教的运动员。这位特立独行的教练改变了其中许多人的生活。他特别善于启发和提点，而且不光是在体育训练方面。在徒弟们后来的人生路上，塞洛蒂的建议也让他们受益良多。

对自己的训练理念，塞洛蒂也在不断进行调整和测试。他的徒弟们进行了六个月的斯多葛基础训练。一开始以短距离跑步为主，然后逐渐将训练距离增加至八九英里，同时辅以举重训练。随后三个月的训练，是为下一赛季备战。但塞洛蒂依然没有选择在田径场上进行训练。秒表和跑道不是上策。对运动员而言，一边呼吸着海边的空气，一边在沙丘间进行间歇跑，才是更好的选择。在这样的环境中，上了年纪的塞洛蒂展示了他惊人的短跑能力。他会埋伏在灌木丛中，在最后冲刺的时候，跳进年轻人当中，一举获胜，以此来羞辱他们，强大自己。赢才是最重要的。

在跑道上跑步是一件孤独的事情，速度和时间都会被无情测量，这是对生活赤裸裸的写照。塞洛蒂曾对徒弟们说过："上帝陪不了你，我陪不了你，你的父母也陪不了你，一切，都只能靠你自己。"[3]

塞洛蒂认为，高强度的体育运动不适合女性。过多的训练会使她们过于强壮，变得很爷们儿。当她们失去了丰满的胸部和圆润的身材，就几乎与男人无异了。20世纪50年代，他的这种想法惹恼了许多澳大利亚人。塞洛蒂具有很强的沟通能力，也很愿意与媒体交流。媒体就喜欢像他这样直言不讳的人。塞洛蒂热衷于成为众人瞩目的焦点，习惯于以自我为中心。当别人邀请他去家里做客时，他可能会突然脱掉衣服，跳上餐桌，像莲台打坐般地坐在吃饭的客人中间，只穿着一条内裤，高谈阔论一些哲学问题，一边炫耀自己的肌肉，一边谈论一些人类最原始的需求。人们忍俊不禁，盯着他看得津津有味。他的行为也激怒了不少人，但谁也不会忘记他。他是那么迫切希望找到完美的跑步人才，将他的训练理论变成现实。

1955年2月，澳大利亚田径锦标赛在阿德莱德（Adelaide）举行。加赛项目包括1英里和半英里的青少年跑步比赛。来自珀斯（Perth）的16岁选手赫伯·埃利奥特（Herb Elliot）包揽了这两场比赛的冠军。赛后，埃利奥特听说塞洛蒂正在珀斯执教。他以4分22秒的成绩试跑了1英里，获得了塞洛蒂的充分肯定和赞扬。塞洛蒂承诺，埃利奥特将在两年内跑进4分钟。[4]

埃利奥特的父母邀请塞洛蒂教练到家里做客，就此开启了一段独一无二的合作关系。埃利奥特深受塞洛蒂的启发，不过，他依然是个喜欢抽烟和聚会的学生，还在交女朋友，而这些都属于斯多葛派运动员的禁忌，因为女朋友会破坏他们的专注力，削弱他们的实力。埃利奥特于1955年从学校毕业，之后便去了父亲的公司工作。他每天抽三四十支烟，常常和朋友们一起喝酒，根本不去想跑步的事情。父母希望，1956年11月的墨尔本奥运会之旅，可以重新唤起儿子跑步的斗志。他可不可以跟着塞洛蒂训练跑步呢？

"当然可以。"这是塞洛蒂在许多鼓励信中的答案。

当赫伯·埃利奥特坐在墨尔本奥运会的看台上观看比赛时，弗拉基米尔·库茨志在必得的赛场表现给他留下了深刻印象。此刻，埃利奥特也想参加最高水平的国际比赛了。

奥运会结束之后，埃利奥特找了一份工资很低的电视机维修工的工作，留在了在墨尔本。他也会同其他人一道，陪塞洛蒂和他的妻子南希（Nancy）一起回波特西训练。他们八九个人每周五都会从市区去波特西训练，度过简单的周末生活。后来，塞洛蒂在波特西定居了。一同搬到那里的还有一些本土及外国运动员。塞洛蒂和妻子收留了这些孩子，孩子们会为他们的生计而工作，在当地打一些零工，然后像一个大家庭一样，与塞洛蒂围坐在餐桌旁吃饭，只不过人数时常变化。

1959年8月的一个周六下午，比尔·斯泰西（Bil Stacey）搭便车来到了波特西，敲开了塞洛蒂的家门。

"我想学跑步。"

"你叫什么名字？我不认识你。"塞洛蒂答道，接着对妻子南希大声喊道，"又得添张嘴了。"[5]

埃利奥特成为这个跑步大家庭中的一员，并很快脱颖而出，显示出超常的潜力。那年，他只有18岁。他来自一个稳定和谐的家庭，身心发育良好。塞洛蒂一个人对徒弟们讲解着"耶稣意识"，即在训练中体会痛苦，将比赛当成一种自我净化，从而更好地理解耶稣在十字架上遭受的苦难。埃利奥特领悟到了其中的智慧。如果一个人甘受痛苦，那么他就能在赛场上创造奇迹，如果人人都愿意自我牺牲，那么整个人类都会得到升华。只要你渴望了解真理，渴望成为最好的自己，你就必须去体会痛苦：你必须把痛苦当成值得一交的好朋友，去欢迎它，接受它，因为它会带给你很多回报。

塞洛蒂在波特西所带的徒弟中，不乏双腿健壮、意志坚强的人，但是，埃利奥特比所有人都高出一大截。1957年5月，他以4分0秒2的成绩跑完了1英里。尽管当时他只有18岁，但是在该距离上，他的世界排名已经提升到第11名。塞洛蒂曾预言，如果进行最佳的体能训练，这个年轻人1英里的成绩可以提高到3分43秒。

在波特西，有最适合埃利奥特进行训练的环境：海滩、峭壁和树林的景色，让人产生跑步的冲动。塞洛蒂知道，置身于美丽的风景中，就可以跑得更好，更轻松。跑道训练对他而言毫无意思，对埃利奥特而言也是如此。埃利奥特已经体会到了跑步的美好，但不是在跑道上，也不是用秒表。他们不会去进行1英里测试。塞洛蒂也不会拿着鞭子站在那儿督促训练。相反，他只是启发徒弟们，然后让他们自己做决定。徒弟们需要自己给自己安排训练，只有不断自我磨炼，才能更好地了解自己的内心世界。另一方面，如果徒弟们练得不够狠，跑得不够尽力，塞洛蒂就会关掉热水，让他们在大冬天冲凉水澡。

1957年，埃利奥特和塞洛蒂去美国比赛。他们俩与美国的生活方式格格不入。美国人崇尚物质享受，随处可见超重人群。媒体将师徒二人的采访刊登在报纸的头条，年轻的参议员约翰·肯尼迪（John F. Kennedy）注意到了埃利奥特的言论："在美国人的生活方式中，金钱太重要了。而在我看来，人们在追求物质享受的过程中，似乎已经遗忘了生活中的简单快乐、家庭生活和对自然的敬畏。在一个放纵无度的国家中，人们注定会在体质和精神上变得越来越弱。"

埃利奥特和塞洛蒂师徒合作得很好。不过，塞洛蒂常会在媒体和其他竞争对手面前气势汹汹地叫嚣"我们会杀光他们，把他们打成肉酱"，把比赛搞得好像一场公开的决斗似的，这让埃利奥特略感尴尬。塞洛蒂陶醉于扮演成功教练的角色。他宁愿死，也不愿在比赛中被打败。他憎恶对手，也讨厌与别人握手或拍背，从不向他人示好。[6]

在生活中，塞洛蒂也不是一个寻常的丈夫。1954年，他与第一任妻子离婚。两年之后，他与南希结婚。南希比他小21岁，是一个完美的斯多葛主义者。他们之间曾发生激烈的争吵。有一次，他俩在波特西喝茶时，南希把一个牛奶瓶砸在了塞洛蒂的头上。塞洛蒂的头被打破了，却整整一周没有洗去血迹。他带着头上的血迹，骄傲地在波特西的街头四处闲逛，就像一个不修边幅的男孩。不过，他也会虔诚地聆听贝多芬和威尔第的音乐，并且很欣赏达·芬奇和米开朗琪罗的作品。

谈到比赛，拥有固定的训练套路很重要。在参加重要比赛的前一天，埃利奥特会和塞洛蒂去田径场。塞洛蒂会全速跑四圈，逼自己达到绝对极限，然后对埃利奥特说："你或许能跑得比我更快，但你没有把自己拼到极限。"

在 1960 年罗马奥运会 1500 米比赛之前,他们像往常一样约好,由塞洛蒂在看台上发出信号。如果埃利奥特的成绩接近世界纪录,或者有人紧追其后,塞洛蒂就会挥动手帕。埃利奥特因为紧张,并没有听仔细。在最后一圈时,教练像疯子一样地向他挥手,他不清楚这到底意味着什么,只知道自己应该加快速度。

结果,埃利奥特不仅赢了,还以 3 分 35 秒 6 的成绩创造了新的世界纪录。塞洛蒂跳过栅栏,想和埃利奥特共同庆祝这一胜利时刻。可是警察抓住了他,还把他逮捕了。

塞洛蒂和埃利奥特之间的感情很好,但和另一个徒弟罗恩·克拉克却不是这样。在 1964 年的奥运会上,克拉克在更衣室里等待 5000 米比赛。在此前的 10000 米比赛中,他原本是夺冠大热门,却只获得了铜牌。在 5000 米比赛开始前最紧张的几分钟,克拉克在更衣室里听到了一个熟悉的声音:"克拉克,你没机会的,你一直这么差劲。"克拉克曾在距离最长的两个田径项目上先后打破过世界纪录,是世界顶级的长跑运动员。在这种关键时刻,塞洛蒂经常使用这种激将法,尽管残酷,但有时候也能奏效。被激怒的运动员可能会被激发出潜能,为了向这个大嘴巴证明自己而超水平发挥。但是,克拉克需要的是温暖鼓励,而不是恶语相向。在这场比赛中,克拉克跑得很差,仅得了第九名。

塞洛蒂的名字将永远与埃利奥特的名字联系在一起。但是,在波特西执教的 20 年中,他训练的其他数百名跑步运动员也不应该被遗忘。塞洛蒂从未得到他所渴望的认可。人们常常认为,他是个脾气暴躁、思想疯狂的人。他晚年时身体不太好,几乎说不出话来,也咽不下去东西。但是,在妻子强迫他去医院之前,他压根就没想过要去看病。医生诊断他患有运动神经元疾病,所以才会出现吞咽和进食困难。

1975 年 8 月 15 日,塞洛蒂在就医一周后去世。

阿瑟·利迪亚德

在执教方面，另一位澳大利亚教练也做出了宝贵和持久的贡献。1917年7月6日，阿瑟·莱斯利·利迪亚德（Arthur Leslie Lydiard）出生于新西兰的奥克兰（Auckland）。小时候，他是一个小胖子。在学校里，没有受过任何训练的他轻松地赢了跑步比赛。不过，他却对橄榄球更感兴趣，甚至在他加入了奥克兰的林代尔（Lynndale）跑步俱乐部之后依然如此。他将跑步作为比赛和训练之间的一种调剂，由于他的身体缺乏锻炼，跑起步来十分痛苦。

20世纪40年代中期，林代尔跑步俱乐部主席杰克·多兰（Jack Dolan）带着利迪亚德跑了一次5英里。多兰虽然年纪比他大，但训练有素，利迪亚德很难跟上他。如果在27岁的时候就跑得这么累，那么等老了以后，身体将会变成怎样呢？阿瑟·利迪亚德意识到了自己的身体有多么差，于是，终于有了认真训练的动力。[7]

他开始每周跑七天，并开始阅读与跑步相关的文献。他希望通过训练，达到那种以跑步为乐趣的境界，而不是在每周的800米赛跑之后感到那么痛苦。大多数国家的政府都建议人们通过步行锻炼身体，可他并不这样认为，还将每天的跑步距离增加到12英里。在极端情况下，他一周能跑250英里。每天深夜2点，他就得起床去开车送牛奶，然后去鞋厂上班（他有妻子和四个孩子要养），所以不得不把训练集中在周末进行。

在比赛中，利迪亚德依然没有取得特别好的成绩。但是，每进行一次20英里的艰苦训练，他就会在第二天的训练中感到格外轻松。八到十天后，他的身体感觉更强壮了。身体仿佛被训练折磨到支离破碎，而再重装时，却变得更加强大。一切都是为了在训练中达到某种平衡。

大部分时间中，利迪亚德都是一个人在尝试训练。后来，鞋厂的同事劳里·金（Lawrie King）开始陪他训练，并获得了惊人的进步。在1945年的奥克兰锦标赛上，劳里·金获得了少年组2英里比赛的冠军。他是利迪亚德培养出来的第一个在田径场上获得成功的运动员。利迪亚德还培养了其他两人——布莱恩·怀特（Brian White）和汤姆·哈钦森（Tom Hutchinson），他们都在同年举行的全国越野锦标赛中取得了胜利。

起初，利迪亚德并没有做教练的打算。可是，年轻运动员在听从了利迪亚德建议之后，增加了训练量，并取得了更大成功，这促使利迪亚德开始考虑当一名教练。在与林代尔跑步俱乐部发生了分歧并遭遇管理困难之后，利迪亚德离开了俱乐部，在奥瓦里卡（Owairaka）组建了自己的跑步队伍，吸引了许多当地的跑步者。利迪亚德放话称："奥瓦里卡队将在四年之内击败林代尔。"无论是当时还是今天，林代尔都是新西兰国内最好的跑步俱乐部。不过，利迪亚德确实没说错。[8]

利迪亚德花了九年时间，来完善自己的训练思路。在他担任马拉松赛教练期间，他的队员们每周要跑 100 英里，包括在备赛期间每周日进行的 22 英里训练。队员们全都打下了非常过硬的身体基础，不会因为大量训练而感到疲惫。在训练时，运动员需要一直保持在可以正常说话但不会因此而降低跑步速度的状态。在赛季之前的集训阶段，队员们会减少训练量，将重点放在山地跑和速度上，以便让身体达到巅峰状态。由于他们的身体底子都非常好，这样的最佳状态可以保持很长一段时间。

在 20 世纪 50 年代初，中长跑训练均以间歇跑为主。但是，利迪亚德却一直坚持匀速长距离训练。其训练体系的创新之处在于增加训练量和周期性训练，此外，即便是中距离跑步运动员，也需要进行 20 英里的长距离训练。利迪亚德的队员接受的是类似马拉松赛的训练，但他们参加的可能只是 800 米以上项目。20 世纪 60 年代初，彼得·斯内尔（Peter Snell）在中距离跑步的国际赛场上独占鳌头，成为坚持匀速跑训练的优秀榜样。

这些运动员其实跑得并不慢。如果训练量峰值达到了合适水平，训练坚持得最好的人可以保留绝大部分的力量，用在最后的冲刺阶段。

利迪亚德提倡的是"要训练，不要疲惫"，他希望通过训练来增强运动员身体中的力量，而不是越训练越缺乏力量。毕竟，他的出发点是相信，只要训练得当，跑步应该是件有趣而愉快的事情。

许多人认为，年轻人进行两三倍的训练量，或每周训练距离达到100英里是有风险的。医生和大多数普通人也会觉得，跑得太多容易损伤内脏，就连大多数运动员本身，也会担心这样的训练强度会让自己压力过大，劳累过度：心脏会变得太大，身体也会精疲力竭。但是，通过降低速度并增加训练距离，身体其实会变得更强壮，耐力也会越来越强。

在20世纪的跑步教练中，利迪亚德的重要地位无人能及。在他漫长而积极进取的一生中，他游历过许多地方，与数百名记者交谈，四处演讲，并在好几个国家执教。他的训练方法被不断地复制和发展。利迪亚德最大的贡献就是，通过稳定的、长期的、愉快的训练，将身体打造成一个有氧运动基地。其他许多体育项目也遵循了相同的训练原则。事实上，在人的生命发展过程中，童年和少年时期的体格发育，恰恰是成年之后身体健康的基础。

利迪亚德和他的澳大利亚同行塞洛蒂有许多共同之处。在他们将跑步和教练作为一生的事业之前，他们都注意到了自己身体的亚健康和退化状态。他们都是身材矮小但精力充沛的人，极具主见，渴望被他人关注，以国际赛场为目标，心怀壮志，希望自己培养出世界上最好的运动员。他们两人都在跑步史上留下了浓墨重彩的一笔，但是利迪亚德成为最受欢迎的那个人。塞洛蒂所传递的信息更偏重精神层面，更难被人接受。与利迪亚德不同的是，塞洛蒂不提供培训课程，而是更依赖于直觉。对生活充满热爱，为跑步事业奋斗终生，是他们二人的共同点。通过跑步创造最好的成绩，尽情地拥抱生活，这才是值得拥有的人生。

第 24 章

慢跑革命

> 一瞬间，泪水从我的脸颊淌下来，我从宇宙间感受到一种难以言喻的力量，我对自己的人生充满希冀。我是天地的孩子。
> ——加州跑步信徒克雷格·万德克（Craig D. Wandke）
> 写于 20 世纪 70 年代

20 世纪 70 年代，在美国流传着这样一个故事。一个上班族晚上下班回到家中，他精神紧张，情绪沮丧，再也无法承受来自社会的压力了。于是，他决定自杀。可自杀的话，势必会给自己的家人带来不幸，使他们蒙羞，所以，他决定出去玩命跑步。因为他是一个肥胖的中年烟民，他觉得如果去跑步的话，自己一定会死于心脏病的。

他用尽力气，以自己最快的速度奔跑着。但其实他跑得不仅很慢，还气喘吁吁的。他期待着自己心脏病发作的那一刻，却迟迟没有等到。他以为自己准备得不够充分。于是，晚餐时，他故意吃得很少，并很早就睡觉了。第二天早上，他又出去跑步了。这一次，他以更为轻松的步伐跑着，为的是可以跑更远的距离，以便诱发心脏病。在他累到喘不上气来之前，他跑了昨天两倍的距离，但仍然没有等到心脏病发作。他只得原路返回。数月以来，他内心的沮丧第一次消失了，事实上，他心里很高兴。"如果跑步要不了我的命，那么，跑步兴许能治愈我。"他在想。

次日,他买了昂贵的跑鞋和顶级跑步装备。当天晚上,他跑了更远的距离。可当他过马路时,被一辆卡车撞倒,不幸身亡。[1]

利迪亚德的慢跑倡议风靡全球

在 1960 年奥运会上,新西兰选手彼得·斯内尔和默里·哈尔伯格(Murray Halberg)分别在 800 米和 5000 米比赛中获得金牌,引起了轰动。赛后,他们的教练阿瑟·利迪亚德被问及成功的秘诀。奥克兰的塔马基雄狮(Tamaki Lions)俱乐部很好奇,为什么新西兰突然就培养出了如此优秀的跑步运动员。利迪亚德的回答是,就算自己的队员在赛前已经进行了一次长跑,他们依然可以比其他运动员更快地完成比赛。利迪亚德其实是在说皮特·斯内尔。斯内尔的最后冲刺能力可谓是非常惊艳。而他的秘诀就是,通过大量而稳定的跑步训练,系统地锻炼心肺功能,同时结合体能训练,可以使身体在一段时间内保持在巅峰状态。

在奥克兰雄狮俱乐部采访了利迪亚德之后,三名当地的退休商人找到了利迪亚德,并向他讲述了自己的心脏问题。其中一名老人提出,希望心脏病患者可以通过跑步,恢复身体健康。然而,在 20 世纪 60 年代,新西兰的医生和其他国家医生一样,通常会禁止心脏病患者进行体育锻炼。医生们要求心脏病人必须卧床静养,时间往往是好几周。就算这些病人没有病死,由于缺乏锻炼,他们的心肌也必然十分虚弱。

利迪亚德并非一位医学专家,但他很清楚,如果身体的某个部分长期不运动,那么必然会导致功能退化。在医生的许可之下,这些病人在奥克兰码头尝试了跑步疗法。具体做法是,病人先按正常速度,从一根电线杆走到下一根电线杆,然后加快速度,慢慢跑到下一根电线杆,如此循环往复,直至他们完成 1 英里的距离。刚开始,走跑交替的距离比较短。但是慢慢地,他们不仅可以跑完整段距离,而且还将跑步速度提高到了每小时 8 英里。与这些老人们数月前的身体相比，这样的锻炼效果简直是太棒了。

后来，在这些率先尝试了跑步疗法的奥克兰商人中，有些人来到了新西兰南岛的克赖斯特彻奇（Christchurch），拜访了他们以前的商业伙伴。克赖斯特彻奇市的商人惊奇地发现，奥克兰老友的身材变得苗条了。他们将身材变好归功于跑步：他们的心脏病已经痊愈，还感到自己的身体从未像现在这样好过。于是，克赖斯特彻奇的商人们邀请利迪亚德来到南岛，推广跑步疗法。很快，南岛的居民也开始跑步了。

几年后，利迪亚德在航班上巧遇科林·凯（Colin Kay）。凯从前是一名运动员，也管理过运动，后来当上了奥克兰市市长。他很有人脉，且擅长组织活动。见到凯的身材发福，还有些超重，利迪亚德便主动与他分享跑步心得，并建议凯开始健身。

凯认识许多被心脏病困扰的商人。一个周日的早晨，他将这些商人和心脏病专家诺埃尔·罗伊德豪斯（Noel Roydhouse）博士请到家中，听利迪亚德介绍跑步疗法：通过温和的跑步，逐渐加快速度，可以起到治疗的效果。罗伊德豪斯博士介绍了医学方面的相关知识。这天早晨，所有人都进行了一次跑步。利迪亚德告诫他们，不要相互竞争，因为他们的身体都不健康，不可以让身体负担过重，否则可能造成严重的伤害。

这一群身材肥胖、待人和善的商人一路走走跑跑，来到了奥克兰码头。在他们慢悠悠地原路返回之前，有些人还下水游了一会儿泳。这段距离不过 1 英里左右。但是，他们在成年之后，全都没有跑过这么远的距离。杰克·辛克莱（Jack Sinclair）曾是新西兰 1 英里跑步的全国冠军。作为一位心脏病专家，辛克莱在为这群商人开展跑步健身项目的过程中，引入了医学体重的概念。每逢周日，这群商人就会聚在一起跑步。他们成立了奥克兰慢跑者俱乐部，并吸引了越来越多的慢跑者加入。

他们将这种令人愉快的跑步方式称为"慢跑"（jogging）。"慢跑"

并不是一个新词：早在17世纪，英国人就用该词来形容人或动物进行的一种温和的跑步，在英国，该词还常常被用来形容马的缓步奔跑。澳大利亚小说家罗尔夫·博尔德伍德（Rolf Boldrewood）在其1884年小说《跑步回家》（*My Run Home*）中，用"慢跑"代指"晨跑"，但是在非英语国家，基本上没人听说过这个词。[2]

奥克兰的康沃尔公园（Cornwall Park）成为慢跑者的聚会地，来这里跑步的人数越来越多。康沃尔公园有一个中心广场，周围有许多小路和坡地。慢跑者在公园里建了一栋俱乐部大楼。他们在这里集合，然后在公园里进行慢跑活动。这种慢跑还具备一种社交属性，因为利迪亚德推荐以一种"可以说话的速度"来跑步。所以，在基础跑步训练中，"说话"成为控制速度的一种手段。不过，慢跑活动在开展时，也并非一切顺利。在他们跑步时，这些慢跑先驱者时常会遭到路上行人和司机的谩骂和嘲笑。车上的乘客会向他们扔啤酒瓶，司机会大声按喇叭，阻断他们跑步的路。即便是在新西兰，也很少能看见有人在路上跑步。有一次，利迪亚德的一位朋友从奥克兰北部的一个海军基地里出来跑步，当时天已经黑了。一辆警车停在了他的身边，警察下了车，询问他在做什么。

"我在为了身体健康而跑步。"

"哦，是吗，鬼才相信你！"警察将他逮捕，关了他一夜，因为没人会以健康为由，大晚上出去跑步。[3]

利迪亚德还有一位朋友是一名作家兼记者，名叫加思·吉尔摩（Garth Gilmour），他白天工作，晚上训练，正在为自己的第一次马拉松赛做准备。在一次夜跑之后，一辆警车停在了他的旁边，警察用手电筒粗暴地照在他脸上，上前盘问他。

吉尔摩解释道，自己早上一直在写头条新闻，忙到现在才有时间出来跑步。但警察不相信他的话，讽刺地问他："难道你只是在跑步吗？"

吉尔摩穿着跑鞋和短裤，裤子连个兜儿都没有，完全不像是罪犯的打扮。而且他身上也没有任何赃物。吉尔摩反复解释自己只是在跑步而已,他说自己正在写一本关于跑步的书,而白天太忙,完全没有时间进行训练。警方接受了他的说法,不过,还是跟了他足足半英里。

1960 年,在新西兰和其他国家中,一个夜跑的人可能会遭受很大的质疑。如果是一个精神健全的守法公民,谁又犯得着大晚上去街上跑步呢?

慢跑运动在新西兰各地迅速发展。在汉密尔顿,一位心脏病医生发起了慢跑倡议,他本人也曾是一名心脏病患者;在达尼丁(Dunedin),诺里·杰斐逊(Norie Jefferson)博士是推动慢跑的核心人物。他组织了 80 名跑步者参加一个为期三个月的慢跑项目,并对他们进行测试。随着越来越多的医生开始支持利迪亚德,慢跑运动也吸引了越来越多的人。不过,还是有许多医生对慢跑运动持怀疑态度:尽管研究和常识都表明吸烟有害健康,但大多数人还是会吸烟。

1962 年 12 月,美国俄勒冈大学的教练比尔·鲍尔曼(Bill Bowerman)带领自己的队员来到了新西兰。他和利迪亚德是旧相识,两人在一起交流了跑步经验。鲍尔曼抵达新西兰的第二天刚好是周日,利迪亚德便带他去了康沃尔公园。在那里,奥克兰慢跑者俱乐部的会员们正在跑步。他们当中,什么年龄层的人都有。鲍尔曼虽然已经 50 多岁,但依然觉得自己的身体很好,可以做一些适合自己的体育锻炼,比如 400—500 米走路和跑步。毫无疑问,他也加入了利迪亚德的慢跑队伍。

鲍尔曼的速度能跟得上慢跑队伍,大约半英里之后,他们跑到了一处很陡的坡地,他开始上气不接下气。鲍尔曼有些慌了,而利迪亚德却像一只松鼠一样,轻快地跑没影儿了。一个刚好路过的老人很清楚鲍尔曼此时的状况,便陪他一起殿后,还领着他抄近道,和他一路闲聊。尽管路程变短了,但鲍尔曼依然无法说话,只能咬着牙,凭借意志力跑完了剩下的路。这位乐于助人的好帮手名叫安德鲁·斯蒂德曼(Andrew Steedman)。尽管斯蒂德曼已经 73 岁了,还曾经得过三次心脏病,但他一直在等鲍尔曼,他的身体要比鲍尔曼更好。

这次跑步改变了鲍尔曼的人生。

在新西兰的六周，鲍尔曼几乎每天都坚持跑步。他不断向利迪亚德请教慢跑的问题。谁发起的慢跑？为什么要发起？先驱者们是如何开始的？慢跑有什么好处？当鲍尔曼回到美国俄勒冈的家中时，他的体重已经减掉了9—10磅。他带回了一个重要消息。他相信，这个消息正是美国所需要的。当记者杰里·乌尔哈默（Jerry Uhrhammer）请鲍尔曼总结此次新西兰之行的印象时，鲍尔曼表示，慢跑是他学到的最重要的收获。[4] 乌尔哈默在尤金（Eugene）地区的《总纪事报》（The Register General）上发表了文章，邀请人们前往当地的海沃德田径场（Hayward Field），听鲍尔曼讲述慢跑的神奇故事。

慢跑是什么？

1963年2月3日，大约25位市民来到了海沃德田径场学习慢跑。他们走走跑跑，带着学到的新知识回了家。第二个周日，来这里学习慢跑的人数翻了一番。第三个周日，大约200人参加了慢跑学习，其中四分之一为女性。乌尔哈默对此进行了追踪报道。《生活》（Life Magazine）杂志决定，对尤金市出现的这一独特现象进行专题记录。到了第四个周日，来到田径场的人达到了200—500人。人数之多，让鲍尔曼感到震惊。他开始担心，由于来到现场的人大多身体不好，很有可能会出现心脏病发作致死的情况。因此，他建议人们回家，先在小区周围跑步。他需要花时间来完善慢跑活动的组织工作。他给拉尔夫·克里斯滕森（Ralph Christensen）博士打了电话。克里斯滕森向他引荐了尤金市的心脏病专家沃尔多·哈里斯（Waldo Harris）。

鲍尔曼和哈里斯发挥各自所长，共同设计了一个慢跑训练计划：起始跑步速度为1英里12分钟，比步行速度略快。尤金大学的四名学生参加了为期三个月的慢跑试点研究，训练强度循序渐进。[5]

查尔斯·艾斯林格尔（Charles Esslinger）是尤金大学的体育部主

任，他为此项研究提供了更大支持。他们一共招募了100名中年人，其中大部分为男性。测试者被分成十组，每周训练三次。研究所得到的效果非常好，大部分人的健康都得到了改善，他们的体重下降了，而且不论是体力还是精力都很充沛。

1966年，鲍尔曼和哈里斯在成功的鼓舞之下，推出了相关的慢跑宣传册，希望将新西兰人成功的慢跑经验推广给更多人。鲍尔曼一直与利迪亚德保持着书信联络。次年，他们又推出了新的宣传册——《慢跑：一项适合所有年龄段的健身计划》，这本薄薄的小册子销量高达数百万册。在美国，有许多人在推广慢跑，但鲍尔曼无疑是他们当中名气最大的一个。

"你们想挣点零花钱吗，跑一次赚两三美元？"鲍尔曼询问着尤金大学跑步队队员。在20世纪60年代后期，挪威著名运动员阿尔内·夸尔海姆（Arne Kvalheim）刚好拿到了尤金大学的跑步奖学金。他同意，在参加工作之前，给慢跑者当教练。

早上6点半，形形色色的慢跑者乘车来到了训练场。他们当中有胖子，有瘦子，有身体不好的，也有身材不错的。他们都很愿意让这位公认的挪威跑步明星来监督自己锻炼。按照鲍尔曼的计划，他们在刚开始锻炼时要十分谨慎，先走100码，然后再跑相同的距离：对于体质较差的人而言，这样走走跑跑1英里，也是一件很难的事情，而且非常枯燥。在挪威，夸尔海姆并没有见过类似的跑步倡议；对于美国人而言，这样的锻炼形式也同样是陌生的。

尤金的慢跑队从2英里的走跑交替训练开始，也就是八圈的距离。在三个月的训练时间中，运动量会逐渐增加。每周，他们集体训练三次。每个人的身体都发生了明显变化，健康曲线快速上升。六周之后，就连一个重达120公斤的牙医，也可以一口气跑完2英里了。对于他这个体重级别而言，这样的成绩实属不易。[6]

慢跑浪潮从新西兰发源，相继席卷了美国和欧洲。一旦大批美国人开始跑步了，其他西方国家的人就会开始纷纷效仿。

身体不好的胖医生

在美国各地推广慢跑的医生当中,最有名的当数肯尼思·库珀(Kenneth Cooper)了。1968年,他出版了畅销书《有氧运动》(*Aerobics*)。如果从现代的眼光去看,这本书里关于训练和健身的观点显得十分幼稚。但是,当时的美国是汽车的王国。虽然20世纪30年代的苦难岁月才刚刚过去二三十年,但人们却已经完全忘记该如何锻炼身体了。因此,在美国这样一个国家中出书,库珀必须要注意措辞。美国人不仅吃的是垃圾食品,还缺乏身体锻炼,导致心脏病、糖尿病、肥胖症等文明疾病的患病率直线上升,已经变得非常普遍。

鲍尔曼和库珀号召人们慢跑,旨在应对人们久坐不动的生活方式。美国的肯尼迪总统也在大力支持体育事业。总统本人患有艾迪生氏病(Addison's Disease),需要定期拄拐,只是公众没有看到而已。包括体育老师、理疗师和军事教官等各类运动专家都发现,美国人口的身体健康水平正在不断下降。

在中学和大学期间,库珀一直是跑步运动员。与同时代的大多数人一样,毕业之后,他的身体明显变差了,人也长胖了许多。1960年,在部队服役一年的库珀尝试了曾经的爱好——滑水。结果,他发现自己虽然才抓住拖绳几秒钟,就累得喘不上气了。这次经历,加上血压偏高以及身体的各种不适,都说明库珀的身体变差了。可他才刚刚29岁,他的身体本该处于巅峰状态才是。

其他西方国家的医生也注意到了体质下降这一问题,并尝试通过药物来加以解决。库珀是一名空军医生,他提倡通过健身来改善体质,因为他本人已经通过跑步,让自己的血压恢复正常了,身体的其他一些小病痛也都消失了。于是,他开始建议自己的病人去跑步。

不少飞行员年纪轻轻就得了心脏病,这让库珀陷入沉思。要知道,他们当初可是全通过了严格的选拔考试才被招入空军的。此外,他们的视力及其他身体指标也都是最优秀的。可是,如果他们在空中突发心脏衰竭，或是身体出现了应激反应，再好的体格也无济于事。事实再次证明，跑步对于军人来说有多么重要。就算是在高科技部门亦是如此，恰恰是因为技术太先进了，才更容易削弱人本身的耐力。库珀意识到，心脏实际上也是一块肌肉，只有通过合理的运动，心脏才会变得更强壮，更有力，否则，它只能越来越脆弱。但是，很多人都忘记了这个道理。[7]

在中学时参加体育锻炼的美国人有数百万，在大学里仍然坚持锻炼的人数则少了很多。在大学毕业之后，也就是22岁左右，他们基本上全都不再锻炼身体了。工作和家庭责任成为成年人生活中的重头戏，他们已经很难有时间做运动了。跑步是孩子和少年的事情，成年之后还坚持跑步的人几乎不存在。在美国，体育和学校教育的关系十分紧密。而在欧洲等其他地区，类似的体育俱乐部并不存在。于是，慢跑者便成立了他们自己的跑步俱乐部。

"怎样测试耐力，才是最好的方式呢？"库珀不禁这样问自己。他把自己和空军士兵当作实验对象，进行了各种各样的耐力测试。士兵们在田径场和跑步机上跑步，测跑的时间从几秒到20分钟不等。库珀对他们的心率和跑步距离进行了测量，并做了相关记录。通过反复试验，库珀得出了结论：12分钟的跑步测试，可以最好地反映身体的耐力水平。测试结果可以提供测试者摄氧量的近似值。20世纪60年代，成千上万的海陆空士兵接受了此项测试，人们称之为"库珀测试"。在美国之外的其他国家，"库珀测试"成为体育课上最令人精疲力竭的考试。到了20世纪70年代之后，尽管欧洲人对库珀本人，以及他的名字与耐力测试的渊源完全不了解，但对"库珀测试"耳熟能详。单单是这个测试的名字本身，就已经让他们嗅到了汗水的味道。[8]

受此鼓舞，库珀申请了两年的假期，前往哈佛大学研究公共健康。他研究的课题是预防医学、训练生理学和太空医学。当时，恰逢美国总统肯尼迪宣布，美国将在1970年之前送一名宇航员登月。于是，宇航员的体能要求和体能训练变得备受关注。与此同时，美国的健康预算也有了显著提高。身体健康成为美国举国关心的问题。

1964年，库珀从哈佛毕业之后，开始负责美国宇航局的宇航员体能训练项目。尽管谁也不知道，人体在太空中究竟会出现什么反应，但是，宇航员的体能准备当然是再充分也不为过的。体能训练的目的，是提高宇航员的体能和耐力水平。为了防止宇航员的身体在航天活动中出问题，制定一个完备的体能训练计划是很有必要的。

1965年，记者凯文·布朗（Kevin Brown）来到了研究中心，打算写一篇关于模拟太空失重状态的文章。库珀告诉他，其实，这项体能训练计划中，最新奇且最容易引起轰动的地方在于，该训练计划适合所有年龄段的人。布朗对此很感兴趣。1966年1月，他在《家庭周刊》（Family Weekly）上发表了《用宇航员的方式来健身》一文，读者高达数百万。

读者兴奋不已。普通人真的有可能像宇航员那样健身吗？宇航员是经过了千挑万选，将要踏上最先进的太空之旅的人上之人。这份体能训练计划究竟有什么神奇之处，能对普通人同样奏效呢？一提到"宇航员"，美国人就迸发出对神秘太空的无限向往。美国与苏联之间的太空竞赛让美国人着迷，许多人梦想着成为一名宇航员。

于是，《家庭周刊》的出版商联系库珀写书，谈一谈他在健身方面的新发现。两年之后，库珀的《有氧运动》一书正式面世。这本书出版的时间，恰好在鲍尔曼出书一年之后。有了这两本书，慢跑的潮流无疑会继续向前。在提高初学者耐力的问题上，库珀和鲍尔曼给出了一致建议：应该从慢到快、循序渐进地增加跑步距离和速度。

库珀并非单纯推荐跑步，他还推荐游泳、骑车、越野滑雪等其他能够提高心肺功能和耐力的有氧运动，包括走路。身体不好、体重超重的美国人应该从走路开始，逐渐加快他们的步频，直到达到跑步的速度。在库珀1968年的《有氧运动》中，并未提到"慢跑"的字眼。不过，鲍尔曼在他的下一本书中提到了这个词。

库珀每周跑步40公里，这一习惯坚持了很长时间。在他看来，这个距离要比足以保持身体良好状态的距离更长。1970 年 9 月，他在接受美国杂志《跑步者世界》(Runners' World) 的采访时表示，他本人并不喜欢跑步。六年之后，他再次强调："我跑步并不是为了快乐，而是为了跑步给身体带来的好处。只要几天不跑步，我就能明显感到自己体力和精力的下降。"[9]

库珀跑步是为了呼吸新鲜空气。他将跑步当作全面放松身心的一种方式，以缓解高脑力劳动带来的压力。当他得知一位关系要好的朋友因心脏病去世之后，更加坚定了坚持跑步的决心。在他看来，跑步属于预防医学手段之一，可以给身体带来许多好处。如果你问一个刚刚开始慢跑的人"为什么要跑步"，许多人会异口同声地回答："因为我感到自己的身体变好了。"[10]

库珀和鲍尔曼不仅向人们推荐慢跑，还自己身体力行。这或许解释了，他们为什么能获得如此成功。他们做到了知行合一，不光推广健康知识，还亲自示范，起到了榜样的作用。此外，通过跑步，他们俩都赚到了不少钱。

是信仰，还是运动？

过去，跑步是个独特的小圈子，只有对跑步态度认真的人才能加入。跑步圈内的人也不会去试图影响圈外人，说服别人加入自己的行列。而且，许多人在学校上体育课时，就对跑步完全失去了兴趣——他们将跑步视为一种体罚。20 世纪 60 年代，新西兰和美国的慢跑者人数越来越多，他们开始向人们不断倾诉一个令人欣喜的新发现：跑步的乐趣！这才是推动慢跑运动向前发展的动力。

发现的乐趣，其实斯堪的纳维亚人早就在越野滑雪运动中发现了：体育运动也可以带着宗教色彩，在不断练习的过程中，人的精神世界也可以得到升华。在乡间跑步，可以让跑步者领略原生态的自然环境，尤其是在像美国这样的汽车王国，更是如此。这种亲近自然的体验令人感到新奇，是一条精神成长之路。跑步者常常借用"得救""重生"等一些宗教词语来抒发情感，仿佛这一切付出都是为了自我救赎。每天跑步时，跑步者还可以冥想。

有些跑步者的跑步习惯，会让人联想到一些宗教仪式。周日早上，他们不去教堂，而是约在一起长跑。他们不在教堂里听牧师传道，而是一边跑步，一边相互交谈，交流彼此思想和身体出现的积极变化。跑完步之后，他们会去洗澡、吃饭。跑步者会遵循特定的饮食和训练计划，他们会听从导师的建议，并把导师当成偶像。在跑步过程中，他们收获了朋友、理解和安慰。每逢重要比赛的前一天，他们都要休息一整天，就像安息日一样神圣。"状态"就是主宰，在追寻"状态"的过程中，跑步者已经无暇产生任何邪念了。只有在追求更好状态时，跑步者才可以对已建立的训练习惯进行调整。不过，调整的结果也可能会事与愿违。

有些成年人皈依了基督教，并因此而重生，获得了精神的洗礼。他们对世界有了新的认识，得到了心灵的救赎，开启了全新的生活。在跑步者，尤其是那些中年跑步者的身上，也发生着类似的变化。他们无意间开始了大量跑步，结果减肥效果明显，不仅改变了外形，还改变了性格。

美国各大跑步杂志都收到了许多读者的来信，称他们在户外跑步时，体会到了一种狂喜的感觉。20世纪70年代，加州的克雷格·万德克在来信中写道：

> 一瞬间，泪水从我的脸颊淌下来，我从宇宙间感受到一种难以言喻的力量，我对自己的人生充满希冀。我是天地的孩子。我低下头，望向地上的双脚，感受着夏天的空气充满了我的双肺。这种狂喜的感觉大概持续了30秒。接着，眼泪干了，我继续向前跑。在经历了这短暂一瞬之后，我的灵魂得到了升华。[11]

内啡肽（endorphins）所起的作用，或许可以作为产生狂喜的一种解释。此外，跑步者已经精疲力竭，也是事实。这种身体的兴奋反应也有可能是环境造成的，比如大自然的美丽，有阳光的炫目和夏天的空气。值得一问的是，当不同年龄、不同文化的人们在跑步时，是否都会体验到这种狂喜？这究竟是跑步带来的一种精神解脱，还是18世纪的加利福尼亚原住民在奔跑时，也曾有过的体会？对于原住民来说，感知自然也许是一种与生俱来的能力，而对像万德克这样生活在文明社会的美国人而言，由于他们的生活远离自然，因此他们缺乏这种感知力。只有通过跑步，将自己融入自然，才能找回这种感觉。现代人与原始自我之间缺乏的沟通，可能刚好可以通过跑步来弥补。跑步让人摆脱了日常生活规则的束缚，让人得以瞥见一丝永恒。

并非每个人都能体会万德克所提到的这种感觉；有些人的感觉和感知力要比其他人更为敏感一些。在万德克生活的那个年代，社会中的年轻人们总在追求各种"高潮"，或靠音乐，或靠毒品。20世纪六七十年代，加州以其毒品文化而闻名于世。这里的年轻人们喜爱思考，对东方哲学也很感兴趣。当时的时代精神认为，年轻人应当开阔眼界，远离老年人的生活方式。如果万德克去打坐、冲浪或吸毒的话，可能也会体会到同样强烈的兴奋感。

艾德·穆齐卡（Ed Muzika）是20世纪70年代洛杉矶的一位佛教信徒。同时，他也是一名慢跑者。他认为跑步和冥想会产生类似的兴奋感。刚开始，他觉得跑步和冥想和其他事情是不同的。但是渐渐地，修炼者对这种兴奋状态已经习以为常了。在不知不觉间，他们会感受到一种恒久的"高潮"。在这种兴奋状态消失之前，跑步者、禅宗信徒与僧人们不太会谈论这个问题。[12]

慢跑推广者在发表演讲时，人们总是听得津津有味。有一次，库珀在巴西的一个体育场里，向24万观众介绍健身与心理健康之间的关系。库珀是一名虔诚的宗教信徒。有时，他会与比利·格雷厄姆（Billy Graham）一起同台演讲。格雷厄姆是一名布道者，不仅在美国著名，而且享誉世界。有时候，出于宗教原因，库珀不愿意在周日多谈跑步的事情。作为一名演讲者，库珀就像教堂的牧师一样，具有带动听众传经步道的本事。

刚刚皈依跑步不久的新手，最有可能去主动影响身边的人，劝大家跟自己一起跑步。跑步老手长久以来一直是人们眼中的怪人，他们是不太可能去劝说别人的。跑步新手则有一个口号："如果跑步对我的身体有好处，那么它肯定对每个人都有好处。"同事和家人都会注意到，跑步者的身体和性格都发生了变化。他们的生活方式充满活力，脚步变得更加轻盈。他们沉醉于探索跑步的奥秘，乐此不疲。他们戒了烟，结交了新的朋友。他们当中，有些人甚至还离了婚，因为这些人已经无法接受自己的伴侣是一个肥胖的烟鬼。

在跑步热潮中，清教徒的口头禅"时间就是金钱"，又发展出了一个新版本——"时间就是健康"。人们可以花时间去锻炼身体，得到健康和苗条的身材。所以，花点休息的时间去跑步是件好事，因为对你的健康会有好处：慢跑是一种投资，不论从短期还是长期看，都大有裨益。

一天当中进行一次跑步锻炼，胜过吃一顿丰盛的大餐，喝一杯香醇的佳酿。跑步非但不会让人不堪重负，反而会促进人的身心健康，还可以塑形。通过跑步，你还可以建立良好的生活习惯，控制身材。当然，如果因跑步而受伤，就适得其反了。想要控制体重、健康和情绪的话，跑步是个好办法。

在不跑步的人眼中，跑步者或许是那种以自我为中心的人。他们生活简单，所有精力都花在训练上。一天之中，训练就是他们最重要的事情，吃饭和睡觉都是为了配合训练而已。周末活动也是以比赛为主。在普通人看来，跑步新手是一些狂热分子，他们极端的生活方式令人厌恶。跑步者总是被人当成性情古怪的苦行僧。过去，只有小孩和运动员才会跑步。如今，跑步的人越来越多了，一些年纪大的人也加入了跑步者的行列。跑步的标准越来越宽。它成为人们青春活力的源泉，也成为打发空闲时间的一种方式。

20世纪70年代末，一位女性跑步者道出了所有跑步者的心声："通过跑步，我获得了快乐和满足，我有了思考和解决问题的时间。跑步让我的身体充满了能量。所有这些都证明了，跑步是有用的。正因如此，我对跑步的付出，让我变得更开心，让我的生活也变得更好了。对于许多人来说，跑步与宗教信仰所起的作用是相同的。跑步让他们的生活有了意义。我说不清楚为什么，但是跑步确实带给了我新的意义，一种前所未有的意义。"[13]

这位女性跑步者强调，跑步与信仰上帝无关。它不是去相信某一个人，而是通过自律，让自己相信，自己有力量有能力控制自己的人生。许多人感到自己的身体已经力不从心了。而跑步让他们赢回了健康。除了身体和大脑恢复了活力之外，跑步带来的精神力量尤其强大。

《跑步者世界》是美国跑步者心中最重要的一本杂志。20世纪70年代，该杂志的出版商鲍勃·安德森（Bob Anderson）在一次采访中被询问，他的信仰是什么。安德森脱口而出："我是一名跑步者。"[14] 适度的跑步是一种健康而明智的锻炼方式，既可以防止身体衰老，又可以控制肥胖人群在美国蔓延。不过，慢跑之风在美国并没有流行太久，许多人刚开始没多久就放弃了。

不必再看心理医生

在加州的圣迭戈（San Diego），精神病学家萨迪厄斯·科斯特鲁巴拉（Thaddeus Kostrubala）是一位弗洛伊德理论的实践者。他的工作是通过精神分析，帮人们解开心结。20世纪70年代初期，他开始跑步，并注意到跑步给自己的精神状态所带来的积极影响。1972年，他为心脏病人制订了一个康复训练计划。次年，他进行了一次演讲，从一个精神病学家的角度，宣传了跑步的乐趣与奥秘。在听完他的演讲之后，观众并没有进行提问。科斯特鲁巴拉觉得自己当众出了洋相。

可是，许多观众后来找到了他，并向他诉说了类似经历：他们也发现跑步刺激了大脑，释放出了一种兴奋的感觉。医学界已经开始接受"跑步可以改善健康并对身体产生有益影响"的说法了。但是，医学界历来都会把身体和精神分开来看。

1976年，科斯特鲁巴拉出版了《跑步的乐趣》(*The Joy of Running*)，并在这本书中提到了上述问题。他在书中写道，跑步对抑郁症和忧郁症都有治疗效果，而且，跑步还可能治疗更加严重的精神疾病。科斯特鲁巴拉并没有找自己的病人谈话，而是和他们一起跑步。他知道，还有别的精神病医生也在这样做。科斯特鲁巴拉并没有选择给病人开药，而是建议他们去跑步。可想而知，他遭到了同行的炮轰。这些人都是业内知名的专家，拥有20多年的受教育经历，他们不可能向病人推荐如此简单的治疗方法。要想治疗复杂的精神疾病，当然需要采用更加先进的治疗方法，而且最好是利用尖端技术或最新科研成果，例如某款新药。因此，即便科斯特鲁巴拉承认，跑步并不能解决所有的精神问题，他也是在和一个庞大的经济利益集团作对。

20世纪40年代，美国在为"二战"士兵治疗心理创伤的过程中，就用到了跑步疗法。精神病医生观察到，病人变得更加冷静了，也更容易摆脱自己的心病。不过目前，精神病医生已经摒弃了这种疗法，而是转向使用大量镇静剂和化学药品来进行治疗。科斯特鲁巴拉的做法，是在向当时占据主流地位的精神病治疗范式发起挑战。在美国，后者与美国最富有的杜邦家族的广告语异曲同工："化学让你得到更多，过得更好。"[15]

抑郁症和跑步之间是否有联系呢？生理学家和医生就此问题展开了研究，却并未找到确切依据，因为抑郁症本身就是一种模糊的诊断。20世纪70年代，美国人已经衣食无忧，他们所感到烦恼的问题，在贫穷的亚洲人和非洲人看来，往往都是些不值一提的小事，甚至是一种奢侈的问题。美国是一个物质极大丰富的国家，随着美国人越来越不爱运动，各种新的精神问题层出不穷，神经官能症患者越来越多。

这也可以说是富裕的一个副作用。在美国的精神病诊所里，病人络绎不绝。他们均患有不同程度的抑郁症。倘若他们跑步，或进行任何种类的体育锻炼，那么大部分人的病情都将有所好转。

对于同行的诊断方法，科斯特鲁巴拉其实并不赞成：

> 在我们的社会中，有一种莫名其妙的价值观，认为忧虑和焦虑是不好的事情。其实，要想在社会中生存下去，一定程度的忧虑和抑郁是绝对必要的。如果我们到处去宣扬，所有的恐惧和妄想都是危险的或病态的，那其实是我们自己的误解。在当今社会中，还有许多更严重的精神疾病，而在许多情况下，长跑所产生的疗愈效果，好到超乎精神病医生的想象。[16]

美国的《新闻周刊》（*Newsweek*）、《时代》（*Time*）、《人物》（*People*）等各大主流杂志，均在头版刊登了关于慢跑的消息。20世纪70年代的美国读者和电视观众，是不可能错过的。著名摇滚乐手，如艾丽斯·库珀（Alice Cooper）、"沙滩男孩"乐队的布莱恩·威尔逊（Brian Wilson）、歌手琳达·龙施塔特（Linda Ronstadt）都表示，慢跑有助于他们戒毒。

不过，凡事都有例外。瑞典的超长距离跑步者世界名将鲁内·拉尔森（Rune Larsson），就曾经在一次跑步中，突然得了抑郁症。拉尔森19岁时，是一个刻苦学习的好学生。一个周日的早上，他参加了一场马拉松赛，并取得了2小时36分的好成绩。可是，就在比赛过程中，他的脑子突然嗡的一下，抑郁的情绪随即涌上心头，并困扰了他足足五年。刚开始比赛不久，拉尔森就开始感到情绪低落，接下来，他的心情越来越差。跑步训练并没有任何疗效，相反，他会在训练途中，坐在冰冷的森林中瑟瑟发抖，完全无法继续下去。但是，他从来不哭。或许，如果他让自己哭出来，反而会好受些。后来，他的抑郁症出现了好转，心态也变得积极起来，他成为超长距离项目上冉冉升起的新星。凭借自己过人的精力和幽默感，他不仅赢得了大型超长距离比赛，还时常用自己的经历去鼓励他人。艰难的岁月磨炼了他的心性，让他成长为一个成熟的人。[17]

内啡肽

"跑步者高潮"是指跑步者在跑步时或跑步后所体验到的一种欣快感。虽然这是个20世纪70年代的概念，但这种高潮早就广为人知了，只是缺乏科学合理的解释而已。

1975年，两个开展独立研究的科研小组，对跑步者感受到的这种快感提供了生物化学方面的解释。在苏格兰，约翰·休斯（John Hughes）和汉斯·科斯特利茨（Hans Kosterlitz）从猪的大脑中分离出了一种物质，名叫脑啡肽（enkephaline）。与此同时，美国的拉比·西曼托夫（Rabi Simantov）和所罗门·斯奈德（Solomone H. Snyder）也在小牛的大脑中发现了相同的物质。除了这两组之外，埃里克·西蒙（Eric Simon）通过独立研究发现了内啡肽，也就是"人体自然产生的吗啡"。

内啡肽是一种化学合成物激素，具有减轻疼痛的作用，还会影响人们的食欲和睡眠。当人在跑步、训练、恋爱、持续运动或受伤时，身体就会释放这种激素。一旦产生，内啡肽可在血液中停留数小时，剂量大时，还会让人产生异常兴奋的感觉。

跑步者感到兴奋，有可能是内啡肽起了作用。可以确定的是，跑步15—20分钟之后，身体就开始合成内啡肽了。不过，后来的研究对此提出了疑问，制造快感的到底是内啡肽，还是某些其他的激素。会不会是新鲜空气刺激了感官，或是大肌群运动（跑步会用到全身660块肌肉中的60%），或者仅仅因为跑步者取得了个人在运动上的好成绩？周围的环境、美丽的自然、柔软的小路、优秀的同伴、温暖的阳光，是否都可能成为产生兴奋的原因呢？

2008年6月,曼哈顿中央公园中的慢跑者

20世纪80年代,科学家们对内啡肽和跑步者高潮之间的关联进行了评估。结果发现,当配合测试的跑步者服用了阻断内啡肽产生的药物之后,他或她依然能够体验到跑步者高潮。事实上,科学家们也没有绝对把握,可以在实验室里产生这种效果。这一事实令人尴尬,因为它反倒是加大了研究内啡肽的难度,也加大了判断内啡肽是否是跑步者高潮成因的难度。尝试研究跑步者兴奋感的科学家,面临的是一个具体而又难以确定的现象,每个人兴奋时的激素水平都不一样。身体非常健康的人,体内的内啡肽含量更高。

如果跑步者是在室内跑步机上接受测试,则应该将跑步机放置在室外,因为新鲜空气和内啡肽的搭配,会让效果更好。[18]

女性跑步者曾经将跑步者高潮与性高潮进行过比较。健美先生阿诺德·施瓦辛格(Arnold Schwarzenegger)也曾将健身房里的高难度力量训练与性高潮进行比较。两种高潮的相似之处在于,都有很强烈的存在感,需要付出很多努力,一股强有力的血流会涌向身体的某些部位。在辛苦跑步之后,跑步者感到了一种强烈的幸福感,有些人认为,这种幸福感的程度与所付出努力的程度成正比。在跑步过程中,压力和疼痛促进了内啡肽的合成，从而减轻了痛苦感。这或许是从狩猎活动中进化而成的一种古老的生存机制。原始人类在跑步时或许会更加努力，因为越努力，体内产生的激素就越能缓解疼痛。如果事实真的如此，那么这就是一种感官进化的特点了。

跑步大师

跑步者将《跑步全书》(*The Complete Book of Running*，1977）视为《圣经》。该书的作者是詹姆斯·菲克斯（James. F. Fixx），又名吉姆·菲克斯（Jim Fixx）。

1967年，35岁的菲克斯开始跑步。那时的他每天要抽两包烟，体重高达109公斤。1977年，《跑步全书》登上了当年的畅销书排行榜。在书的封面上，印着菲克斯健美而发达的双腿，而此时他已经是一名跑步运动的热爱者了，体重也减了27公斤。这本书让菲克斯出了名。他成了全国和全世界的电视节目以及各大赛事的常客。

菲克斯是美国慢跑事业的代言人，而这场运动，其实早已顺利开展起来了。菲克斯的《跑步全集》对欧洲也产生了重要影响。欧洲人素来喜欢追赶美国潮流，而且并不局限于电影和音乐领域。20世纪70年代末，慢跑潮流发展到了欧洲，并流行了整整十年。美国出口了无数的香烟和口香糖，现在，终于也出口了一些有用的、健康的东西。[19]

20世纪70年代，美国还出现了另一位跑步大师，他就是乔治·希恩（George A. Sheehan）。希恩的父亲是一名爱尔兰裔的心脏病医生，希恩子承父业，也成为一名心脏病医生。他从小在纽约布鲁克林区长大，家里一共有14口人，他是孩子中的老大。在学校读书时，希恩是个跑步运动员。可自从结婚成家以后，他便不再跑了。他与妻子一共生了12个孩子。1963年，45岁的西恩重新开始跑步了。不过作为一个中年人，他不好意思到街上去跑，只是在新泽西州的自家花园中绕圈跑。很快，他就养成了每天中午跑步的习惯，并成为一位典型的"重生型"跑步者。

希恩的身体恢复了活力,身材又变成了从前的样子。年轻时,他是个身材苗条、为训练和比赛而生的田径运动员。再次选择跑步或许是中年危机导致的结果。但不管怎么说,跑步让他的生活焕然一新了。

"跑步让我解放了自我,不再担心别人的看法。跑步让我摆脱了外界的规则与束缚,让我可以从头再来。"[20]

跑步既是青春的源泉,也是智慧的源泉。希恩是一名心脏病医生,他的工作就是对人体进行研究和诊治。跑步让他得以用更开阔的眼界和更丰富的专业知识,重新认识自己的身体。在跑步者的身体中,蕴含着独特的思想和智慧,并且有明确的要求。在参加比赛的当天,跑步者不能想吃什么就吃什么。要想跑出最好的成绩,胃里的东西越少越好。夏天的时候,肠道会提醒希恩天气炎热,要多多补水。冬天的时候,双腿会提醒希恩气候寒冷,不要再穿短裤跑步了。

跑步让希恩的生活变得丰富多彩。很少有作者会从如此玄妙的角度去看待跑步这件事情,也很少有人会将这项枯燥乏味的运动放在人生的大背景之下进行评价。就像以往那些跑步的倡导者那样,希恩也可以让全场的观众听得全神贯注,但他不是个好哭的天地之子,也无意将跑步讲得很浪漫。他在纽约长大,习惯于在柏油路上跑步。他参加了无数比赛,他的生活已离不开秒表。他渴望突破个人最好成绩,并用这些成绩来证明,跑步可以将岁月的摧残拒之于千里之外。希恩跑步的目的,是为了保持良好的身体状态,然而无情的事实却是,他跑得越来越慢了。

希恩坚持跑步,是因为他不得不这样去做。身体健康不像往银行存钱,存完便可在需要时随时取出来。他必须每天跑步。一旦停止训练,状态就会下降。而他的个性和个人形象都是健康向上的,所以他必须坚持下去。他是个跑步者,他给自己的形象定位要求他通过训练和比赛,不断创造出更好的成绩。如果不跑步,他的精神和情绪都会受到影响,他之前付出的努力也都会被浪费。希恩跑步,就是为了在今天能够继续保持昨天的水平，在明天能够继续保持今天的水平。

20世纪70年代，希恩在《跑步者世界》杂志上开了自己的专栏，拥有数百万读者。他在专栏中，描写了跑步者的感受和经历，还描述了他们的内心生活和精神世界。

希恩最大的成就，就在于他懂得站在微观和宏观两个角度来看待跑步。他将跑步形容为20世纪后半叶美国生活的现实写照。他的想法让反对跑步的人们向他火力全开：他们认为，希恩是一个白痴、半吊子哲学家和卖力的小丑，无休止地企图扭转年纪变老就会身体变差的自然规律。希恩承认，在不跑步的人们眼中，他的确是这么一个角色，他也很清楚，自己的想法很容易引发别人的反驳。但是，希恩绝大多数时间都待在自己的家里，穿着他的跑步鞋跑步，只要他的身体还能跑，他就不会停下脚步，所以他根本无暇顾及外界的眼光。他写的书充满了活力和朝气。他像一个小男孩一样，渴望证明自己才是跑得最快的。他曾直白地写道：世界上只有两种人，跑步的人和不跑步的人，这两种人是无法相互理解的。希恩曾经先后分属两个阵营，所以他很清楚这一点。

希恩和其他跑步者都意识到了一个问题，在坚硬的地面上跑步，往往会导致身体受伤，比如膝盖疼痛、足底筋膜炎、跟腱炎等病痛，尤其是公路上跑完马拉松赛之后。这一点，只要是经常跑步的人都知道。跑步可能带来的受伤风险和因无法跑步而产生的挫败感，曾经是一小部分跑步者的话题之一，而现在，却成了数百万人谈论的焦点问题。许多人在受伤后就放弃了跑步。他们并没有意识到，受伤的原因可能是鞋子不适、地面太硬或跑步姿势错误。

从一开始，希恩就在治疗自己和病人的伤病时，尝试了除了休息、药物、注射和手术之外的其他治疗方法。他本人曾多次受过伤。有些伤情，就连希恩身边最有经验的医生都束手无策，但希恩从来都没有想过放弃。每个跑步者都要靠自己去寻找答案，要是能有专家的指导当然更好，但是在20世纪70年代初，这样的运动专家很少，而且他们也未必就拥有相关经验。

希恩讲述了戴维·梅里克（David Merrick）的故事。在学校里，梅里克是一名优秀的跑步运动员，后来，他的膝盖出现了严重疼痛。医生建议他休息四个月，通过康复运动来恢复膝盖机能，同时吃药并注射可的松，最后做手术。尽管手术已经是最后的治疗手段了，但也无济于事。梅里克继续进行了一年半的康复治疗，直到医生建议他再做一次手术。而此时，这个年轻人已经忍无可忍了。于是，他向希恩求助。

希恩发现，梅里克的双脚需要正确矫正。希恩准备了特制鞋垫。梅里克在穿了一周之后，重新开始了训练。六周之后，梅里克获得了室内田径赛的冠军。又过了三个月，梅里克获得了大学生越野比赛冠军。他花了几年时间利用先进治疗手段都无法治愈的膝盖痛，却仅靠一双便宜的鞋垫就治好了。

希恩和他的同事懂得寻找伤病的原因，比如生物力学上的特殊原因。而且，他们在考虑问题时，更倾向于从整体角度去找原因。显然，针对难以解释的伤痛，其实一些简单方法就足以解决，前提是病痛程度并不太深。在某些情况下，动手术也是必要的。不过，《跑步之道》（*Lore of Running*）一书的作者，南非的蒂莫西·诺克斯教授（Timothy Noakes）建议，除非绝对必要，不要轻易尝试手术。[21]

20世纪70年代起，医生和足部专家对跑步损伤有了更深入的了解。然而，自救才是好的办法。跑步者通过彼此交流，可以分享很多信息。病人在谈论自己的病情时，常常会讨论这些病痛：这些病痛是不可能完全治好的，它们与你关系紧密，你只能考虑接受这些病痛。

1986年，希恩被诊断出患有前列腺癌，但他依然竭尽全力地坚持写作和训练。1993年，希恩去世了，他留下了八本跑步书籍和数百篇与跑步有关的文章。

正面上瘾？

在外界看来，这似乎令人难以理解。难道跑步不是跑步者标榜的个人爱好，而是一种上瘾的冲动吗？

　　美国精神病学家威廉·格拉瑟（William Glasser）在他所著的《正面上瘾》（*Positive Addiction*，又译积极上瘾）一书中，提到了关于跑步上瘾的理论。该理论是建立在《跑步者世界》杂志两年前的一项跑步者调查的基础之上的。有一次，格拉瑟在加州的家中忽然灵光一现，想到跑步可能是一种瘾，它正在快速蔓延，却极少被讨论。这样的想法让他自己大吃一惊。[22]

　　格拉瑟认为，上瘾还包括负面上瘾（Negative Addiction，又译消极上瘾），比如对吃上瘾而导致肥胖，或抽烟成瘾等。但是，人类的某些上瘾现象是可以带来正面效应的，这种正面上瘾可以让生活变得充满活力，丰富多彩，并不会像酗酒或吸毒那样，毁掉一个人的身心健康。格拉瑟认为，正面上瘾可以增强人的精神力量。产生正面上瘾的人，可以享受这种习惯，但他的生活并不会受其左右。这与吸毒者随时追求快感并自甘堕落是截然不同的。

　　可以想象，在参加调查的受访者中，有75%的人在过去一年中每周至少跑步六次，按照精神病学的定义，他们都属于跑步上瘾者。诸如"如果你克制自己不去跑步，你会感到痛苦吗？"和"你每次跑步都会开心吗？"等调查，尤其能说明问题。上瘾的跑步者莞尔一笑，对自己的恶习表示非常满意。他们开始跑步，就是为了让身体变得更健康，但因此而陷入了无法自拔的困境。结果现在，他们既不能也不想放弃跑步。

　　当被强制节制跑步时，跑步成瘾者所表现出的症状，与负面上瘾者的症状相似：冷漠、思维不清、食欲不振、失眠、头痛胃痛等。他们当中，某些人晚上会腿抽筋，还会情绪低落。本来快乐开朗的人，不跑步就变得抑郁消沉，只有跑步才能赶走心里的阴霾。[23]

　　在过去的三四十年中，不管生病受伤，每天都坚持跑步的例子也不少。跑步者如此坚持，是因为他们热爱跑步，也是为了记录自己的跑步里程。他们当中，最著名的当数罗恩·希尔（Ron Hill）了。希尔是 1969 年欧洲马拉松赛的冠军，也是史上马拉松赛唯一跑进 2 小时 10 分的两个人之一，他的成绩是 2 小时 9 分 28 秒。从 1964 年到 2008 年，他每天都坚持跑步，有时候一天跑两次。就连身体受伤或做完手术时，他也从不间断。有时候，长途飞行导致他跑步受限，他就会在机场的走廊或候机室里跑步。他每天至少跑 1 英里。有一次，希尔刚刚做完手术，就拄着拐杖，花了 27 分钟跑完了 1 英里。历史上，很少有人能比希尔跑得里程更多。他在上下班的路上经常跑步，即使是不训练的时候，他也从不放松。

跑步成瘾并不会很快出现。一个潜在的跑步成瘾者应该具备连续跑一小时的能力，并达到了一定的健康水平。一般，一个人需要花六个月或更久的时间才会对跑步上瘾。老年人跑步成瘾的时间会更短，只要他们的身体能跑步，他们就会一直跑到老，就算身在监狱也不例外。在美国，一些被判无期徒刑的犯人每天会在操场上坚持跑步：为了拉长每圈的距离，他们会沿着监狱高墙旁的坚硬地面跑步。就这样，他们重复着单调的路线，日复一日，年复一年。对许多犯人而言，跑步不仅是一种重要疗法，还是一种很受欢迎的成瘾对象。

在受伤时，一些跑步者会转而骑自行车。但对于真正的跑步者而言，骑车并不能带来同样的满足感。格拉瑟认为，这与运动动作有关。跑步是人类的一种原始运动，是人类为了生存，必须以原始方式运动的一种深层次需求。他所说的原始方式，是指小孩子本能的那种跑步方式。

在格拉瑟看来，跑步符合所有正面上瘾的特征。跑步是一种自发的锻炼，很容易进行，不需要思想动力。跑步可以独自完成，而且还可以给个人带来价值。正面上瘾可以带来成就感，这种成就感让每个人有坚持下去的动力。而且，跑步者在跑步时必须接受和认可自己：当一个人对跑步上瘾时，他是不可能一边跑，一边自我批评的。批评有可能导致某些人放弃这项运动。

格拉瑟的调查还揭示了许多有趣的事情，不仅有兴奋的高潮，还有良心的愧疚。例如，24岁的蒂莫西·查尔斯·马斯特斯（Timothy Charles Masters）说道："有一次，我因为错过了训练，而对自己感到很失望。"直到下一次跑步之前，他心里一直充满了愧疚感。还有一些人如果不跑步，就会觉得自己很胖、很懒、很可悲，仿佛自己犯了罪，而低落的情绪和肥胖的身材正是他们罪有应得。他们是在对自己犯罪，对自己的理想形象犯罪，并不是反对了某个神灵或违背了某种教义。跑步者对于成绩和个人纪录往往并不在意，大部分人在意的是某个特定的体重或身材。如果他们的训练出现任何中断，就意味着他们实现这一梦想或妄想的时间又要推迟了，大吃大喝还有可能逆转这一过程。即便是正面上瘾，也可能造成精神和身体上的一些问题，比如饮食失调导致的病态消瘦，其原因可能是跑步者吃得太少，或在暴食之后催吐。

话又说回来，跑步可以让人感觉更好。单凭这一点，大多数跑步者就已经很满足了。与心理学家和精神病医生不同，他们不认为有必要去接近潜在的不平衡、不正常的状态。"跑步让我很开心""我感觉棒极了"或"跑步太有趣了"成为跑步者的标准答案。或许，精神病医生希望对这种所谓的不正常行为进行诊断的倾向，也属于这种不平衡的症状之一，正如跑步一样。

马斯特斯喜欢自己的这种愧疚感，因为这会督促他出去跑步，让身体更健康，身材更苗条，自信心更足。在他看来，最后这一点是跑步训练带来的最大好处。跑步不仅是一段内心的旅程，还是工作时没机会进行的身体运动。而且，跑步还改变了他对生活的态度，让他变得多一些达观，少一些功利。[24]

许多跑步者会认为自己比别人更优秀，因为他们的生活比别人更好。与其说他们自大，不如说他们认为，跑步提高了他们的生活质量。他们能够更快、更清晰地思考，他们的精力变得更旺盛，有些人还戒掉了酒瘾。在跑步者看来，人类可以分成两大类：跑步的人和不跑的人。怎么会有人甘愿错过如此提高生活质量的事情呢？

慢跑热潮带来的一个重要影响是，数百万人开始跑步，而其目的，并不是为比赛。用轻松、稳定的速度跑步，即人们常说的长距离慢跑，是跑步运动的一个新维度。重要的是运动本身，而并非为了提高速度或关注成绩。跑步的主要目的，不是创造个人纪录，而是改善健康，获得更多的幸福和乐趣。这才是利迪亚德所推崇的慢跑精神，这才是他进行多次尝试，想要发掘的长跑背后的奥秘。只有当训练内容变得更加轻松有趣时，人们才会开始跑步。

现在，跑步者大家庭拥有了更多的自由、更丰富的多样性和更少的限制。各个年龄层、各种身材和体格的人都可以跑步了，跑步者也不再局限于精瘦、苗条的运动员了。街跑和马拉松赛象征着摆脱四面封闭的田径场，摆脱严格管控、车水马龙的交通环境。他们对这些街道再熟悉不过了。现在，街上的车轮和发动机不见了。跑步时，跑步者的双脚感受到了完全不同的感觉。一切都取决于你自己，取决于你的能力和表现，与油门踏板毫无关系。你要做的不是买一辆豪车，加满汽油，而是出门跑步，让身体达到并保持一个良好的状态。

乔·亨德森（Joe Henderson）在《跑步者世界》中写道：应该从人生的角度，将慢跑视作美好生活的一部分。他敏锐地意识到，跑步并非适合每个人，有些人很讨厌跑步，甚至连尝试一下都不愿意，别人说再多跑步的好处，他们也听不进去。他们喜欢的是集体运动，比如打高尔夫，打网球，或者遛狗。亨德森知道，有许多人在坚持数月甚至数年跑步之后，还是放弃了，或者因为身体受伤，他们只能根据状态，偶尔跑一下。不过，不跑步的人依然可以从他们对跑步的痛苦经历中获益：例如，如果他们一直不能接受跑步，那么，他们就有可能会通过其他运动方式来健身。

负面上瘾？

1978年，运动心理学家威廉·摩根（William P. Morgan）从专业角度，回应了格拉瑟关于跑步和正面上瘾的假设。摩根认为，长跑就像酗酒和吸毒一样，也会带来一些副作用，因为跑步者为了训练和比赛，会忽略伤病和疼痛。对于跑步者在生活方面的克制，比如节制的生活和禁欲主义，他也持批评态度。

摩根将慢跑者与早期吸烟的人进行了类比。刚开始跑步时，慢跑者会感到身体吃不消，不舒服，喘不上来气，腰酸背疼，可能还精疲力竭。但如果他坚持下去，他就会感到情绪高涨，身体变得越来越好，只有加大训练量，才能保持这样的状态。虽然摩根认同，只要允许跑步者跑步，他就有可能找到内心的平静，但摩根强调，如果跑步者对周围的世界变得漠不关心，并非是件好事情。慢跑可能成为跑步者生活中最重要的事情，如果有任何事情占用了跑步的时间或精力，都有可能被跑步者当成不好的事。

毫无疑问，在20世纪70年代，成千上万的跑步者成为以自我为中心的可笑怪人。慢跑风潮是席卷西方世界的追寻自我之旅的一部分。通过跑步，跑步者实现了自我价值，他们通过自己的努力，保持了年轻的状态。在接下来的几十年中，以健康和财富为名的风潮层出不穷，而慢跑往往是这些追逐潮流的人们在生活中尝试的第一种运动。毕竟，跑步是所有运动之母。"二战"之后，科技发展日新月异，生活水平大幅提高，美国的婴儿潮一代拥有了在家庭和工作之余，寻找生活意义的自由和机会。摩根认为，他们的能量和资源应该用在更有意义的事情上，而不是花在气喘吁吁的跑步训练上。

摩根没有意识到的是，在美国社会中，存在着严重的健康问题和普遍肥胖现象。人们在日常生活中缺乏锻炼，所以他们才会反对跑步，这一点可想而知。在人类历史上，从来没有过任何一个时期像现在这样，人们几乎不需要每天四处走动。而当美国觉醒后，许多其他国家也都在纷纷效仿。如果不想使人口减少到极端无助的地步，就必须推广慢跑和其他运动，不论慢跑是不是健康的运动方式。[25]

跑步，在很大程度上，为人们的一天带来了充足的活力。通过跑步训练，人们得以对抗来自生活和工作的压力。就连卡特总统都在20

世纪 70 年代后期开始了跑步。1979 年,他在一次 10 英里比赛中跑得瘫倒在地。人们常借此来影射他作为总统,在能力上的欠缺,他虚弱的身体与他差劲的领导才能如出一辙。这次未完成的比赛,象征着他缺乏能力和意志力。他的继任者里根就此大做文章,而里根本人,很喜欢在自己的牧场上骑马。

　　随着慢跑人数越来越多,慢跑者的平均年龄也逐渐增长。许多人从中年开始跑步,并一直坚持到退休。对于认真的跑步者而言,减缓衰老是一件很费时间的事情。他们会对跑步计时。刚开始跑步的人,即便已经 60 多岁了,也有可能在马拉松赛中创下个人最好成绩,但即便如此,他们依然无法抵挡衰老的脚步。因为对于上了年纪的人而言,跑步过量容易导致身体受伤。

　　运动和跑步经验丰富的人,不会受制于世俗的眼光。为什么我们要停止做自己喜欢的事情?重视青春和活力,也是西方潮流中的一部分。人们并不希望像上一代人那样快速老去,他们不希望自己的身体和思维变得迟钝,或按照世俗的想法在特定的人生阶段做相应的事情。

　　一直以来,好莱坞都引领着人们追求青春的永恒。抗衰老产业吸引着电影明星和有钱人。20 世纪 60 年代之后,这一产业开始将触角伸向普通人,比如,以前明星用来保持年轻的一系列方法,现在被包装成一整套提高生命质量、延长寿命的产品推广给大众,其中就包括跑步。

第 25 章

大城市马拉松赛

> 我实在无法相信,纽约马拉松赛竟然会让人落泪。这一切看起来仿佛就是世界末日。
>
> ——让·鲍德里亚(Jean Baudrillard),
> 观看 20 世纪 80 年代中期的马拉松赛有感

1970 年 9 月 13 日,首届纽约马拉松赛在中央公园举行。共有 126 名选手参加了比赛,其中有 55 人完成了比赛。选手们绕着中央公园跑了四圈。这次马拉松赛并未引起媒体或电视台的关注,只有参赛者的家人、朋友和马拉松赛爱好者为他们加油助威。那天在中央公园里不乏溜冰者、遛狗者和谈恋爱的情侣。不过,他们并不太了解马拉松赛,只知道这是一个奇怪的奥运会项目,只有古怪的人才会参加。

第 45 号参赛选手是一个留着胡子的人,名叫弗雷德·莱博(Fred Lebow)。他是这场比赛的发起人之一。这次比赛在买水和作为奖品的廉价手表方面总共花费了 1000 美元,大部分都是由他出的。莱博于一年之前开始独自跑步。很快,他就找到了纽约路跑俱乐部。1972 年,他成为该俱乐部的主席。

莱博希望世界上不论男女老少,人人都跑步,而且都去长跑。莱博是一个罗马尼亚裔移民,说英语时口音很重,脑子里总有各种各样新奇的想法。在随后几年中，他成为全球大众跑步最坚定的倡导者之一。

1932年，弗雷德·莱博出生于罗马尼亚的阿拉德（Arad）。他家中一共有七个孩子，他排行老六。纽约为莱博提供了他在罗马尼亚时完全无法想象的机遇。莱博的家庭属于正统的犹太人。他的父亲是一个商人。莱博从父亲那里继承了开朗外向的性格，这种性格造就了莱博日后的成功。在战争期间，莱博一家逃脱了被抓进集中营的命运。20世纪40年代末，他的家人移民以色列，而莱博则留在了欧洲，过着漂泊的生活，靠走私钻石和糖度日。1951年，莱博获得了奖学金，来到美国深造。他一步一步为生活打拼，并于70年代初开始做起了成衣生意。

莱博最喜欢做的事就是跑步。他并非人们印象中那种有派头的经营者，西装革履，成家立业，一副社会栋梁的样子。他不仅是一个积极进取的企业家，还是一个狂热的马拉松赛爱好者。在纽约，莱博找到了推广马拉松赛的合适土壤，马拉松赛成为他毕生热爱的事业。成功的企业家往往将爱好和事业合二为一，莱博也不例外。尽管在他身后，有一支庞大团队在默默地支持他，但是对于外界而言，莱博就是纽约马拉松赛的代言人。

1976年的纽约马拉松赛产生了巨大反响。这次比赛的路线首次覆盖了纽约的五大行政区。更改路线的想法是泰德·科尔比特（Ted Corbitt）提出的。科尔比特是纽约马拉松赛和超级马拉松赛的传奇人物之一。他认为，改变比赛路线可以增加公众对马拉松赛的关注。莱博刚开始并不赞成。但随着报名人数不断增加，即使继续在中央公园组织比赛也存在巨大困难。要想在世界上最繁忙的纽约街道上举行马拉松赛谈何容易？获得警方的许可就不是件易事，更何况，纽约市政府也反对这一提议。最关键的是，在1975年的马拉松赛中，有500人完成了比赛，结果让主办方亏了本。

不过，1976年恰逢美国建国200周年，纽约市政府正热情高涨地筹办庆祝活动。在政府的大力支持下，警方同意举办马拉松赛，塞缪尔·鲁丁（Samuel Rudin）还为比赛赞助了 25000 美元。鲁丁是一名富商，1976 年去世；50 年前，他也曾经是一名跑步者。[1]1975 年 12 月，莱博找来了五名得力助手，与熟悉纽约当地路况的科尔比特一道，在迷宫一般的纽约街道上规划起马拉松赛路线来。莱博希望，尽量减少马拉松赛路线上的交通问题，路口和交通灯的数量要尽可能得少，桥的数量也最好不要太多。在测量距离时，他们或步行，或开车。经过反复推敲路线，他们排除了各种备选方案，最终确定了比赛路线。该线路途经四座桥梁，包括 220 个路口。

听到了该路线方案后，警方的第一反应是："这绝对不可能！"这肯定会让纽约交通乱成一团，事故频发，还会造成密密麻麻的全城大堵车。但为了庆祝美国 200 周年国庆，纽约市政府高层坚持通过了这个方案，任何反对和怀疑之声，都变成了无限热情和"事在人为"的决心。纽约一定要向全国和全世界证明，纽约人什么困难都能克服。

1976 年初夏，莱博召开了新闻发布会，宣布马拉松赛的消息。结果，一个记者都没有到场。莱博意识到，要想引起公众的兴趣，必须邀请国内和国际跑步明星前来参赛。弗兰克·肖特（Frank Shorter）和比尔·罗杰斯（Bill Rodgers）都是美国本土的马拉松赛名将，他们均承诺将会参加本次赛事。英国的罗恩·希尔和伊恩·汤普森（Ian Thompson）以及意大利的弗兰科·法瓦（Franco Fava）也会来参赛。莱博联系的全都是世界顶级长跑运动员。

早在 1976 年，马拉松赛主办方就已经在电脑上登记参赛者信息了。可信息登记偏偏就出了问题。负责录入参赛者信息的小伙子一直在自己女朋友的公寓里干活，结果惹得女朋友发了脾气，将他赶了出去。不幸的是，还有 200 张报名表尚未录入。女孩很生气，拒绝让前男友或其他任何人进屋取走报名表。莱博亲自致电，费尽口舌地劝说她："显然，你的男朋友对你很糟糕，但这并不是惩罚整个纽约马拉松赛的理由。这些报名表来自世界上最优秀的马拉松运动员，你肯定不希望惩罚他们，对吗？"[2]

尽管莱博一再请求，甚至假装快要哭了，女孩依旧不为所动。这意味着，主办方必须在比赛开始前，让200名倒霉的参赛者赶紧重新填写报名表。在随后的几年中，主办方特地投入了大量人力物力，以确保所有收到的报名表全部进行备份。

赛期越来越近，莱博天天做噩梦，醒来时总是浑身大汗，就像刚刚跑完步那样。没有人曾经在这样一座大都市中举办过马拉松赛，这让他的脑海中不断浮现出可怕的情景。比赛当天清晨，他开着一辆送货的卡车，沿着路上标注的蓝线，巡查整条比赛路线。大部分赛段都已安排妥当。但就像在新剧首演前夜，导演会感到紧张那样，莱博也担心隐患可能随时发生。有警察在半路放错了路障，本来参赛者应该在人行道上跑步，却被引导到了布鲁克林和皇后区之间的公路上。莱博从卡车里跳了下来，像疯了一样扔掉了路障。他忍不住骂了起来，还狠狠推了警察一把。警察威胁要逮捕他。幸亏司机跑来解了围，将莱博拉回了车上。

这届马拉松赛取得了巨大成功。据《纽约时报》估计，有50万观众驻足街头，观看比赛。共有1549名选手完成了比赛，包括63名女选手。参赛选手来自美国35个州和12个海外国家。还有500份申请因提交时间太晚而被拒之门外。

莱博和主办团队忙得不亦乐乎，但他们仍准备继续举办下去。就这样，马拉松赛正式成为一项运动传统。纽约马拉松赛既令人向往，又充满矛盾。纽约是一座令人心驰神往的大都市。它既是现代金融的发祥地，又是美国的犯罪之都。水平参差不齐的跑步者齐聚于此，在高楼林立的纽约大街上一展身手，碰碰运气。一年当中，仅有这么一天，纽约城里一向喧嚣的街道不再行驶车辆，而是给跑步运动员让道。这简直不可思议。小人物掌控着这座都市丛林，更重要的是，还有里三层外三层的观众为他们呐喊助威。

莱博一直努力在世界各地宣传路跑运动和大城市马拉松赛。看到纽约马拉松赛的报名者越来越多，莱博很得意。1978年，纽约马拉松赛的参赛人数共计 11400 名，1983 年是 17000 名，还有 44000 名报名者的申请被拒。比赛规模持续扩大，不断翻番。1983 年，莱博在马拉松赛当天发出了 2000 份完赛证书。据估算，1968 年美国约有 10 万名慢跑者，而 11 年之后，该人数已增加至 2700 万人。

马拉松赛已经不再像是一场争夺好名次和好成绩的比赛，而更像一种仪式，是活力和毅力的象征。在 20 世纪 70 年代马拉松赛成为风潮之前，比赛一般在 4 小时之内就结束了。而在 1981 年的纽约马拉松赛中，超过三成参赛者，即 4000 多人，用时超过 4 小时。速度慢的参赛者一年比一年多。计时员坚守着岗位，路边的观众也一直在为选手加油，直到最后一名参赛者完成比赛。

在那些年中，并非所有社会阶层的人都会去参加这种水平的跑步比赛。在纽约，社会中上层人士才会对马拉松赛兴趣盎然。1983 年，在纽约路跑协会中，近 90% 的会员都接受过高等教育。[3] 有文化的白人会跑步上下班，或在午休时穿上跑鞋外出跑步。过去，马拉松赛并不受人重视，被视作怪人才会参加的比赛（除非有奖金）。如今，马拉松赛受重视程度越来越高，奖金数额也十分可观。比尔·罗杰斯在参加 1976 年纽约马拉松赛时，私下收了 2000 美元的出场费，弗兰克·肖特参赛时也收了不少。在当时，马拉松赛及其他田径比赛向明星运动员支付出场费属于私人行为。尽管相关的人都很清楚，收取出场费的现象很普遍，但是直到 1982 年，出场费才得到了政府的许可。

电视台对马拉松赛进行了实况转播。转播权的出售收入覆盖了大部分的赛事经费。如今，路跑和马拉松赛成为最受欢迎的直播体育赛事。1983 年，马拉松赛的预算增加至 130 万美元，并保持增长态势。预算持续增加的部分原因在于，在当时，约有 3000 万美国人自诩为慢跑者。1984 年，纽约路跑协会的会员人数已达到 24000 人，成为世界上同类俱乐部之最。在俱乐部总部，带薪员工的人数为 35 人左右。同年，在俱乐部在各地举办的数百场马拉松赛中，志愿者高达 4000 余人。而在他们当中那个高高在上的人,就是穿着训练服、热情洋溢、面带笑容的小个子国王——莱博,慢跑风潮的引领者和化身。

纽约路跑协会在技术方面也处于世界领先地位。艾伦·施坦因费尔特(Allan Steinfeldt)既是一名跑步者,又是一名计算机专家。在俱乐部中,他负责计算机部门,为使用电脑的其他赛事主办方制定标准。1978年前后,他们发明了与参赛号码关联的条码,在通过终点时,电子扫描仪会读取条码上的信息。

每年,俱乐部员工都希望在上一届马拉松赛的基础上有所进步。进步才是比赛的意义。这就好比在商业世界中,在过去创造的辉煌上停滞不前,是没有益处的。这次的成功,应该成为下一次——比如在其他大城市中举办下一次马拉松赛——更高、更快、更强的起点。20世纪70年代末,在美国和世界各地的大型马拉松赛之间,开始出现了竞争。各大比赛竞相邀请明星运动员参加,向他们支付高额的出场费,安排强大的比赛阵容,并为获胜者提供丰厚的奖金。与其他成长型行业一样,大城市马拉松赛也经历了几个发展阶段。起初,举办马拉松赛主要依靠志愿者和个人情怀,而且筹办比赛是亏钱的。然后,大型赞助商开始资助比赛,电视转播权收入、广告商机也接踵而至。主办方开始需要雇用专属的理财顾问。在第一场马拉松赛开始后的短短几年中,纽约马拉松赛发生了巨大的变化:大众长跑不仅仅是一项令人汗流浃背的体育爱好,更成为一门生意。

富有怀疑精神的哲学家

我实在无法相信,纽约马拉松赛竟然会让人落泪。这一切看起来仿佛就是世界末日。当我们谈起自愿受苦之人时,是否会带上那种对自愿为奴之人的鄙夷?他们简直是在找死。2000年前,菲迪皮茨将马拉松战役胜利的消息带回了家乡,而劳累致死就是他的宿命。

毫无疑问，马拉松选手也梦想着能够传递胜利的消息，只是，他们的人数实在太多了，而他们所传递的消息也并没有任何意义，无非是证明他们费尽力气，到达终点，实现了目标。难道这能证明他们是超人吗？不过是徒劳无功罢了。[4]

20世纪80年代中期，法国哲学家让·鲍德里亚在观看了纽约马拉松赛之后，发出了上述感慨。

鲍德里亚了解体育之美，也欣赏高水平竞技，但他瞧不上人人都能参加的马拉松赛。本来竞技体育是一个独一无二的舞台，可马拉松赛却成为一场千百条腿的表演，毫无美感可言，优雅荡然无存，有的只是灰头土脸的选手。他们平庸至极，丝毫不能激起观众的兴趣。他们参赛的唯一动机就是满足自己。在商业包装的影响下，他们认为这样的受苦是有价值的。纽约马拉松赛就象征着这样的疯狂。比赛成为一次完全没有意义的英雄壮举。这就好比爬山或登月，提前计划，不断付出，尝试一件无聊的事情，别的什么也不想。或者像一场公开的自杀，不过是为了证明自己能够完成比赛而已。但这样做的意义和代价究竟是什么呢？[5]

鲍德里亚冷眼旁观着这群快乐的慢跑者。他们人潮涌动，志得意满，身强体健。他们的诉求是，在一个缺少温和运动挑战的社会和工作生活中，寻找这样的机会。纽约马拉松赛就是慢跑者的奥运会，他们远道而来，满怀虔诚地参加这样一场艰苦的修行。

但是对于莱博来说，这些普普通通的参赛者代表自己战胜了惰性。他们的胜利足以与精英的成就相提并论。他们的体育追求就是，参加马拉松赛本身就是一种成就。

鲍德里亚措辞严厉地反对马拉松赛，认为马拉松赛对身体健康有害，参赛者不仅在比赛过程中倍感痛苦，而且在比赛结束之后几天甚至几周，依然腰酸背痛。他持批评态度，就是因为马拉松赛如此富有魅力，让他感到绝望。

2005年纽约马拉松赛

生生不息的潮流？

20世纪80年代，随着慢跑热潮日渐风靡，大城市马拉松赛逐渐成为一种潮流。起初，马拉松赛在西方国家流行起来，随后发展到世界各地。各地政府都很重视这种现代体育狂欢的价值。举办这样的活动不仅可以赚钱，还能扩大城市的知名度，让都市车水马龙的城市面貌焕然一新。通过电视直播和媒体照片上，全世界都看到了马拉松赛起跑线上那成千上万条腿，选手们浩浩荡荡，排在队尾者不得不缓慢前行。但每个人都在向前跑着，他们心中也都有着崇高的目标。

在20世纪70年代之后的几十年中，农村人口不断涌入城市，世界大城市的人口持续增加。所以在大城市中，身份的认同感就变得格外重要，对那些远离城市的人群亦是如此。只要你紧跟大城市的潮流，就不会被新形势所淘汰。一切向大城市看齐，现代人可以效仿这里的效率和消费。城市旅游成为一个新的经济增长点。在电视画面的宣传下，在市政府和金融力量的推动下，跑步运动和柏油马路重获生机，成为城市里令人向往的风景线。大城市马拉松赛是商业利益与马拉松赛狂欢的完美结合，也是主办方、赞助商和参赛者之间的合作共赢。

因此，他们既不必担心费用问题，也不必担心比赛让人疲累并产生身体损耗等问题。

大城市马拉松赛

在纽约马拉松赛中，娱乐性是第二位的。在新时代中，马拉松赛是一个可以坚持不懈付出努力的现代运动。从准备到训练，马拉松赛都让人联想到信徒的虔诚和工业社会的职业道德。在马拉松赛中，坚定而沉着的选手在公路上完成了一段又一段单调而乏味的里程。公路的地面原本是为汽车设计的，在公路上跑步，跑步者的肌肉和骨骼要承受三倍于体重的冲击力。

在慢跑群体中，将完成城市马拉松赛定为个人目标，是一件自然而然的事情。这是对男子气概的考验，虽然比赛令人气喘吁吁，但也令人无比骄傲。马拉松赛象征着人类需要彼此携手，迎接体能挑战。在生活中，大多数慢跑者没有机会参加农业或制造业等集体劳动。通过与大家一起跑步，他们感受到了陪伴，体验到了归属感，同时也满足了自己的竞争本能。他们发自内心地感到喜悦，尽管在比赛的某些阶段，也会感到痛苦。能与国际精英站在同一起跑线上，让他们内心感到无比自豪。大城市马拉松赛是一段迷人的旅程，带你深入城市的"丛林"，探索未知的内心世界，突破一个人的身体极限。像这样在名胜古迹和高楼大厦之间进行的比赛，即便路程稍短一些，也将成为毕生难忘的经历。莱博和其他马拉松赛爱好者意识到这一点，并让所有热爱马拉松赛的信徒产生共鸣。

当初，莱博在构思纽约马拉松赛时，就是为了让更多人来跑步。如今，马拉松赛有了长足发展。这既表明最初的梦想在不断前行，同时也表明商业经营上的成功。正是因为爱好和事业合二为一，才令马拉松赛的举办如此成功。

第 26 章

女子马拉松赛

> 其中一个选手绝望地痛哭着,她们的脸扭曲而凌乱,浑身颤抖得很厉害,仿佛患上了严重风寒。
>
> ——挪威记者记 1928 年奥运会女子 800 米比赛

直到 20 世纪,在西方文明社会中,人们依然认为女性不应该进行长跑。虽然在墨西哥的塔拉乌马拉人中,妇女可以一连跑几小时,毫发无伤,也无助于改变人们的观念。在美国的印第安部落中,妇女也会跑很长的距离,直到后来人们逐渐消除了对女性的漠视之后,情况才有所改变。

中国人素来很清楚,女性具备极强的忍耐力。20 世纪 30 年代,跟着红军闹革命的女性生活得很艰苦。旧中国的农村妇女十分可怜,她们体会过生活的艰辛。当她们穿上军装之后,跑步就成了她们应尽的义务。女兵赵兰在回忆过去时表示,她们每天很早就要起床训练,包括武器训练和各种各样的体育锻炼:"我们每天还会长跑。我们喜欢所有的运动,尤其是长跑,因为训练长跑对我们的作战很有帮助。"[1]

还有一名女兵名叫魏秀英。5 岁时,她就被父母卖给别人当童养媳。长大后,她起早贪黑,在田里种地,天天吃不饱饭,还常常挨打受罚。当红军来到她的村庄时,她剪短了自己的头发,以示与过去的生活决裂，随后便参军了。魏秀英和其他吃苦耐劳的女孩子可以跑很远的路，还能扛很重的东西。

苏联共产党也清楚地意识到了女性的力量和耐力。在两次世界大战间隙，苏联体育界的女运动员与男运动员拥有平等的地位。这种男女平等的思想，是1917年俄国革命的社会纲领中明确规定的。苏联人认为，女性强大而坚韧，完全有能力和男性媲美。在西方的工薪阶层和一些小型农业社区中，这种想法十分普遍。这些地区的女性往往会生好几个孩子，还要干体力活。不过，奥运会一直被资产阶级意识形态所主导，在奥运赛场上，女性是弱小的，感性的。她们没有动力，也没有能力参加长跑训练和比赛。在那些健康专家的眼中，这些体育锻炼还会对女性的生育能力造成危害。

1928年阿姆斯特丹奥运会的女子800米比赛可谓惨不忍睹。比赛当天，天气炎热，几名女运动员在到达终点线后纷纷瘫倒在地。一名在场的挪威记者这样写道：

"女性"和"田径"这两个词永远不应该被联系在一起，因为显而易见，两者是如此格格不入。

在这届奥运会上，我们再次深刻体会到了这一点。女运动员参加800米的跑步比赛，堪称是灾难现场。她们从起点线吼叫着出发了，辫子在空中乱舞；有一个选手在比赛中途就累得退出了比赛，其他人虽然坚持跑到了终点，但全都累得崩溃了。其中一个选手绝望地痛哭着，她们的脸扭曲而凌乱，浑身颤抖得很厉害，仿佛患上了严重的风寒。[2]

德国杂志《田径运动员》（*Der Leichtathlet*）的记者对此持有不同见解，他的看法更加积极。他描写了女子800米冠军的健康体格和她潇洒的步伐，并将比赛形容为一场体育表演，而非一场莫名其妙的杂耍。在发展之初，女子跑步运动在德国遭遇了严重抵制，后来情况有所好转。不过，媒体和大众仍旧需要时间来接受这种变化。德国的田径运动很强，体育学院的女生必须在3000米跑步测验中成绩达标。

由于女选手在1928年奥运会800米赛后的崩溃表现，导致奥运会取消了该项目，直到1960年才予以恢复。尽管如此，20世纪30年代，欧洲、大洋洲和美国的女子短跑等田径项目都取得了长足发展。1936年，英国举办了首届女子1英里赛跑。

在历史书籍中，关于女子长跑运动先驱的记载寥寥无几。1903年10月，巴黎举办过一场12英里的大型跑步比赛，共有2500名女店员参加了比赛。冠军的成绩为1小时10分。不过，这场比赛并没有掀起女子长跑的风潮。至少有2万名观众观看了比赛，其中大部分为男性。他们一边观看比赛，一边对女孩吹口哨。参赛者有的穿着工作服，有的穿着自己最漂亮的衣服。比赛的冠军得到了在著名的奥林匹亚剧院唱歌的机会，并因此一度成为名人。在法国，许多人非常重视女子跑步比赛。

1904年，德国举办的数场女子赛跑情况表明，公众对此类比赛的兴趣越来越大了。观众依旧以男性为主。他们注意到，女选手全都穿着长袖长裤比赛。倘若她们露出胳膊和腿，一定会引起轰动。很快，德国女子跑步项目的距离就增加到了1000米以上，而女运动员在比赛时，也开始穿更适合跑步的服装了。[3]

女性参加体育运动，会不会导致她们失去女性气质，变得像男人一样？在美国、英国、法国、德国等地，人们对此争论不休。法国作家埃米尔·左拉（Emile Zola）赞成女性参与各类体育运动，不过度锻炼即可。但什么叫作过度呢？女性参加体育运动的目的又是什么呢？批评家们认为，女性做运动，不过是为了挑逗、炫耀和尝鲜而已。但与男性一样，女性参加跑步等运动，其实也原因各异。[4]

在西方国家，女子长跑十分少见，报纸也鲜有相关报道。直到20世纪，关于女子长跑的史料都很难找到。在1918年法国马拉松赛中，玛丽-路易丝·勒德吕（Marie-Louise Ledru）作为场上唯一的女性，与男选手共同完成了整场马拉松赛。1926年,英国女运动员维奥莉特·皮尔西(Violet Piercy)在伦敦奇西克区(Chiswick)参加理工学院马拉松赛时,同样打破了只有男性才能长跑的传统,令观众目瞪口呆。比赛开始后,她选择保持在队尾的位置,并以3小时40分22秒的成绩完成了比赛,创下了女子马拉松赛的首个非官方纪录。[5]

在第二次世界大战结束之后,出现了一位重要的长跑先驱——德国的恩斯特·范阿肯(Ernst van Aaken)。他是欧洲女子马拉松教父,也是男子、女子和儿童长跑运动的早期倡导者。他是与阿瑟·利迪亚德齐名的国际慢跑先驱。与利迪亚德一样,范阿肯在20世纪40年代也发现了长跑的奥秘。范阿肯认为,女性天生就具备很强的耐力。他于1953年和1954年连续两年推荐女性跑800米,在德国媒体上引发了一场论战。媒体质疑范阿肯的能力。作为一个出色的医生,范阿肯鼓励女性一口气跑两分多钟,这是对女性身体的公开摧残,让她们抛弃女性所有的优雅,只为了培养出扎辫子的扎托佩克。在1954年的德国800米锦标赛上,一名记者认为,应该在终点线为女选手配备医生、救护车和担架,来照顾精疲力竭的运动员。

但是,在最初的几场比赛之后,这位记者就改变了他的观点:"当玛丽安娜·韦斯(Marianne Weiss)冲过终点线时,生动诠释了什么叫优雅和美丽。"在女子长跑项目方面,西德的发展遥遥领先于西方其他国家。但即便是西德,也又花了15年时间,才正式引入了女子1500米项目。而关于举办女子1500米比赛的提议,更是早在20世纪50年代就已经有人提出了。[6]

在20世纪60年代,女子马拉松赛经历了一个小突破。在这十年间,西方国家人们的生活变得富裕了,政治抗议活动时有爆发,年轻人的数量也明显增加。许多国家的年轻人勇于挑战权威,女性也开始涉足许多新的社会领域。海纳百川的学术氛围有利于人们践行新想法,包括跑步。中距离跑步项目也吸引了越来越多的追随者。

1964年,新西兰的伊万·济慈(Ivan Keats)询问他的训练伙伴米利耶·桑普森（Millie Sampson），是否愿意参加马拉松赛。他所在的跑步俱乐部打算为将来的运动会增加新人，并且美国人玛丽·莱珀（Mary Lepper）保持的 3 小时 37 分钟的女子马拉松赛世界纪录，也在桑普森的能力范围之内。

桑普森马上就同意了。在 1964 年 8 月之前的几周里，他们在跑步时，特地拉长了训练距离。在比赛头一天晚上，桑普森参加了一个聚会。舞会和娱乐活动一直持续到很晚。结果第二天早上，闹钟没有叫醒她。等她醒来时，时间太晚了，已经来不及赶到赛场了，所以，她索性又打起瞌睡来。不过，济慈还是把她叫了起来。桑普森没吃早饭就出发了。她成为整场比赛中唯一的女选手。尽管她在 18 英里处歇了一会儿，吃了些冰激凌和巧克力，她还是以 3 小时 19 分 33 秒的成绩完成了比赛，并创造了新的女子马拉松赛世界纪录。

《新西兰先驱报》在头版刊登了《家庭主妇创造马拉松赛世界纪录》一文。但无论是媒体还是体育界，几乎没有人对此予以关注，只有一家日报提到了这件事。桑普森作为女子马拉松赛的先驱，并没有一战成名。

而美国的凯瑟琳·斯威策（Kathrine Switzer）则通过马拉松赛成为名人。1967 年，她告诉波士顿马拉松赛老将阿尼·布里格斯（Arnie Briggs），自己也想参加马拉松赛。虽然她每天晚上都会跑 9—10 英里，但布里格斯还是对她说，女人不能跑马拉松赛。[7]

可是，已经有好几位女选手参加过波士顿马拉松赛了。第一名女选手是在 1951 年参加的，但其姓名和成绩不详。1964 年，罗伯塔·吉布（Roberta Gibb）提出了参赛申请，但被拒绝了。结果，她藏在起跑的人群当中混进了赛场，最终以 3 小时 21 分 40 秒的成绩完成了比赛，但此事无人关注。

斯威策在训练中就尝试过马拉松赛距离，并取得了不错的成绩。她对自己的实力很有信心。她不知道，女性是不能参加波士顿马拉松赛的。所以，她的训练伙伴在 1967 年，以 K. V. 斯威策的身份，帮她报了名。斯威策的男友托马斯·米勒（Thomas Miller）也报名参加了这次马拉松赛。

记者在新闻车上看到了她，并通知了赛事的联合主管乔克·森普尔（Jock Semple），称场上有一名女选手。森普尔从车里跳了下来，追上了斯威策，一把抓住她，想要阻止她参加比赛。而斯威策的男朋友立刻上来帮忙。摄影师则利用广角镜头拍下了当时的情景。第二天，多家报纸都刊登了森普尔攻击斯威策、三个男人挺身而出保护她的照片。她的比赛成绩是 4 小时 20 分钟。按照规则，2 公里以上的跑步比赛只允许男选手参加。由于斯威策违规参加了马拉松赛，非职业体育联合会决定，对斯威策实施禁赛惩罚。

媒体照片的效果好得不能再好了。漂亮的斯威策被恶毒的森普尔攻击，善良的男朋友站出来保护她——几乎所有的同情都给了斯威策。斯威策发出了抗议，为什么某些体育运动只允许男性参加，而将女性拒之门外？就因为医生和大多数人都认为马拉松赛的距离太长，女性既跑不了也受不了，女性就不可以参加马拉松赛了吗？

罗伯塔·吉布在 1967 年也完成了马拉松赛，但由于当时没有引人瞩目的照片，并没有引起人们的关注。马拉松赛至此已发展了 70 余年，马拉松赛的历史比其他任何类似的体育项目都要悠久。一直以来，该项目都是男人的天下，而吉布和斯威策二人，则是这场男性比赛中的长发美女代表。于是乎，在不经意间，这件事以一种万众瞩目的方式，掀起了 20 世纪 70 年代女子马拉松赛的热潮。

女子马拉松赛

在 1967 年波士顿马拉松赛结束后不久，15 岁的莫琳·威尔顿（Maureen Wilton）就在多伦多创造了 3 小时 15 分 22 秒的女子马拉松赛世界纪录。但公众和媒体均对该成绩的准确性表示怀疑。当范阿肯被要求就此事发表看法时，他答道："是的，该成绩还可以大幅提高。"

结果，大家对他的回答嗤之以鼻。为了证明自己的话是对的，范阿肯邀请了两名德国女选手，参加在西德的瓦尔德尼尔（Waldniel）举行的一场马拉松赛。这两个人，一个是生了两个孩子的安妮·佩德（Annie Pede），今年 27 岁，另一个是 19 岁的莫妮卡·波尔斯（Monika Boers）。她们起跑的位置位于男选手身后 30 米处。佩德在此次比赛中创造了 3 小时 7 分 26 秒的非官方世界纪录。

第二年，首届施瓦茨瓦尔德马拉松赛在西德的多瑙埃辛根举行。该比赛对男女选手都开放，吸引了来自 5 个国家的 51 名女性。1970 年，该马拉松赛成为同类比赛中规模最大的一个，共有 1151 名参赛者，其中 100 名是女选手。[8]

当其他人坚持认为"女性是两性中的弱者"时，范阿肯依然坚持认为，女性比男性更适合跑马拉松赛。女性身体中的脂肪含量更高，而这些脂肪可以转化为能量；此外，女性身体中的蛋白质含量也更高，蛋白质可以通过不同方式储存体液。范阿肯支持女性参加长跑。1973 年，首届德国女子马拉松锦标赛在他的家乡瓦尔德尼尔举行。

由诺埃尔·塔米尼（Noel Tamini）创办的瑞士马拉松赛杂志《斯皮里宗》（*Spiridon*）也支持女性长跑。该杂志不仅刊登了范阿肯的文章，还将这些文章翻译成了英文。至此，不论是在德国还是在美国，都开始有人认为跑步可以让女性变得更柔美、更漂亮，而不像批评者所说的那样让女性变得更加男性化——跑步本来就该让女性气质实现新的绽放。

20 世纪 70 年代初，无论是在欧洲还是在美国，女性长跑运动的发展依然面临着一些压力。在美国，女子长跑比赛吸引的观众人数最多，毕竟，美国是慢跑运动最受欢迎的地方。在慢跑热潮风靡西方的同时，女子长跑也日益流行起来，这一切并非偶然。女权主义者和女性同胞不断呼吁妇女权利、受教育机会和男女平等。而慢跑和马拉松赛等领域的女性先驱，也在通过其努力从体育视角开阔人们的视野。一些优秀的跑步运动员成为女性的重要代表，她们甚至代表着体育圈之外的全部女性。

1984年洛杉矶奥运会的女子马拉松赛冠军——美国选手琼·贝努瓦（Joan Benoit）就是其中之一。终于，女性可以合法地参加与男子比赛距离相同的跑步比赛，不必再偷偷参赛了。还有一位女运动员因偶然参加了一次马拉松赛，而意外地名声大噪。

格蕾特·韦茨

1977年，挪威长跑选手克努特·夸尔海姆（Knut Kvalheim）参加了纽约马拉松赛。当夸尔海姆与国际长跑名将杰克·韦茨（Jack Waitz）聊天时，他俩一致认为，韦茨的妻子格蕾特（Grete）应该去马拉松赛试一试。

尽管格蕾特已打算在1978年欧洲锦标赛之后退役，但她并不反对这个想法，毕竟她当时才25岁。格蕾特从来没有在美国参加过比赛，她也付不起旅行的费用。所以，他们在1978年秋天给纽约马拉松赛组委会打了电话，询问机票是否可以报销。一位女秘书接听了电话。

"你的马拉松赛的个人最好成绩是多少？"

"我从来没有参加过马拉松赛。"格蕾特答道。

"很抱歉，我们预算有限，无法为您报销机票。"女秘书答复道。她不知道格蕾特曾经获得过世界越野锦标赛冠军，打破过3000米世界纪录，并获得过多项国际大赛冠军。尽管如此，女秘书还是记下了格蕾特的名字，这样，当负责人弗雷德·莱博（Fred Lebow）第二天来办公室时，就可以看到这条信息。

"为什么这里有个名字？"莱博问道。

"这个人想参加马拉松赛，不过我答复她了，由于她以前从来没跑过这么长的距离，所以我们不能邀请她和她丈夫来参加纽约马拉松赛。"

莱博比秘书见多识广。他知道格蕾特是谁，并认为有这样优秀的选手来参赛，至少会给比赛增加一丝缤纷的色彩。

"几乎可以肯定的是,格蕾特完成不了整场比赛。但是,她是一个速度不错的选手,或许可以提高比赛的整体成绩。"来自德国的克里斯塔·瓦伦西克(Christa Valensick)和来自美国的米基·戈尔曼(Micki Gorman)都很有希望创造新的世界纪录。莱博心中明白,美国观众喜欢这些没有名气的挑战者,邀请国外选手参赛是一件有价值的事情。在比赛前三周,他决定邀请挪威的韦茨夫妇参加纽约马拉松赛。⁹

韦茨夫妇二人于比赛前三天抵达纽约。那是一个周四。他们在百老汇大街上走马观花地闲逛,没有任何赛前的紧张或为比赛保存体力的想法。当他们在中央公园跑步时,格蕾特忽然想道:"哦,这里是比赛的终点吗?"他们甚至不觉得自己有必要去熟悉一下比赛路线和当地环境。

格蕾特已经打算结束自己的体育生涯了。这是她第一次也是最后一次来纽约,因此,她希望能享受这次旅行。在比赛前一天晚上,他们吃了虾仁色拉、牛肉和冰淇淋,还喝了一杯红酒,却没有想到,应该给自己的身体补充碳水化合物,储存足够的能量,好完成第二天令人精疲力竭的马拉松赛。

1978年10月22日,周日。格蕾特起床后,稍微放松了一下,准备参加她生命中唯一的马拉松赛。没有媒体的关注,让她觉得轻松了不少。这么多年来,夫妇二人几乎在参加每场比赛时,都会被媒体贴上"最有希望夺冠"的标签。1972年以来,格蕾特在挪威保持着不败的纪录。在每场比赛中,挪威媒体不仅要求她获胜,还要求她创造新的纪录。而在纽约的街道上,她没有什么可担心的。在训练中,她从未跑过12英里以上的距离,一般只练习5000米或者更短的距离。

当格蕾特来到起跑线时,看到了13000多名参赛者正在热身。他们高矮胖瘦,身材各异。格蕾特的第一个想法是:"要是他们都能跑完26英里,我也一定能。"作为一名优秀的跑步者,她习惯于与身材苗条、体格健康的跑步者竞争。而她在起跑线上看到的选手队伍中,不仅有世界级的田径运动员,还有超重的胖子。她第一次见识到什么叫慢跑风潮。现在，轮到她与慢跑者站在同一起跑线上了。

发令枪响了。格蕾特回想起丈夫特意嘱咐她的事情：就她的水平而言，马拉松赛的速度比田径比赛要慢，比她的训练速度也要慢。丈夫建议她，跟在领跑的女选手身后跑，保存体力。

这个方法很管用。19英里之后，她在第一大道上超过了马蒂·科克奇（Marty Cocksey）。马蒂在起跑时速度极快，一直保持领先。在22英里之前，格蕾特一切顺利。但22英里是许多人的一道坎，因为此时，人体内储存的糖原（glycogen）已经耗尽了。此时，格蕾特已经跑不动了。比赛距离的单位是英里，这让来自挪威的格蕾特搞不清楚自己已经跑了多远的路程。而且，她的大腿还抽筋了，疼得要命。格蕾特心里生气极了：为什么丈夫要让她来参加这场痛苦的比赛，而他自己却像个没事人一样，站在终点处等待。他的身体也可以来跑马拉松赛，可他压根就没想过自己来参加马拉松赛。

格蕾特·韦茨赢得了现场观众经久不息的鼓掌和欢呼声，听到了他们关于世界纪录的讨论和各种赞美。但是，没有人知道谁是1173号，甚至连激动不已的评论员也不知道。格蕾特报名很晚，因此她的名字没有被录入计算机，她的参赛号码也是手写的，除此之外，没有其他任何个人信息。格蕾特创造了2小时32分30秒的新世界纪录，比原纪录提高了2分钟。

记者将麦克风递到格蕾特的面前，可她并不想接受电视记者的采访。她跑到丈夫面前，用挪威语发了一通脾气，埋怨他将自己带到了这里，简直快把她累死了。她脱下鞋子朝杰克扔去："赶紧的，我们走！我不想再待在这儿了。"格蕾特的两条腿都跑僵了，脚上也磨起了水疱。她真的很生气。

不过，她的情绪很快平静了下来。比赛结束之后，他们不能继续在美国逗留，准备立刻飞回挪威，甚至连参加颁奖礼的时间都没有。回到旅馆后，他们接到一个重要的电话。

"我们想邀请格蕾特参加电视节目《早安美国》，明早6点30分，我们会安排一辆豪华轿车去接你们。"

"可我们今天下午要飞回挪威，格蕾特明天必须回去上班。"她是一名中学教师，她没有多请一天假。

这在美国是不可理解的。哪里会有人拒绝在国家电视台直播节目的邀请。但是，格蕾特不愿意给她的挪威校长打电话延长假期。于是，主办方请代买机票的挪威人阿尔韦·莫恩（Arve Moen）给学校打了个电话，代表赛事主办方给格蕾特请了假，将一切安排妥当。豪华轿车在酒店接到了夫妇二人，将他们送到了电视台的演播室里。这届纽约马拉松赛的获胜者比尔·罗杰斯和格蕾特·韦茨，都是本次节目的嘉宾。

罗杰斯是一个性格活泼外向的超级明星，很适应媒体的采访。而格蕾特则显得谦虚谨慎，很少讲话。她只不过赢了一场比赛而已，而且现在，她必须尽快回国工作。在一场马拉松赛中获胜，真值得如此大惊小怪吗？

美国人认为，格蕾特属于典型的斯堪的纳维亚人。他们天性便是如此简单和淳朴，让美国人觉得很有魅力。在美国文化中，这样的简单和淳朴是不存在的，不过美国人很清楚其背后的价值。格蕾特脚踏实地的态度让她在美国广受欢迎。美国人喜欢这个金色头发的高个挪威女人。她从北欧的森林深处走来，战胜了大城市的所有跑步者。在纽约马拉松赛的初次亮相中，格蕾特仿佛化身灰姑娘，凭借自己的实力赢得了一切，还意外地创造了世界纪录。这张来自欧洲的新面孔，很快就成为美国家喻户晓的马拉松赛女明星。

在1978年马拉松赛中，格蕾特和韦茨夫妇唯一得到的是20美元的出租车费和满满的回忆。回国之后，他们很确定格蕾特即将退役了。

那年圣诞节，格蕾特夫妇俩在苏因海特（Sjusjøen）订了一间山林木屋，打算与格蕾特的哥哥一家一起度假。结果，一通意外的电话打乱了他们的计划。美国《跑步者世界》的鲍勃·安德森（Bob Anderson）邀请他们到加州旧金山郊外的帕洛阿尔托（Palo Alto）参加比赛。在圣诞节期间，那里将举办跑步比赛、跑步研讨会和选拔活动。这些都是慢跑热潮早期阶段的典型做法。这里集中了新手迫切需要的所有信息。韦茨夫妇在电话里回绝了邀请。他们已经付了木屋的订金，而且无论如何，陪伴家人都是最重要的事情。

"您可否带家人一起来加州呢？"安德森问道，并提出他愿意为所有人提供免费旅行。

于是，格蕾特和杰克夫妇二人，哥哥扬·安德森（Jan Andersen）及妻儿一家四口，共同在帕洛阿尔托度过了十天的圣诞节。挪威人开始明白，是资金在不断推动着慢跑运动的萌芽和成长。格蕾特一直习惯于自己花钱买跑步装备，她并不习惯不劳而获。

格蕾特逐步减少了自己的田径训练。1979年冬天，她加入了罗姆萨斯家庭主妇（Romsas Housewives）手球队，搞得杰克整天提心吊胆的。每当强壮的家庭主妇抓住纤瘦的格蕾特时，他都会担心妻子受伤，但格蕾特总有办法突出重围。她还参加了一场越野滑雪大赛，并一直保持领先。在最后2公里中，放错的路标让她偏离了比赛路线，最后输掉了比赛。

格蕾特·韦茨虽然还在坚持跑步训练，但并没有全力以赴。当纽约马拉松赛主办方打来电话，询问她是否愿意参加1979年的赛事时，她对马拉松赛依然并不在意。不过，她还是听从了丈夫的建议，进行了几次约20英里的长跑训练。在这届马拉松赛中，格蕾特再次创造了新的世界纪录——2小时27分33秒，比原纪录提高了5分钟。这次的反响甚至比第一次还要大。不过，格蕾特还是没有专注于马拉松赛的训练。

直到1980年秋天，在冷战的政治气氛下，许多西方国家开始联合抵制莫斯科奥运会。在此之后，格蕾特下决心，重拾她的马拉松赛事业。她不再在田径场上奔跑，而是将精力完全放在公路赛和马拉松赛的训练上。格蕾特在田径场上刻苦训练了十余载，为她与马拉松赛的不期而遇打下了坚实基础，不断鞭策她提高速度。在田径赛场上，格蕾特是典型的领跑手,她意志坚定,有能力领先并保持领先。因此,她很适合参加公路赛和马拉松赛。在公路上,她有更大的发挥空间,没有拥挤和推搡,也不必在比赛刚开始几分钟时就进行冲刺。长距离比赛可以更加从容。

格蕾特在最好的时间找到了自己事业的新方向。

马拉松赛和公路赛在许多国家都发展起来,格蕾特成为伟大的体育明星。她在美国生活得很好,她喜欢这里的氛围,喜欢这里的人民,喜欢他们直接的态度,也喜欢美国提供的一切机会。她变得不再羞怯,不再缺乏自信。

1980年,格蕾特辞去了教师工作,开始当一名全职马拉松运动员。这时,无论男运动员还是女运动员,都开始通过比赛赚钱。格蕾特与阿迪达斯签了第一份合同,获得的收入相当于她在挪威的教师工资。她不敢要求更多。她没有想过,也并不热衷于通过跑步赚钱。跑步的乐趣和创造纪录,才是她不断前进的动力。

格蕾特是一位极富魅力的跑步者,但她自己并未意识到这一点。她从来没有痛苦的面部表情,也没有像扎托佩克那样用力摇摆躯干。格蕾特比赛时很少靠最后的冲刺取胜,胜利之后也不会感到兴奋。她经常将对手甩得很远,独自领跑。格蕾特是当时首屈一指的马拉松运动员。她改变了人们对女性根深蒂固的刻板印象。在一群剪着短发、留着胡须的男选手中间,看到扎着两条辫子或一根马尾的女选手,真的令人感动。在一个不被看好的赛场上,她们展现出一种坚韧的女性魅力。

当你看到一个女选手在马拉松赛场上打败大多数男选手,人人都会备受鼓舞。女选手意识到自己也可以参加耐力比赛,也可以取得好成绩,让男人刮目相看。由于比赛规则的限制,男选手和女选手很少会同时进行比赛,而观众却乐于看到格蕾特在一群男选手中奔跑,时而在前面,时而在后面,或者在中间。很显然,格蕾特在朝着下一次马拉松赛的胜利稳步前进。一路走来,尽管格蕾特的丈夫会听到她谈论或抱怨各种各样的问题，但是在某些方面，格蕾特和芬兰长跑天才帕沃·鲁米很像，他们都是不可战胜的，仿佛其他对手完全没有获胜机会一样。假如对手真的有实力夺冠，格蕾特就会加快步伐，跑得更快一些。

不过，格蕾特自己并不这么认为。她经历过比赛中的所有痛苦，从来不觉得自己的取胜是理所当然的。

例如，1980年，纽约举行了莱格斯迷你马拉松赛（L'Eggs Mini Marathon），全程10公里。在这一赛事中，格蕾特已经三次夺冠了。比赛开始时的现场照片显示，格蕾特站众多参赛者偏左的位置：她保持着绝对专注，眼睛盯着地面，时刻准备奉上最高水平的表演。而前排的其他30名选手却没有她那么认真。他们很轻松地看着身旁的女选手，并笑着聊天，就好像他们正在参加一个不怎么重要的普通比赛。

每名参赛选手都认为格蕾特是夺冠的热门人选，但她自己依然会认真对待每场比赛。正因为她比谁都更认真，所以她才会赢。一年又一年，格蕾特一直是起跑线上众望所归的那一个，每个人都希望她获胜。一场比赛，在人生的大背景下，只是一件微不足道的事情，没什么可悲可叹的。但是对于那些极度自律的运动员而言，这样想并没有意义。他们就像有创意的艺术家，被激动人心的体育比赛深深吸引着，在不断的竞争中度过自己的人生。

人们一次又一次地目睹格蕾特毫无悬念地获胜，很容易产生一种错觉，以为夺冠对她来说很容易。但大家并不知道，她究竟付出了多少汗水。当她不断练习400米间歇跑累得跪倒在跑道上，气喘吁吁，眼泪在眼眶里打转，身心俱疲时，人们并没有看到。"15秒到了。"杰克平静地说。格蕾特上气不接下气地"嗯"了一声，以示回应。"现在休息结束了。"格蕾特还在气喘吁吁，好像一匹赛马。她重新站了起来，又跑了一圈，然后再次跪倒在地，难受得不得了。"15秒到了，可以结束了。"杰克重复道。他知道，妻子在训练时会拼尽全力，让身体过度疲劳。格蕾特总是会毫无保留地，坚持按计划训练到最后。正是这种执着的态度，让她不论在怎样的地形跑步，都能保持每公里3分45秒的速度，在跑上坡时，她会更加努力。

格蕾特和韦茨夫妇经常出门旅行，也常常会在深夜抵达陌生的城镇。夫妻俩会在次日凌晨5点离开酒店，天还没亮就开始晨练。他们会朝一个方向跑25分钟，然后返回，完成他们固定的50分钟晨练。这就是他们旅行时的生活习惯——每天早起，完成规定训练。有一次，他们去西雅图时刚好下雪了，格蕾特为了完成15公里的训练，在两个公交车站之间来回跑了60次。假如格蕾特花了52分钟完成了一次训练，但训练计划要求跑55分钟，那她就会再多跑一圈。假如训练计划规定在46—48秒完成15个300米跑，每个在46—48秒完成格蕾特就会在46秒时完成。她总是会选择更严格的选项。

20世纪80年代，这对夫妇成为在世界各地跑步的世界公民。他们常常花掉整月的时间，去挪威富商埃尔林·德克·奈斯（Erling Dekke Naess）位于百慕大群岛的家中进行训练。奈斯很喜欢格蕾特，总是催他们去看望自己。他们去过瑞士，也参加过新西兰和澳大利亚的冬季训练营，澳大利亚那次训练的规模比较大。不论去哪里，格蕾特都被视为女子跑步大使而受到热烈欢迎。1988年，这对夫妇在佛罗里达州买了一套公寓。

格蕾特的马拉松事业也是一个家族事业。很少有女性跑步者能像她这样，得到自己两个哥哥及丈夫的大力支持，他们每次都陪她一起训练。丈夫杰克每天都会陪她晨练。在奥斯陆地区，人人都知道他们是"早起的鸟儿"。当报童和工人睡眼惺忪地离开家门时，他们俩已经开始晨跑了，不仅准时，而且速度非常快。人们都很好奇，为什么有人会不分时节，天天这么早出门训练。格蕾特的晨跑速度很快。就连世界马拉松赛冠军罗布·德卡斯泰拉（Rob de Castella）也认为，格蕾特跑得太快了。她的二哥阿里尔·安德森（Arild Andersen）曾当过一段时间的午后训练陪练。而大哥扬·安德森对她的马拉松赛生涯可谓非常重要。他总是随叫随到，无怨无悔，无所畏惧。他常对格蕾特说:"需要大哥你就说话,哥会尽力帮你的。"[10]

扬是格蕾特的完美陪练。他比妹妹大八岁,是一名越野滑雪运动员。年轻时,他也曾参加过田径比赛,还曾为国家少年队打过手球。他自诩为一个身体健康者。虽然从未参加过全国越野滑雪锦标赛,但1978年他在博克拜纳(Birkebeiner)滑雪马拉松赛中,仍然获得了第二名。

从1978年9月开始,每天下午,扬都陪格蕾特一起训练。拥有不同的陪练伙伴是件好事,但只有扬有实力与格蕾特一起参加马拉松赛。

在纽约马拉松赛中,男选手和女选手的起跑是分开的,在8英里之后才会聚在一起跑。格蕾特和扬总是能找到彼此。扬在比赛刚开始总是跑得很猛,妹妹通常会从后面追上他。扬时刻准备为妹妹牺牲一切,他会关心妹妹:"感觉怎么样?要不要喝水?"他知道格蕾特会打败他,但他从不视之为失败。他们俩会一起跑,直到格蕾特渐渐拉开距离,因为通常来说,她后半程比前半程跑得更快。

扬特地缩小了自己的步幅,以便和妹妹保持相同的节奏。20世纪80年代,他们兄妹俩在挪威首都奥斯陆、诺德马卡(Nordmarka)林区和弗洛格内科林(Frognerkilen)海湾跑了很多次,在冬天练习长距离间歇跑。"他们是怎么做到的?"当普通人看到这两个苗条的跑步者时,总会发出这样的感叹。他们俩长得很像,总是肩并肩跑步。尽管他们的速度很快,但他们经常聊得热火朝天。在其他时候,他们沉默而严肃,好像在考虑什么生死攸关的问题。杰克也会与他们同行,有时开车,有时骑车,在不远的地方陪伴他们。这是一支三人行的队伍。当格蕾特速度大爆发时,杰克会提醒她:"放松点,现在放松点。"不过他心里很清楚,一旦妻子找到了自己的节奏,是不会听他的提醒的。"有时,他们跑步的距离会特别长,比如从马里达伦(Maridalen)山谷跑回位于诺德斯特兰德(Nordstrand)的家中。这时,他们就会在沿途公交车站的垃圾桶里放一些瓶装水。那时正值挪威的寒假,这两个满身冰雪的跑步者会从垃圾桶里捡出瓶子,喝光里面的水,然后继续向前跑去，让在车站等车的人看得目瞪口呆。

1982年12月至1983年2月，扬向他工作的印刷厂申请了无薪假期。次年冬天，他也照例请了假。这样一来，他就可以陪着妹妹一起去训练了。在这段时间里，格蕾特会付给大哥一些钱，相当于他正常上班时的工资，因为大哥还要养活妻子和两个孩子。

扬很愿意给妹妹当陪练，而且干得很认真。这非但不是什么负担，而且恰恰相反，这是一次冒险和旅行机会，可以让他过上忙碌的生活，认识世界顶级的运动员和各种有趣的人。作为大哥，他为格蕾特的成就感到骄傲和自豪。但在他心中，格蕾特始终是他的小妹妹，是那个从小看着长大的小女孩。

扬和杰克都给格蕾特带来了积极影响。大哥会和她开玩笑，丈夫会帮助她心态平和。他们是格蕾特的定心丸，帮她应付和处理在国外运动会上遇到的各种纷扰，比如记者、麦克风和闯入的闲杂人等。在面对压力时，有家人作为港湾和依靠，能带给人特殊的力量和安全感，特别是在国外。

只要格蕾特在纽约中央公园晨跑，路过的警车都会特地打开扩音器，向她喊道："早安，韦茨夫人。"在莱格斯迷你马拉松赛的第二天，当格蕾特和扬在中央公园跑步时，许多路人都自发地为他们鼓掌，表示欢迎。美国人生性热情主动，对格蕾特十分友善，与挪威人相对保守的性格大相径庭，这让格蕾特感觉非常好。不过，虽然她已经准备好了在比赛获胜后为粉丝签名或接受媒体采访，但如果采访过多时，她也不会全部接受。这时，杰克会负责与媒体交涉，而格蕾特则会留在酒店房间里休息。

"有人想和你谈谈……"

格蕾特多半会回绝——不是因为她情绪化，而是因为运动员需要时间来恢复体力，能够接受的采访是有限的。杰克会下楼进行解释，给出委婉的拒绝理由，有时，他也会帮着采访者再试一次。

就连来自白宫的邀请，他们都曾经回绝过。1982年，格蕾特在纽约马拉松赛中获胜。白宫工作人员特地致电格蕾特,向她转达了里根总统的邀请。可格蕾特他们已经离开挪威三周了,很想早点回国,便以没有漂亮衣服觐见为由,婉拒了总统的邀请。可是,想要拒绝美国总统是不可能的。最后,白宫花钱,给扬和杰克买了体面的正装。

觐见当天,他们先在白宫草坪上合影,并召开了新闻发布会。然后,他们进入总统办公室。总统与他们见面握手,然后向他们讲述了自己学生时代参加400米赛跑的故事。

"时间到了。"一位助手在一旁提醒道。一行人被带了出去,和其他同样被召见的人一起站在走廊里等着。

第二年,三个挪威人收到了同样的邀请。他们又一次站在总统办公室里,里根总统原封不动地把小时候参加跑步比赛的故事又讲了一遍。

格蕾特也曾经历过人生的低谷。1982年4月,她和大哥一起参加了波士顿马拉松赛。他们在32分钟内跑完了前10公里,超过了扬的10公里个人最好成绩,也在世界纪录的时间之内。

然而,扬不久后就掉队了,剩下格蕾特独自一人继续奔跑。她全速前进,当仁不让,看起来可以将世界纪录提高五分钟。但是,她的腿已经疼痛到极限了,一阵阵痉挛钻到她身体里,腿突然就跛了起来。就算她的意志再坚强,也无法让双腿迈动一步。最后,她只得被人抬进了休息间。在医院里,医生从她肌肉中检测到的污染物残留,比之前的记录值更高了。几天后,他们参观了阿迪达斯德国总部。当他们准备进行试跑时,格蕾特却腿脚僵硬,只能勉强走路。

1990年,37岁的格蕾特·韦茨正式退役了。但是,她依然以体育大使的身份活跃在跑步圈里。格蕾特从未获得过奥运会金牌,其他女子马拉松运动员也很快就在统计数据上超过了她。谁也无法否认她作为跑步皇后的地位。她是20世纪80年代千百万女性跑步者的象征,她们穿上了跑鞋,过上了忙碌而充实的生活。在报纸的文化版中,经常出现关于格蕾特的文章和访谈,作为一名跑步者,她的一生已经超出了狭隘的体育范畴。在挪威首都奥斯陆的比斯莱特体育场（Bislett Stadium），人们还专门为她立了一座雕像。

英格丽德·克里斯蒂安森

其实，1978年的纽约马拉松赛本来应该有两名挪威女选手参赛。英格丽德·克里斯蒂安森（Ingrid Kristiansen）也在邀请之列。但由于她第二天必须在特隆赫姆（Trondheim）参加考试，因此无法参赛。一年前，她曾在特隆赫姆的学生马拉松赛中取得了2小时45分的好成绩。她曾是一名滑雪运动员，并参加了许多长距离滑雪比赛。1971年，15岁的英格丽德就已经跻身精英运动员之列了。从那时开始，长跑就一直是她所钟爱的运动项目。那一年，英格丽德和格蕾特·安德森（婚后改名为格蕾特·韦茨）在赫尔辛基的欧洲锦标赛上初次见面。当时，俩人住在同一个房间。作为新人，她们拥有了与国际田径精英同台竞技的经验。她们并不知道，她们未来的体育生涯将会发生怎样的变化。

在当时，1500米是田径锦标赛上距离最长的女子跑步项目，而英格丽德在该项目上世界排名第一。但她实际上是个越野滑雪运动员，少年时代多年的森林越野训练，给她打下了良好的身体基础。当时，挪威政府允许儿童和青少年参加田径运动，而她是欧洲数一数二的体育神童。她遗传了爸爸的长腿和钢铁般的意志，生来就是长跑的好苗子。

在她15岁时，教练告诉她："你必须去勒肯达尔（Lerkendal）进行长跑训练。"于是，她来到了特隆赫姆市的体育场。

"我为什么要在这儿跑步？"

教练说："为了保持步幅并记录配速，这很重要。"

"可我想在郊外训练。"

"那种训练不适合你。"教练答道。

在参加奥斯陆的一场全国锦标赛之前，15岁的英格丽德约格蕾特去松恩（Sognsvann）湖一起环湖长跑。这里风景如画，道路平缓，地势平坦。在去比斯莱特体育场参加大赛之前，这里就是未来巨星们训练的地方。两个女孩绕着湖跑了一整圈，却只有5公里。英格丽德还想继续跑下去。但是不行，这就是全部的训练距离。根据男教练的说法，女孩不应该跑更远的距离了。英格丽德觉得自己被骗了：只有跑了几公里后，真正的快乐才会慢慢出现；只要你适度热身，并找到了自己的节奏，你就会像鸟儿一样在林间滑翔，滑过终点。那是一种只有在户外训练才能体验的乐趣。不过，这并不是一个挪威女孩在1971年该想的事情。但作为一名1500米女子长跑运动员，英格丽德本来就是与众不同的，她是另一种女孩——那种能够和同龄男孩进行比赛的女孩。

挪威是一个小国家，但在20世纪80年代培养出了两名绝对顶尖的女子长跑运动员。两个人都在不断调整训练方向的过程中，找到了自己真正擅长的田径运动。

英格丽德曾是一位具有国际水平的越野滑雪运动员。在稀雪赛场上，她是最优秀的女子滑雪运动员，但在雪地上，她赢不了最强的选手，尤其是那些较容易的赛段，随着20世纪70年代的到来，撑杆技术在平缓地段的运用变得越来越重要了。在田径场上，尽管她跑得很快，但与专业运动员相比，她的步伐还是不够轻快。每年春天，她都会回忆起越野滑雪的情形。滑雪要求大腿发力，而英格丽德的身体已经形成了肌肉记忆，让她误以为跑步时也应该用大腿，而不是小腿来发力。她下了一番功夫，才将自己的步伐改得适合田径比赛。

1980年前后，英格丽德停止了越野滑雪训练，而专注于跑步训练。她减掉了上半身的肌肉，减轻了体重，在步幅上也做了适当调整。她发现，越野滑雪和田径跑步是两种截然不同的运动：在越野滑雪训练营，她与自己最强的对手同住了半年之久，而在田径比赛中，选手总是独来独往。她觉得田径圈子更加封闭一些，不像越野滑雪运动员

英格丽德·克里斯蒂安森是20世纪七八十年代的女子长跑的统治者

之间那么开放和直接，在国际顶尖的运动员之间更是如此。

1982年，英格丽德在欧洲锦标赛上获得马拉松赛铜牌。该比赛是女子马拉松赛项目的首个国际锦标赛。在此之后，英格丽德一直在备战第二年的欧洲田径锦标赛和1984年的奥运会。

1983年初，英格丽德的工作是一名全职生物工程师。她每天坚持训练两次。此时的她，比以往任何时候都更加渴望成功。1月中旬，她获得了休斯敦马拉松赛的冠军。紧接着，她便飞回挪威，抓紧时间补工作。随后，她又去美国参加了两场大型公路赛，与国际顶尖选手比拼。她感到又累又冷，不过，对于任何既要全职工作，又要坚持训练，还要跨时区参加国际大赛的人来说，这些感觉都是正常的。到了晚春时节，英格丽德参加了在英格兰举行的世界越野锦标赛，但结果更糟了。这场比赛对她而言无异于一场灾难，她最后只得了第35名。

英格丽德的教练是约翰·卡格斯塔德（Johan Kaggestad）。卡格斯塔德的妻子在电视上观看了英国锦标赛之后，晚上与丈夫闲聊时说道:"我觉得英格丽德像是怀孕了,她的胸部变大了。"

在回国的飞机上,卡格斯塔德不敢询问英格丽德是否怀孕了。但英格丽德后来去了医院,结果发现,她的预产期在 8 月。与许多顶级运动员一样,她的例假很不规律,所以,她无法通过例假判断自己是否怀孕。

1983 年 8 月 13 日,英格丽德的儿子高特(Gaute)出生了。当时正值世界田径锦标赛的赛期。英格丽德在产房里通过电视观看了男子马拉松赛。对于女子田径运动员来说,生孩子往往意味着运动生涯的终结。可是,英格丽德完全没考虑过放弃。"是时候停下来了,"英格丽德的母亲说,"你已经坚持得够久了,现在是时候安定下来,相夫教子了。"

但是,英格丽德并不想放弃。如果国家队的男运动员在生了孩子之后还能继续比赛,那么她也能。随着人们对女子长跑比赛的兴趣日益增长,相关赛事也变得越来越多,比赛一个接着一个。事后看来,英格丽德的怀孕正是时候。

1983 年,英格丽德住在斯塔万格(Stavanger),因为她的丈夫在石油行业工作,大部分时间都在北海的石油钻井上度过。英格丽德到处寻找合适的培训地点。她会在婴儿车附近做折返跑、短跑或坡地训练。她离婴儿车不会太远,一会儿工夫就能跑回来,但也足够进行有效的训练。在挪威或世界任何地方,这种情形都是很少见的。但英格丽德别无他法。

1983 年,几乎没有任何挪威女运动员在哺乳期内,还在坚持精英体育训练的。世界越野滑雪冠军,英格丽德的朋友伯里特·昂利(Berit Aunli)在六个月之前生了孩子,而她也没有退役。所以,当英格丽德努力将育儿和体育兼顾起来的时候,她至少还认识一个和她处境相似的人。此外,她的身体变得更强壮了,疼痛阈值也比生孩子之前更高了。孩子丰富了她原本以自我为中心的生活。对于英格丽德来说,孩子是上天对她最大的恩赐,孩子证明了,在人的一生当中,运动并不是最重要的。她发现，孩子就是个大嗓门的新老板，让自己拥有了全新的、更为广阔的生活视角。虽然身边的人都觉得她当妈了，应该安定下来，好好照顾孩子长大。但英格丽德自己却认为，孩子的到来，并不会终止自己未完成的体育事业，生孩子是件有积极意义的好事，帮她提升到一个新的水平。

而与此同时，格蕾特一直活跃在国际赛场上。自从她们俩1971年第一次比赛以来，在整整13个赛季的比赛中，英格丽德从未击败过她。怀孕之后，她向教练卡格斯塔德吐露了自己的苦恼，教练说："你和格蕾特训练得一样多，一样刻苦，你也可以做得和她一样好。"教练还是那么热情，他对比赛成绩的乐观态度感染了英格丽德。

威利·赖洛（Willy Railo）曾是一名短跑运动员，也是一名运动心理学专家。同英格丽德谈了十分钟以后，他说："你有麻烦了。你得了'格蕾特·韦茨综合征'。"

"我知道。正因为如此，我才会来找你。"

赖洛知道如何治愈此类综合征。所谓的心理训练方法，在国际上并不是什么新发现。而将这种方法引入挪威的人正是赖洛。在每天训练时或训练结束之后，英格丽德要进行5—10分钟的心理训练，想象在比赛时，自己总是跑在最前面，而在她的前面，看不到任何选手的背影。

"要多久才会有效果？"

"一个月。"赖洛的声音中带着一种安慰的力量。

不到三周后，挪威越野锦标赛在胡尼福斯（Honefoss）举行。英格丽德获得了短距离冠军。她还参加了长距离比赛，并首次击败了格蕾特。虽然这只是场体育比赛，但对于英格丽德来说，却是一次终身难忘的经历。

紧接着，她在奥斯陆的森特鲁姆斯洛佩特（Sentrumslopet）比赛中，击败了格蕾特和南非选手佐拉·巴德（Zola Budd）。不过，她对格蕾特一直非常敬重，以至于在1984年的奥运马拉松赛中，她一直保持在格蕾特身后，紧跟着她。结果，来自美国的琼·贝努瓦发起了冲刺并获胜。在此后的运动生涯中，英格丽德并没有听取别人关于比赛战术的建议，而是一直遵循自己的直觉。

1984年奥运会之后，格蕾特和英格丽德基本上从未出现在同一场比赛中，也未曾一起训练过。两个人都走上了不同的人生道路。[11]

1981年，英格丽德发现，她可以从观众身上汲取力量，让自己跑得更快。那一年，格蕾特打算在奥斯陆的比斯莱特体育场创造5000米的世界纪录。观众一直在为格蕾特呐喊助威，直到她中途退出了比赛。在之后的10—15秒时间，全场观众都沉默了，直到大家注意到，处于第二位的英格丽德跑了过来。于是，人们开始转而支持她。

年复一年，在教练卡格斯塔德夫妇的帮助下，英格丽德学会了做一名更独立的运动员。他们的影响激励着她，让她相信一切皆有可能。卡格斯塔德听从了妻子的建议，更加关注顶级女运动员思想上的变化。因为从某种程度上说，她们的想法与男运动员不同，正如在现实生活中的各个方面，男女也是有别的。然而在很大程度上，女运动员的训练方法和男运动员是一样的。英格丽德既能接受，又能享受大量的训练，很少有选手能像她那样，在训练中获得如此之多的乐趣。

1984年，英格丽德一家搬到了奥斯陆，因为买不起美国的跑步机，他们在家里安装了一台特制的跑步机。挪威政府对女子长跑运动员的财政拨款很少，英格丽德最初的经费只有每年5000挪威克朗，其中还包括支付给教练卡格斯塔德的工资。

英格丽德开始当一名全职跑步运动员了。她每天早上训练一小时，下午再训练一个时，通常是在跑步机上跑步。这样可以摆脱冬天泥泞的路面，让训练变得轻松不少。其他挪威运动员都没有在跑步机上跑过这么多英里，这种训练让英格丽德的步幅变得更轻盈了，速度也更快了。英格丽德在生活的其他方面也很充实，她的社交圈很大，兴趣也很广泛。于她而言，跑步既是一项宝贵的爱好，也是一份收入不断增长的工作。而且，她依然希望自己可以打破纪录。

英格丽德也确实做到了：1986 年，她先后创造了 5000 米（14 分 37 秒 33）、10000 米（30 分 13 秒 74）和马拉松赛（2 小时 21 分 6 秒）的世界纪录。1987 年，她参加了伦敦马拉松赛。当时，她的小腿上受伤了，疼痛难忍。在前 21 英里的赛程中，她成功地"忘记"了伤痛，只花了大约 2 小时 18 分钟的时间。但在最后几英里中，她的速度慢了很多。1987 年，在桑内斯（Sandnes）半程马拉松赛中，英格丽德的速度也非常快：她紧跟在男选手之后，以 1 小时 6 分 40 秒的成绩夺冠，并创下了 5000 米 13 分钟的个人纪录。英格丽德同时在这么多不同距离的项目上成为世界第一，真可谓前无古人，后无来者。

然而，没有人可以对伤病免疫。大赛在即，却因为伤病而被迫推迟备战计划好几天或好几周，对于处于状态巅峰的运动员来说，真是再糟糕不过的了。

英格丽德是 20 世纪 80 年代最优秀的跑步者之一。她率先使用了一种另类的全新训练方法，即穿着救生衣，在水中跑步。救生衣为身体提供了浮力，因此脚不会碰到泳池底部，腿奔跑的节奏也可以很快。这种训练方式对双腿很温和，但在英格丽德看来，它相当枯燥，让训练变得很艰难。为了快点度过在泳池里的训练时间，她只能更加刻苦地训练，结果在 1987 年世锦赛之前，她一直训练过度。由于受伤，自行车和水中跑步是她唯一能做的训练项目。这也是英格利德一生当中，唯一一次训练过度。

一个月后，英格丽德在瑞士圣莫里茨（Sankt Moritz）参加完世锦赛备战集训之后，回到了挪威。她去找汉斯 - 格哈德·霍温德（Hans-Gerhard Hovind）医生看病。医生对她进行了 48 小时的治疗。

第一天，他给英格丽德做了两次电针治疗。24 小时后，她就能小跑了。持续的专业治疗让她的病情得到了改善。在那个赛季的世锦赛上，英格丽德获得了女子 10000 米的冠军。

英格丽德发现，与男运动员一起训练对自己很有帮助。于是，她参加了奥斯陆 BUL 俱乐部的训练课程。对双方而言，这样训练都有好处。对于优秀的男运动员而言，有一个女运动员和他们一起训练，是一件很不寻常的事情。无论是训练还是比赛，在一群男运动员中，总是一眼就能看到英格丽德的身影。在国际马拉松赛中，她会遇到一些奇怪的男选手。在电视转播的比赛中，一些男选手会紧跟着领跑的女选手，以便让赞助商在电视上看到他们。对于一个训练有素的男选手来说，跟上领先的女选手是很容易的。由于他们并不需要完成整场比赛，所以打乱自己的跑步节奏或时快时慢并没有太大关系。但如果女选手被这种作秀选手咬住，可能会对后面的比赛产生负面影响，因为他可能会慢慢吞吞地跑完比赛，或是干脆中途退出。国际公路赛也是各种小丑卖力表演的窗口。

1993年，英格丽德第三次怀孕，她这次的孕吐甚至比第二次怀孕时还要严重。在第二次怀孕期间，她连续七个月身体状况不佳。1993年，她每天大部分时间都在卧床休息，身体很不舒服，老是生病，连流食和饮料都喝不下去。当时，她的大儿子在上学，二儿子在上托儿所，日子就这样一天天过去了。无论是生理上还是心理上，她都备受煎熬。不断孕吐意味着，她必须经常被送往医院，以恢复营养和体液平衡。医生告诉她，仅有3%的挪威孕妇会受到这种程度的恶心和疾病的折磨。

在生完孩子半小时之后，英格丽德的恶心感就消失了。她感觉身体很强壮，充满了动力，完全可以开始考虑1996年的奥运会了。在生完孩子五天之后，她小心翼翼地开始跑步。她在孕期长了七八公斤的体重，现在全减了下来，这让她感觉身体轻松极了。所以说，第三次重返国际长跑精英的行列，并非没有可能。

然而，英格丽德的身体好像出了问题。在不少比赛中，她的表现都会引起一片哗然。在1991年的世锦赛上，她跑步时感觉自己灵魂出窍，仅获得第七名，这表明了她的身体出现了某种不平衡。在大阪马拉松赛中，她在18英里的饮水站之前一直感觉良好，但几分钟后，她却坚持不下去了，不得不中途退赛。她做了糖尿病检查，但并没有查出任何结果。直到运动生理学家泰耶·斯克里弗（Terje Skriver）对她进行检查，才确诊她得了低血糖症：由于胰腺分泌了过多的胰岛素，导致血糖水平迅速下降。必须对饮食做出重大改变。咖啡、茶和所有速食碳水化合物，如面包等，都不可以吃，而蛋白质和脂肪则是有益的。英格丽德很快就适应了新的饮食，但她已经失去了动力，不再想参加1996年奥运会了。在奥运会前一年，她选择了退役，而且毫无挫败感。她在国际长跑比赛中创造了自己的纪录，同时，她还保持着从5000米到马拉松赛的所有距离项目的各项世界纪录。她是史上唯一一个拥有如此辉煌成就的人。

英格丽德的低血糖症有可能是怀孕期间经常生病造成的。生孩子本身已经对身体造成了很大负担，如果还想重返国际长跑精英的行列，可想而知，她的身心压力会成倍增加。

为了实现自己的梦想，英格丽德经历了很多磨难，也进行了很多对于需要抚养幼子的母亲而言极不寻常的尝试。从她小时候在特隆赫姆市的比马尔卡（Bymarka）山脉的森林之旅，到她在国际舞台上屡次获得世界冠军等重大头衔，在长达20年参加国际比赛的运动生涯中，她最重要的动力，就来自运动的乐趣。在女子长跑刚刚萌芽的年代里，她是为数不多的、十几岁就跻身精英跑步者行列的运动员之一。不论身为学生、职员或是三个孩子的母亲，英格丽德从一只单枪匹马的孤狼，变成了许多国家中女子大众长跑运动的常客。范阿肯说得没错：长跑的确适合女性。当所有年龄和体型的女性都系好了自己的鞋带开始慢跑时，批评者终于收声了。

第 27 章

重返巅峰

> 罗诺越跑越快,几乎忘了自己身处何地。囚犯们排成一排,面对监狱中从未出现过的这一幕,为他欢呼鼓掌。
>
> ——1986 年,亨利·罗诺(Henry Rono)
> 在美国监狱 70 米长的牢房中跑完 20 公里

有些人无论做什么,都像舞蹈家一样。不管他们做什么动作,都能从他们身上看到舞蹈家的影子。虽然要分辨他们动作是什么并不容易,但其中必然带有某种优雅的美感。

有些人则是彻头彻尾的跑步者。肯尼亚的亨利·罗诺就是其中之一。他是造物主的杰作,是两条腿的羚羊,天生注定跑得又远又快。

罗诺能够从美国华盛顿州立大学普尔曼(Pullman)分校脱颖而出,不光是因为他所在的城市黑人比较少,更是因为他跑步时流畅的步态、修长的双腿和摇摆的后背。这一切,仿佛都是为了让身体适合穿越非洲大草原而进化出来的。这一切都说明了,他不是在柏油马路和汽车穿行的环境中长大的。人们以前总是为他担心,因为他过马路时,从来不会左右观察,就好像汽车不存在似的。

1976 年美国大学城的环境与肯尼亚高地可谓是天壤之别。罗诺的母语是肯尼亚的斯瓦希里语(Swahili)。他刚到美国时,几乎不会说英语，这使他的日常生活变得异常艰难。尤其是他的教练约翰·"快嘴"·查普林（John "Motormouth" Chaplin）说话特别快，让罗诺很难听懂。

在罗诺参加的所有比赛中，他几乎战无不胜。他拿着奖学金，来到了全世界最富有的美国，免费读大学。除了尽快适应这里的生活方式，罗诺别无选择。没人会关心他的学习成绩好不好。如果罗诺考得太差，查普林就会通过关系，帮他搞定一切。罗诺不仅可以免费进入美国大学体系深造，还可以在全球最大的田径赛场上比赛，对此他心存感恩。但是，没人能够理解，他其实根本不喜欢这样的生活，也没人知道，他想家想到什么程度。他必须尽快被美国同化，入乡随俗，举止得体，但事情并没有如此简单。如果一个美国运动员住在肯尼亚，他会不会也入乡随俗，去适应肯尼亚的生活方式和肯尼亚人的生活态度呢？他会不会在东非大裂谷过着所谓的原始生活，而一点儿都不想家，一点儿都不显得格格不入呢？

1952年，亨利·罗诺出生在东非大裂谷南迪山区的一个名叫基普塔拉贡（Kiptaragon）的村庄中。2岁时，他从叔叔的自行车后座上摔了下来，腿卡在了车条中，导致脚踝受伤。让母亲感到苦恼的是，在接下来的四年中，他只能爬行，直到6岁时，他才能够正常走路。

和许多当地人一样，罗诺的父亲那时在为一个白人农场主打工，而母亲和孩子们则留在家中种田，挤牛奶。有一天，当他的父亲在耕地时，一条巨大的蛇出现在拖拉机的前轮上：他父亲非常害怕，就从拖拉机上跳下来。结果跌落在铁犁上，当场死亡。

对罗诺一家来说，这无疑是一个沉重的打击，而对一个养儿子的家庭来说更是如此。因为在南迪部落中，母亲一般会抚养儿子到6岁，然后便交由父亲接管照料。到了10岁时，男孩子将会担负起一个男人的职责——打猎、种地和饲养家畜。而罗诺是妈妈和祖母一手带大的，这是两个坚强的女人，但父亲在他的成长过程中是缺失的。当他6岁学会走路之后，他便开始为邻居放牧。后来，在当地政府的敦促之下，罗诺从 10 岁时开始上学，并完成了小学学业。

这两件童年事件对罗诺的性格产生了很大影响。后来，看过他在大型田径赛场上比赛的观众有无数，却没有几个人了解他贫寒的家境，了解他谋生的艰难，以及多年来他心中的梦想。罗诺在艰苦的环境中长大，在他的内心深处，藏着不为人知的伤疤。

罗诺一家始终保持着部落传统。罗诺 10 岁时，家里人虽然通过学校和教堂等途径，对西方文化有了更多了解，但还是决定，带着罗诺去拔掉下颚的两颗门牙。这是南迪部落男孩子的一种传统仪式。男孩子要在不打麻药的情况下拔牙，全程坐着不能动，也不能表现出任何疼痛的感觉。这种仪式已经变得越来越少见了。当罗诺来到拔牙人的小屋时，拔牙人对他说："我看你才刚开始上学吧。如果拔了牙，会影响你正常说英语的，因为空气会从牙缝中漏出来。"[1]

但罗诺的母亲希望自己的儿子可以经历这个痛苦的仪式，象征着他成为一个男子汉。而且，拔牙还有一个实际用途：如果他生病了，嘴肿起来了，还可以通过牙齿缝隙来喂饭。

罗诺在学校里参加了足球队，可是他发现，自己的学费给家里增加了很大负担。母亲不得不把妹妹嫁给了一名士兵，以换得一些嫁妆，包括五头母牛、五只绵羊、两只山羊和 500 肯尼亚先令。这笔钱基本上够支付大部分学费了。罗诺还会给茶农打工，赚些零用钱，用来支付剩余的学费。直到 1968 年，罗诺才产生了当一名跑步者的梦想。

就在那一年，罗诺从收音机里听到了一个振奋人心的消息：肯尼亚选手基普·凯诺在墨西哥奥运会上获得了 1500 米金牌。这个消息像野火一样传遍了整个肯尼亚，并且永远地改变了这个国家的命运。从那时起，肯尼亚多了一个名字——"长跑王国"。凯诺本人就来自南迪部落的。他成为肯尼亚新的民族英雄，激励了包括罗诺在内的、成千上万的肯尼亚年轻人。罗诺决定放弃足球，成为一名跑步者。三年后，凯诺回到了肯尼亚，来到了距罗诺家 8 英里的体育场，与家乡人民进行交流。罗诺也是人群中的一员，他期待着看到自己的民族英雄。由于现场的人太多了，凯诺不得不高举双臂，来示意自己的位置。凯诺的发言和风度深深地吸引了罗诺。他高兴得像个孩子一样，一口气跑回了家，丝毫也没有放慢脚步。他非常渴望自己能成为世界上最优秀的跑步者。这让人联想到某种信仰或召唤：罗诺的人生目标，就是成为世界第一。

许多人梦想能够成为他们所训练项目或职业中的佼佼者，但是，能够实现梦想的人可谓凤毛麟角。物竞天择，自然淘汰一直在上演。大多数人的天赋和意志力都不够，因此无法实现梦想。他们无法做出那么多的付出和牺牲，也觉得力争上游其实没那么重要，至少在面临牺牲个人的幸福时，没那么重要。

然而，罗诺和其他注定成为冠军的人是不会这么想的。对罗诺来说，除了读书，跑步就是最重要的事情。为了创造最佳的训练条件，他不得不加入了肯尼亚军队。1973年，21岁的罗诺应征入伍，并得到了自己的第一双鞋。这是一双军靴，罗诺一直穿着它跑步。不久后，他便把军靴换成了更加轻便的鞋子。入伍之前，罗诺一直独自训练。他赤脚在家乡的山区训练，与其他跑步者聊天，学习他们的经验。他随性而独立，这种性格特点一直贯穿着他的整个运动生涯。但这并不意味着，他是个很难相处的人。恰恰相反，他为人谦虚而低调，只是有着一种不受管束的品质，这种独立的性格偶尔会表露出来。他这种无常的个性，和带给人惊喜或不安的能力，与他日后获得的传奇地位有很大关系。没有人能预测出他能做出什么来。他懂得控制自己的情绪，心态乐观，也极其坚韧。

20世纪70年代初，肯尼亚军队的跑步条件相当完美。他们会与警局和监狱体系的跑步者一起，每天训练两到三次，属于少数具有特权的运动员。比如，基普·凯诺就在警局里工作。这群受雇于国家的运动员会在一起开运动会，并参加一年一度的田径锦标赛。在现实利益方面，肯尼亚运动员与欧美运动员相比，并没有处于劣势。他们的地位和东欧国家的专业运动员很类似，政府会给精英运动员授予军衔，并发工资。

1975年，亨利第一次感到了抑郁。他非常渴望成功，扔掉了自己的所有慢跑鞋和钉鞋，开始穿着沉重的军靴训练。他以为穿上军靴可以增加训练难度，从而锻炼腿部力量。几个月后，他小时候受过伤的脚踝开始出现问题。无论是现代医学还是传统医学，都没有起到任何效果。罗诺绝望地求助于巫医。他自己觉得这或许是一个心理问题，或许和自己童年的痛苦经历有关。南迪人也相信，突如其来的成功可能会招人嫉妒，被人下降头，这就是需要巫医来辟邪的原因。后来，他的伤病不治而愈了。结果证明，脚踝问题是军靴造成的。

再后来，罗诺去了美国。教练约翰·查普林对待白人运动员的态度与对待罗诺及其他肯尼亚运动员的态度明显不同。肯尼亚人感到，白人运动员受到的斥责更少，待遇也更为人道。

罗诺只得借酒消愁，来减轻自己的焦虑和痛苦。每天训练结束之后，他会直接去酒吧，一直待到夜里2点打烊。他会与经常请他喝酒的顾客聊天，或者独自坐在酒吧里胡思乱想。夜里两三点时，他才会上床睡觉。大量饮酒和不健康的酒吧食品，让罗诺的身体越来越胖。宿醉后就要训练，这是他紧接着需要解决的问题。他和其他肯尼亚人一起住在公寓里。每天早上，他都要强迫自己起床。他疲惫不堪，双眼充血，完全不在状态。但是，只要有坚强的意志力，就没有什么事办不到。罗诺会出门跑步，用流汗的方式，代谢掉身体里的杂质、酒精和垃圾食物。他总是一副忧心忡忡的样子。"放松一点儿，别把每件事都看得那么严重。"查普林对他说道。

教练建议罗诺出去放松一下，多参加一些派对，享受生活的快乐。可当罗诺找了一个女朋友时，他又表示强烈反对。喝酒是可以接受的，但交女朋友绝对不行。自从罗诺有了女朋友之后，他的成绩明显下滑了。

1977年，罗诺发现自己的大便经常带血。医生诊断出，他患有慢性胃溃疡，病因是由酒精、压力和焦虑引起的。他只有25岁，可他的器官却已经出现了老化的危险迹象。

许多人问，为什么查普林没有察觉到他最好队员的身体越来越差了。"罗诺喝酒有什么危害？"查普林反驳道，"他没有伤害任何人，不是吗？"话是没错，可罗诺显然伤害了自己的身体。但只要他仍在比赛中获胜，教练查普林就什么都不说。唯一的例外发生在1978年5月6日。当时，罗诺在俄勒冈大学尤金分校参加了3000米越野障碍赛。他的成绩明显超过了瑞典选手安德斯·耶德鲁德（Anders Gärderud）保持的8分8秒的世界纪录，观众欢呼雀跃，期待着这一历史性时刻的到来。

突然，教练查普林挥舞起一条白手帕，示意罗诺慢下来。"俄勒冈州不配创造世界纪录。"在跑步比赛上，华盛顿州和俄勒冈州是竞争对手。罗诺本就不该给俄勒冈州带来荣耀，而应该在更合适的场合创造自己的纪录。

罗诺心如刀割，就像受到了肉体折磨一样难受。观众明白发生了什么，纷纷发出嘘声，有些人甚至翻过栅栏，跳到赛场上痛骂查普林。记者们围在罗诺的周围，一片混乱。这是一次糟糕的经历，也是一个有益的教训：和大多数运动员一样，罗诺听了教练的话。他很尊敬教练，但是在尤金发生的这件事，反映了查普林最坏的一面。[2]

1978年，罗诺被评为"世界顶级运动员"，该称号与具体的体育项目无关。那一年，他打破了3000米（7分32秒1）、3000米障碍赛（8分5秒4）、5000米（13分8秒4）和10000米（27分22秒5）等四项世界纪录。在那个赛季，他总共参加了60场比赛，其中56场获胜。他没有获胜的比赛要么是距离比较短，要么是在他落后之前，一直在充当领跑者。在田径场上，他还有很多事情要做。但他正沉浸在成功的喜悦之中，并获得了巨额奖金。

不过，成功也给罗诺带来了负面影响，让他品尝了从默默无闻到成为国际名人的滋味。从1978年到1983年，罗诺为耐克代言，最后一年的保底代言费高达6万美元。然而，作为一个具有独立思想的人，罗诺所经历的一切并非那么美好。1984年，罗诺没有参加1984年洛杉矶奥运会，与耐克的合作关系也和平结束。罗诺觉得耐克对他干涉过多，而耐克自然也有自己的要求。公司不希望付钱给罗诺这样的运动员，成绩大起大落，整日酗酒，永远都在试图找回状态。

罗诺一次又一次地东山再起。没有几个世界纪录保持者能像他这样，如此频繁地通过训练重返第一宝座，然后再次退步。这几乎成了一种定式、一种安慰、一件一提到他人们就会马上联想到的事情。就算他喝得酩酊大醉、身体浮肿、跌到谷底，他仍然有机会通过刻苦训练，回到破纪录的状态。无论如何，他在1981年做到了。那时是春天，当熟人在科罗拉多州博尔德（Boulder）看到了罗诺时，他连半小时都跑不了。在博尔德的街道上，他气喘吁吁地小跑着。过路者都在嘲笑他，就这样还想创造新的世界纪录。随他去吧，至少他活在希望中。人们为他感到难过，尤其是当他6月抵达欧洲时。此前，他拼命地给欧洲联络人打电话，请求主办方邀请他参赛。有传言称，罗诺酗酒成瘾，不停地央求主办方给自己一个机会。最终，他到了芬兰。由于身体超重，他被职业运动员甩在身后，花了15分钟才跑完5000米。但同年9月，在卑尔根市郊外的克纳维克（Knarvik），罗诺打破了个人的第五项世界纪录，以13分6秒的成绩跑完了5000米。

接着，罗诺回到了肯尼亚，与新老朋友们一起狂欢，庆祝自己的好成绩。他没有出现在事先安排的澳大利亚运动会上。结果，毛里·普兰特（Maurie Plant）代表澳大利亚的主办方，专程飞往肯尼亚首都内罗毕去寻找罗诺。可他根本不知道，该从哪里开始找他。后来，普兰特在肯尼亚田径联合会位于内罗毕的办公室里撞见了罗诺。罗诺刚好去那里办事。他对眼前的这个澳大利亚人及其来意一无所知。

"我得先回趟家。"罗诺打算先回160多英里之外的南迪山区。

于是，普兰特租了一辆汽车。他们于深夜出发，车却在一处偏僻的荒地抛锚了。普兰特之前从未到过非洲，他害怕在漆黑荒凉的非洲乡间小路上过夜，担心自己会遭到饥饿狮群的袭击。

他们找来了一辆拖车，但绳子实在太短了。在崎岖颠簸的小路上，他们的车艰难前行。忽然间，车子以自杀式的速度歪到了一边，普兰特险些摔出车去。澳大利亚报纸报道了一则轰动性消息，称一名男子去肯尼亚寻找罗诺，目前生死未卜，没有任何关于他的消息。

在返回内罗毕的路上，罗诺的酒瘾越来越大。只要遇到酒吧，罗诺就叫他们停车。当他们深夜2点抵达首都时，普兰特已经汗流浃背，精疲力竭了。但他依然很高兴自己还活着，而且罗诺依然和他在一起。经过了五天的舟车劳顿之后，他们终于飞往澳大利亚。从来没有哪个赛事的组织者，曾冒过这么大的风险，来邀请某个明星运动员参赛。

罗诺在墨尔本认真训练了一些日子，并取得了不错的成绩。

在动荡的年代，酒精是罗诺的安慰剂。当他在比赛中获胜的时候，每个人都愿意和他交谈。但是，很少有人对他本人感兴趣，也很少有人真的把他当回事。没人知道，其实罗诺也在思考跑步以外的事情：他不是一台跑步机器，只要人们在他背上别上参赛号码，就可以指望他有如神助般地夺冠。

这些年间，罗诺的一些表现令人难以置信。1980年冬天，他在澳大利亚参加比赛。在比赛前两天，他在一场狂欢中不知所踪。后来，有人找到了他，并将他送回了酒店。当时的他几乎处于昏迷状态。当天下午4点，英国主办方安迪·诺曼（Andy Norman）命令罗诺去田径场训练，并表示如果他不出现，就会送他回非洲。

诺曼逼着罗诺跑了十圈。每圈成绩都在60秒内。跑完一圈后，他会休息20秒，接着再跑下一圈。他总共吐了四次。在四天后的10000米比赛中，罗诺似乎完全不在状态。比赛进行到一半时，领跑的选手几乎就快要从后面赶上他了。可他突然振作起来，以惊人的速度冲了起来。他超过了一名又一名选手，并以27分31秒的成绩赢了比赛，创造了该赛季中的世界最好成绩。这次绝地反击，更加巩固了罗诺的传奇地位。

20世纪80年代，许多近距离接触过罗诺的人，都感到十分震惊。

第27章 重返巅峰

如此大量饮酒同时坚持训练的情况,是前所未有的。多年来,罗诺总是利用上午的训练来缓解宿醉,然后在下午开始正常训练。

后来,情况变得越来越严重。罗诺将上午训练之后的时间,全部都用来喝酒。他越陷越深,甚至无法完成上午的训练,练一半就跑不动了,只能沮丧地蹒跚而行。罗诺不止一次地终日沉溺于饮酒。用他自己的话说,就是"喝酒成了比赛"。他跑步有多拼命,喝酒就有多拼命,甚至更拼命,一天能喝掉40瓶啤酒。他的朋友和体育界的公众都会在比赛中看到罗诺作为一个旁观者绕来绕去,因为组织者不忍心把一个传奇赶出去。

罗诺将自己的大部分奖金都寄回了肯尼亚。1986年秋天,罗诺打算将马拉松赛的奖金寄回家。他走进了一家新泽西的银行,说道:"你好,我要开户。"

"25美元。"

"我晨跑后还没吃饭,现在肚子好饿。我先去吃点早餐,再回来开户。"罗诺走了出去,迎面遇到了两个凶巴巴的警察。

"请出示你的证件。"

罗诺给警察看了自己的证件,心中纳闷警方为何会突然这样问。"你确定你是亨利·罗诺吗?"罗诺没有注意到,自己的名字被错误地拼写成"罗德"(Rond)。警察认为,他的身份证是假的。

"你认识这个人吗?"警方向他出示了一张黑人照片,上面的人是抢劫了多家银行的嫌疑犯。

"不认识。"

"我们觉得,你就是这个人。"

"不,我跟他完全不像。"

"你住在哪儿?"

"两个街区以外。"

"带我们去。你有钥匙吗?"

罗诺将钥匙交给警察,接着就被戴上了手铐。

警察开门进入了罗诺的公寓，彻底搜查之后，并没有发现任何可疑之物，除了餐桌上的一台录像机。打开录像机后，他们听到了一堂讲给运动员的动员课，这是罗诺的教练约翰·德哈特（John DeHart）给他上的一堂课。警察从头听到尾，结果他们更加确信，他们抓到了一个厉害的罪犯。他们带罗诺离开了公寓，分别上了两辆警车，车上总共有五名警察，两名穿着警服，三名是便衣，还有一名指认罪犯的银行职员。[3]

在警局里，罗诺发誓自己只是一名跑步者，不是罪犯，还把自己教练的名字告诉了警察。可德哈特觉得他刚认识罗诺两个月，并不太了解他。而且罗诺的名声不好，德哈特并不信任他，所以也不想为他做证。

结果，罗诺被关进了监狱。警察给了罗诺一次和教练打电话的机会。德哈特向他解释道，警方怀疑他涉嫌数起新泽西州的银行抢劫案。警方认为，罗诺跑去抢了银行，并在抢劫之后逃跑了，还试图用训练计划来掩盖这一切。他具有作案动机，而且身体很好，完全可以在光天化日之下在街上逃走。警方认为，对于一个过气的、没钱的跑步明星来说，用跑步的方式抢银行，是最简单的方法。

罗诺坐牢了。他被关在黑人囚犯区域，与白人囚犯及拉丁裔囚犯隔离。监狱入口的一名医生认出了罗诺，心中怀疑会不会搞错了，却又无能为力。

第二天早上，在吃过早饭之后，一名罪犯来到了罗诺的身边："你是个跑步明星，对吗？"[4]

很快，所有囚犯都得知了消息。他们将罗诺团团围住，急切地想知道，他怎么会沦落到如此境地。这样一位名人居然和他们有相同的命运，这让众多囚犯感到十分荣幸。

罗诺心中万分绝望。在他的人生中，只有两件事能带给他慰藉——跑步和喝酒。在狱中，喝酒当然是不可能的。他看了一眼70米长的牢房。这里能训练吗？他挪动了床铺的位置，在床铺和囚犯之间，腾出了一条通道，然后开始慢跑。由于他严重缺乏睡眠，所以刚开始时，他的脚步僵硬而疲惫。他越跑越快，几乎忘了自己身处何地。囚犯们排成一排，面对监狱中从未出现过的这一幕，为他欢呼鼓掌。"我在电视上见过他。"一名囚犯说。"快看，他跑得多么轻松！"另一个人说道。罗诺拥有了许多观众和崇拜者，这让他很兴奋。这种感觉和在田径场上差不多。虽然他身陷囹圄，但是他有跑步的自由，警察也无权禁止他跑步。不过，有一名狱警冲他喊道："你要是敢逃跑，我就毙了你。"

这名狱警真的认为，因为罗诺擅长跑步，他就准备逃跑吗？如果他当真这样想，那简直就和警方相信罗诺是一名很会跑步的银行抢劫犯一样愚蠢。警方和狱警认为，一个跑步很快的人，是难以控制的。他可能会突然起跑，一溜烟消失在小巷之中。在美国社会中，到处都是摇摇摆摆的胖子，像罗诺这样的人是会受到排挤的。而且他一看就是一个东非人。美国黑人并不适合长跑，他们更擅长短跑，可以用最快的速度奔跑1—2分钟，或者在橄榄球或篮球比赛中拿着球冲刺。这个缺了两颗门牙、拥有异常强健体格的黑人，不应该属于这里。罗诺是从童话里走出来的人，是跑到世界尽头取水的那个人。至少囚犯和狱警是这样看待他的。他不仅仅是个运动员，还是个神话般的人物。虽然罗诺和他们肤色相同，也被关进了监狱，可他又是一个与众不同的人，一个以跑步为生、为跑步而生的人。不论在任何情况下，他都始终坚持跑步。

狱中的训练对罗诺而言非常特别。这一次，他才真的明白，跑步对于自己有多么重要，在一个被监禁的环境中，能够大步奔跑有多么美妙。第一天早上，他跑了快一个半小时，感觉整个人都焕然一新了。身体分泌的内啡肽让他感到愉快。到了晚上，他又多跑了几圈，使全天的训练量达到30公里。

很快，一名狱警就带着罗诺离开了这里。他被带上了一辆警车，转到了一家条件更好的监狱，并安排了单间牢房。狱警送来了食物。

牢房里有淋浴、电视和很多书，唯一的不足，就是没有跑步的地方。在这里，罗诺还是在坚持进行高抬腿和原地跑等训练。

到了周一，罗诺终于得知了事情的进展。他被指控抢劫了新泽西州的四家银行，一旦罪名成立，他将被判多年监禁。但是，他只是因为名字相似而被误抓的。他的律师极力反对该项指控。经过18小时的漫长庭审，罗诺恢复了自由。他痛苦地意识到，他能够在入狱六天之后逃脱监狱生活，是因为他是个跑步明星。如果他是无名之辈，就算他是无辜的，也很有可能被判有罪。

为了避免罗诺起诉并要求赔偿，造成罗诺无辜入狱的涉事银行主动提出，愿意赔给他5万美元当作补偿。但是，罗诺的律师表示他们将提起诉讼，要求100万美元的赔偿。这场官司持续了两年。最后，银行被判赔偿罗诺7.5万美元。而律师从中拿走了3.5万，剩下的4万美元归罗诺所有，这比他选择不诉讼所获得的补偿款还要少。

1986年深秋，罗诺在获释后去了费城的一家戒酒诊所看病。然而两周之后，他搬到了波士顿的一个朋友家里借住，很快便恢复了酗酒的恶习。

罗诺过着漂泊的生活，从美国东部搬到了美国西海岸，在老朋友们家里借宿，靠着比赛奖金勉强度日。没有人经历过他的这番遭遇。一个前世界纪录保持者四处流浪，一边靠跑步为生，一边酗酒度日。无家可归和跑步训练，渐渐腐蚀了罗诺的身心。

罗诺没有美国绿卡，也没有官方证件，导致他无法得到国家援助和福利。他没有可以申请这些福利的材料，也不知道该找谁帮忙，直到一名意大利籍律师接手了他的案子。

"罗诺，你肯定不是跑步明星吧？"律师问道。

罗诺喜欢看到人们这种反应。在美国，许多早期的跑步明星都曾与运动鞋公司合作，并开办企业，或向人们传授跑步的秘诀。但罗诺并不属于这类人，他靠自己成绩赚钱。他认为，因为自己是外国人和黑人，所以才会受到排挤。

第27章　重返巅峰

有人说，罗诺无法坚持做好一份工作。不过，如果是一份差劲的工作，要想坚持做下去也并非易事。在俄勒冈州尤金地区的一家养鸡场里，罗诺只干了短短几小时，同事间就开始生出关于这个走路带风的新员工的传言。

"你到底是谁？"鸡场的主管问罗诺。罗诺如实相告，结果被解雇了，因为鸡场老板不希望被媒体关注。每当罗诺四处寻找工作时，记者和摄影师也会追随他的脚步，进行跟踪报道。罗诺只好这里干两天，那里干三天，有时干几周。他总是担心，老板会认出自己以前是一个体育明星，然后解雇他。可以想象，他对自己的过去守口如瓶。以他现在的处境，只要他谈起自己过去的成绩，人们就很容易以为他是骗人或有妄想症。

所以，罗诺总是对于自己作为明星的过往绝口不提。居住在收容所和流浪者庇护所的人，很少会主动提及自己的过去。如果有人这么做，多半是为了美化自己，或者夸大其词。沉默和琐碎，才是这些卑微的流浪者之间的交流常态。

虽然罗诺身体发福了，但他依然在尝试恢复原来的健康体格。当救世军每天早上关上牢门，命令囚犯傍晚返回时，罗诺偶尔会在大街上练跑步。谁会相信，这个超重的跑步者曾经是那个时代最伟大的长跑明星呢？目光敏锐的人可能会注意到，他并非一个为了减掉啤酒肚而跑步的普通跑步者，因为罗诺很快就跑出了流畅的节奏，他脸上的表情也很有特点，仿佛在说："我在跑步。对我而言，世界上没有比跑步更棒的事情了，跑步让我感到无忧无虑，一切都很美好。"跑步让罗诺忘掉了无家可归的痛苦，或者说几乎快要忘掉了，因为对于一个过去体重轻得像一片羽毛的跑步者而言，过多的体重也是一种负担。"也许，我可以再次恢复到巅峰状态？"

向下一届奥运会进发的想法，让罗诺从自己的恍惚和幻想中清醒了过来。1988 年，戈登·库珀（Gordon Cooper）提出，愿意为罗诺备战同年夏天的汉城奥运会提供赞助。

罗诺无法拒绝。他一直四处流浪，身无分文，在美国各地之间辗转，靠越来越少的朋友接济，艰难度日，任何改变都只可能比现在的处境更好。参加训练营，至少意味着可以获得一段时间的免费食宿。罗诺连想都没想就答应了。他和教练詹姆斯·米贝（James Mibey）一起来到了蒂华纳（Tijuana）海岸附近的一座岛屿，这里是垂钓者的天堂，也是库珀特地挑选的训练地点。"心无旁骛，这里是你的最佳训练地点，"库珀嘱咐罗诺道，接着对米贝说，"管住他，千万别让他喝酒。"[5]

罗诺彻底心理失衡了。他曾与米贝有过不愉快的经历，现在，两人要在一起训练和生活，这让罗诺深感不快。他就像一名穷困潦倒的拳击手，渴望回到巅峰状态，但无论他多么希望找回原来的自己，他始终缺乏意志力和内在动力去付诸行动。他并不是一个毫无人生方向的、无可救药的酒鬼，相反，他是一个很敬业的运动员。酗酒和漂泊的人生已经翻篇了。他只需要扼住自己命运的咽喉，一切就都会好起来的。当他心态不错时，他会这样想；然而，当他心态变得消极时，他的想法就会截然相反。

在岛上训练时，罗诺每天晚上都烂醉如泥。同时，他还与俄勒冈州立大学的一位运动心理学家保持通信。心理学家给他寄了些关于心理学的书籍。在罗诺的职业生涯中，出现了无数次重新复出的转机。

心理学家给罗诺的诊断是抑郁症。因为过量饮酒已经破坏了他所有的可能性，还因为他和米贝实在合不来。罗诺的生活方式是毁灭性的。酗酒者喝酒不光是因为身体产生了酒精依赖，还因为他们生活得很苦闷。喝酒的习惯难以克制，罗诺也管不住自己。

"你为什么不能戒酒，然后好好训练呢？你的天赋比任何人都要好，可你根本就不珍惜。"米贝问罗诺。

"你懂什么！"罗诺反驳他。两人之间产生了更多的矛盾。有一次，罗诺愤怒地冲到米贝面前。还有一次，在他们争吵之后，罗诺喝了一整夜的酒，而米贝则在自己的房间里睡觉。那天凌晨，罗诺突然大叫了起来："你叫我训练！练就练，谁怕谁啊！"[6]

米贝看起来害怕极了，他以为罗诺疯了。在深夜的沙滩上，他们俩听着海浪声，一起跑了好几小时。他俩都喝醉了，米贝已经喝到了自己酒量的极限。

教练认为罗诺已经无可救药了，索性不再抱怨他酗酒的事，也不再埋怨他缺乏训练了。而与此同时，罗诺则埋头攻读心理学书籍，希望从中找到答案，解开自己的心结。

在酒店争吵和夜跑事件发生不久，库珀回了一趟海岛。他严厉斥责了米贝的不负责任。可库珀一走，一切就又回到了老样子。两人再次吵得不可开交。直到库珀再次回到海岛之后，两人的日常生活才开始有了些变化。

等到库珀第三次回到海岛时，他意识到，罗诺已经完全没有希望了。尽管距离汉城奥运会还有六个月时间，但已经没有什么好办法，可以让罗诺找到状态了。他太消沉了，酒瘾也太大了。

1988年2月，在六周装模作样的训练之后，库珀勒令罗诺和米贝坐船返回内陆。三个人相顾无言，一路向美国进发。他们痛苦地意识到，罗诺浪费了备战奥运的大好机会，四年前的悲惨一幕，如今再次上演了。库珀对他们说，唯愿罗诺一切都好，然后将他们留在了蒂华纳的一个酒吧里。米贝都快哭了，他自己没有护照，很怕边检时会出问题。

罗诺穿着库珀给他买的一套漂亮西装，顺利地通过了美国边境。可米贝就倒霉了，听说他在边境被捕，最后进了墨西哥监狱。他们原本想帮罗诺恢复状态，参加奥运会，可这次不可思议的尝试，最终以失败告终。

罗诺更加郁闷了。他来到纽约州的罗切斯特（Rochester），在一家戒酒诊所挂了号。他很清楚，自己必须去跑步，只有这样才能达到并维持自己内心的平衡。他在美国一无所有，没有亲戚，也没有跑步圈之外的朋友。他的整个生活都是以跑步为中心的。

1990年，罗诺去波特兰（Portland）进行了一次修身养性之旅，并对冥想和《圣经》感兴趣了。接着，他搬到了阿尔伯克基（Albuqerque）。在那里，他遇到自己的同胞萨米·西托尼克（Sammy Sitonik），事情似乎否极泰来。他们两人在1小时14分以内完成了杜克城（Duke City）半程马拉松赛。西托尼克邀请38岁的罗诺和他一起回到内华达州的拉斯维加斯（Las Vegas），在那里，他们一起在丘陵状沙漠中进行训练。

戒酒后的健康生活方式对罗诺产生了立竿见影的积极影响。仅仅两周后，他就以1小时04分的速度，跑完了拉斯维加斯半程马拉松赛。媒体抓住了罗诺的新闻大做文章，他因受抵制而错过了两届奥运会，后来因为酗酒再次错过了两届奥运会。现在，罗诺终于走上了正轨，踏上了第五次奥运会的征程。如果他真的训练得当，是有可能夺得巴塞罗那奥运会马拉松赛金牌的。在奥斯丁（Austin）半程马拉松赛中，罗诺以1小时04分的成绩夺冠。专家们对罗诺寄予厚望，认为他的成绩还能再提高几分钟。

然而，罗诺却无法承受如此之高的期望，莽撞的记者给他带来了巨大压力。受到的关注越多，他对自己的能力就越怀疑。结果，他又开始酗酒了！后来，他与西托尼克闹翻了，不得不搬出去住。他把自己仅有的几件物品装进一个袋子里，住进了拉斯维加斯的一家收容所。一周后，他又搬回了阿尔伯克基，与来自肯尼亚的优秀马拉松运动员亚伯拉罕·侯赛因（Abraham Hussein）一起训练。

罗诺非常重视1992年的巴塞罗那奥运会。1991年5月，他参加了匹兹堡（Pittsburgh）马拉松赛，挣了2000美元奖金，并靠这笔钱生活了几个月。但不久后，前几场比赛的组织者要求对他对过去几年中未曾参加的比赛进行补偿。罗诺再次寻求酒精安慰，跟着再次戒酒。这一次，他在加州匿名戒酒协会开办的诊所里度过了几个月时间。

罗诺陷入了酗酒和戒酒的恶性循环中。哪座城市举办公路赛，他就搬到哪里去住，他想赚钱，好让自己重新站起来。只要他训练一阵子，就能取得不错的成绩，接下来，又开始新一轮酗酒。一旦他的生活跌到了谷底，他就会找一家戒酒诊所，并按照计划，坚持戒酒数周或数月。1992年，他在加州戒酒成功之后，又去了盐湖城参加比赛，接着，那里的戒酒诊所便再次成为他的家。罗诺成了一个流浪汉，从一个诊所流浪到另一个诊所。他至少戒了17次酒，有时是自愿去的，有时则是在朋友的敦促下去的。

尽管戒酒诊所的生活更加健康，更有规律，但罗诺生性热爱自由，他觉得戒酒诊所就像是监狱，因为那里医生们不准他跑步，而是组织大家围坐在一起，交流戒酒经验，这更加深了罗诺的抑郁。他曾为自己争取过跑步的机会。后来，他感觉好多了，并做好了找工作的准备。

1995年，罗诺六年来第三次尝试在耐克找到工作。前两次，耐克都拒绝了他，因为他们不想向酒鬼付钱。1995年，罗诺再次填写了求职表格，并回答了诸如"你以前在本公司工作过吗""你想挣多少钱"等常规问题。而这次，他又被拒绝了。

罗诺对此难以接受。毕竟，他曾在20世纪70年代为耐克代言，他象征着耐克大胆又略带叛逆的品牌形象。罗诺和耐克相互指责对方不讲信用，双方都有些道理。虽然罗诺知道，其他顶级运动员都在为耐克代言，但赞助商并没有义务去资助一个酒鬼，而运动员也不能强迫别人施舍。罗诺还觉得耐克歧视非洲人。

1995年，罗诺正在试图让自己的生活走上正轨，所以越发不能接受耐克的这种做法。他在波特兰洗车，赚钱交房租。这回媒体又来了。他们拍下了这位传奇人物为了赚取微薄收入而洗车的照片。消息从地方报纸传播到全国，又传播到各家机构和全球媒体。他一直被媒体写成一个失败者，一个喝酒喝高了的傻瓜。记者没有将他写成一个有血有肉的人，他们对罗诺本人并不感兴趣，他们只关心他是冠军和失败者。这一切，再次给关于罗诺的传言添加了作料。

1996年，罗诺在阿尔伯克基的肯尼亚老乡，帮他在机场里找到了一份更稳定的工作。他帮助乘客提行李，每小时赚 2.17 美元，外加小费。每天的小费数额 0—60 美元不等。

罗诺始终没有拿到美国绿卡，因此，他也无法找收入更高的工作。他在美国职场的最底层打工，待遇等同于非法移民，几乎没有任何合法权利。而事实上，他和其他肯尼亚运动员都是很有上进心的：他们为人随和，从不吹嘘过去的成绩，过着隐姓埋名的生活，平时只和老乡来往，也不会去申请有学历要求的工作，尽管他们当中许多人其实具有高等学历。许多昔日的肯尼亚跑步明星，包括 1988 年奥运会银牌获得者的彼得·科奇（Peter Koech），都曾在阿尔伯克基机场当过行李搬运工。

所以，发福的罗诺拖着沉重的脚步，在机场里推着行李箱和手推车来来往往，对乘客说着礼貌用语，提供着微笑服务，希望能多获得一些小费。有时，他也会遇到一些来阿尔伯克基训练的老朋友。20 世纪 90 年代末，他就遇到了格蕾特·韦茨。

"嗨，我是亨利·罗诺。"他一边说，一边向格蕾特伸出手。格蕾特立刻认出了他。他们多年未见，彼此有很多话想说。

他们二人的差距可谓天壤之别。20 年前，他们都是当时世界最顶尖的长跑运动员，媒体经常让两人站在一起合影。他们都赚了很多奖金，忙着去世界各地参加比赛。格蕾特从自己的职业生涯中受益良多。她四处办讲座，有很多合约在身，过上了优越的生活，活得也很有意义。

2002 年，罗诺彻底戒酒了。20 多年了，他终于摆脱了酒精对自己身心的摧残。但是，他又爱上了垃圾食品。

美国到底怎么了？为什么罗诺和其他肯尼亚跑步者在运动生涯结束后，都以吃垃圾食品为乐，把自己吃得胖到大家都认不出来？而暴饮暴食会导致另一种抑郁。

2006 年 6 月的一个晚上，罗诺像往常一样，在他位于阿尔伯克基的公寓里睡觉。尽管酗酒的恶习已成历史，可他身体不适，超重，心情郁闷。在他的生活中,有些东西缺失了。那是生命的气息和奔跑的能力。

凌晨3点,他忽然醒来,听到了有个声音在呼唤他。

"起来跑步吧,罗诺。你会再次找到自己,那个未曾迷失的自己。"

他离开了家,走进了黑暗的夜色中。左拐,然后右拐,他仰望星空,看到了北极星在天空中闪耀。他望着北极星,朝它的方向跑去,却总是追不上它。黑夜里,他独自一人前行,就像一个印度教徒追随天神的召唤。虽然他几乎是在没有汽车和行人的街道上慢慢往前挪,但他从来没像这次跑步那样,思考得如此清楚,如此透彻。他跑了两小时,这是一段星光下的旅程,天神正在向他传布跑步的福音。

那次跑步之后,他重整旗鼓,希望找回原来的自己。他打算在55—59岁创造新的1英里世界纪录。

第一年,他的梦想并未实现。罗诺还需要减掉20—30磅才能达到理想体重。但是,他一直在坚持比赛,离心中那个真实的自己越来越近。跑步对他而言是一件神圣的事情,是他触及人生巅峰和谷底的原因。罗诺的理念是:"我跑故我在。"他能感受到,心中的跑步之神带给了自己无穷的力量。

第 28 章

明星、商业和兴奋剂

> 这些全都是捏造的,简直是一派胡言!我们拒绝接受这些指控,并保留采取法律行动的权利。
>
> ——1991 年,德国选手玛丽塔·科赫(Marita Koch)被指控服用兴奋剂,她是 400 米世界纪录保持者,成绩为 47 秒 60

在 20 世纪 80 年代初,西方人对田径和跑步运动有着极大的兴趣。慢跑蔚然成风,这意味着成千上万的人可以一眼认出体育明星。跑步者的身材都很瘦,腿上布满青筋,脸颊微微泛红。这样的形象成为人们心中最理想的样子。广告里的模特看起来似乎刚跑完步,身上冒着汗珠,或者带着沐浴后的水珠。他们看上去很健康,肺里面充满了新鲜空气。以往抽烟喝酒的模特形象和名人海报,已经被体育明星取而代之,甚至摇滚明星都会通过跑步来保持身材,以便更好地面对他们艰难的生活。

长久以来,最优秀的跑步者一直是人们心中的英雄。伟大的跑步明星拥有众多崇拜者,他们的魅力也并不局限于体育圈,例如新西兰的约翰·沃克(John Walker)、英国的塞巴斯蒂安·科(Sebastian Coe)和美国的卡尔·刘易斯(Carl Lewis)等。女人喜欢他们的外表和修长的双腿,而男人也希望自己能够变得像他们那样帅。沃克穿着黑色的新西兰队服,长发飘飘。他总能在冲刺阶段超过其他对手,是人们心中神一般的体育偶像。沃克是一个志向远大、极具天赋的小伙子,他热爱比赛。而在公众眼中,他的帅气堪比电影明星。在中距离跑步领域,他是一个无人能出其右的巨星。他成为男性的象征。在20世纪70年代,只一个运动员的个人地位可以与沃克比肩,他就是瑞典网球运动员比约恩·博格(Björn Borg)。

1975年,沃克在瑞典的哥德堡(Gothenburg)以3分39秒4的成绩,创造了新的1英里世界纪录。他花了一整天时间坐在电话机旁,接受来自世界各地的记者的采访。最优秀的跑步者会在世界各地旅行。他们会在大洋洲过冬,因为那里的冬季与北半球夏季气候相似,最适合训练。接着,他们会去美国比赛,再从美国前往欧洲比赛。20世纪80年代初,欧洲的各种运动会如雨后春笋般不断涌现,比以往任何时候都要多。

1980年前后,欧洲每年夏天都会举办200场左右的国际田径运动会。运动会、公路赛和越野赛的数量激增,大大小小的体育明星应邀前往世界各地参加比赛,令赛事熠熠生辉。

直到20世纪80年代,非职业运动员,即那些想参加奥运会的运动员,才被允许从比赛中拿钱。1982年,国际田径联合会(IAAF)修改了对"非职业规则"的陈旧定义。从1985年起,参赛运动员除了可以获得国家发的奖金,还可以获得国际组织的奖金。此前大约十年,运动员收"黑钱",如出场费、免费机票等的情况愈演愈烈,各种规避非职业规则的手段层出不穷。大家对这一切心照不宣。

在苏黎世(Zurich)等地举办的大型欧洲运动会上,参赛者常常会在赛事结束之后排队领钱。每个选手都有自己的价码。越慷慨的赛事组织者越受运动员欢迎,参赛者的水准也越高。在东欧,主办方有时候会支付一些在西方难以兑换的货币;而对于罗马尼亚和苏联运动员而言,则非常乐意拿到美元的奖金,因为有了美元,他们就可以在国内一些特殊的高档商店里买东西了。主办方一般不会通过银行系统转账,而是会利用一些巧妙的方法来付钱。

80年代，曾有世界纪录保持者扛着一箱箱现金，在不同的欧洲银行里开户存钱，就是为了分散个人财产。有一名肯尼亚选手每次的出场费都是754美元，这个看起来随机且毫无意义的金额，其实对应着他家乡一头牛或一小块田地的价格。他希望不断增加自家的牲畜数量和农场面积，因此会更频繁地参加比赛，从欧洲赛场上尽可能多地赚钱，以确保自己和家人未来的生活。

在20世纪八九十年代，运动员的出场费一直在涨。运动员和赞助商之间的利益关系越来越紧密，这也引起了媒体的关注。每个人心里都想着钱，成为当时顶层体育圈的一大特色。

20世纪80年代，还衍生出体育经纪人这个新行当。体育经纪人代表运动员谈判，并安排比赛，签署合约。这种专业化的趋势意味着，优秀运动员将依赖于经纪人或经纪公司的运作来参加比赛，获取良好口碑，提高自己的市场价值。凡事都靠自己，并不一定总是最好的选择，即使是最顶尖的运动员，也有过被赞助商欺骗的经历，上了谈判桌，他们也需要别人的帮助。

各大城市马拉松赛事之间的竞争，也对运动员产生了影响。主办方有自己偏爱的选手，有时，他们也会希望特定的选手获胜，例如主要赞助商的赞助对象。在公赛路和田径比赛中，暗箱操作是常有的事。为了确保冠军的名誉，运动员会在特定竞争对手不参赛的情况下选择参赛。如果主办方希望在比赛中创造世界纪录，那么，他们就必须提前安排一到两名领跑手，并且最好与内定冠军来自同一个国家或群体。参赛者、主办方、赞助商和电视台会坐在一起谈判，商讨出对各方都有利的比赛方案。

结果，某些运动员几乎从未同台竞技过。英国的塞巴斯蒂安·科（Sebastian Coe）和史蒂夫·奥维特（Steve Ovett）都是20世纪80年代处于巅峰状态的中距离跑步运动员。他们俩很少出现在同一场比赛中。数年来，他们之间的对决一直是体育圈的经典话题。他们收到的比赛邀请不计其数。二人都可以在各自选择的赛场上夺冠，甚至还会在相同运动会的不同比赛项目中夺冠。那些讨厌失败的运动员总是能名利双收。

越来越高的奖金激励着来自肯尼亚、埃塞俄比亚等传统跑步强国及其他贫困国家的少年们。通过跑步，非洲少年可以实现他们的体育梦想，获得受教育的机会，满足自己对成名的渴望，还有机会来到欧美国家比赛或定居。与单纯的现金奖励不同，这些好处本身就意味着生活水平的极大提高。只要在西方比赛中获胜或排名靠前一次，就能获得多到他们无法想象的奖金。

全能天才

在20世纪80年代初，一位来自非洲的年轻跑步者再度一鸣惊人，他就是摩洛哥的赛义德·奥伊塔（Said Aouita）。他的跑步天赋极高，可谓无人能及。18岁时，他是一名足球运动员。当时，他光脚参加了学校的田径比赛。他只接受过足球训练，也不懂任何节省体力的技巧，只知道尽全力做到最好。在人生中的第一场800米比赛中，奥伊塔取得了1分49秒的好成绩。

奥伊塔是一块真正的璞玉。他的教练站在跑道旁，大声告诉这个跑步天才，什么时候该加速，什么时候该减速。虽然奥伊塔对纪录一点儿都不了解，但他很快就掌握了从800米到5000米等各个项目的训练要领。在优秀成绩的鼓舞之下，奥伊塔开始专注于跑步训练。这意味着，他得出国比赛，去曾经殖民统治过摩洛哥的法国。

到了法国之后，发生了一件奇怪的事情。只要一训练，奥伊塔总跑不赢队友，而在所有正式比赛中，他却可以轻松超过所有人。

他的训练肯定在哪里出了问题。于是，他开发了一套属于自己的训练理念，对最后300米子弹般的冲刺进行了优化。每周，他的训练量不会太多，保持在45—55英里，同时辅以大量的法特莱克训练、速度训练和坡地训练。

1980—1982年，奥伊塔在自己的跑步项目上努力达到了精英水平。当时，英国选手在1500米比赛中占据着主导地位。某些赛事主办方称呼他为"小阿拉伯人"，这让奥伊塔觉得自己受到了歧视，因为他是摩洛哥人。他代表着跑步圈里的新成员。虽然他是一个来自北非伊斯兰国家、受邀参加大型比赛的新人，但他却直言不讳地表达了自己对组织者、竞争对手和欧洲人傲慢态度的看法。

奥伊塔搬到了意大利的锡耶纳（Siena）。那里的环境更有利于他的训练。他由此开始了征服世界的征程。在每次运动会之前，他都会想象自己是一名摩洛哥战士，随时准备为自己和国家的荣誉而战。失败时，他仿佛被匕首刺伤一般痛苦。1985年，他在1500米比赛中以0.04秒之差惜败于史蒂夫·克拉姆（Steve Cram）。结果，他连续两个晚上无法入睡，胃痛了两周。

奥伊塔在1984年奥运会的5000米比赛中获得了金牌，成为摩洛哥的民族英雄。这为他带来了与国王的友谊。一时间，摩洛哥人民在公共场合和自己家中，将奥伊塔的照片与哈桑二世（Hassan Ⅱ）国王的照片挂在一起。皇家御医负责为他治疗伤病。他成为宫廷的常客，也成为摩洛哥史上第一位真正富有的运动员。[1]

奥伊塔是世界上最强的中长跑运动员吗？他在800米到10000米的所有距离上，均处于世界顶级水平。他曾多次打破世界纪录。从1983年9月至1990年9月，他总共参加了119场比赛，赢了115场。他为新一波800米以上项目的摩洛哥籍和阿尔及利亚籍伟大运动员铺平了道路，在这些运动员当中，同样来自摩洛哥的希沙姆·埃尔·格罗耶（Hicham El Guerrouj）超越了所有人。

自20世纪80年代中期起，奥伊塔成为1500米比赛的主宰。在这一经典项目中，北非和东非选手一直处于世界领先地位。

冲破阻隔

"我要跑步。"来自阿尔及利亚康斯坦丁镇（Constantine）的哈西芭·布梅尔卡（Hassiba Boulmerka）说道。这意味着，她既要遵守穆斯林的着装传统，又要大步前进，冲破世俗阻隔，并准备承受公众的反对、讶异和谴责。按照穆斯林传统，她应该戴头巾，穿着长及脚踝的打底裤，手臂上也要被遮盖起来。20世纪80年代，布梅尔卡在全国田径锦标赛上一举成名，成为800米和1500米的全国冠军。

阿尔及利亚是非洲面积第二大的国家，地形以山地和沙漠为主。在布梅尔卡小时候，几乎看不到女性跑步者。女运动员只能私下接受训练，还要隐瞒自己取得的成绩，因为在旁人眼中，她们是亵渎神明的暴露狂。与西方的女子跑步运动员相比，她们有更多的障碍需要克服。因为在阿尔及利亚，宗教戒规森严，各种礼仪和社会规范限制了跑步运动的发展。如果小女孩或少女在家里表示自己想玩游戏或跑步，家长往往会严厉制止。那些蔑视规范的人，必须去学习和遵守一本厚厚的行为守则。穆斯林妇女不能在男人面前奔跑，当然更不能在大庭广众之下暴露自己的胳膊和腿，因为在穆斯林文化中，就连男人都不能穿着过于暴露。每天，布梅尔卡都生活在各种限制和规则当中。但她渴望进行训练，挥洒汗水，出国比赛，为国争光。

可想而知，布梅尔卡的登顶之路并非一帆风顺，而是历经了诸多艰辛。而所有这些苦难，都让她日后的成功变得更加甘甜。1991年，她在世界田径锦标赛1500米比赛中，为阿尔及利亚获得了首枚女子田径金牌。次年，她又在巴塞罗那奥运会上再添一金。当布梅尔卡载誉回国之后，阿尔及利亚总统向她表示祝贺，并为自己投票赞成在国内禁止女子田径的提案表达了歉意。

但是，原教旨主义的逊尼派穆斯林却指责布梅尔卡亵渎神明：她在参赛时，在体育场数千名男性观众面前，几乎赤身裸体；她违反了戒律，还以国家为名，蔑视伊斯兰教，在比赛获胜后手举国旗绕场一周，兴奋地高呼"阿尔及利亚！阿尔及利亚！"，仿佛如此丢脸之事还值得庆祝一样。在阿尔及利亚国内，布梅尔卡不得不在警方保护下生活。后来，她搬到了法国进行训练。

布梅尔卡同时是一位很受欢迎的女英雄,尤其受女性欢迎。她推动了人民群众的社会变革。在她夺冠之后,一个新的标语出现了——"哈西芭·布梅尔卡勇夺金牌,无须父亲的批准"。1991年的金牌和随之而来的广大女权呼声,是阿尔及利亚妇女获得投票权的主要原因。在此之前,这里的妇女没有任何话语权,大事小事皆由父亲和丈夫做主。

1991年12月,伊斯兰救世阵线(Islamic Salvation Front)在选举中获胜后,军方进行了干涉,并于一个月后接管了政权,导致阿尔及利亚长期内战的爆发,造成了大量人员伤亡。布梅尔卡的日常生活受到了严重影响。她非常爱国,不愿永久移民到国外。但是,为了在和平条件下完成重要训练,她也会前往古巴和法国进行集训。她收到过无数恐吓信,收到过无数骚扰电话,都声称要杀死她或毁灭她。1995年,世界田径运动会在哥德堡举行。她特地入住了一家没有其他阿尔及利亚客人的酒店,并采取了24小时的严密安保措施,就像一个随时面临暗杀威胁的政客一样。

对于自己的勇敢行为和由此引发的所有骚动,布梅尔卡是怎么看的呢?她认为,自己不仅是一个女子田径运动的先驱,也是一个优秀的穆斯林。她为妇女解放做出了贡献,但她既没有不爱国,也没有忘记真主安拉。

在布梅尔卡取得世界冠军的短短几年中,有8000多名阿尔及利亚女孩也开始了跑步。她们模仿偶像的样子,脱掉了又长又热、极不方便的长袍,穿着短裤跑步。她们感受到了运动的兴奋和乐趣,或许,她们心中也不乏些许自责。但当她们找到自己的同类时,还是会感觉不错,也认为自己这么做是对的。还有些人做出了让步,乖乖穿着传统服饰跑步,就像其他国家的跑步爱好者那样。毕竟,没有必要完全模仿布梅尔卡的行为。

长期以来,布梅尔卡一直致力于反对男性主宰一切。作为一名跑步运动员,她遇到了许多志同道合者,这与一百多年前的欧洲暴力反抗及十几年前的女权反抗如出一辙。然而，她身上所背负的压力更重，因为许多伊斯兰国家在不断地掀起激进运动。那些穆斯林之所以指责布梅尔卡有罪，是将她的事业视为向最大的敌人投降，而这个大魔头就是美国。因为，西方体育运动本身就违反了先知的训诫。穿着短衫、短裤跑步，成为道德败坏和被美国价值观腐蚀的象征。[2]

跑鞋产业

20世纪80年代，各大跑鞋厂商成为体育活动的主要赞助商。在慢跑热潮出现之后，美国、欧洲和亚洲的制鞋业实现了真正的腾飞，厂商数量在1980年前后达到了顶峰。在那之后，厂商数量有所减少。与所有成长型行业类似，在经历发展顶峰之后，要么会趋于平稳，要么会经历一些不景气的时期。

跑鞋厂商之间的国际竞争也变得更加激烈，这反映了商业环境的恶化，也预示着全球化时代的到来。

耐克既是古希腊胜利女神的名字，也是美国一家跑鞋厂商的名字。20世纪50年代，耐克的创始人菲利浦·奈特（Phillip Knight）来自俄勒冈州波特兰，曾是俄勒冈大学尤金分校传奇教练比尔·鲍尔曼的队员。1962年秋天，奈特去了日本，想看看能否从日本进口低成本跑鞋，运回国内以更高的价格卖给美国人。他从日本订购"虎牌"（Tiger）跑鞋，并在美国注册了名为"蓝丝带运动"（Blue Ribbon Sports）的公司。

奈特花了一年多的时间，拿到第一批五双轻型跑鞋。然后，每逢美国西海岸各地举办各类田径运动会，他就会打开汽车的后备厢，向人们推销他的跑鞋。鲍尔曼也在帮他推销"老虎"牌跑鞋。在一年之内，他们总共销售了1300双鞋。

1970年，他们的营业额已经达到了100万美元。越来越高的成本和越来越低的交货量，让奈特和鲍尔曼萌生了打造自主品牌的想法。

1971年，蓝丝带运动公司生产了第一双带有耐克标志的跑鞋。这种类似女神翅膀的曲线，后来成为耐克跑鞋的"对勾"（Swoosh，意为嗖的一声）标志。然而，这款跑鞋是在墨西哥制造的，不具备耐寒性能。由于鞋子很容易破，没过多久便停产了。奈特前往日本，通过磋商，在受欢迎的日本"虎牌"科尔特斯（Cortez）跑鞋上印了耐克标志。他还从日本联系人那里订购了篮球鞋、摔跤鞋和普通运动鞋。

1972年奥运会的选拔赛在尤金举行。鲍尔曼的年轻队员史蒂夫·普雷方丹（Steve Prefontaine）试穿了耐克新款跑鞋，吸引了很多人的目光。这位魅力十足的长跑运动员被拍到穿着耐克鞋跑步。同年，鲍尔曼将乳胶倒进了妻子的华夫饼饼铛里，发现可在跑鞋鞋底印上华夫饼的纹路。

在整个20世纪70年代，耐克的销量一直随着慢跑者人数的增加而稳定上升。反过来说，耐克和其他跑鞋厂商的大量产品也推动了慢跑运动的发展。无论是公路跑还是越野跑的新老跑步者，都知道新款跑鞋具有减震性能。他们将正在穿的网球鞋和篮球靴全都换成了物美价廉的轻便运动鞋。制作技术的不断进步、亚洲工厂的低廉成本、资本主义潮流的兴盛，共同推动着运动鞋产业的发展，让跑鞋融入了慢跑者的日常生活。许多慢跑者认为，穿上特殊设计的跑鞋，就可以创造奇迹，还能增加他们的跑步量。购买跑鞋的顾客遍布各个年龄层，体型也各有不同。人们在自己的兴趣爱好上，越来越舍得花钱了。

蓝丝带运动公司于1978年更名为耐克公司。他们自诩为一家挑战阿迪达斯和彪马等运动鞋巨头的小型替代品牌，代表着一种新生的运动必需品。这是一个非常成功的战略。1980年，耐克在美国的营业额超过了阿迪达斯，成为美国最大的运动鞋厂商，还推出了运动服系列产品。运动服和运动鞋是一个快速增长的行业，具有很大的利润空间，尤其是在生产国的工资和成本比西方国家低很多的情况下更是如此。

整个20世纪80年代,篮球明星迈克尔·乔丹(Michael Jordan)对耐克的发展至关重要。后来,耐克还与其他不同体育领域的超级明星签订了合约。就跑步而言,耐克从史蒂夫·普雷方丹身上赚到的钱最多。1975年,普雷方丹在一场车祸中丧生,但他依然是耐克这家理想主义公司的创业神话中的核心人物。

耐克公司将普雷方丹的短暂一生和鲍尔曼发明的华夫格鞋底结合起来,打造了一个动人的故事,不仅让耐克较其他品牌更胜一筹,还让跑步者相信,尽管耐克运动鞋是在亚洲生产的,但质量绝对过硬。耐克成功地吸引了大批忠实顾客,并让人们形成了一种印象,认为耐克代表着一种特别的生活方式,认为穿耐克鞋的人是与众不同的。顾客不仅自己穿耐克运动鞋和运动服,还将耐克推荐给身边的人。他们是耐克品牌的忠实支持者,也是耐克家族中不可或缺的重要成员。不论是美国的索康尼(Saucony)、日本的亚瑟士(Asics)等老牌跑鞋,还是德国的阿迪达斯,都没有将营销做到这种程度。

在成功的跨国运动鞋公司中,一边标榜独树一帜的商业态度,一边将产生安排在亚洲工厂,并对大量工人实施血汗管理的,并不止耐克一家。但是,耐克的特别之处一方面在于它与奈特和鲍尔曼之间的联系,另一方面在于慢跑运动的发展。要想成为耐克美国公司和其他国家分公司的创始员工,先决条件就是,他们必须是真正的跑步爱好者。例如,耐克是全球首批拒绝招聘吸烟者的公司之一。耐克成功,是因为它将跑步者对跑步的热爱、鲍尔曼的团队精神以及奈特对业界第一的渴望结合在了一起。奈特虽然从未在鲍尔曼的指导下赢过一场比赛,但他却成为跑鞋界的国际巨星。[3]

耐克还成立了自己的俱乐部——西部田径(Athletic West)俱乐部。在顶级运动员广泛服用兴奋剂却只有少数运动员被查出来的年代,该俱乐部具有很大的影响力。赛事主办方常常会与服用兴奋剂的运动员达成秘密的口头约定,例如"没有兴奋剂检测的话,我就参加比赛"或"我需要你们保证,我不会被查出来"等。

各式各样的兴奋剂

众所周知，自20世纪70年代以来，血液兴奋剂问题引发了激烈的讨论。严格来说，在奥运会中，使用血液兴奋剂并不算违规，因为奥运会禁止的是"使用外部支持"。直到1985年，国际奥委会才命令禁止使用血液兴奋剂，尽管在当时，检测手段其实是无法测出此类兴奋剂的。

20世纪80年代初，瑞典科学家通过实验，证明了血液兴奋剂的巨大作用。科学家先从实验对象体内抽取800毫升血液（约占总血液的15%），然后将血液冷冻保存。这通常会导致人体的最大摄氧量下降10%。此后，实验对象将继续训练，三到四周之后，他们的血液会恢复到正常水平。四周之后，科学家会将冷冻血液解冻，并重新注入实验对象的体内。这将导致他们体内的红细胞数量增加约10%，吸氧量也会相应增加。

在血液兴奋剂领域，瑞典的比约恩·埃克雷尔姆（Björn Ekholm）博士进行了许多实验。这样做并非为了鼓励人们用这种方法作弊，而是研究影响成绩的原因是什么。跑步爱好者阿图尔·福斯贝里（Artur Forsberg）是埃克雷尔姆的实验对象之一，他9公里越野赛的个人最好成绩为33分35秒。在他回注血液的前一周，他进行了三次试跑，成绩分别为34分25秒、34分32秒和34分12秒。在他回注血液的两天后，他的成绩为32分29秒，比之前的个人最好成绩提高了一分钟。在回注血液之前，福斯贝里还测量了三天的晨起脉搏，分别是每分钟44次、43次和44次；在回注后的三天里，他的脉搏分别为每分钟39次、38次和40次。

其他国家的多项研究证实，血液回注的方法可以让运动员的10000米成绩提高约1分钟，5000米成绩提高约半分钟。

芬兰选手拉斯·维伦（Lasse Virén）在1972年和1976年两届奥运会上，分别获得了5000米和10000米冠军。关于他是否使用了血液兴奋剂，外界有很多猜测。他本人否认了这一说法。他在参加两届奥运会时，均处于巅峰状态，根本没必要使用血液兴奋剂。而另一方面，1980年奥运会10000米银牌和5000米铜牌得主，维伦的芬兰同胞——卡洛·马宁卡（Kaarlo Maaninka）则承认自己使用了血液兴奋剂。[4]

从20世纪80年代末开始，促红细胞生成素（epo）开始被用作长距离比赛兴奋剂。它能增加人体的红细胞产量，并能将10000米成绩提高1分钟左右。一些意大利医生尤其愿意为运动员提供这种兴奋剂。

兴奋剂体系最为复杂的国家当数东德——德意志民主共和国。东德成立于1949年，是东西方对抗的缓冲地带。东德人口相对较少，仅有7000万人。但从20世纪60年代开始，东德逐渐发展成一个体育巨人。这里的孩子和少年从小便通过选拔，进入体校学习。这样的选拔教育体系，保证了东德在体育上的成功。等孩子长大后，成绩优秀者会通过选拔，参与到国家的高级体育项目中。东德在优化训练方法和提高比赛成绩方面做了大量研究，其中也包括兴奋剂。东德选手常常会与使用了兴奋剂的外国对手进行比赛，但是并没有证据表明，其他国家像东德一样有组织地大规模服用兴奋剂。

20世纪60年代末，合成代谢类固醇在东德开始普及。包括美国在内的其他国家，也出现了这种药物。由于美国政府没有被卷入大规模服用兴奋剂的丑闻中，因此在与东德进行比较时，美国总是占据道德制高点。东西方国家在兴奋剂问题上的处理方式不同，东德运动员和西方运动员显然分别受制于各自体制：如果他们想要登上顶峰，就必须遵守各自阵营的游戏规则。

东德的女子短跑运动员在国际上享有特殊地位。在1972年的慕尼黑奥运会上，雷娜特·施特歇尔（Renate Stecher）在100米和200米比赛中分别摘得两块金牌。"我从未见过像她这样壮的女人。她看上去比男子100米冠军瓦列里·博尔佐夫（Valerie Borzov）更高大，更强壮。"[5] 加拿大著名教练查理·弗朗西斯（Charlie Francis）在评价施特歇尔时这样说道。后来，弗朗西斯成为加拿大短跑选手本·约翰逊

（Ben Johnson）的教练。以前，在女选手身上几乎看不到肌肉块，而在东德女子短跑运动员身上，肌肉块是她们的典型特征。通过提高训练量，改进训练方法，加强力量训练，同时辅以兴奋剂的使用，女子短跑运动员也练就了与优秀男运动员相似的体型，尤其是东德的女运动员。1985 年，400 米运动员玛丽塔·科赫（Marita Koch）以 47 秒 60 的成绩，创造了一个几乎令人无法战胜的纪录。在漫画中，她被画成了一副肌肉男的形象。

东德的男运动员每天睾酮的摄入量一般不超过 9 毫克，而女运动员的摄入量更大，且没有上限。在一对精英运动员夫妇中，女方的摄入量几乎为男方的三倍。女子 400 米名将玛丽塔·科赫的摄入量是男子 400 米名将托马斯·肖恩莱（Thomas Schonlebe）的两倍。与西方选手比，东德选手的兴奋剂摄入量要高出许多。

此类兴奋剂对女运动员的效果更为明显，尤其是在需要爆发力的短跑项目中。这也解释了为什么运动员会服用兴奋剂。20 世纪 80 年代初，东德短跑运动员巴贝尔·韦克尔 - 埃克特（Bärbel Wöckel-Eckert）每年要服用 1745 毫克类固醇。而她更有名的队友马利斯·格尔（Marlies Göhr）每年则会服用 1405 毫克类固醇。[6]

20 世纪 70 年代初，在中长跑项目中，也存在大规模服用兴奋剂的情况。专家认为，这种兴奋剂对体型苗条的选手同样奏效。在训练和提高阶段，男女运动员都会服用兴奋剂。而在为大型比赛备战的阶段，女运动员也会服用兴奋剂。这样，她们不仅可以接受更多训练，还能从训练和伤病中迅速恢复。东德针对兴奋剂做了非常精确的研究，该工作由国内的重要医学专家负责开展。

中长跑运动员服用此类兴奋剂之后，肌肉量并不会像短跑运动员一样增加得那么多，但实际上，他们也不需要那么多肌肉。20 世纪 70 年代末，一些兴奋剂丑闻渐渐曝光，其中就包括罗马尼亚运动员在女子中距离比赛中集体服用兴奋剂事件。由此可见，在当时，服用兴奋剂是一个多么普遍的现象。在东德，运动员在出国比赛之前，会事先接受兴奋剂测试，未通过测试的人不可出国。

运动员一旦被卷入兴奋剂丑闻，往往会矢口否认。或许，这是因为"每个"顶级运动员都在服用兴奋剂，如果只有个别人被曝光，而其余人全都平安无事的话，是很不公平的。1991年，随着东德政权的垮台，群体兴奋剂事件也浮出了水面。电视台就此事采访了玛丽塔·科赫："所以，你现在还坚持说自己没有服用促蛋白合成类固醇吗？"

"没错。"

她和她的丈夫兼教练沃尔夫冈·迈尔（Wolfgang Meier）表示："这些全都是捏造的，简直是一派胡言！我们拒绝接受这些指控，并保留采取法律行动的权利。这些诽谤表明，当人们想诋毁一个运动员时，完全没有下限！"

科赫还威胁，将会起诉德国的《明镜周刊》(Der Spiegel)，因为该刊公开指责她在比赛中服用了兴奋剂。然而，法院始终没有收到科赫的起诉书。[7]

在东德的群体兴奋剂体系中，任何参与其中的人都被认为是批量制造的骗子。不过，美国作为东德的头号对手，其国内顶级运动员使用兴奋剂的情况也不在少数，在短跑运动员当中更加突出。20世纪八九十年代，美国跑步圈的体育明星纷纷声称，他们与东欧人不同，不会服用兴奋剂。这纯属胡说八道，也是美国人的惯用伎俩。美国体育当局会包庇本国运动员，隐瞒运动员的兴奋剂检测结果。例如，在1984年奥运会之前，就有美国运动员的兴奋剂检测为阳性，美国政府为了保护运动员，担心曝光此事会让美国丢脸，让运动员失去收入，就将事情压了下来。东方国家和西方国家会互相指责对方作弊，旨在稀释对手成功的含金量。在数量多到惊人的国家中，"我们"即代表"无辜"，"他们"即代表"有罪"。在某些国家中，兴奋剂问题甚至都不在讨论范围之内。

1988年汉城奥运会曝出了史上最大的兴奋剂丑闻。100米冠军本·约翰逊（Ben Johnson）的兴奋剂检测呈阳性，成为整个事件的替罪羊。实际上，服用兴奋剂的运动员远远不止他一人。任何了解国际田径的人都知道，约翰逊绝不是唯一依靠合成类固醇练出来的运动员。从那以后，大赛中的兴奋剂检测日益频繁，官方取缔兴奋剂的意愿也日趋坚定。结果，成百上千的跑步运动员被检测出兴奋剂阳性。

位于旧金山的湾区实验室合作社（Bay Area Laboratory Cooperative，BALCO），是美国本土最大兴奋剂丑闻的主角。维克多·孔蒂（Victor Conte）是该机构的创始人兼所有人。该机构的业务范围包括血液和尿液的检测分析，以及提供营养补充剂。20世纪90年代末，孔蒂成立了一家名叫ZMA的体育俱乐部，专门推销旗下的同名营养品。短跑运动员玛丽安·琼斯（Marion Jones）是该俱乐部的一位重要成员。在东德垮台之后，琼斯成为短跑女王。她的魅力之大，堪比电影明星。她长着一张亲善而阳光的脸。实际上，从未有任何一个姑娘能像她这样，将速度与优雅结合得如此完美。

2003年，湾区实验室合作社因涉嫌参与非法经营活动而遭到突击检查。检查人员查获了生长激素、大笔资金以及客户名单，其中涉及多位国际体育明星。他们还发现了个人服用剂量的相关报告，以及关于如何使用违禁药物达到最佳效果的建议。

在该事件的涉事明星中，最大牌的运动员是玛丽安·琼斯。但她本人否认有过任何违规行为，而且，她也从未在兴奋剂测试中被查出阳性。然而，她摆脱不了多年来人们越来越多的猜疑，因为她倾向于"忘记"参加某些重要的兴奋剂测试，而且，与她一同训练的运动员和教练员均与兴奋剂丑闻有牵连。

随着该事件的不断发酵，精英体育的黑暗面被公之于众。2004年，孔蒂在国家电视台上公开承认，曾在四年前的悉尼奥运会前夕亲自让琼斯服用禁药，令琼斯名誉扫地。后来，琼斯本人也承认自己说了谎。她在悉尼奥运会上获得的五枚奖牌被全部没收。此外，她从2000年9月以来取得的所有成绩也均被取消。2007年，琼斯承认了自己的罪行，这名前跑步明星输得一败涂地。她因在法庭上说谎，企图掩盖自己服用兴奋剂的事实,而被判六个月的监禁,并于 2008 年 3 月开始服刑。

玛丽塔·科赫和玛丽安·琼斯上场比赛的时代,是一个短跑运动员必须服用兴奋剂才能达到国际顶级水平的时代。在精英级别的国际比赛中,除了优秀运动员,还需要一群优秀的、受过良好教育的助手和聪明的经纪人。这是一场多元化的竞赛,涉及国家竞争、金钱、名誉和梦想等多种因素,运动员只是其中的一个方面。尽管多年来,怀疑者一直在频频发出警告,但精英体育依然走上了这条歧途。不过,比赛只是当今世界的一个缩影而已,一如既往。

第 29 章

跑步与禅修

> 我们都听师父的话，因为我们知道，他是在为我们好。
>
> ——日本马拉松运动员濑古利彦

在外人眼中，顺从和自律就是日本马拉松运动员濑古利彦的特点。他无条件服从教练中村清的话，在训练时自律到令人难以置信的程度。在新西兰集训时，教练对他说："每天跑 90 英里！"于是，濑古利彦在 8 天之中跑了 750 英里。"在那之后，我的身体有些吃不消了，但我还是坚持下来了。"濑古利彦后来说道。[1]

他的教练中村清曾是日本 1500 米的纪录保持者，他崇尚意志力，将其视作神秘力量的源泉。1965 年，当中村清刚开始教练生涯时，日本师徒之间依然遵循着传统的"素直"（すなお）原则，即徒弟对师父要绝对服从。徒弟们生活在一起，就像一个大家庭的成员，彼此关系亲密，绝对不允许对师父的话有任何异议。他们的发型是统一的，禁止生活放荡，比如交女朋友、在城里过夜这样的事，更是想都不敢想。在那个时代，徒弟可能随时会被师父训斥责罚。有些师父太过严厉，徒弟会在背地里叫他"魔鬼"。不过，中村清深知，有意义的交谈比体罚更有效。在 20 年中，他总共训练了 1000 多名跑步运动员。

在父母的安排下，濑古利彦跟随中村清练习跑步。1956 年，濑古利彦出生在九州岛。从小，他就对获胜表现出了强烈的渴望。他的绰号叫"小恶魔"，可见他的胜负心之强已近疯魔。在别人喊苦喊累的时候，濑古利彦却越练越坚定，随时愿意付出更多努力。1972年，他以3分53秒3的成绩创下1500米日本校园纪录，这就源于他的积极训练。濑古利彦的生活中充满了训练、长期集训营和比赛，他在追求胜利的道路上花掉了大量时间，导致他的学习成绩不太好，没有考取东京早稻田大学，让家人倍感失望。

于是，父母安排濑古利彦去美国留学。可是濑古利彦到了美国之后，却思乡心切，寝食难安。在另外两名日本运动员的陪伴下，他才稍感慰藉。三个日本男孩都渴望早日回国，也并没有正儿八经地进行训练。濑古利彦最想做的事就是回家，身在加州，他不过是一粒尘埃。他们在美国生活得并不如意，不久，便与其他心灰意冷的外国移民一样入乡随俗了：他们吃着垃圾食品，喝着碳酸饮料，不学习也不训练，整天宅在房间里消磨时光，日子过得十分惨淡。濑古利彦在大学里待了不到一年，就坚持不下去了。而此时，他的身体也变得很不健康，人也变胖了。

1976年，濑古利彦重返日本时，身材肥胖，体重增加了20多斤。人们很难想到，这个年轻人就是当年日本最有希望的中距离跑步运动员。回家之后，他有好一阵子完全没有跑步，只是整天游手好闲。父母非常担心他，觉得他需要得到正确引导才行。于是，1976年，父母安排他向中村清拜师。当时的中村清在早稻田大学担任跑步教练。

中村清立刻发现了濑古利彦的天赋。他动作流畅，步伐轻盈，"五年之内，他一定能够成为世界一流的马拉松运动员"。[2]

濑古利彦的父亲对此表示怀疑："我的儿子并没有成为马拉松运动员的特质和毅力。"他觉得，想要达到顶尖水平，必须付出极大的牺牲和努力，自己的儿子恐怕做不到。就连濑古利彦自己都不相信。一直以来，他练的都是中距离跑步，在田径场上比一场赛，最多不过三五分钟而已，这和在柏油马路上跑两个多小时可不是一回事儿。然而，中村清向这家人保证，只要训练得当，濑古利彦一定能在马拉松赛上取得成功："天赋或有极限，努力没有极限。"濑古利彦心想，自己要么听从师父的安排，要么干脆放弃跑步的念头算了。

刚开始，濑古利彦的感觉很糟。凡事必须对师父的话绝对服从，这让他感觉不可理喻，也难以做到。师父做起事来总是说一不二，要求苛刻，对徒弟的生活还设有诸多的限制，这让濑古利彦难以适应。生活中的一切，事无巨细，全部都得按照师父的规矩来，都必须以师父的意志为转移。有一段时间，师父为了督促他减肥，只允许他每天吃蔬菜沙拉和一片面包。这让濑古利彦感到无望，只好逃了出去，回到了父母的身边。可他父母却直接给教练打了电话，将儿子完全交给教练管教。

结果，濑古利彦成了中村清最听话的徒弟，他选择顺从，部分原因在于日本人素来有尊重前辈的传统。濑古利彦坚信，师父一定会教会他成为顶级运动员必备的所有东西："我们都听师父的话，因为我们知道，他是在为我们好。我们明白，师父在改变我们，我们很清楚这一点，我们愿意让师父调教我们。我们是因为爱才走到一起，不存在任何被迫的情况。"[3]

当徒弟们在田径场上跑步时，他们会在心里默默向师父祈祷。师父是他们的指路人，不仅帮助他们提高跑步水平，还教会他们做人的道理。大家对师父都很尊敬，都将师父摆在崇高的地位上，对师父言听计从。

中村清和每个徒弟的关系都很好，但关系最好的还是濑古利彦。濑古利彦不知道，世界上是否还存在另一对师徒关系能像他俩这般融洽："每场比赛，我们俩都一起跑，我们就像一个人一样。"虽然濑古利彦很听师父的话，但他并不是一个傀儡。1984年，他在回答这样的师徒关系可以保持多久时说道："永远。我们的师徒关系永远不会结束。今后就算我结婚了，我们依然是师徒。我可能会搬到更大的房子里住，但我会和师父住在同一个小区里，这样我就可以天天来到师父

的身边了。"⁴

中村清对教练工作十分上心。有一些运动员食宿全都在他家里，还有一些会经常去他家吃饭。在照顾徒弟的生活方面，中村清的花销很大。他既是老师，也是父亲；既是教练，也是营养师。除了要求徒弟对他绝对服从并刻苦训练之外，中村清不求任何回报。他花了很多心思，培养徒弟积极进取的态度。每天晚上，他都会给徒弟朗读哲学大师的著作，让他们在训练和比赛中拥有制胜的法宝。他最爱引用的就是高僧达摩大师的一句话："困难来了，我们欢迎。保持耐心，在困难中寻找出路。唯有这样，你才能战胜困难，变得更加强大。"⁵

中村清要求濑古利彦和其他徒弟去研究自然、太阳、月亮、宇宙之力，还要研究那些伟大的运动员，学习他们的成功秘诀。三人行，必有我师。即便从失败者身上，我们也能学到哪些事是不应该去做的。

在外人，尤其是外国人看来，这些规矩看起来太过军事化。在东京奥林匹克体育馆外的 1325 米沥青赛道上，中村清掐着秒表，训练徒弟跑步，就像军官在指挥士兵一样。濑古利彦一圈接一圈地跑着，最多时会连续跑上 50 圈。他动作清晰，风格鲜明，目光坚定地看着前方。濑古利彦将所有力量全都用在跑步上了，全神贯注，让人联想到禅修的高僧。禅宗是佛教宗派的一支，起源于中国，强调的是佛教徒的大彻大悟。中村清将自己的训练理念称作"禅修式训练"，将跑步与禅修结合在一起。其根本目的是清除脑子里的所有杂念，让身体自然运动，不受思想的打扰，进而迸发出无法想象的力量。

中村清是一个复杂的人。有人说他是一名暴君，也有人说他是一个天才。了解他的人认为，他博览群书，善于思考，既是一名教练，又是一名哲学家，当然不是一个狭隘的运动疯子。不论是谁，只要去他的家里，就得听他就哲学问题和自然奇迹高谈阔论。在阅读禅宗经典和其他精神著作中的金玉良言时，中村清就像读训练日记和比赛成绩那样开心。他对伟大的智者进行了研究，并建立了自己的训练体系。就算批评家们指责中村清对年轻运动员施行独裁统治和洗脑，他也不会退缩。当西方记者向濑古利彦提出问题时，他总是代为作答，因此引发记者的质疑。然而，濑古利彦却相信，师父的回答就是自己想说的话，他们二人的想法是完全一致的。

中村清认为，日本运动员必须加倍训练，因为他们身材矮小，腿比较短，这种体型并不适合长跑。这意味着，濑古利彦和其他人的训练时间都需要延长。濑古利彦刚开始训练的项目是 5000 米和 10000 米，训练距离逐步增加，以便他过渡到更长距离的项目。1977 年，他在京都马拉松赛上首次亮相，成绩是 2 小时 26 分。同年，他在福冈马拉松赛上跑出了 2 小时 15 分 1 秒的成绩，取得了巨大进步。当濑古利彦在 10000 米中跑出了 27 分 51 秒之后，教练便开始让他专心训练马拉松赛了。1978 年深秋，他在福冈马拉松赛中击败了美国的比尔·罗杰斯、东德的奥运冠军瓦尔德马·切尔平斯基（Waldemar Cierpinski）等多名国际大牌运动员，实现了个人在国际体坛上的突破。

在训练时，大部分日本跑步运动员会集体训练，而濑古利彦却常常独自训练。教练会对他进行特别辅导，鼓励和指导他。每逢比赛前夕，中村清都会将濑古利彦叫到跟前，给他朗读经典语录，濑古利彦会认真地听。1979 年，濑古利彦在福冈马拉松赛上第三次夺冠，然而中村清却并不满意，认为他还可以发挥得更好，因而训斥了徒弟两周。这就是师徒二人的合作方式，在严厉的批评和更加刻苦的训练之后，更好的成绩会接踵而至。

在跑步的时候，濑古利彦总是面无表情。许多运动员都会在表情上流露出虚弱或强大的状态，对手则可以通过观察其面部表情、跑步的步伐姿态，读懂他在想什么，或他还剩多少力气。然而，这种方法对濑古利彦无效：不论在什么情况中，他都只管跑步，不会有任何表情，也不会受任何事情影响。这样的表现不免让人议论纷纷，也为濑古利彦平添了几分神秘感，尤其是在参赛运动员语言不通、无法直接交流的情况下。

在生病时，濑古利彦也不会停止训练。1983 年，他在新西兰集训时患上了肝炎，很可能是因为他喝了大量啤酒，同时训练量过大而造成的。对于一个从事体育事业的运动员而言，喝这么多酒是很少见的。但濑古利彦凡事都爱走极端，性格又过于好胜，啤酒可以让他感觉放松，而这种放松，恰好是他所需要的。濑古利彦平时喜欢动脑筋，对生活中的各个领域都有广泛涉猎。那些有关日本历史的书籍，以及日本武士的故事，都让他十分着迷。

当伤病发作时，濑古利彦会走完平时的跑步训练距离。他会全神贯注地走路，而这将花掉他平时训练的双倍时间。一旦身体条件允许跑步，他的训练量就会再创新高，每天训练时间甚至高达六小时。他还打算接受国内主要对手的挑战，包括北野武和茂下双胞胎兄弟等人。在一次训练中，濑古利彦打破了 50 公里的世界纪录。为了加强体力和意志力，日本运动员的训练距离一般会比实际的比赛距离更长，时间也更久，有些人甚至会连续跑八小时。

在濑古利彦的自传中，他记录了一天的训练安排：

> 6 点半：起床，跑步训练。
> 8 点：早餐，休息。
> 11 点：第二次跑步训练；感觉好的时候会计时。
> 12 点：午饭，面条和寿司，然后午睡。
> 晚上：一天中最艰苦的训练，距离 20—30 公里。有时候，濑古利彦训练得太刻苦了，以至于他吃不下晚饭。如果他的胃没问题，他会吃晚饭，并喝一两杯啤酒。如果他的胃不舒服，他就什么都不吃，直接喝十来杯啤酒。[6]

在濑古利彦的生活和训练中，处处充满了禅意。每天的固定训练令人精疲力竭，虽然濑古利彦的身体充满活力，但与普通人相比，也并无特别之处。他能够将训练全部坚持下来，完全是依靠他惊人的意志力。禅修和跑步其实是一回事。通过修行，他锻炼了忍耐力，并进入了一种冥想境界。禅师在打坐入定时，会冥想好几小时。而濑古利彦在跑步时，也可以进入相同的入定状态。一路上，他都在处于放松和冥想当中。不论路程还剩下 6 公里或 18 公里，他都无所谓，他的双腿会继续保持同样的节奏跑下去。他将日本武士和禅师的精神力量融入马拉松赛跑步之中。禅师在庙里打坐时，会面无表情，而濑古利彦则通过跑步，达到了沉默的陶醉状态。与西方对手相比，日本选手对比赛异常重视，并希望借此给自己增添力量。他们不光是为自己比赛，更是为教练比赛，为禅比赛，他们是在代表传统日本与西方对手进行较量。来自欧洲、美国和澳大利亚的顶尖跑步运动员也拥有超强的意志力，但是，他们缺乏日本选手的哲学思想基础。对濑古利彦而言，比赛是神圣的，是值得自己付出生命代价的。

在 1984 年奥运会上，濑古利彦顶着巨大的压力，要为日本夺得马拉松赛金牌。在洛杉矶宽阔的高速公路上，他与领跑军团咬得很紧，显示出了强大实力。然而，当比赛进行到 20 英里时，问题出现了。高温让运动员出现了脱水，濑古利彦和数名选手已经跑不动了。最后，来自葡萄牙的卡洛斯·洛佩斯（Carlos Lopes）成为冠军，他在这种天气酷热情况下的比赛经验十分丰富。而濑古利彦只得了第 17 名，全身脱水的他已经精疲力竭了，而且满心羞愧。

同场比赛的运动员和专家都能理解当时的状况，但是，在家里观看奥运会的所有日本观众却无法理解。他们坚信，一位高级禅修信徒理应有能力应对高温天气和身体脱水的状况。

濑古利彦遭遇了惨败，中村清比濑古利彦本人还要更加难过。二人不得不面对日本媒体。当运动员在比赛中取得成绩时，中村清习惯于接受荣誉和赞扬。然而，当运动员失败时，他也要承担大部分指责。他们站在一大群沮丧的记者面前，一边被拍照，一边试图解释惨败的原因。美国《跑步者》（The Runner）杂志的记者埃里克·奥尔森（Eric Olsen）对当时的场景是这样描述的：

日本记者将两人围了起来，大家都被这场不可能发生的失败惊呆了。没有一个人说话，就仿佛他们刚刚得知一位至亲之人过世的消息一样，或许从某种意义上讲，的确有人死去了——那个一心为了胜利、不顾一切的人，那个所有日本人坚信他一定会夺冠的人。日本的社会环境与我们完全不同，他们崇尚那种刚烈的、严守戒律的现代武士道精神，在遭遇失败时，唯有一死，方能谢罪。……[7]

濑古利彦的失败代表的不是个人的失败，而是整个日本民族的软弱和失败。

不久之后，中村清在一次钓鱼旅行中，被人发现溺水身亡。官方称这是一次意外。但是，有传言称，他因为感到丢脸而选择了自杀。在日本发生了这样的事情，很难去判断真相到底是什么，因为有成千上万的人会在丧失尊严之后选择自杀。[8]

日本人一直流传着这样一个玩笑：跑步是濑古利彦唯一的爱人。他没有任何时间做其他的事情，因为他除了跑步训练之外还要工作，同时要全力以赴地参加大学的各种考试。他一直是非职业马拉松运动员。20世纪80年代中期，濑古利彦结了婚，开始了一种更接近正常人的生活。在完成大学考试之后，他成为S&B食品株式会社的员工。1988年秋天，他退出了精英级别的比赛，并在日本举办了一场退役赛。日本最重要的马拉松赛武士终于可以休息了。

濑古利彦变得更加开朗外向了。他开始指导S&B食品株式会社的员工进行马拉松赛训练。在跑步方面，他自己经历了所有考验，因此，没有人比他更适合指导年轻人跑步了。他接替了中村清的教练之位，在东京奥林匹克体育场附近的沥青跑道上，给年轻人当跑步教练，给他们计时。不过，濑古利彦要比自己的师父温和得多：他希望给年轻人带去快乐，而这种快乐，在他自己的跑步生涯中是缺失的。他继承了师父的大部分训练内容，但也做出了适当的调整，以适应新的时代。

当年，他为了赢常常将自己逼到极限，如今，他并不要求年轻跑步者也这样去逼迫自己。

　　濑古利彦所做的改变是正确的。中村清的训练策略是有效的，练就了濑古利彦惊人的体力和意志力，但是，如果训练方式更人道一些，对濑古利彦其实会更有利。无论如何，跑步和打仗还是有区别的。那些不是为了自己的生命、为了教练和国家荣誉而跑步的人，兴许手里握的才是最好的牌。日本人的认真也可能将事情带向错误的方向：濑古利彦的理想是，对东西方的最佳训练实践进行融合。除了中村清和濑古利彦之外，还有许多人也在尝试将这两种运动方式有机地结合起来。

第 30 章

摆脱贫困

> 不过，真正的问题，并不是依靠埃塞俄比亚人快速奔跑就能解决的。
>
> ——有史以来最优秀的长跑运动员之一，
> 埃塞俄比亚选手海尔·格布雷塞拉西（Haile Gebreselassie）
> 评论祖国的贫困和饥荒问题

20 世纪 90 年代末，经验丰富的美国教练弗雷德·哈迪（Fred Hardy）为了挖掘跑步苗子，再次来到了肯尼亚。自从 20 世纪 60 年代他认识了基普·凯诺，并将他带到美国之后，许多来自南迪山区的跑手都在他的帮助下，拿到了美国大学的奖学金。这一切都要归功于哈迪。凯诺一直充当着哈迪的中介人。他对南迪当地情况十分了解，而南迪人对凯诺也信赖有加。这一天，他们二人一起去了库尔加特（Kurgat）的家。他家的二儿子乔赛亚（Josiah）刚刚高中毕业，正在仔细研究美国高校的招生通知。

凯诺和哈迪驱车来到了库尔加特家的农场。汽车在一条碎石路上转了弯。在路旁的小农场上，一群牛羊正在吃草。不远处，有一间泥巴房子，屋顶是用有波纹的铁皮搭起来的。汽车轰隆隆地驶进了农家院。三个弟弟妹妹先跑了出来，妈妈和爸爸随后也跟出来了。

哈迪用斯瓦希里语向一家人打了招呼,大家握了握手。接着,哈迪用英语和他们交谈起来,凯诺帮着翻译。"本现在过得怎么样?"老库尔加特关心起大儿子在美国的生活来。上次哈迪来他家时,将家里的大儿子本带去了美国。[1]

哈迪答道:"他练得不错,成绩是他们学校里最好的。"哈迪将本的礼物转交给了他的家人。那是一件漂亮的皮夹克,一件贫困农民绝对买不起的夹克,家里人都很喜欢。而凯诺的到来,更让这个家庭兴奋不已。在南迪当地,凯诺是绝无仅有的、神一般的人物。一家人对这份礼物爱不释手。哈迪接着对父亲说:

"我想同您和尊夫人商量一下,能否让我带乔赛亚去美国的北卡罗来纳大学去读书。"

谁能抵抗哈迪与凯诺的二人组合?一位是来自全球最富的美国的高校招生代表,可以为孩子提供跑步和免费读书的机会,一位是南迪最伟大的民间英雄。

"嗯,您已经把大儿子交给了我。我想征求你们的意见,二儿子可以让我带走吗?我觉得他一定会成功的,也一定会在北卡罗来纳大学生活得很快乐。你们同意吗?"

凯诺为库尔加特夫妇俩翻译了哈迪的话。两人用当地语言商量了一下。"我们全家都要仰仗您。卡伦津人(Kalenjin)向来尊敬长辈的意见。"夫妻俩对80多岁的哈迪说道。大家都笑了起来。库尔加特一家开始计划举办一次家庭筹资聚会,筹钱给乔赛亚买机票。

大家在一起愉快地聊天,讨论着各种具体细节,直到众人达成一致。哈迪牵着他们的手,和卡伦津人一起祈祷。他显然非常高兴。

"非常非常感谢你们,将乔赛亚交给我。"[2]

哈迪还为北卡罗来纳大学招到了另一个跑步苗子。没人知道,肯尼亚跑手在美国将会有怎样的境遇,等他们上完学之后,等待他们的又将是什么。并非所有人都能够返回故乡,尽管有些人可能很想回家。出国上学,也并不总会得到好结果。即便是来自南迪的孩子,也未必一定成功。凯诺心里很清楚，这些心怀梦想的男孩们还有很长的路要走。40多年来，南迪人一直对美国这片充满希望的乐土津津乐道，殊不知，那里也并非遍地是牛奶和蜂蜜，不过，美国的确充满了各种可能性。在凯诺看来，哈迪是南迪的恩人，他将贫穷的少年带到了富有的美国，并为他们提供了优越的学习条件。乔赛亚去美国读书，会让他自己和家人都从中受益。他们能因此赚到钱，让生活变得好起来。

与18世纪购买西非奴隶的美国奴隶主相比，哈迪的动机有什么明显区别吗？奴隶贸易是通往终生奴役的残酷单程票，是见利忘义的、以剥削为目的的人口买卖。而现代跑步者可以赚到很多钱，可以接受高等教育，可以说，他们确实是在朝着致富的方向前进。这是一种互利互惠的经济移民。但是，它是建立在财富分配极为不均的基础之上的，美国人是在利用非洲人取得的比赛成就牟取暴利。尽管肯尼亚留学生会遭到国内一些人的嫉妒，但是大多数肯尼亚人认为，获得奖学金是一种殊荣，为此他们愿意克服任何困难。

长跑部落

肯尼亚人训练一向刻苦，但有些天赋也是需要被挖掘的。南迪的孩子有一个特点，就是进步神速，就算最终没有达到世界顶尖水平，他们一样进步得很快，比如保罗·罗蒂奇（Paul Rotich）。1988年，罗蒂奇被父亲送到美国接受高等教育。当时，他压根就没想过要搞体育。他的父亲很有钱，给了他1万美元出国留学。罗蒂奇在得克萨斯州的南普莱恩斯初级学院（South Plains Junior College）过着放荡的生活。到了次年春天，他的兜里就只剩下2000美元了。罗蒂奇担心自己无法完成学业，无颜还乡。于是，这个身高173厘米、体重80公斤的年轻人开始跑步了。刚开始，他觉得自己身体太差了，不好意思白天跑步，只在天黑后进行训练。到了秋天，他瘦了很多，并进入了学校的越野队。

后来，他在附近一所大学获得了跑步奖学金，从此走上了成功之路。当他回到肯尼亚时,他向自己的表妹讲述了他误打误撞的全新体育事业,他的表妹回答说:"如果你能跑步,那么,任何一个卡伦津人都能跑步。"[3]

肯尼亚总共有40个非洲部落,还有一些亚洲人和欧洲人。南迪部落是卡伦津人的一支,占肯尼亚总人口的近2%。[4] 为什么人口约50万人的南迪部落,却出了这么多顶级跑手呢?

跑步的传统很重要,而凯诺的光辉榜样同样激励了好几代人。对跑步而言,修长、纤细的双腿和轻盈的身材都很重要。此外,天生高效的跑步经济性(节能)也很重要。南迪人从小在海拔1500—1800米的稀薄空气中长大,从事耐力运动具有得天独厚的优势。而且,按照南迪部落的习俗,男性必须身体强壮,能够忍耐痛苦,还要像斯巴达人一样坚强。

南迪男孩在15岁时要行割礼。手术由部落长老监督,他们会观察男孩是否能够忍耐疼痛。在南迪部落中,怕疼是懦弱的表现。那些没有通过测试的男孩会被称为"懦夫"(kibitet),无权参加重要的男性集体活动,比如去其他部落偷牛、在部落议会上发言,而且通常也不能结婚。

女孩也要行割礼,而且手术时不用麻醉剂。如果她们抱怨或哭泣,就会被称为"懦妇"(chebitet),并有可能生下懦弱的儿子。[5]

南迪人是所向披靡的偷牛者和优秀斗士。偷牛是一个古老的非洲习俗。每逢偷牛时,四五十个男人可能一晚上会跑将近100英里去偷他们相中的牛群。在此类偷袭中,良好的耐力和跑步能力是至关重要的。在偷牛过程中,他们要尽可能少吃少喝,并必须快速返回。时至今日,这样的偷袭依然时有发生。肯尼亚人不认为这是盗窃,因为他们认为牛是神明的财产。[6]

南迪人过着游牧民族的生活,同时,他们也会耕种土地。肯尼亚高地的独特生活方式,使南迪人拥有了参加中长距离项目所需的一切身体条件。

从历史上看，卡伦津人的主要食物是牛奶、血和肉，牛奶和血都是生吃的。不过，他们也会种植并食用谷物。在近代，卡伦津人的饮食变得更为多样，而马赛人则一直坚持着古老的传统饮食。

卡伦津人种植的传统作物包括小米和高粱，而今天的主要作物则是玉米。与甜豆一样，玉米是相对较新的外来作物。他们的碳水化合物摄入量很高，每天为465—600克，占饮食摄入量的70%左右。脂肪摄入量约占15%。他们的主食包括玉米、豆类、卷心菜、羽衣甘蓝、小麦和牛肉等，都是本地生产的。平时，他们常喝牛奶、咖啡和茶。

2002年，丹麦对卡伦津人的饮食进行了研究。结果表明，在卡伦津人所摄入的总热量中，有6%来自牛奶，占比低于预期。不过，在重要比赛之前，牛奶摄入量会有所增加。在两年之后的一个赛前集训营中，跑步者的牛奶摄入量占总热量的13%。该比例依然远远低于马赛人等传统游牧民族的牛奶摄入水平。与纯粹的游牧民族相比，卡伦津人跑步者的蔬菜和碳水化合物摄入量更高。

在艰苦的跑步训练后，及时补充碳水化合物是很重要的。在丹麦的研究中，跑步者在上午和下午的训练结束后，会吃早餐和晚餐，这是快速补充糖原的理想方法。在卡伦津人的饮食结构中，玉米摄入量占总热量的64%，玉米的血糖指数较高，是最佳的糖原替代品。

卡伦津人平均每天的脂肪摄入量为46克，与肯尼亚人的整体水平持平。而与其他国家的顶尖选手相比，肯尼亚运动员的脂肪摄入量太少了。

西方人常常认为，肯尼亚的优秀运动员在身体代谢方面具备优势。来自瑞典的本特·萨尔廷（Bengt Saltin）测量了运动员大腿和小腿肌肉中的羟酰基辅酶A脱氢酶（HAD）活性，该指标显示的是身体将脂肪转化为能量的能力。肯尼亚运动员大腿和小腿肌肉中的酶活性，比斯堪的纳维亚运动员分别高出20%和50%。因此，肯尼亚运动员能更有效地利用脂肪。而蒂莫西·诺克斯（Timothy Noakes）在南非进行的实验表明，一般来说，黑人运动员皆具有这一特点，不仅仅是肯尼亚运动员。

肯尼亚运动员每天的平均蛋白质摄入量为75—88克。在进行高强度训练期间，他们会喝更多的牛奶，以增加体内重要氨基酸的含量。

目前，关于维生素和矿物质的研究相对少。尚不确定有哪些野生植物可以补充这些营养。迄今为止，一项关于马拉克威德（Marakwet）某寄宿学校跑步队员的营养调查，是最全面的相关研究。

这些学生的矿物质和维生素的摄入量很低，这在非洲很常见。重要的抗氧化剂维生素 A、维生素 E 和维生素 C 的摄入量分别为世界卫生组织建议摄入量的 17%、65% 和 95%。另外，铁的摄入量为每天 152 毫克，如此之高的铁摄入量可能与烹饪时间的长短以及富含铁的土壤有关。然而，这并没有给肯尼亚人提供额外的血红蛋白，因为他们摄入的铁并不容易被身体吸收，而且，他们摄入的叶酸（维生素 B_9）和维生素 B_{12} 太少了，而这两种维生素的作用，恰恰是促进身体对铁的吸收。另一个原因在于，许多肯尼亚人都感染了疟原虫和绦虫，这两种寄生虫均会对血红蛋白水平造成不利影响。他们每天的钙摄入量为 600 毫克，大约是世界卫生组织推荐摄入量的一半。

可见，肯尼亚跑手的每日饮食并没有提供足够的营养，在维生素和矿物质摄入量方面尤其缺乏。但是，简单饮食也可以带来很多好处，生活在海外的肯尼亚跑手，常常会保持他们的传统饮食习惯。[7]

在20世纪90年代之后，许多肯尼亚运动员都是外来移民。与其他外来民工一样，他们为了赚钱，或听信传言，或追随亲戚和熟人的脚步，来到了他们希望扎根的地方生活，比如斯堪的纳维亚国家、英国、意大利、美国、日本、德国等地。他们往往生活在拥挤的环境中，三四个人挤在一个小房间里。他们的社交圈子仅限于老乡之间，人人都在心无旁骛地进行着跑步训练。其中有些人改了国籍，有些去了伊斯兰国家的人甚至还改了自己的名字。有些人取得了成功，变得有钱了。但也有那么一群水平有限的人，无论怎么努力，都无法达到精英水平。作为外来民工，他们经常感到绝望，最终只落得生活上穷困潦倒、工作中备受剥削的境地。

贾弗斯·基木泰（Japheth Kimutai）在800米上取得了不错的成绩。当他于20世纪90年代中期来到欧洲锦标赛的赛场上时，他在想些什么呢？

基木泰想的是土地和买地的问题。先为父母买，再为自己买。他想的是放牛的问题，让自家奶牛和肉牛可以在尽可能大的自然草场上吃草。正是这个梦想，激励着他不断跑下去。他热爱跑步，也热衷于运动。但是，与其他胸怀大志的南迪人一样，他也问过自己，自己有什么本事，如何最大限度地发挥自己的能力，来摆脱贫困，过上更好的生活。

跑步就是过上好日子的最佳捷径。基木泰不想在美国读那么多年的书。在十几岁时，他就直接杀进了欧洲赛场，并以1分43秒64的成绩创造了800米的世界青年纪录。

他家的牧场有10英亩地，但是，他想把牧场扩大三倍。他每年夏天来到欧洲参加大赛，就是为了实现心中的这个梦想。一位澳大利亚经纪人帮他处理具体事宜，把他所有的出场费和奖金先存入他的欧洲银行账户，再转入他的非洲银行账户。

在基木泰的运动巅峰期，恰逢土地价格上涨。在进行交易时，他必须谨慎选择交易对象，以免上当受骗。肯尼亚的大部分土地都为政客所有。将同一块土地卖给两个买家的骗局也时有发生。卖家因此而获得了双倍利润，却给买家留下了错综复杂的糊涂官司。基木泰在买地之前，提前向前辈们讨教了成功经验，并按照他们的做法购置了土地。

基木泰知道，肯尼亚的政客和部落首领，甚至连他老家的南迪人，都不喜欢这些靠跑步发家致富并四处买地的穷小子。因此，他对从谁手里购置土地十分谨慎。肯尼亚是非洲最腐败的国家之一，与其从靠不住的肯尼亚人手中买地，还不如多等一段时间，等一个可靠的卖家。

当基木泰拿到第一笔奖金之后，他就为父母购置了土地。之后，他开始为自己购置土地。每个赛季,基木泰的牧场都会扩大一些。他给牧场添置了新拖拉机和新设备,雇了新工人,还买了一辆新车。他的目标在逐年扩大,直到自己梦想中的牧场变为现实。

30岁时,基木泰实现了拥有30英亩土地的梦想。在他的牧场上,工人每天为他挤牛奶、养牛和放牛。与以往从南迪走出来的成功运动员一样,基木泰实现了财务自由。他可以随心所欲,做自己喜欢的事情,比如,给家乡的孩子当跑步教练,帮他们改善生活条件。他建议这些孩子从收到第一张工资支票起,就开始买地,做一些谨慎投资。在南迪最大的埃尔多雷特镇(Eldoret),许多高层建筑和商业场所的老板以前都是跑步明星。在最高档的住宅区中,许多居民原来也是跑步运动员,他们明智地选择了买房投资。但基木泰也知道,有些人也将自己的财产挥霍一空,或是上了骗子的当。南迪人生性天真善良,容易轻信这些金融交易。

基木泰可以过上打手机、发电邮的现代生活,但他依然愿意回到南迪放牛,这里有着深厚的农业文化底蕴。他是一个滴酒不沾的人,因为他知道,酒精对他周围的其他人造成了怎样的影响。[8]

曾经有一名肯尼亚的优秀选手,马拉松赛成绩为2小时7分。可惜他嗜酒如命,最后变成了一名无家可归的流浪汉。2007年,他客死波士顿,当时在美国的肯尼亚选手一起捐款,将他的棺材运回了肯尼亚。还有许多早期的肯尼亚跑步明星也是因为喝酒而死的,尽管官方说法并未完全承认这一死因。酒精毁掉了他们大多数人的身体。从东非大裂谷到国际田径舞台,这是一段漫长而艰辛的旅程。肯尼亚选手过着长年在海外漂泊的生活,经历了截然不同的文化碰撞。当人才变成了商品时,必然会在人的身体和心灵上留下深深的痕迹。

心无旁骛的女选手

肯尼亚女子跑步发展得要比男子跑步晚一些。直到20世纪90年代，肯尼亚女运动员才纷纷跻身国际精英行列。她们当中绝大多数人也来自南迪地区。

2003年，研究人员对250名年龄在12—50岁的肯尼亚女性跑步运动员进行了调查，询问她们为什么开始跑步。受访对象要么曾经参加过奥运会或其他国际赛事，要么显露出了很大的跑步潜力。有半数受访者表示，她们跑步是为了赚钱，只有20%的人是因为受到了前辈和偶像的启发；1.5%的人是为了快乐，还有3.5%的人是为了保持身体健康。

肯尼亚的平均日薪不到1.4美元。显而易见，跑步是肯尼亚人的一种赚钱方式。就算年收入只有1万美元，也可能比待在家里时多挣十倍。当凯瑟琳·恩德雷巴（Catherine Ndereba）在2001年的芝加哥马拉松赛中打破世界纪录时，她获得了冠军奖金7.5万美元、世界纪录奖金10万美元，还有一辆价值2.6万美元的汽车。除此之外，她在其他比赛中还赚到了很多出场费和冠军奖金。在大型马拉松赛中获胜，可以获得可观的奖金，还可以为自己争取到更多的赚钱机会。

肯尼亚女运动员的赚钱动机，甚至比男运动员还要强。因为有钱了，她们才能争取到独立。一般来说，肯尼亚妇女是无权拥有土地和财产的。她们不能继承土地，通常是寄居在家族男性亲属的屋檐之下。有了银行存款，她们就可以购买自己的土地。这在从前是闻所未闻的，只有那些富人家庭的女儿才有这样的机会。通过跑步，肯尼亚妇女能够赚钱养家，甚至资助整个村子。在理财方面，肯尼亚女运动员通常比男运动员更有眼光。她们的责任心更强，不会挥霍无度，也不会花钱酗酒。[9]

外国友人

几十年来，来自世界各地的外国教练一直活跃在肯尼亚，来自意大利的加布里埃尔·罗萨（Gabriel Rosa）博士就是其中之一。他在肯尼亚组织过许多不同级别、不同年龄段的跑步比赛。与其他的意大利教练和医生不同，罗萨的名字从未与兴奋剂丑闻产生过任何联系。他坚持走自己的路，从不与任何卷入舞弊调查的人合作。1986年，罗萨曾带领詹尼·波利（Gianni Poli）在纽约马拉松赛中夺冠。包括摩西·基普塔努伊（Moses Kiptanui）在内的肯尼亚精英选手都纷纷向他寻求建议。1992年，罗萨启动了"探索肯尼亚"（Discovery Kenya）项目。很快，意大利运动品牌斐乐（FILA）公司就为该项目提供了赞助。早在几十年前，外国运动品牌赞助商就已经看到了为肯尼亚跑步事业提供赞助的巨大价值。

但是，当罗萨刚刚来到肯尼亚时，这里并没有马拉松赛的传统。1990年，在国际排名前20的马拉松运动员中，道格拉斯·瓦基胡利（Douglas Wakiihuri）是唯一的肯尼亚选手，而接下来的两位肯尼亚选手分别排在第80位和第100位。14年后，世界排名前100的马拉松运动员中，有50名来自肯尼亚，而其中大多数人是罗萨的队员。[10]

1993年，罗萨成立了自己的第一个跑步训练营。随后，他又在队员的家乡附近成立了12个训练营，总共能够容纳100名队员。训练营中没有电，也没有手机。队员每天会早起进行分组晨练，一起安静地跑步，专心致志。晨练结束后，队员会休息，下午再继续训练。吃完晚饭，他们很早就上床睡觉了。这里就是他们的大学。队员们必须先从这里毕业，然后才能去欧洲、美国和亚洲参加比赛。常常有外国人慕名来这里参观。他们会加入肯尼亚队员的训练，因为很多人都对这里感到好奇，也很想学习他们的经验。而这些来访者所看到的，只有简单和自律。在这些训练营中，有些东西是一成不变的。在作息时间表上，除了吃饭、睡觉之外，唯一的事情就只有训练。如果队员能够获得进军国际赛场的入场券，那么等待他们的，将是与训练营中的简单生活有着天壤之别的物质世界。他们在非洲高原上接受训练，而他们比赛的地方，将是灯红酒绿的金钱社会。2008年，跑步是肯尼亚人出人头地的方式，就像早年间，跑步可以给部队里的士兵带来个人晋升一样。

罗萨把队员们分成几组,指导他们训练,并教会他们一种修行的生活方式。参加训练营的队员必须在几个月的时间内,离开自己的家人、朋友和工作,专心跑步,并严格遵守罗萨的安排:"每天训练两次,其他时间休息,并注意健康饮食。"训练营里的竞争十分激烈,选拔的标准不断提高,只有最优秀的队员才能留下来。[11]

罗萨雇了40名员工,包括厨师和教练,负责12个训练营中200名队员的生活和训练。只有那些年龄最小的、还在上学的孩子可以住在自己家里,罗萨的团队会支付这些孩子的学费。

在这些训练营中,常常会有几对兄弟队员。他们的中间名(second name)通常会有所不同,因为中间名描述的是他们出生时的一些特殊情况。基普凯特(Kipketer)意味着"在阳台上出生的",基普凯诺(Kipkeino)意味着"在挤羊奶时出生的"。此外,还有一些有特点的绰号,比如特尔加特(Tergat),意思是"站着或走路时喜欢歪着头的",或巴恩盖特比(Barngetuby),意思是"父亲杀死了一头狮子"。男孩的名字通常以"Kip"或"Ki"开头,而女孩的名字通常以"Chep"或"che"开头。[12]

在肯尼亚跑步运动员所取得的成绩中,也有欧洲传教士的功劳。位于伊滕(Iten)的圣帕特里克高中(St. Patrick's High School),就是由爱尔兰的帕特里克兄弟于1960年创办的著名学校;而位于基西(Kisii)的红衣主教奥通加高中(Cardinal Otunga High School),也是由荷兰的蒂尔堡(Tilburg)兄弟于1961年创办的。它们也培养出许多国际明星。

圣帕特里克高中的首任校长西蒙(Simon)是一名体育爱好者,也是学生的教练。所有一年级的男生都必须跑步,目的是选拔出最有跑步天赋的苗子。迈克·博伊特(Mike Boit)是20世纪七八十年代的800米短跑名将之一,是该校的往届毕业生。20世纪70年代,该校聘请了外国教练,来提高学生的跑步水平。后来的世界明星都证明了,他们在这所学校中所度过的时光是多么有价值。由于学校里没有操场，大部分跑步训练是在野外进行的。[13]

非洲的痛点

在欧洲人看来，非洲似乎是一个盛产跑步能手的大陆。然而，非洲并未刮起慢跑之风。如果没有车，非洲人宁愿走路。亨利·罗诺的子孙住在肯尼亚，拥有最完美的训练环境，可他们并没有跑步，甚至连体形都没有保持。海尔·格布雷塞拉西（Haile Gebrselassie）跑步是为了给孩子提供富裕的生活条件，让他们不必追随父亲的脚步。

2007年，非洲共有6.9亿居民分布在53个国家中。而盛产世界级选手的，主要是肯尼亚、埃塞俄比亚、阿尔及利亚和摩洛哥等国。

女子800米运动员玛丽亚·穆托拉（Maria Mutola）是莫桑比克最优秀的运动员。每年，她都会给家里寄大笔的钱。2003年，她在黄金联赛田径大奖赛（Golden League Athletic Grand Prix）中获得了100万美元的奖金。她将部分奖金捐给了家乡的一个基金会。许多农场和小企业得以生存下去，都要归功于穆托拉的慷慨解囊。她的捐款解了莫桑比克的燃眉之急，人们用这笔钱挖了井，也买了拖拉机。

来自埃塞俄比亚的长跑之王海尔·格布雷塞拉西一直很清楚，自己的祖国是多么贫穷。他跑步，是因为他别无选择。每天上学放学，他要跑6英里的路，然后再去田里干活。后来，他觉得自己应该肩负起为祖国脱贫的责任："当我训练时，我对此思考了很多。如果埃塞俄比亚不能摆脱贫困，就不可能实现国家的发展。不过，真正的问题，并不是依靠埃塞俄比亚人快速奔跑就能解决的。"[14]

每个领域都在实现全球化，体育圈也不例外。厂商总是选择在全世界生产成本最低的地方生产产品。同理，在非洲部落培养跑步明星，也为了让他们登上更大的国际竞技舞台。在培养跑步人才方面，目前非洲已经形成了一套成熟的原材料加工体系。这些肯尼亚和埃塞俄比亚运动员的祖父母和曾祖父母也同样具有长跑天赋，可是在几十年前，他们并没有任何途径或机制，获得登上国际舞台的机会。此外，这样的机遇还与战后的和平环境有关。非洲人从殖民统治中重获自由，这才让他们有了参加奥运会等国际比赛的机会和意愿。

而问题的矛盾之处在于，当年在殖民时代压榨肯尼亚人的是白人，而如今，充当肯尼亚选手进出口代理人的，同样是精明的白人。目前，肯尼亚的退役运动员和依然活跃在各大比赛中的运动员，正在携手打造一个更强大的跑步者阵线。生活在埃尔多雷特镇及周边地区的国际明星正在联合起来，为南迪选手代言，以解决他们在运动生涯中面临的实际问题。

19世纪时，欧洲的殖民者征服了非洲。今天，非洲运动员又反过来征服了欧洲。按照白人的说法，应该说非洲人"造访"了欧洲和西方。当殖民政权依靠掠夺原材料而发家致富时，非洲的跑步者不得不在异国他乡的赛场上，像奴隶一样卖命奔跑，彼此竞争，只为了赚到尽可能多的钱。在外国赛场上，他们按照外国人制定的游戏规则，代表自己、代表家人、代表祖国参加比赛。很少有人能明白，这究竟意味着什么。

第 31 章

一个人能跑多快？

> 如果你想有所收获，请跑 100 米。如果你想了解人生，请跑马拉松赛。
>
> ——埃米尔·扎托佩克

我们常常会听到很多奇闻逸事，比如一个人长年在动物群落中生活，结果学会了像动物那样飞快地奔跑。例如，1963 年，法国人类学家让-克洛德·阿芒（Jean-Claude Armen）在西属撒哈拉（Spanish Sahara）发现了一个"羚羊男孩"。这个男孩从小就和羊群生活在一起。被发现时，他正以每小时 55 公里的速度奔跑着。阿芒开车跟着他。车里的人全都被眼前的这一幕惊呆了。这个男孩大步流星地向前飞奔，散发出羚羊奔跑时的那种美感和优雅。毕竟，他是在羚羊群中长大的。这个故事与男孩跑步速度的真实性无从考证，是否存在一些虚假或夸大的成分也未可知。但是，在一些广为流传的故事中，如果人类幼童从小被动物抚养长大，的确会习得该动物的生活方式。

如果阿芒对羚羊男孩的速度测量准确的话，那么，他将比世界上速度最快的人还要快。目前，人类跑步速度的纪录为每小时 45 公里。与许多动物的奔跑速度相比，这个成绩并不算快。印度豹的奔跑速度可以达到每小时 113 公里，马的速度可以达到每小时 69 公里，都比人跑得快得多。甚至连一只笨重的大猩猩，都能够以每小时48公里的速度奔跑800多米。[1]

人类的强项在于耐力。在长跑比赛中，人是可以跑赢马的。自1980年起，威尔士每年都会举办一次"人马"马拉松赛。在该比赛中，跑手、自行车骑手和马匹会在野外的丘陵地区进行长跑。比赛距离比马拉松赛略短。2004年，休·洛布（Huw Lobb）第一个徒步完成了整场比赛，并战胜了40匹马和500名跑步者。他以2小时5分19秒的成绩夺冠，比第一匹马领先了整整两分钟。

谁是世界上跑得最快的人？根据田径协会的定义，这个人应该是世锦赛或奥运会上的男子100米冠军。距离似乎不算什么大事儿。

专家将100米比赛划分成了三个或五个阶段：前30—40米为加速阶段，随后的20—30米为高速阶段，终点之前的为降速阶段。"你看到他怎么冲过终点了吗？"在20世纪80年代和90年代，当美国飞人卡尔·刘易斯参加比赛时，观众时常会说这句话。其实，这话是在说，与其他竞争对手相比，刘易斯在降速阶段，速度下降得比其他人都要少。如果进行更加细致的划分，还可以在起点处加一个反应阶段，在终点处加一个撞线阶段。对成绩而言，这两个阶段都至关重要。

从理论上讲，在比赛中，跑出最快速度的运动员不一定是冠军。因为，他虽然跑出了最快的速度，但是在加速阶段和撞线阶段，他却可能比其他选手跑得慢，所以还是夺不了冠。不过，有研究表明，最快速度和比赛结果之间，存在着某种密切关系。比如，可以肯定的是，在100米赛跑中，跑出最快速度的选手一定会成为冠军。[2]

准确测量最快速度，其实是很困难的事情。因为最快速度只会持续2—3秒。测量滚轮的速度是容易的。但是，在100米比赛中，选手的胳膊和腿会不停地摆动，在这种状态下测量速度是困难的。在1997年世锦赛的100米比赛中，加拿大选手多诺万·贝利（Donovan Bailey）创造了9秒87的世界纪录。经测量，他的最快速度高达每秒12.1米，或每小时43.89公里。

截至 2008 赛季，共有来自 16 个国家的 55 名男选手，在规定风力条件下的 100 米成绩跑进了 10 秒之内。他们全都不是白人。不管比赛时他们代表的是非洲、欧洲、加勒比地区还是北美国家，除一人之外，其余选手的祖先全都与西非黑人有渊源。他们要么是非洲原住民的后裔，要么是奴隶的后裔，大部分是黑人，还有些是混血儿。唯一的例外是澳大利亚人帕特里克·约翰逊（Patrick Johnson），他的父亲是爱尔兰人，母亲是澳大利亚原住民。此外，波兰白人选手马里恩·沃罗宁（Marion Woronin）和日本选手伊藤康治（Koji Ito）的百米成绩都是 10 秒整。

在规定风力条件下，没有一个白人选手的百米成绩能跑进 10 秒大关，这是一个巧合吗？心理因素肯定是一大障碍。巨大的数据反差引发了一场激烈辩论：西非黑人真的比世界其他地区的人跑得更快吗？统计数据显示，事实的确如此。不过，自我心理暗示似乎也发挥了一定作用。例如，在美国，白人孩子经常被告知，黑人在短跑项目上更为出色。因此，白人往往会避开短跑，而去参加其他的比赛。反过来，在 800 米以上的项目中，美国黑人运动员的成绩也很少拔尖儿。

在西非各国中，没有一个国家培养出了世界顶尖的长跑运动员。按人口比例计算，牙买加是世界级短跑运动员密度最高的国家。但是，在 800 米以上项目中，牙买加从未培养出顶级运动员。牙买加是一个人口仅为 260 万的小国。但在国际大赛中的男子和女子短跑决赛中，几乎总能看到牙买加选手的身影。除此之外，有许多牙买加人还移民到了美国、加拿大和英国，并代表这些国家参加国际比赛。虽然他们在不同国家和不同环境下中进行训练，但最终，他们却殊途同归，全都跻身了顶级行列。

在牙买加男运动员中，在 30 分钟之内跑完 10000 米的只有两人，女运动员的情况也差不多。这表明，牙买加人对长跑缺乏兴趣，同时，他们也不适合长跑。这其中，或许存在着某种特定的文化因素。

就短跑而言，基因是很重要的。不论黑人还是白人，只要是真正有跑步天赋的人，即使没有受过训练，也能跑得很快。所有短跑运动员都在 100 米上力争完美，如果一个运动员体内的快肌纤维含量不高，是没有机会在这个项目中出成绩的。过去，有许多相关研究都试图估算顶级短跑运动员体内的快肌纤维百分比。可这并非一件容易的事情。因为，不同类型肌肉纤维并不是均匀地分布在肌肉当中的，也没有任何一个活跃在体坛的世界级运动员愿意捐献出自己的所有肌肉，用于研究。研究人员希望得到具有趋势性的结果，但是，在肌肉的采集和测试方面，却又受到诸多限制。一个人体内的快肌纤维占比达 100% 的可能性并不大。但是，如果一个人的快肌纤维占比特别高，那么，这个人的短跑成绩就更容易提高。因为，无论他怎么训练，就算训练不得法，他的快肌纤维照样会得到锻炼。[3]

有趣的是，一个成熟的 100 米运动员在每场比赛中的步数都是相同的。顶级选手的百米步数在 43—50 步。不同运动员的百米步数会存在些许差异，这是他们身高不同造成的，与跑步时顺风或逆风无关。比如，在加拿大选手本·约翰逊的运动生涯中，不论他的成绩是 10 秒 44，还是 9 秒 83，他的百米步数都是 46.1 步。这表明，要想提高短跑成绩，运动员需要做的是提高步频，而非增加步幅。

不论是哪种体育项目，武断地说某个种族一定优于其他种族，都是有风险的。但在 2008 年，西非和东非运动员的确分别是男子短跑和长跑项目的佼佼者。不过，情况也并非一直如此。

1986 年，在从 800 米到马拉松赛的各个项目的 20 个世界纪录中，约有一半是由欧洲选手创造的，约有四分之一是由非洲选手创造的。而到了 2003 年，世界纪录的数据变为：欧洲选手占 11%，而非洲选手占 85%。同年，从 100 米到马拉松赛的所有跑步项目中，世界纪录保持者清一色都是非洲选手，或有非洲血统的选手。

非洲人跑步变得这么强，是因为他们想摆脱贫困吗？这当然是一个重要动机，非洲选手自己也曾这样说过。体质的不同是另一个原因。不过，在这方面的研究还不够充分。又或许，我们永远都不会知道答案，因为跑步虽然很简单，但影响跑的因素却有很多。

女选手的情况则恰恰相反。女子100米、200米和5000米的世界纪录保持者是黑人，而除此之外，从400米到10000米的所有世界纪录，都是由欧洲白人选手或中国选手保持的。因为非洲的女子跑步运动比男子起步晚，所以才会如此吗？

极限在哪里？

芬兰研究人员尤哈·海卡拉（Juha Heikkala）认为，如果体育成绩存在极限，势必会阻碍运动员的发展。因为，不断提高成绩本来就是运动员拼搏的动力，没有极限，才能体现出现代精英运动的理念和精神。[4]

1900年时，男子100米世界纪录为10秒8；到了2008年，借助更精确的电子计时系统，男子100米世界纪录已经提高到了9秒69。与此同时，男子10000米世界纪录也从31分40秒提高到了26分22秒75。

成绩提高的原因在于，在许多国家，训练方法越来越先进，跑道条件越来越好，人们对跑步的关注也越来越多了。20世纪初时，有天赋的运动员一统体坛，即使是奥运冠军，每周也就训练一两次。一个世纪之后，顶尖运动员每天的训练量，比昔日冠军每周的训练量还要多。

法国国家运动医学研究所的研究人员认为，在跑步及其他体育项目中，世界纪录很快便要触及人类极限了。他们对1896年以来的3263项世界纪录进行了统计和分析，并注意到，成绩曲线已渐渐趋于水平。20世纪末，随着纪录水平越来越高，破纪录的频率也变得越来越低了。通过数学建模技术，研究人员得出的结论是，在2027年之后，就几乎不会再有新纪录诞生了。还有一种可能性，就是将跑步的成绩精确到小数点后三位，以增加提高纪录的概率。[5]

据研究人员估计，参加1896年雅典奥运会的运动员，只用了自己75%的体能。而最优秀的当代运动员，却用了高达99%的体能，甚至更多。科学促进了成绩水平的提高。为了跑得更快，运动员使用了各种手段和技术，有合法的，也有不合法的。兴奋剂导致了世界纪录的水准被人为地抬高，在不使用兴奋剂的前提下，想进一步地提高成绩是很困难的。新型兴奋剂的使用，例如基因兴奋剂，将特定基因植入运动员体内，以促进肌肉异常生长，在100米短跑中形成优势。心脏及其供氧能力是决定长跑成绩的重要因素，通过服用兴奋剂，可以提高这一能力。至于装备方面的改进，则不大可能提高跑步成绩。

某些女子跑步世界纪录几乎是不可能被打破的。1988年，来自美国的弗洛伦斯·格里菲思-乔伊纳（Florence Griffith-Joyner）在100米比赛中创造了10秒49的世界纪录，而在此后的十年中，女运动员的百米成绩与该纪录相比，差距没有在半秒以内的。玛丽塔·科赫创造的47秒60的400米世界纪录也是无法企及的。而在男子比赛中，美国选手迈克尔·约翰逊以19.32秒的成绩创造的200米世界纪录，在很长一段时间内，被认为是人类极限。然而，2008年北京奥运会，尤塞恩·博尔特（Bolt）以19.30秒的成绩打破了约翰逊的纪录，次年他又再次打破纪录。

法国国家运动医学研究所的研究人员认为，未来的世界纪录保持者将来自非洲。在那里，还将发掘和培养出许多优秀运动员，他们将登上国际比赛的舞台，创造出更好的成绩。

从南极洲到撒哈拉沙漠

自20世纪80年代以来，超级马拉松赛和极限跑步运动在世界各地蓬勃发展。随着慢跑热潮的兴起，参赛者和赛事组织者一直在寻求新的、更大的挑战。他们中有许多人想要离开沥青跑道和充满尾气的街道，到截然不同的环境中跑步，最好是在陡峭的山地，或任何可以跑步的地方。

尼泊尔的珠穆朗玛峰马拉松赛是历史最悠久的冒险运动之一。1987年，两名英国人发起了这项运动。两年之前，他们曾在珠峰主路上组织过一次即兴跑步比赛。比赛的起点海拔为5184米，终点海拔3346米。为了获得参赛资格，报名者们会集体快走16天，然后择优参赛。这项比赛仿佛一次探险之旅，每年都会有75名海外选手参赛和10名尼泊尔选手参赛。

探险也是一系列极限跑步运动的特征。当今世界会产生这些运动，是因为富人喜欢四处旅行，他们也比以往任何时候都更有时间和资源去追求自己的爱好。尽管极限跑步和旅游有很多相似之处，但与活动量较小的游客相比，极限跑步者获得的成就感要多得多。因为他付出了更多体力，在规定赛程内，他们向大自然和陡峭地形发起了挑战，同时充分调动了自己的身体资源。他们不只是来自某个国家的懒惰游客，他们此行收获的也不只是风景。

2003年，英国运动员雷纳夫·法因斯（Ranulph Fiennes）和迈克·斯特劳德（Mike Stroud）进行了一次"7-7-7"挑战——他们打算在七天之内，在七大洲完成七次马拉松赛。这次挑战不仅利用了先进的交通工具，还形成了巨大的旅行压力。英国人素来有热爱征服的传统，由英国运动员发起这次挑战，也就不足为奇了。

这一切都是为了积累经验。选手们总在不停地相互比较：谁参加马拉松赛最多，谁一年内参加的马拉松赛次数最多，谁在美国参加的马拉松赛次数最多等。只有想不到的，没有不能比的。选手们和其他冒险者都有自己的目标，比如南极马拉松赛或北极马拉松赛。为了防止在积雪上跑步时打滑，选手们会穿主办方推荐的轻便雪鞋参加比赛。

印度冥想大师斯里·钦莫伊（Sri Chindmoy）是一位因宗教原因而跑步的超级跑步者。1977年，他在美国首次将跑步作为一种自我拯救的方式推荐给普通人。他是一位修养极高的精神导师，与双腿盘坐的普通修行者不同，他的修行之道就是跑步。钦莫伊从希腊和印度哲学中汲取智慧，推崇一种和谐的世界观。这种和谐，是通过一个丰富的体育锻炼和健康的内心修行来实现的。20世纪90年代，钦莫伊因跑步过度而受伤，于是，他便开始了举重。他的追随者组织了各种比赛活动，包括一些短跑比赛和世界上最长距离的跑步比赛——纽约自我超越赛（Self-Transcendence Race），全长3100英里，全程5649圈。在钦莫伊看来，该比赛产生的顿悟会让人终身受益。

最经典的沙漠赛跑是摩洛哥的撒哈拉沙漠马拉松赛（Marathon des Sable）。1986年，23名选手在这里的沙漠中跑完了240公里。说起比赛环境之恶劣，实际上没有哪个地方比得过撒哈拉沙漠了。选手的身体疼痛和水疱非常严重，每天流几公斤的汗。看到这些身形瘦削、面无血色但充满活力的身影从营地帐篷里出发，背着背包，戴着帽子，朝着几百英里之外的目的地奔跑时，人们有种不真实的错觉。这一幕既荒唐，又美丽。这是对大自然的一种体验，也是一段以汗流浃背的方式，增进对自我了解的旅程。当然，这个比赛并不是当地老百姓发明的，尽管有些摩洛哥人参加了，有些还赢了。沙漠马拉松赛是法国巴黎及其他国际大都市的白人发明的，他们平时的生活就是看看电脑、刷刷手机。在撒哈拉沙漠马拉松赛中，他们的冒险精神得到了释放，成就感得到了满足。当撒哈拉沙漠马拉松赛刚刚诞生时，没有人会相信，到了2005年，比赛居然能够吸引来自不同国家的766名选手参赛。

这些极限比赛中，今天的参赛者与过去的探险者相比，更侧重于旅行，平日生活里也更娇生惯养一些。跑步者的脚步已经遍布了世界的每个角落，比赛的地点也是一样。他们占领并征服了地球上的每寸土地，几乎没有哪处自然环境，没有留下过跑步者的足迹。下一步，他们打算去月球上跑马拉松赛吗？

永恒的步伐

人类已经奔跑了数千年。在考古发掘所知道的时间之前，在文明出现之前，人类就已经开始跑步了。为了狩猎，为了生存，他们必须奔跑。我们应该结合不同的时代和社会背景，来看待人类的每次迁徙。人类跑步有很多原因，有的人将跑步视为生命，有的人跑步则是为了减肥。

最早的史料告诉我们，在古老的埃及文明和苏美尔文明中，国王会参加神圣的王室跑步比赛，向众神祈福，以维护自己的君主权力。古希腊人也会在奥运会上与众神交流，不过，他们还认为跑步有利于个人发展，也是保卫城邦的必备能力。几千年来，跑手一直扮演着特种部队或信使的军事角色。跑步不仅可以发挥实际作用，还具备象征意义。在和平时期，跑手是相互交流的纽带；在战争时期，跑手是战场上的飞毛腿。

在北美印第安人的原始部落中，跑步既实用，又神秘。墨西哥的塔拉乌马拉人是至今依然自豪地保留着跑步传统的最后几个部落之一。事实上，在今天印度没有修路的地区，依然是靠跑手来传递消息的。当他们抵达目的地时，依然会通过摇铃铛提醒人们出来收信。

到了18、19世纪，跑步运动在欧洲衍生出了形式多样的娱乐活动。人们或因其形式有趣而开怀，或因其速度惊人而着迷。英国人引入了赌跑和精确计时，为跑步运动增添了新的维度。英国人还借跑步传播自身文化，包括他们的体育追求，以及通过健身打造个性的做法。现代工业社会要求的是效率和可衡量的进步，而这些要求，均被内化到了全新的体育赛场上。20世纪初，人们的日常生活中开始出现了时间观念，而跑步比赛的组织日趋成熟，也为生活增加了新的意义。

在重新举办奥运会之后，在各参赛国当中，芬兰第一个有意识地将跑步作为全民健身手段，并将跑步打造为国家身份和个性的象征。随后，其他各国也开始效仿芬兰的做法。

然而，此时的跑步依然没有发展成一项大众运动。跑步是人们去赛场上看的，是在报纸上读的，跑步就是要"更快"，这一点不言自明。20世纪，跑步者形成了属于自己的小圈子。在外人看来，他们是一群古怪的人,喜欢自我折磨。其实,他们发现了一些鲜为人知的事实:跑步能给内心带来极大满足感。不过,许多医生认为,跑步对心脏和其他重要脏器是有危险的。直到20世纪60年代,专家才开始承认,慢跑其实对健康有益,是胖子用来对抗久坐不动的日常生活的减肥方法。跑步成为人们生活方式的一部分,旨在健身和控制体重,陪伴人们度过每天的休闲时间。跑步是一种快乐,也是一种习惯,更成为一种影响广泛的时尚现象。

事实证明,慢跑既拯救了许多心脏病人,也对人们的膝盖和其他关节造成了不少破坏。从前,那些身体不好的跑步爱好者,其实并不知道跑步可能会带来这些伤痛和毛病。成千上万的人涌上街头跑步,仿佛是一场浩大的实验。他们往往穿着不舒适的鞋子,跑步姿势也不够正确,对跑步给身体带来的负荷和压力也一无所知。人类祖先老早就放弃了身体竞争,而时至今日,却有这么多人希望不断提高自己的跑步成绩。慢跑的浪潮并没有席卷所有地方,它主要存在于西方国家。不过,慢跑比赛在世界各地如火如荼地进行着,能完全置身事外的国家可谓少之又少。

1987年,为了纪念1894年6月23日国际奥委会在巴黎成立,"奥林匹克长跑日"(The Olympic Day Run)活动首次举办。每年的这一天,世界各地的跑步者都会在自己的家乡举行长跑活动,甚至蒙古这样大众跑步运动不发达的国家,也有成千上万的人上街跑步。1988年,在蒙古的200万人口中,共有25万人参加了"奥林匹克长跑日"活动,参与者比例高居世界首位。在过去的十年里,中国经历了前所未有的经济增长,人民生活水平快速提高;到2008年,四分之一的中国成年人体重超标,文明病变得越来越普遍。在某种程度上,中国人复制了美国人的生活方式,也由此产生了诸多健康问题。或许,下一波慢跑运动将会在中国兴起。

跑步的迷人之处,就在于它的简单。跑步是一种带有孩子气的运动,成年人很容易就跑起来,并体会到一种无处不在的自由感觉。越是在空气新鲜、风景美丽的自然环境中，这种自由感就会越强烈。当一位优秀的跑步者在大地上飞一般地奔跑而过，肌肉紧致，动作协调，就算是不跑步的人，也能体会到一种优雅的美感。这才是人类该有的运动状态。或许，人类并没有那么不可一世，或许，人类早已失去了一些真正有价值的东西。

　　生物学家认为，猿人在开始直立奔跑的那一刻，才真正变成了人。或许，我们必须要大量地走路和跑步，才能维持我们人的样子，才不会因为身体或精神上的退化，而变成某种行动迟缓的、必须靠机器来行动的生物。研究表明，像跑步和走路这样的对角线运动，可以促进左右脑之间的互动，从而提高我们的创造力。而创造力正是人类的核心竞争力。在当今这个越来越机械化的世界中，人类从运动中获得的巨大满足感时刻提醒着我们，不要忘记自己的动物本质。看看孩子们，看看他们在玩耍时自然而然奔跑的样子，是多么快乐和自由自在啊！

　　现代跑步者是在模仿原始人在生存斗争中所做的事情。与过去相比，今天人们走路和跑步的方式已经发生了很大的变化。跑步让人们心情变得更好，在单调无聊的生活中找到一种平衡。现代人跑步是天性使然，就像肯尼亚人一样，他们只是像当年人类祖先为了生存而穿越东非大草原那样不停地奔跑。

注 释

1 Messengers and Forerunners

1. Stephan Oettermann, *Läufer und Vorläufer. Zu einer Kulturgeschichte des Laufsports* (Frankfurt am Main, 1984), p. 19.
2. Louis Baudin, *Dagligt liv hos Inkaerne* (Copenhagen, 1967), pp. 220–21; Alberto F. Cajas, 'Physical Activities in Ancient Peru', *Olympic Review* (1980), pp. 150–52.
3. Baudin, *Dagligt liv hos Inkaerne*, p. 63.
4. Ibid., pp. 79–83.
5. Oettermann, *Läufer und Vorläufer*, p. 15.
6. Ibid., p. 18.
7. Ibid., p. 17.
8. Ibid., p. 8.
9. Ibid., p. 33.
10. Montague Shearman, *Athletics and Football* (London, 1887), p. 20.
11. Oettermann, *Läufer und Vorläufer*, p. 35.
12. Ibid., pp. 36–7.
13. Ibid., p. 40.
14. Andy Milroy, 'The Great Running Traditions of the Basques', at www.runtheplanet.com/resources/historical/basques.asp, accessed 3 July 2009.
15. Oettermann, *Läufer und Vorläufer*, pp. 57–75.
16. Matti Goksøyr, 'Idrettsliv i borgerskapets by. En historisk undersøkelse av idrettens utvikling og organisering i Bergen på 1800-tallet', doctoral dissertation, Norges idrettshøgskole (Oslo, 1991), p. 23.
17. Oettermann, *Läufer und Vorläufer*, p. 86.
18. Ibid., p. 93.

2 A Primordial Human Trait

1. Dennis M. Bramble and Daniel E. Lieberman, 'Endurance Running and the Evolution of *Homo*', *Nature*, CDXXXII (18 November 2004), pp. 345–52; Bernd Heinrich, *Why We Run* (New York, 2001).
2. Bramble and Lieberman, 'Endurance Running and the Evolution of *Homo*'.
3. Vera Olivová, *Sports and Games in the Ancient World* (London, 1984), pp. 21–4.
4. Aschehougs verdenshistorie, *I begynnelsen* (Oslo, 2007), pp. 136–42.
5. Deane Lamont Anderson, 'Running Phenomena in Ancient Sumer', *Journal of Sport History*, XXII/3 (1995), pp. 207–15.
6. At www.cesras.ru/index.php, accessed 3 July 2009.

7 Wolfgang Decker, *Sport and Games in Ancient Egypt* (London, 1992), pp. 24–34, 61–6.
8 I. Weiler, *Der Sport bei den Völkern der alten Welt. Eine Einführung* (Darmstadt, 1981), p. 51.
9 Ibid., pp. 62–3.

3 In Honour of the Gods

1 Norman E. Gardiner, *Athletics of the Ancient World* (Chicago, IL, 1978) and *Greek Athletic Sports and Festivals* (London, 1910); H. A. Harris, *Sport in Greece and Rome* (London, 1972); Leo Hjorts, *Graeske guder og helte* (Copenhagen, 1984); David Matz, *Greek and Roman Sport* (London, 1991), p. 25; Stephen Miller, *Arete: Greek Sports from Ancient Sources* (London, 2004) and *Ancient Greek Athletics* (London, 2004); Cleanthis Paleologos, 'Argeas of Argos: Dolichon Runner', *Olympic Review*, 87–88 (Jan–Feb 1975); Tony Perrottet, *The Naked Olympics* (New York, 2004); Panos Valavanis, *Games and Sanctuaries in Ancient Greece* (Los Angeles, CA, 2004).
2 Gardiner, *Greek Athletic Sports and Festivals*, p. 293.
3 Miller, *Arete*, pp. 172–3.
4 Matz, *Greek and Roman Sport*, p. 25.
5 John Mouratidis, 'The 776 BC Date and Some Problems Connected With It', *Canadian Journal of History of Sport*, XVI/2 (December 1985), p. 1–14; T. H. Nally, *The Aonac Tailteann and the Tailteann Games in their Origin, History and Ancient Associations* (Dublin, 1922).
6 Miller, *Arete*, p. 13.
7 William Blake Tyrrell, *The Smell of Sweat: Greek Athletics, Olympics and Culture* (Mundelein, IL, 2004), p. 58.
8 Miller, *Ancient Greek Athletics* (London, 2004), p. 11.
9 Perrottet, *The Naked Olympics*, pp. 159–60.
10 Thomas P. Scanlon, *The Ancient World* (Chicago, IL, 1984), pp. 77–90.
11 Harris, *Sport in Greece and Rome*, p. 41.
12 Gardiner, *Greek Athletic Sports and Festivals*, p. 154.
13 Hugh M. Lee, 'Modern Ultra-long Distance Running and Phillippides' Run from Athens to Sparta', *The Ancient World*, IX/3–4 (1984), pp. 107–13.
14 Gardiner, *Athletics of the Ancient World*, p. 102.
15 Walter Umminger, *Toppraestationer. En idraettens kulturhistorie* (Copenhagen, 1963), p. 31.
16 Ibid., p. 28.
17 Gardiner, *Greek Athletic Sports and Festivals*, p. 131.
18 Miller, *Arete*, p. 217.
19 Umminger, *Toppraestationer*, pp. 13–14.
20 Allen Guttman, *From Ritual to Record: The Nature of Modern Sports* (New York, 1978), pp. 49–51.
21 Matz, *Greek and Roman Sport*, p. 68.
22 At http://en.wikipedia.org/wiki/Zeno_of_Elea, accessed 3 July 2009.

4 Roman Games

1 H. A. Harris, *Sport in Greece and Rome* (London, 1972), pp. 68–69; *Seneca in Ten Volumes* (London, 1970), p. 261.

2　Jerome Carcopino, *Keistertidens Roma. Daglig liv i det første århundre* (Oslo, 1998), pp. 158–62.
3　Norman E. Gardiner, *Greek Athletic Sports and Festivals* (London, 1910), pp. 181–2.
4　H. M. Lee, 'Athletics and the Bikini Girls from Piazza Armerina', *Stadion*, x (1984), pp. 45–76.
5　Zarah Newby, *Greek Athletics in the Roman World* (Oxford, 2005).
6　Ernst Jokl, *A History of Physical Education and Sport* (Tokyo, 1975–6), pp. 53–8.
7　Edward S. Sears, *Running Through the Ages* (Jefferson, NC, 2001), p. 17.
8　Walter Umminger, *Toppraestationer. En idraettens kulturhistorie* (Copenhagen, 1963), p. 110
9　H. A. Harris, *Greek Athletics and the Jews* (Cardiff, 1976), p. 62.
10　Ibid.

5　Elephant Races and Chinese Tales

1　The story 'Kuafa Ran After the Sun' is described in the books *Shan Hai Jing*, *Lie Zi* and *Huan Nan Zi*. Cui Lequan, a researcher at the Chinese Museum of Sport, wrote the article 'Chinese Sport in Ancient Times'.
2　Zhou Xikuan, 'China: Sports Activities in Ancient and Modern Times', *Canadian Journal of History of Sport*, XXII/2 (1991), p. 69.
3　S. H. Deshpande, *Physical Education in Ancient India* (Delhi, 1992), pp. 200–1; Jeannine Auboyer, *Dagligt liv i gamle Indien* (Copenhagen, 1968), pp. 256–7.
4　Deshpande, *Physical Education in Ancient India*, p. 37.
5　Ibid., p. 85.
6　V. S. Saksena, 'Historical Background of Marwar Postal System', at www.mirdhadak.com/mps.htm, accessed 3 July 2009; 'History of the Indian Post Office', at http://pib.nic.in/release/rel_print_page1.asp?relid=4070, accessed 3 July 2009; 'Scinde Dawk', at http://en.wikipedia.org/wiki/Scinde_Dawk, accessed 3 July 2009.

6　The Running Monks

1　Alexandra David-Néel, *Det hemmelige Tibet* (Oslo, 1987), pp. 178–92.
2　Ibid., p. 180; Lama Anagarika Govinda, *The Way of the White Clouds* (London, 1969), pp. 80–84.
3　John Stevens, *The Marathon Monks of Mount Hiei* (Boston, MA, 1988), p. 58.
4　Ibid., p. 59.
5　Ibid., p. 71.
6　Ibid., p. 82.
7　Ibid., p. 93.

7　Racing against Horses

1　Bertil Wahlqvist, *Ville vikinger i lek og idrett* (Oslo, 1980), pp. 40–44, 191–2.
2　Ibid., p. 51.
3　T. H. Nally, *The Aonac Tailteann and the Tailteann Games in their Origin, History and Ancient Associations* (Dublin, 1922), pp. 8, 27.
4　Bjørn Bjarnason, *Nordboernes legemlige uddannelse i oldtiden* (Copenhagen, 1905), p. 1.

5   Ibid., p. 23.
6   Wahlqvist, *Ville vikinger i lek og idrett*, p. 180.
7   Ibid., p. 181.
8   Ibid., p. 183.
9   Bjarnason, *Nordboernes legemlige uddannelse i oldtiden*, p. 38.
10 Wahlqvist, *Ville vikinger i lek og idrett*, p. 182.
11 Bertil Wahlqvist, 'Idrottshistoriska källproblem i de islendska sagorna – ett par exempel', *Idrott, Historia och Samhälle. Svenska idrottshistoriska föreningens årsskrift* (1981), pp. 69–77.
12 Wahlqvist, *Ville vikinger i lek og idrett*, p. 46.
13 Bjarnason, *Nordboernes legemlige uddannelse i oldtiden*, p. 100.
14 Ibid., pp. 85–6.
15 Wahlqvist, *Ville vikinger i lek og idrett*, p. 50.
16 Ibid., pp. 53–4.
17 'Carnethy 5 Hill Race', at www.electricscotland.com/poetry/carnethy5_hillrace.htm, accessed 3 July 2009.
18 Gerard Redmond, *The Caledonian Games in Nineteenth-century America* (Madison, NJ, 1971), p. 26.
19 Dante Alighieri, *The Divine Comedy*, xv.121–4, written between 1308 and 1321; Edward S. Sears, *Running Through the Ages* (Jefferson, NC, 2001), pp. 42–3; Indro Neri, *Dante era un podista* (Florence, 1995).
20 Karl Lennartz, *Olympic Review* (May 1978) pp. 272–5. See also Lennartz, *Olympic Review* (June 1978), pp. 378–83.
21 Celia Haddon, *The First Ever English Olimpick Games* (London, 2004), p. 76; *Physical Education*, pp. 249–66.
22 Allen Guttmann, *Women's Sports* (New York, 1991), pp. 62–5.
23 At http://en.wikipedia.org/wiki/Adamites, accessed 3 July 2009.
24 Arndt Krüger and John Marshall Carter, eds, *Ritual and Record: Sports Records and Quantification in Pre-Modern Societies* (London, 1990), pp. 126–7.
25 Henning Eichberg, *Det løbende samfund* (Slagelse, 1988), pp. 226–31.

8 Wagers, Clocks and Brooms

1   Edward S. Sears, *Running Through the Ages* (Jefferson, NC, 2001), p. 48.
2   Ibid., p. 52.
3   Ibid., p. 51; Allen Guttmann, *Women's Sports* (New York, 1991), pp. 67–8.
4   Mats Hellspong, *Den folkliga idrotten* (Stockholm, 2000), p. 142.
5   Walter Umminger, *Toppraestationer. En idraettens kulturhistorie* (Copenhagen, 1963), pp. 196–201.
6   Guttmann, *Women's Sports*, p. 67.
7   Francis Burns, *Cotswold Olimpick Games (Established 1612)* (Bristol, 2000), p. 5.
8   Ibid.
9   Roger Robinson, *Running in Literature* (New York, 2003), pp. 65–7.
10 Peter Radford, 'Women and Girl Runners of Kent in the Eighteenth Century', unpublished article, lent by Peter Radford; interview with Peter Radford, Oxford, England, 2 October 2007.
11 Ibid.
12 Guttmann, *Women's Sports*, p. 73.
13 Radford, 'Women and Girl Runners of Kent in the Eighteenth Century'.

14 Peter Radford, 'Women's Foot-Races in the Eighteenth and Nineteenth Centuries: A Popular and Widespread Practice', *Canadian Journal of History of Sport*, xxv/1 (May 1994), pp. 50–61.
15 Peter Radford, *The Observer*, 2 May 2004.
16 Interview with Peter Radford.
17 *The Observer*, 2 May 2004.
18 Peter Radford, *In Puris Naturalibus: Naked Runners in England in the Long 18th Century*, lent by Peter Radford.

9 French Enlightenment and German Health Education

1 Jean-Jacques Rousseau, *Emile. Eller om oppdragelsen*, 1 (Copenhagen, 1962), p. 159.
2 Ibid., p. 160.
3 Ibid., p. 161.
4 Ibid., p. 162.
5 Rousseau, *Emile*, III, pp. 121–2.
6 Earle F. Zeigler, *A History of Sport and Physical Education to 1900* (Champaign, IL, 1973), p. 296.
7 Ibid., pp. 279–80.
8 Ibid., p. 305.
9 Ibid., pp. 280–83.
10 Ibid., pp. 277–87.

10 Mensen Ernst and Captain Barclay

1 Bredo Berntsen, *Løperkongen. Nordmannen Mensen Ernsts eventyrlige liv* (Oslo, 1986), pp. 19–21.
2 Anders Enevig, *Cirkus og gøgl i Odense* (Odense, 1997), p. 87.
3 Berntsen, *Løperkongen*, p. 50.
4 Ibid., p. 55.
5 Ibid., p. 92.
6 Ibid., p. 97.
7 Berntsen, *Løperkongen*.
8 Peter Radford, *The Celebrated Captain Barclay* (London, 2001), pp. 2–14; interview with Peter Radford, Oxford, England, 2 October 2007.
9 Radford, *The Celebrated Captain Barclay*, p. 88.
10 Pierce Egan, *Sporting Anecdotes* (Philadelphia, PA, 1822), pp. 58–61.

11 Buffalo Heart for Breakfast

1 Morris E. Opler, 'The Jicarilla Apache Ceremonial Relay Race', *American Anthropologist*, n.s., v/46 (1944), p. 81.
2 Peter Nabokov, *Indian Running: Native American History and Tradition* (Santa Barbara, CA, 1981), p. 23.
3 Ibid., pp. 11–13.
4 Ibid., p. 132.
5 Ibid., p. 134.
6 Ibid., p. 137.
7 Opler, 'The Jicarilla Apache Ceremonial Relay Race', p. 77.
8 Ibid., p. 77.

9 Ibid., p. 76.
10 Ibid., p. 84.
11 Nabokov, *Indian Running*, p. 143.
12 Ibid., p. 27.
13 James H. Howard, 'Notes on the Ceremonial Runners of the Fox Indians', *Contributions to Fox Ethnology* (Washington: Bureau of American Ethnology), LXXXV (1927), pp. 1–50, at pp. 8–9.
14 Ibid., p. 23.
15 Ibid., pp. 23–25.
16 Nabokov, *Indian Running*, p. 17.
17 *Runner's World*, September 1978, pp. 54–5.
18 Charles Hughes, *Eskimo Boyhood* (Lexington, KY, 1974), pp. 116–17; Nabokov, *Indian Running*, pp. 84–5.
19 Ibid., p. 92.
20 Ibid., pp. 94–5
21 David Maybury-Lewis, *The Savage and the Innocent* (Boston, MA, 1988), p. 87.
22 Carl Lumholz, *Blandt Mexicos indianere. Fem års reise i Sierra Madre og andre lidet kjendte dele af det vestlige Mexico* (Kristiania, 1903), I, pp. 220–21.
23 Lumholz, *Blandt Mexicos indianere*, p. 215–30.
24 Nabokov, *Indian Running*, p. 68.
25 Stewart Culin, *Games of the North American Indians* (Lincoln, NE, 1992).

12 Bluffing and Handicapping

1 John Cumming, *Runners and Walkers: A Nineteenth-century Sports Chronicle* (Chicago, IL, 1981), pp. 65–7.
2 Ibid., pp. 65–7; Edward S. Sears, *Running Through the Ages* (Jefferson, NC, 2001), pp. 93–4.
3 Cumming, *Runners and Walkers*, pp. 14–17.
4 Ibid., p. 34.
5 Colin Tatz, *Obstacle Race: Aborigines in Sport* (Sydney, 1995), pp. 95–6.
6 Joe Bull, *The Spiked Shoe* (Melbourne, 1959), pp. 24–5.
7 Ibid., pp. 41–2; Tatz, *Obstacle Race*, p. 92.
8 Bull, *The Spiked Shoe*, pp. 46–7.
9 Ibid., pp. 47–8.
10 Peter G. Mewett, 'Discourses of Deception: Cheating in Professional Running', *The Australian Journal of Anthropology*, special issue 14 (2002), XIII/3, p. 298.
11 Ibid., p. 298.
12 Bull, *The Spiked Shoe*, p. 70.
13 Cumming, *Runners and Walkers*, p. 85.
14 Ibid., pp. 101–28.
15 Ibid., pp. 89, 90, 77–100.
16 David Blaikie, 'Running and Alcohol: A Long and Storied History', at www.ultramarathonworld.com (no longer extant).
17 Cumming, *Runners and Walkers*, pp. 101–5; Dahn Shaulis, 'Pedestriennes: Newsworthy but Controversial Women in Sporting Entertainment', *Journal of Sport History*, XXVI/1 (1999), pp. 29–50.
18 Peter Lovesey, *The Official Centenary History of the Amateur Athletic Association* (London, 1979), p. 19.
19 Ibid., p. 22; see also Harvey Taylor, 'Play Up, But Don't Play the Game: English

Amateur Athletic Elitism, 1863–1910', *The Sports Historian*, XXII/2 (November 2002), pp. 75–97.
20 Richard Mandell, 'The Invention of the Sports Record', *Stadion*, II/2 (1978), pp. 250–64; Henning Eichberg, *Det løbende samfund* (Slagelse, 1988), pp. 231–2; *Stadion*, XII–XIII (1986–7).

13 The Revival of the Olympic Games

1 Pierre de Coubertin, *Olympism*, ed. Norbert Müller (Lausanne, 2000), pp. 36–7.
2 Ibid., p. 20.
3 Ibid., p. 37–9. See also Cyril Bracegirdle, 'Olympic Dreamer', *Olympic Review* (June 1991), pp. 276–8.
4 Coubertin, *Olympism*, p. 333, 574.
5 Karl Lennartz, 'Following the Footsteps of Bréal', *Journal of Olympic History*, VI/2 (Summer 1998), pp. 8–10.
6 Hugh M. Lee, 'Modern Ultra-long Distance Running and Phillippides' Run from Athens to Sparta', *The Ancient World*, IX/3–4, p. 112.
7 Nicholas Geoffrey Lemprière Hammond, *Studies in Greek History* (Oxford 1973), pp. 225–7.
8 John A. Lucas, 'A History of the Marathon Race – 490 BC to 1975', *Journal of Sport History*, III/2 (1976), p. 122.
9 Ibid., p. 125.
10 Ibid., p. 126; see also Jal Pardivala, 'The Saga of the Marathon', *Olympic Review*, CCVI (December 1984), pp. 974–80.
11 Karl Lennartz, 'That Memorable First Marathon', *Journal of Olympic History* (Winter 1999), p. 24.
12 Anthony T. Bijkerk and David C. Young, 'That Memorable First Marathon', *Journal of Olympic History* (Winter 1999), p. 19.
13 David E. Martin and Roger W. H. Gynn, *The Olympic Marathon: The History and Drama of Sport's Most Challenging Event* (Champaign, IL, 2000), p. 21.
14 Lennartz, 'That Memorable First Marathon', p. 26.
15 Bijerk and Young, 'That Memorable First Marathon', p. 7.
16 Martin and Gynn, *The Olympic Marathon*, pp. 14–15.
17 Bijerk and Young, 'That Memorable First Marathon'; Lennartz, 'That Memorable First Marathon'.
18 Martin and Gynn, *The Olympic Marathon*, p. 18.
19 Karl Lennartz, 'Two Women Ran the Marathon in 1896', *Journal of Olympic History*, II/1 (Winter 1994); Anthanasios Tarasouleas, 'The Female Spiridon Louis', *Journal of Olympic History*, I/3.
20 Ibid.
21 Tom Derderian, *Boston Marathon: The First Century of the World's Premier Running Event* (Champaign, IL, 1996), pp. 3–7.
22 Martin and Gynn, *The Olympic Marathon*, p. 27.
23 Ibid., pp. 38–54.
24 Ibid., p. 41.
25 Ibid., p. 48.
26 Christian Lindstedt, *Mellom heroism och idioti* (Göteborg, 2005), p. 94.
27 Ibid., p. 106.
28 James C. Whorton, 'Athlete's Heart: The Medical Debate over Athleticism

(1870–1920)', *Journal of Sport History*, IX/1 (Spring 1982), pp. 30–52.

14 Running Round a Track

1 'Alexis Lapointe', at http://en.wikipedia.org/wiki/Alexis_Lapointe, accessed 8 July 2009.
2 Ibid.
3 Sigmund Loland, 'Rekorden: Grensesprengning som dilemma', *Kunnskap om idrett*, I (1997), pp. 15–18 and 'Record Sports: An Ecological Critique and a Reconstruction', *Journal of the Philosophy of Sport*, XXVIII/2 (2001), pp. 127–39; Henning Eichberg, 'Stopwatch, Horizontal Bar, Gymnasium: The Technologizing of Sports in the Eighteenth and Early Nineteenth Centuries', *Journal of the Philosophy of Sport*, IX (1982), pp. 43–59.
4 John Bale, *Running Cultures* (London, 2004), p. 48.
5 Ibid., p. 47.
6 Peter R. Cavanagh, *The Running Shoe Book* (Mountain View, CA, 1980), p. 343.
7 Ibid., p. 17.
8 'Adidas', at http://en.wikipedia.org/wiki/Adidas, accessed 8 July 2009.
9 John Bale and Joe Sang, *Kenyan Running* (London, 1996), pp. 47–50.
10 Ibid., p. 64.
11 Louise Mead Tricard, *American Women's Track and Field: A History, 1895–1980* (London, 1996), pp. 29–30.
12 Norsk Folkeminnelags arkiv, Universitetet i Oslo, Minneoppgaver for eldre, 1981. Oslo 29, p. 15.
13 Tricard, *American Women's Track and Field*, pp. 78–81.
14 Ibid., p. 138.
15 Robert Stevenson, *Backwards Running* (1981), available at www.backward-running-backward.com/PDF.Stevenson.pdf, accessed 8 July 2009.

15 Finnish *Sisu*

1 Erkki Vettenniemi, *Joutavan Jouksun Jäljillä* (Helsinki, 2006), p. 160.
2 Ibid. See also Mervi Tervo, 'A Cultural Community in the Making: Sport, National Imagery and Helsingin Sanomat, 1912–1936', *Sport in Society*, VII/2 (Summer 2004), pp. 153–73.
3 Vettenniemi, *Joutavan Jouksun Jäljillä*, pp. 462–71.
4 Ibid., p. 406.
5 Toivo Torsten Kaila, *Boken om Nurmi* (Stockholm, 1925), p. 25.
6 David Miller, *Athens to Athens* (London, 2004), p. 78.
7 *Sportsmanden*, 20 July 1921.
8 Charles Hoff, *Fra New York til Hollywood* (Oslo, 1927), p. 12.
9 Kaila, *Boken om Nurmi*, p. 135.
10 Hoff, *Fra New York til Hollywood*, p. 97. See also John Lucas, 'In the Eye of the Storm: Paavo Nurmi and the American Athletic Amateur-Professional Struggle (1925–29)', *Stadion*, VIII/2 (1992)
11 John Bale, *Running Cultures* (London, 2004), p. 69.

16 Ultrarunning as Nation-building

1 'Ekiden', at http://en.wikipedia.org/wiki/Ekiden; 'Hakode Ekiden', at http://en.wikipedia.org/wiki/Hakone_Ekiden; oral information from Midori Poppe, Oslo.
2 Morris Alexander, *The Comrades Marathon Story* (Cape Town, 1982).
3 Arthur F. H. Newton, *Running* (London, 1935), pp. 99–103; David Blaikie, 'Running and Alcohol: A Long and Storied History', at www.ultramarathon-world.com (no longer extant).
4 Mark Dyreson, 'The Foot Runners Conquer Mexico and Texas: Endurance Racing, Indigenismo, and Nationalism', *Journal of Sport History*, XXXI/1 (Spring 2004), p. 31; see also Richard V. McGehee, 'The Origins of Olympism in Mexico: The Central Games of 1926', *The Internal Journal of the History of Sport*, X/3 (December 1993), p. 313–32.
5 Ibid., p. 4.
6 Ibid., p. 22.
7 Ibid., p. 24.

17 Race across America

1 James H. Thomas, *The Bunion Derby: Andy Payne and the Great Transcontinental Foot Race* (Oklahoma City, OK, 1980); Charles B. Kastner, *Bunion Derby: The 1928 Footrace Across America* (Albuquerque, NM, 2007); Paul Sann, *Fads, Follies and Delusions of the American People* (New York, 1967), pp. 47–56; 'The Great American Footrace', at www.itvs.org/footrace/runnerbio/bio1020_1.htm#anderson, accessed 8 July 2009.
2 James E. Shapiro, *Ultramarathon* (London, 1980), p. 123.
3 Thomas, *The Bunion Derby*, pp. 86–7.

18 Dubious Race Theories

1 Matti Goksøyr, 'One Certainly Expected a Great Deal More from the Savages: The Anthropology Days in St Louis, 1904, and their Aftermath', *International Journal of the History of Sport*, VII/2 (1990), pp. 297–306.
2 Ibid.
3 John Entite, *Taboo: Why Black Athletes Dominate Sport and Why We Are Afraid to Talk About It* (New York, 2000), p. 178.
4 Ibid., p. 176.
5 Ibid., pp. 176–7.
6 Ibid., p. 177.
7 Ibid., pp. 251, 255–6.
8 Ibid., p. 178.
9 Ibid., p. 250. See also John Hoberman, *Darwin's Athletes: How Sport has Damaged Black America and Preserved the Myth of Race* (Boston, MA, 1997); David K. Wiggins, 'Great Speed but Little Stamina: The Historical Debate over Black Athletic Superiority', *Journal of Sport History*, XVI/2 (Summer 1989), pp. 158–85.
10 Entite, *Taboo*, p. 249.
11 Ibid., p. 250.
12 Ibid., p. 250.
13 Ibid., p. 251.

14 William J. Baker, *An American Life* (New York, 1988), p. 118.
15 Donald McRae, *In Black and White: The Untold Story of Joe Louis and Jesse Owens* (London and New York, 2002), p. 188.

19 War and Peace

1 Gösta Holmér, *Veien til rekorden* (Oslo, 1947), p. 11.
2 Fred Wilt, *How They Train* (Los Altos, CA, 1959), pp. 5–6.
3 Gunder Hägg, *Gunder Häggs dagbok* (1952), p. 8.
4 Henry Eidmark, *Fantomer på kolstybben* (1945), p. 8.
5 Hägg, *Gunder Häggs dagbok*, p. 26.
6 Henry Eidmark, *Sanningen om Gunder Hägg* (1953), p. 54.
7 Eidmark, *Fantomer på kolstybben*; interview with Arne Andersson, Vänersborg, June 2007.
8 Hägg, *Gunder Häggs dagbok*, p. 58.
9 Karen Wikberg, 'Idealism eller professionalism? En studie i den stora amatørråfsten 1945–1946', *Del 1 Idrott, Historia och Samhålle* (1993), pp. 109–49 and *Del 2 i Idrott, Historia och Samhålle* (1994), pp. 85–122.
10 Interview with Arne Andersson, Vänersborg, June 2007.

20 In the Service of the State

1 Frantizek Kozik, *Emil Zatopek* (Oslo, 1955), p. 8.
2 Ibid., p. 13.
3 Ibid., p. 27.
4 Ibid., p. 9.
5 Ibid., pp. 42–3.
6 Ibid., p. 73.
7 Henry W. Morton, *Soviet Sport* (London, 1963), p. 35. See also K. A. Kulinkovich, 'The Development of Knowledge of Physical Culture History in the USSR', *History of Physical Education and Sport*, vol. III (Tokyo, 1975–6), p. 126.
8 Robert Edelman, *Serious Fun: A History of Spectator Sports in the USSR* (New York, 1993), pp. 75–7; Joseph Marchiony, 'The Rise of Soviet Athletics', *Comparative Education Review*, VII/1 (June 1963), pp. 17–27.
9 Morton, *Soviet Sport*, p. 34.
10 Ron Clarke and Norman Harris, *The Lonely Breed* (London, 1967), pp. 155–65.
11 Interview with Gergely Szentiványi, Spring 2008.

21 The Dream Mile

1 John Bale, *Roger Bannister and the Four-minute Mile* (London, 2004), p. 17.
2 Joseph B. Oxendine, *American Indian Sports Heritage* (Lincoln, NE, 1988), p. 87.
3 Bale, *Roger Bannister and the Four-minute Mile*, p. 10.
4 Ibid.; interview with John Bale at Keele University, 1 October 2007; John Bale and David Howe, eds, *The Four Minute-Mile: Historical and Cultural Interpretations of a Sporting Barrier* (New York, 2008).
5 Bale, *Roger Bannister and the Four-minute Mile*, p. 54.
6 Ibid., p. 57.
7 Ibid., p. 79.

8 Ibid., p. 84.
9 John Hoberman, 'Amphetamine and the Four-minute Mile', in *The Four-minute Mile*, ed. Bale and Howe, pp. 99–114.

22 Africa Arrives

1 Leonard Mosley, *Haile Selassie. Den seirende løve* (Oslo, 1964); Paul Rambali, *Barefoot Runner: The Life of Champion Marathon Runner Abebe Bikila* (London, 2007); www.runningbarefoot.org/?name=AbebeBikila, accessed 10 July 2009.
2 Rambali, *Barefoot Runner*, pp. 108–14.
3 Ibid., pp. 116–17.
4 At www.runningbarefoot.org/?name=AbebeBikila, accessed 10 July 2009.
5 John Bale and Joe Sang, *Kenyan Running* (London, 1996), p. 65.
6 Ibid., p. 5.
7 Ibid., p. 82.
8 Dirk Lund Christensen, *Washindi: Løberne fra Kenya* (Copenhagen, 2000), p. 92.
9 Ibid., p. 163.

23 Loving the Landscape of Pain

1 Graem Sims, *Why Die? The Extraordinary Percy Cerutty, 'Maker of Champions'* (Lothian, Melbourne, 2003), p. 33.
2 At www.livingnov.com.au/personal/slpersonalstories8.htms.
3 At www.abc.net.au/rn/talks/8.30/sportsf/stories/s226385.htm.
4 Sims, *Why Die?*, p. 173.
5 Radio interview, 11 October 2004.
6 Sims, *Why Die?*, p. 199.
7 At www.abc.net.au/rn/talks/8.30/sportsf/stories/s823522.htm.
8 Garth Gilmour, *Arthur Lydiard: Master Coach* (Cheltenham, 2004), p. 32.

24 The Jogging Revolution

1 *New Guide to Distance Running* (Mountain View, CA, 1978), p. 153.
2 'Jogging', at http://en.wikipedia.org/wiki/Jogging.
3 Garth Gilmour, *Arthur Lydiard: Master Coach* (Cheltenham, 2004), p. 201.
4 Kenny Moore, *Bowerman and the Men of Oregon: The Story of Oregon's Legendary Coach and Nike's Co-founder* (New York, 2006), pp. 146–7.
5 Ibid., p. 152–5.
6 Interview with Arne Kvalheim, February 2008.
7 Kenneth Cooper, *Aerobics* (New York, 1968), p. 70.
8 Ibid., p. 33.
9 *Runner's World*, June 1976, pp. 18–23.
10 *Runner's World*, September 1976.
11 *New Guide to Distance Running*, p. 362.
12 Ibid., p. 363.
13 *Runner's World*, May 1978, pp. 75–9.
14 *New Guide to Distance Running*, p. 365.
15 Ibid., p. 158.

16　Ibid., p. 157.
17　Interview with Rune Larsson, Trollhättan, Sweden, 10 September 2007.
18　'Endorphin', at http://en.wikipedia.org/wiki/Endorphin.
19　'Jim Fixx', at http://en.wikipedia.org/wiki/James_Fixx.
20　George Sheehan, *Running and Being: The Total Experience* (Teaneck, NJ, 1978), p. 27.
21　Tim Noakes, *Lore of Running: Discover the Science and Spirit of Running* (Champaign, IL, 2001), pp. 739–41, 756.
22　William Glasser, *Positive Addiction* (New York, 1976), p. 45.
23　Ibid., p. 103.
24　Ibid., pp. 107–9.
25　Darcy C. Plymire, 'Positive Addiction: Running and Human Potential in the 1970s', *Journal of Sport History*, pp. 297–313.

25　Big City Marathons

1　Fred Lebow and Richard Woodley, *Inside the World of Big-time Marathoning* (New York, 1984), pp. 64–5. Interview with Grete and Jack Waitz, Autumn 2007.
2　Lebow and Woodley, *Inside the World of Big-time Marathoning*, pp. 71–2.
3　Pamela Cooper, 'The 'Visible Hand' on the Footrace: Fred Lebow and the Marketing of the Marathon', *Journal of Sport History*, XIX/3 (Winter 1992), p. 246.
4　Jean Baudrillard, *Amerika* (Oslo, 1986), pp. 32–3.
5　Ibid., p. 34.

26　Marathon Women

1　Fan Hong, '"Iron Bodies": Women, War, and Sport in the Early Communist Movement in Modern China', *Journal of Sport History*, XXIV/1 (1997), p. 7. See also Tony Hwang and Grant Jarvie, 'Sport, Nationalism and the Early Chinese Republic, 1912–1927', *The Sports Historian*, XXI/2 (November 2001), pp. 1–19.
2　'Chat', *Sportsmanden*, LXXXVIII (1928), p. 6; Gerd Von der Lippe, 'Endring og motstand av feminiteter og maskuliniteter i idrett og kroppskultur i Norge', doctoral dissertation, Norges idrettshøgskole, Institutt for samfunnsvitenskapelige fag (Bø i Telemark, 1997), pp. 236–8.
3　Allen Guttmann, *Women's Sports* (New York, 1991), p. 103.
4　Ibid., pp. 133–4.
5　At www.runtheplanet.com.
6　Ernst Van Aaken, *Van Aaken Method* (Mountain View, CA, 1976), pp. 81–2.
7　Annemarie Jutel, '"Thou Dost Run as in Flotation": The Emergence of the Women's Marathon', *The International Journal of the History of Sport*, XX/3 (September 2003), p. 17–36, at p. 19.
8　Karl Lennartz, 'Violence at the Women's Marathon Race', at www.cafyd.com/HistDeporte/htm/pdf/2-23.pdf, pp. 1–6.
9　Interview with Grete and Jack Waitz, Autumn 2007; Jan Hedenstad, ed., *Grete Waitz – i det lange løp* (Oslo, 1983); Gloria Averbuch and Grete Waitz, *World Class* (Oslo, 1986).
10　Interview with Jan Andersen.
11　Interview with Ingrid and Arve Kristiansen, 2007 and 2008; interview with

Johan Kaggestad, 2008; Kirsten Lien Garbo, *Med Ingrid mot toppen* (Oslo, 1985).

27 Mr Comeback

1 Henry Rono, *Olympic Dream* (Bloomington, IN, 2007), p. 7.
2 Ibid., p. 80–82. Interview with Henry Rono, 2006–8.
3 Rono, *Olympic Dream*, p. 175.
4 Ibid., p. 179.
5 Ibid., p. 188.
6 Ibid., p. 189.

28 Stars, Business and Doping

1 *Springtime*, June 1988, pp. 23–7.
2 'Hassiba Boulmerka', at http://en.wikipedia.org/wiki/Hassiba_Boulmerka, accessed 15 July 2009; 'Islamic Sports', at http://en.wikipedia.org/wiki/Islamic_sports, accessed 15 July 2009; 'Algeria', at http://en.wikipedia.org/wiki/Algeria, accessed 15 July 2009.
3 J. B. Strasser and Laurie Becklund, *Swoosh: The Unauthorized Story of Nike and the Men Who Played There* (New York, 1993); Aaron Frisch, *The Story of Nike* (Mankato, MN, 2004); Robert Goldman and Stephen Papson, *Nike Culture* (London, 1998); George H. Sage, 'Justice Did It! The Nike Transnational Advocacy Network: Organization, Collective Actions and Outcomes', *Sociology of Sport Journal*, XVI/3 (1999), pp. 206–32.
4 *Springtime*, 3, 1985.
5 Brigitte Berendonk, *Doping, gull, aere, elendighet* (Oslo, 1993), p. 50.
6 Ibid., p. 134.
7 Ibid., p. 231.

29 Running with Zen

1 Michael Sandrock, *Running with the Legends: Training and Racing Insights from 21 Great Runners* (Champaign, IL, 1996), p. 359.
2 Ibid., p. 348; see also interview in *Runner's World*, June 1981, pp. 45–7.
3 *Springtime*, October–November 1984, p. 18.
4 Ibid., p. 14; see also *Springtime*, 2 (1984), pp. 12–15.
5 Sandrock, *Running with the Legends*, p. 353.
6 Ibid., p. 361.
7 Ibid., p. 363.
8 Peter Matthews, *The Guinness Book of Athletics: Facts and Feats* (London, 1982), p. 284.

30 Striding Out of Poverty

1 John Entine, *Taboo: Why Black Athletes Dominate Sports And Why We Are Afraid To Talk About It* (New York, 2001), p. 55.
2 Ibid., p. 56.

3 Ibid., p. 62.
4 John Bale and Joe Sang, *Kenyan Running* (London, 1996), pp. 39–40.
5 Yannis Pitsiladis, John Bale, Craig Sharp and Timothy Noakes, eds, *East African Running: Towards a Cross-disciplinary Perspective* (New York, 2007), p. 47.
6 Ibid., p. 53.
7 Dirk Lund Christensen, 'Diet and Endurance Performance of Kenyan Runners: A Physiological Persepective', in ibid., pp. 102–17.
8 Interview with Japheth Kimutai, Oslo, 4 June 2008.
9 Grant Jarvie, 'The Promise and Possibilities of Running in and out of East Africa', in *East African Running*, ed. Pitsiladis et al., pp. 33–4; see also Mike Boit, 'Where are the Kenyan Women Runners?', *Olympic Review*, May 1989, pp. 206–10.
10 Jürg Wirz and Paul Tergat, *Running to the Limit* (Aachen, 2005), p. 133.
11 Ibid., p. 137.
12 Dirk Lund Christensen, *Washindi: Løberne fra Kenya* (Copenhagen, 2000), pp. 35–7.
13 Lars Werge, *Wilson Kipketer* (Copenhagen, 1998), p. 23.
14 Jarvie, 'The Promise and Possibilities of Running in and out of East Africa', p. 35.

31 How Fast Can a Human Being Run?

1 Juan-José Fernández, 'Man is a Poor Runner in Comparison with the Animals', *Olympic Review*, CCXL (October 1987), pp. 522–5.
2 Interview with Leif Olav Alnes, 2008.
3 Ibid.
4 John Bale, *Running Cultures* (London, 2004), p. 22.
5 *Illustrert Vitenskap*, X (2008).

参考文献

Adelman, Melvin L., *A Sporting Time: New York City and the Rise of Modern Athletics* (Chicago, IL, 1987)
Alexander, Morris, *The Comrades Marathon Story* (Cape Town, 1992)
Amato, Joseph A., *On Foot: A History of Walking* (New York, 2004)
Ashe Jr, Arthur R., *A Hard Road to Glory: Track and Field: The Afro-American Athlete in Track and Field* (New York, 1998)
Askwith, Richard, *Feet in the Clouds* (London, 2004)
Athletics and Outdoor Sports for Women (New York, 1903)
Auboyer, Jeannine, *Dagligt liv i det gamle Indien* (Copenhagen, 1968)
Averbuch, Gloria, and Grete Waitz, *World Class* (Oslo, 1986)
Baker, William J., *An American Life* (New York, 1988)
Bale, John, *Roger Bannister and the Four-Minute Mile* (London, 2004)
—, *Running Cultures: Racing in Time and Space* (London, 2004)
—, and Joe Sang, *Kenyan Running* (London, 1996)
—, Mette K. Christensend and Gertrud Pfister, eds, *Writing Lives in Sport* (Aarhus, 2004)
— and David Howe, eds, *The Four-Minute Mile: Historical and Cultural Interpretations of a Sporting Barrier* (New York, 2008)
Bannister, Roger, *The Four-Minute Mile* (Guilford, CT, 989)
Barney, Robert K., 'Setting the Record Straight: The Photograph Portraying the Start of the 1896 Marathon', *Olympika: The International Journal of Olympic Studies*, XII (2003), pp. 101–4
Bascomb, Neal, *The Perfect Mile* (Boston, MA, 2004)
Batten, Jack, *The Man Who Ran Faster Than Everyone: The Story of Tom Longboat* (Toronto, 2002)
Bauch, Herbert and Michael A. Birkmann, '… die sich für Geld sehen lassen …', *Über die Anfänge der Schnell- und Kunstläufe im 19: Jahrhundert* (Marburg, 1996)
Baudin, Louis, *Dagligt liv hos inkaerne* (Copenhagen, 1967)
Baudrillard, Jean, *Amerika* (Oslo, 1988)
Stasser, J. B., and Laurie Becklund, *Swoosh: The Unauthorized Story of Nike and the Men Who Played There* (New York, 1991)
Benyo, Richard, and Joe Henderson, *Running Encyclopedia: The Ultimate Source for Today's Runner* (Champaign, IL, 2002)
Berendonk, Brigitte, *Doping, gull, aere, elendighet* (Hamburg, 1992)
Bertelsen, Herman Appelsin-Herman, *Gjøgleren som ble millionaer* (Høvik, 2004)

Berntsen, Bredo Løperkongen, *Nordmannen Mensen Ernsts eventyrlige liv* (Oslo, 1986)
Bijkerk, Anthony T., and David C. Young, 'That Memorable First Marathon', *Journal of Olympic History* (Winter 1999)
Birley, Derek, *Sport and the Making of Britain* (Manchester, 1993)
Bjarnason, Bjørn, *Nordboernes legemlige uddannelse i oldtiden* (Copenhagen, 1905)
Blaikie, David, *Boston: The Canadian Story* (Ottowa, 1984)
Blue, Adrianne, *Grace under Pressure: The Emergence of Women in Sport* (London, 1987)
Boit, Mike, 'Where are the Kenyan Women Runners?', *Olympic Review* (May 1999), pp. 206–10
Booth, Dick, *The Impossible Hero: A Biography of Gordon 'Puff Puff' Pirie* (London, 1999)
Booth, Douglas, *The Field: Truth and Fiction in Sport History* (London, 2005)
Bracegirdle, Cyril, 'Olympic Dreamer', *Olympic Review* (June 1991)
Brailsford, Dennis, 'Puritanism and Sport in Seventeenth-century England', *Stadion*, I/2 (1975), pp. 316–30
Bramble, Dennis M., and Daniel E. Lieberman, 'Endurance Running and the Evolution of *Homo*', *Nature*, CDXXXII, 18 November 2004, pp. 345–52
Bruant, Gérard, *Anthropologie du geste sportif* (Paris, 1992)
Bryant, John, *3.59.4: The Quest to Break the 4-Minute Mile* (London, 2004)
Bull, Joe, *The Spiked Shoe* (Melbourne, 1959)
Burfoot, Amby, *The Runner's Guide to the Meaning of Life: What 35 Years of Running Have Taught Me About Winning, Losing, Happiness, Humility, and the Human Heart* (Richmond Hill, ON, 2000)
Burns, Francis, *Cotswold Olimpick Games (Established 1612)* (Bristol, 2000)
Butcher, Pat, *The Perfect Distance* (London, 2004)
Cajas, Alberto F., 'Physical Activities in Ancient Peru', *Olympic Review*, 150–52 (1980)
Calabria, Frank M., *Dance of the Sleepwalkers: The Dance Marathon Fad* (Madison, WI, 1993)
Cavanagh, Peter R., *The Running Shoe Book* (Mountain View, CA, 1980)
Cerutty, Percy Wells, *Sport is My Life* (London, 1966)
Chodes, John, *Corbitt* (Los Altos, CA, 1974)
Christensen, Dirk Lund, *Washindi: Løberne fra Kenya* (Copenhagen, 2000)
Christie, Linford, *To Be Honest with You* (London, 1995)
Clarke, Ron, and Norman Harris, *The Lonely Breed* (London, 1967)
Clarke, Simon, 'Olympus in the Cotswolds: The Cotswold Games and Continuity in Popular Culture', *The International Journal of the History of Sport*, XIV/2 (August 1997), pp. 40–66
Clayton, Derek, *Running to the Top* (Mountain View, CA, 1980)
Coffey, Wayne, *Kip Keino* (Woodbridge, CT, 1992)
Cockerell, William, *50 Greatest Marathon Races of All Time* (Brighton, 2006)
Cooper, Kenneth, *Aerobics* (New York, 1968)
—, *The New Aerobics* (New York, 1970)
Cooper, Pamela, 'The "Visible Hand" on the Footrace: Fred Lebow and the Marketing of the Marathon', *Journal of Sport History*, XIX/3 (Winter 1992)
Culin, Stewart, *Games of the North American Indian* (New York, 1975)
Cumming, John, *Runners and Walkers: A Nineteenth-century Sports Chronicle* (Chicago, IL, 1981)
David-Néel, Alexandra, *Det hemmelige Tibet* (Oslo, 1987)

Decker, Wolfgang, *Sport and Games of Ancient Egypt* (London, 1992)
Delany, Ronnie, *Staying the Distance* (Ireland, 2006)
Denison, Jim, *Bannister and Beyond: The Mystique of the Four-minute Mile* (New York, 2003)
—, *The Greatest: The Haile Gebrselassie Story* (New York, 2004)
Derderian, Tom, *Boston Marathon: The First Century of the World's Premier Running Event* (Champaign, IL, 1996)
Deshpande, S. H., *Physical Education in Ancient India* (Delhi, 1992)
Donohoe, Tom, and Neil Johnson, *Foul Play: Drug Abuse in Sports* (England, 1986)
Donovan, Wally, *A History of Indoor Track and Field* (El Cajon, CA, 1976)
Dreyer, Danny, *Chi-Running* (New York, 2003)
Dyreson, Mark, 'The Foot Runners Conquer Mexico and Texas: Endurance Racing, Indigenismo, and Nationalism', *Journal of Sport History*, XXXI/1 (2004), p. 31
Edelman, Robert, *Serious Fun: A History of Spectator Sports in the USSR* (New York, 1993)
Egan, Pierce, *Sporting Anecdotes* (Philadelphia, PA, 1824)
Eichberg, Henning, *Det løbende samfund* (Slagelse, 1988)
—, *Leistung, Spannung, Geschwindigkeit* (Stuttgart, 1978)
—, 'Stopwatch, Horizontal Bar, Gymnasium: The Technologizing of Sports in the Eighteenth and Early Nineteenth Centuries', *Journal of the Philosophy of Sport*, IX (1982), pp. 43–59
—, ed., *Die Veränderung des Sports ist Gesellschaftlich* (Münster, 1986)
Eidmark, Henry, *Fantomer på kolstybben* (Stockholm, 1945)
—, *Sanningen om Gunder Hägg* (Stockholm, 1953)
Enevig, Anders, *Cirkus og gøgl i Odense: 1640–1874*, vol. III (Odense, 1995–8)
Entine, John, *Taboo: Why Black Athletes Dominate Sports and Why We Are Afraid to Talk About It* (New York, 2000)
Fernández, Juan-José, 'Man is a Poor Runner in Comparison with the Animals', *Olympic Review*, 240 (October 1987), pp. 522–5
Fixx, James F., *Den store boken om løping* (Oslo, 1979)
Fontana, Bernard L., with photographs by John P. Schaefer, *Tarahumara* (Tucson, AZ, 1997)
Frisch, Aaron, *The Story of Nike* (Mankato, MN, 2004)
Futrell, Alison, *The Roman Games* (Oxford, 2006)
Gamboa, Pedro Sarmiento de, *The History of the Incas* (Austin, TX, 2007)
Garbo, Kirsten Lien, *Med Ingrid mot toppen* (Oslo, 1985)
Gardiner, E. Norman, *Athletics of the Ancient World* (Chicago, IL, 1978)
—, *Greek Athletic Sports and Festivals* (London, 1910)
Giller, Norman, *Marathon Kings* (London, 1983)
Gilmour, Garth, *A Clean Pair of Heels* (London, 1963)
—, *Arthur Lydiard: Master Coach* (Cheltenham, 2004)
—, *Run to the Top* (London, 1962)
Glasser, William, *Positive Addiction* (San Francisco, CA, 1976)
Goksøyr, Matti, 'One Certainly Expected a Great Deal More from the Savages: The Anthropology Days in St Louis, 1904, and their Aftermath', *The International Journal of the History of Sport*, XII/2 (1990), pp. 297–306
—, *Idrettsliv i borgerskapets by. En historisk unders:kelse av idrettens utvikling og organisering i Bergen på 1800-tallet*, doctoral thesis, Norges idrettshøgskole (Oslo, 1991)

Goldman, Robert, and Stephen Papson, *Nike Culture* (London, 1998)
Govinda, Lama Anagarika, *The Way of the White Clouds* (London, 1969)
Greenberg, Stan, *Running Shorts* (London, 1993)
Griffis, Molly Levite, *The Great American Bunion Derby* (Austin, TX, 2003)
Gundersen, Sverre, and Edvard Nilsen, eds, *Norsk fri-idretts historie fra 1896 til 1950* (Oslo, 1952)
Guttmann, Allen, *A Whole New Ball Game: An Interpretation of American Sports* (North Carolina 1988)
—, *From Ritual to Record: The Nature of Modern Sports* (New York, 1978)
—, *Sports Spectators* (New York, 1986)
—, *Women's Sports: A History* (New York, 1991)
Haddon, Celia, *The First Ever English Olimpick Games* (London, 2004)
Hadgraft, Rob, *The Little Wonder: The Untold Story of Alfred Shrubb, World Champion Runner* (Southend-on-Sea, 2004)
Hägg, Gunder, *Gunder Häggs dagbok* (Stockholm, 1952)
—, *Mitt livs lopp* (1987)
Hammond, Nicholas Geoffrey Lemprière, *Studies in Greek History* (Oxford, 1973)
Harris, H. A., *Greek Athletics and the Jews* (Cardiff, 1976)
—, *Sport in Britain: Its Origins and Development* (London, 1975)
—, *Sport in Greece and Rome* (New York, 1972)
Harris, Norman, *The Legend of Lovelock* (London, 1964)
Hedenstad, Jan, and Jan Greve, eds, *Det lange løpet:* (Oslo, 1983)
Heidenstrom, Peter, *Athletics of the Century: 100 years of New Zealand Track and Field* (Wellington, 1992)
Heinrich, Bernd, *Why We Run* (New York, 2002)
Hellspong, Mats, *Den folkliga idrotten* (Stockholm, 2000)
Hemingway, Ernest, *Afrikas grønne fjell* (Oslo, 1955)
Henderson, Joe, *The Runners Diet* (Mountain View, CA, 1972)
Hewson, Brian, and Peter Bird, *Flying Feet* (London, 1962)
Hoberman, John, 'Amphetamine and the Four-Minute Mile', in *The Four Minute-Mile: Historical and Cultural Interpretations of a Sporting Barrier*, ed. Bale and Howe
—, *Darwin's Athletes: How Sport Has Damaged Black America and Preserved the Myth of Race* (Boston, MA, 1997)
—, *Testosterone Dreams: Rejuvenation, Aphrodisia, Doping* (Berkeley, CA, 2005)
Hoff, Charles, *Treneren og hans oppgaver* (Oslo, 1944)
—, *Fra New York til Hollywood* (Oslo, 1927)
Hole, Christina, *English Sports and Pastimes* (London, 1949)
Holmér, Gösse, *Veien til rekorden: Del 1, løp* (Oslo, 1947)
Hong, Fan, '"Iron Bodies": Women, War, and Sport in the Early Communist Movement in Modern China', *Journal of Sport History*, XXIV/1 (1997), pp. 1–23
Hughes, Charles, *Eskimo Boyhood* (Lexington, KT, 1974)
Hwang, Tony, and Grant Jarvie, 'Sport, Nationalism and the Early Chinese Republic 1912–1927', *The Sports Historian*, XXI/2 (November 2001)
Illeris, Niels, *Traek af legemsøvelsernes historie* (Copenhagen, 1947)
Jamieson, David A., *Powderhall and Pedestrianism* (Edinburgh, 1943)
Jennison, George, *Animals for Show and Pleasure in Ancient Rome* (Philadelphia, PA, 2005)
Jendrick, Nathan, *Dunks, Doubles, Doping: How Steroids are Killing American Athletics* (Guilford, CT, 2006)

Jinxia, Dong, 'The Female Dragons Awake: Women, Sport and Society in the Early Years of the New China', *The International Journal of the History of Sport*, XVIII/2 (June 2001), pp. 1–34
Johnson, Michael, *Slaying the Dragon: How to Turn Your Small Steps to Great Feats* (New York, 1996)
Jokl, Ernst, *A History of Physical Education and Sport* (Tokyo, 1975–6), pp. 53–8
Jones, Marion, *Life in the Fast Lane: An Illustrated Autobiography* (New York, 2004)
Jordan, Tom, *Pre: The Story of America's Greatest Running Legend, Steve Prefontaine* (Emmaus, PA, 1997)
Juilland, Alphonse, *Rethinking Track and Field* (Milan, 2002)
Jukola, Martti, *Athletics in Finland* (Porvoo, 1932)
Kaila, Toivo Torsten, *Boken om Nurmi* (Helsingfors, 1925)
Kastner, Charles B., *Bunion Derby: The 1928 Footrace Across America* (Albuquerque, NM, 2007)
Ke, Yunlu, *Wen Quing Ma Junren* (Kina, 2004)
Kelley, Graeme, *Mr Controversial: The Story of Percy Wells Cerutty* (London, 1964)
Kennedy, John G., *The Tarahumara* (New York, 1989)
Kidd, Bruce, *Tom Longboat* (Markham, 2004)
Kiell, Paul J., *American Miler: The Life and Times of Glenn Cunningham* (New York, 2006)
Korsgaard, Ove. *Kampen om kroppen* (Danmark, 1982)
Kozik, Frantizek. *Emil Zatopek* (Oslo, 1955)
Kramer, Samuel Noah, *History Begins at Sumer* (Philadelphia, PA, 1981)
Krüger, Arnd, and John Marshall Carter, eds, *Ritual and Record: Sports Records and Quantification in Pre-modern Societies* (London, 1990)
Kulinkovich, K. A., 'The Development of Knowledge of Physical Culture History in the USSR', *History of Physical Education and Sport*, III (1975–6), p. 126
Kummels, Ingrid, 'Reflecting Diversity: Variants of the Legendary Footraces of the Rarámuri in Northern Mexico', *Ethnos: Journal of Anthropology, National Museum of Ethnography, Stockholm*, LXVI/1 (2001), pp. 73–98
Kyle, Donald G., *Sport and Spectacle in the Ancient World* (Oxford, 2007)
Lamont, Deanne Anderson, 'Running Phenomena in Ancient Sumer', *Journal of Sport History*, XXII/3 (1995), pp. 207–15
Lawson, Gerald, *World Record Breakers in Track and Field Athletics* (Champaign, IL, 1997)
Lebow, Fred, and Richard Wodley, *Inside the World of Big-time Marathoning* (New York, 1984)
Lee, Brian, *The Great Welsh Sprint* (Pontypridd, 1999)
Lee, Hugh M., 'Modern Ultra-long Distance Running and Phillippides' Run from Athens to Sparta', *Ancient World*, IX (1984), p. 113
Lee, H. M., 'Athletics and the Bikini Girls from Piazza Armerina', *Stadion*, X (1984) pp. 45–76
Lenk, Hans, *Social Philosophy of Athletics: A Pluralistic and Practice-oriented Philosophical Analysis of Top Level Amateur Sport* (Champaign, IL, 1979)
León, Pedro Cieza de, *The Incas* (Norman, OK, 1959)
Lewis, David Maybury, *The Savage and the Innocent* (Boston, MA, 1988)
Lewis, Frederick, *Young at Heart: The Story of Johnny Kelley Boston's Marathon Man* (Cambridge, MA, 2002)
Lindhagen, Sven, *Dan Waern: Vägen til drömmilen* (Stockholm, 1960)
Liquori, Mart, and Skip Myslenski, *On the Run* (New York, 1979)

Lindroth, Jan, *Idrottens väg til folkrörelse* (Uppsala, 1974)
Lindstedt, Christian, *Mellom heroism och idioti* (Göteborg, 2005)
Loader, W. R., *Testament of a Runner* (London, 1960)
Loland, Sigmund, Rekorden: 'Grensesprenging som dilemma', *Kunnskap om idrett*, I (1997)
—, 'Record Sports: An Ecological Critique and a Reconstruction', *Journal of the Philosophy of Sport*, XXVIII/2 (2001), pp. 127–39
Lovesey, Peter, *The Official Centenary History of the Amateur Athletic Association* (London, 1979)
—, *The Kings of Distance* (New York, 1968)
Lucas, John A., 'A History of the Marathon Race – 490 BC to 1975', *Journal of Sport History*, III/2, pp. 120–38
Lucas, John, 'In the Eye of the Storm: Paavo Nurmi and the American Athletic Amateur-Professional Struggle (1925–29)', *Stadion*, VIII/2 (1992)
Luckert, Karl W., ed., *Rainhouse and Ocean: Speeches for the Papago Year* (Tucson, AZ, 1979)
Lumholz, Carl, *Blandt Mexicos indianere: Fem års reise i Sierra Madre og andre lidet kjendte dele af det vestlige Mexico* (Kristiania, 1903)
Lundberg, Knud, *Olympia-håpet* (Oslo, 1955)
Lydiard, Arthur, and Garth Gilmour, *Running to the Top* (Vienna, 1998)
McCloskey, John, and Julian Bailes, *When Winning Costs too Much: Steroids, Supplements, and Scandal in Today's Sports World* (New York, 2005)
McConnell, Kym, and Dave Horsley, *Extreme Running* (London, 2007)
McIntosh, P. C., J. G. Dixon, A. D. Munrow and R. E. Willetts, *Landmarks in the History of Physical Education* (London, 1957)
McNab, Tom, Peter Lovesey and Andrew Huxtable, *An Athletics Compendium* (London, 2001)
McRae, Donald, *In Black and White: The Untold Story of Joe Louis and Jesse Owens* (London, 2002)
Mandell, Richard D., 'The Invention of the Sports Record', *Stadion*, II/2 (1978), pp. 250–64
Mangan, J. A., ed., *Europe, Sport, World: Shaping Global Societies* (London, 2001)
Manners, John, 'Kenya's Running Tribe', *The Sports Historian*, XVII/2 (November 1997), pp. 14–27
Marchiony, Joseph, 'The Rise of Soviet Athletics', *Comparative Education Review*, VII/1 (June 1963), pp. 17–27
Martin, David E., and Roger W. H. Gynn, *The Olympic Marathon: The History and Drama of Sport's Most Challenging Event* (Champaign, IL, 2000)
Matthews, Peter, *The Guinness Book of Athletics: Facts and Feats* (London, 1982)
Matz, David, *Greek and Roman Sport* (London, 1991)
Mewett, Peter G., and John Perry, 'A Sporting Chance? The 'Dark Horse Strategy' and Winning in Professional Running', *Sociology of Sport Journal*, XIV/12 (1997), pp. 121–42
Mewett, Peter G., 'Discourses of Deception: Cheating in Professional Running', *The Australian Journal of Anthropology*, special issue 14 (2002), XIII/3, pp. 292–308
Michelson, Truman, *Notes on the Ceremonial Runners of the Fox Indians: Contributions to Fox Ethnology* (Washington, DC, 1927)
Miller, David, *Athens to Athens* (Edinburgh, 2003)
—, and Sebastian Coe, *Running Free* (London, 1981)

Miller, Stephen G., *Ancient Greek Athletics* (New Haven, CT, 2004)
—, *Arete: Greek Sports from Ancient Sources* (Berkeley, CA, 2004)
Moore, Kenny, *Bowerman and the Men of Oregon: The Story of Oregon's Legendary Coach and Nike's Co-founder* (Guilford, CT, 2006)
Morris, Andrew D., *Marrow the Nation: A History of Sport and Physical Culture in Republican China* (London, 2004)
Morrow, Don, 'The Knights of the Snowshoe: A Study of the Evolution of Sport in Nineteenth-century Montreal', *Journal of Sport History*, xv/1 (Spring 1988), pp. 5–40
Mosley, Leonard, *Haile Selassie: Den seirende løve* (Oslo, 1964)
Mouratidis, John, 'The 776 BC Date and Some Problems Connected with It', *Canadian Journal of History of Sport*, xvi/2 (December 1985), pp. 1–14
Müller, Norbert, and Pierre de Coubertin, eds, *Olympism: Selected Writings* (Lausanne, 2000)
Murphy, Frank, *On a Cold Clear Day: The Athletic Biography of Buddy Edelen* (Kansas City, MO, 2000)
—, *The Last Protest: Lee Evans in Mexico City* (Kansas City, MO, 2006)
—, *The Silence of Great Distance: Women Running Long* (Kansas City, MO, 2000)
Møst, Aage, ed., *Raskest, høyest, lengst: Norsk friidrett 1896–1996* (Oslo, 1995)
Nabokov, Peter, *Indian Running* (Santa Barbara, CA, 1981)
Nally, T. H., *The Aonac Tailteann and the Tailteann Games in their Origin, History and Ancient Associations* (Dublin, 1922)
Nelson, Cordner, and Roberto Quercetani, *Runners and Races: 1500m/mile* (Los Altos, CA, 1973)
—, and —, *The Milers:* (Los Altos, CA, 1985)
Neri, Indro, *Dante era un podista* (Florence, 1995)
New Guide to Distance Running (Mountain View, CA, 1978)
Newby, Zarah, *Greek Athletics in the Roman World* (Oxford, 2005)
Newton, Arthur F. H., *Running* (London, 1935)
Nielsen, Henning, ed., *For sportens skyld* (Copenhagen, 1972)
Noakes, Tim, *Lore of Running: Discover the Science and Spirit of Running* (Champaign, IL, 2001)
Nordberg, Terje, *Løpetid – om gleden ved åløpe* (Oslo, 1984)
Oettermann, Stephan, *Läufer und Vorläufer. Zu einer Kulturgeschichte des Laufsports* (Frankfurt am Main, 1984)
Olivova, Vera, *Sports and Games in the Ancient World* (London, 1984)
Olson, Leonard T., *Masters Track and Field: A History* (Jefferson, NC, 2001)
Opler, Morris Edward, 'The Jicarilla Apache Ceremonial Relay Race', *American Anthropologist*, n.s., xlvi/1 (January–March 1944), pp. 75–97
Osler, Tom, *Ultramarathon* (Mountain View, CA, 1979)
Oxendine, Joseph B., *American Indian Sports Heritage* (London, 1995)
Palenski, Ron, *John Walker Champion* (Auckland, 1984)
Paleologos, Cleanthis, 'Argeas of Argos: Dolichon Runner', *Olympic Review*, 87–88 (Jan–Feb 1975)
Papalas, Anthony, 'Boy Athletes in Ancient Greece', *Stadion*, xvii/2 (1991), pp. 165–92
Parker, John L., *Once a Runner* (Tallahassee, FL, 1978)
Pardivala, Jal, 'The Saga of the Marathon', *Olympic Review*, ccvi (December 1984), pp. 974–80
Parmer, Vidar, *Teater, pantomime, linedans, ekvilibristikk, menasjeri, vokskabinett,*

kosmorama etc: På Fredrikshald (Halden, 1965)
Patriksson, Göran, *Idrottens historia i sociologisk belysning* (Malmö, 1982)
Perottet, Tony, *The Naked Olympics* (New York, 2004)
Pharo, Helge, *Tjalve hundre år* (Oslo, 1990)
Phillips, Bob, *The Commonwealth Games* (Manchester, 2002)
—, *Zá-to-pek! Zá-to-pek! Zá-to-pek! The Life and Times of the World's Greatest Distance Runner* (Keighley, 2002)
Pihkala, Lauri, *Gossarnas idrottsbok* (Helsingfors, 1915)
Pirie, Gordon, *Running Wild* (London, 1962)
Pitsiladis, Yannis, John Bale, Craig Sharp and Timothy Noakes, eds, *East African Running: Towards a Cross-disciplinary Perspective* (New York, 2007)
Plymire, Darcy, 'Positive Addiction: Running and Human Potential in the 1970s', *Journal of Sport History*, pp. 297–313
Radford, Peter, *The Celebrated Captain Barclay* (London, 2001)
—, *The Observer*, 2 May 2004
—, 'Women and Girl Runners of Kent in the Eighteenth Century', unpublished article lent by Peter Radford
—, 'Women's Foot-Races in the Eighteenth and Nineteenth Centuries: A Popular and Widespread Practice', *Canadian Journal of History of Sport*, xxv/1 (May 1994), pp. 50–61
Raevuori, Antero, and Nurmi Paavo, *Jouksijain Kuningas* (Helsinki, 1997)
Rambali, Paul, *Barefoot Runner: The Life of Marathon Champion Abebe Bikila* (London, 2006)
Redmond, Gerald, *The Caledonian Games in Nineteenth-century America* (Madison, NJ, 1971)
Riordan, James, and Jinxia Dong, 'Chinese Women and Sport: Sexuality and Suspicion', *The China Quarterly*, CXLV (March 1995), pp. 130–52
—, *Sport in Soviet Society* (Cambridge, 1977)
Rohé, Fred, *The Zen of Running* (New York, 1974)
Romano, David Gilman, *Athletics and Mathematics in Archaic Corinth: The Orgins of the Greek Stadion* (Philadelphia, PA, 1993)
Rono, Henry, *Olympic Dream* (Bloomington, IN, 2007)
Rousseau, Jean-Jacques, *Emile: Eller om oppdragelsen*, 3 vols (Copenhagen, 1962)
Rothstein, Klaus, *Frisk fisk til inkaen* (Copenhagen, 2002)
Roys, Ralph L., 'A Maya Account of the Creation', *American Anthropologist*, n.s., XXII/4 (Oct–Dec 1920), pp. 360–66
Ryun, Jim, and Mike Phillips, *In Quest of Gold* (New York, 1984)
Quercetani, Roberto, *Athletics: A History of Modern Track and Field Athletics: 1860–2000* (Milan, 2000)
—, *A World History of Long Distance Running (1880–2002)* (Milan, 2002)
—, and Pallicca, Gustavo, *A World History of Sprint Racing: 1850–2005* (Milan, 2006)
—, *A World History of the One-Lap Race* (Milan, 2006)
—, *Wizards of the Middle Distances: A History of the 800 Metres* (Milan, 1992)
Sage, George H., 'Justice Did It! The Nike Transnational Advocacy Network: Organization, Collective Actions and Outcomes', *Sociology of Sport Journal*, XVI/3 (1999), pp. 206–32
Sandrock, Michael, *Running with the Legends: Training and Racing Insights from 21 Great Runners* (Champaign, IL, 1996)
Sandblad, Henrik, *Olympia och Valhalla* (Göteborg, 1985)

Sann, Paul, *Fads, Follies and Delusions of the American People* (New York, 1967)
Scanlon, Thomas F., 'The Footrace of the Hereia at Olympia', in his *The Ancient World* (Chicago, IL, 1984), pp. 77–90
Schraff, Anne, and Rudolph Wilma, *The Greatest Woman Sprinter in History* (Aldershot, 2004)
Schwartz, Bob, *I Run, Therefore I am Nuts!* (Champaign, IL, 2001)
Scrivener, Leslie, *Terry Fox: His Story* (Toronto, 2000)
Sears, Edward S., *Running Through the Ages* (London, 2001)
Shapiro, Jim, *On the Road: The Marathon* (New York, 1978)
Shapiro, James E., *Ultramarathon* (New York, 1980)
Shaulis, Dahn, 'Pedestriennes: Newsworthy but Controversial Women in Sporting Entertainment', *Journal of Sport History*, XXVI/1 (1999), pp. 29–50
Shearman, Montague, *Athletics and Football* (London, 1887)
Sheehan, George, *Running and Being: The Total Experience* (Teaneck, NJ, 1978)
Sims, Graem, *Why Die? The Extraordinary Percy Cerutty: 'Maker' of Champions* (Lothian, Melbourne, 2003)
Simmons, Al, *The Ballad of Cliff Young* (Cheltenham, Victoria, 1983)
Simons, William, 'Abel Kiviat Interview', *Journal of Sport History*, XIII/3 (Winter 1986), pp. 235–67
Smith, Tommie, and David Steele, *Silent Gesture* (Philadelphia, PA, 2007)
Snell, Peter, and Garth Gilmour, *No Bugles: No Drums* (Auckland, 1965)
Spathari, Elsi, *The Olympic Spirit from its Birth to its Revival* (Athens, 1997)
Spectrum Guide to Kenya (Nairobi, 1993)
Spitzer, G., ed., *Doping and Doping Control in Europe* (Tyskland, 2006)
Stevens, John, *The Marathon Monks of Mount Hiei* (Boston, MA, 1988)
Stevenson, Robert, *Backwards Running* (1981)
'Stonehenge', *British Rural Sports* (London, 1881)
Strohmeyer, Hannes, 'Die Wiener "Läufer" und ihr Fest am 1. Mai (1822–1847)', *Stadion*, XII/XIII (1986–7)
Strutt, Joseph, *The Sports and Pastimes of the People of England* (London, 1875)
Studier i idrott, historia och samhälle (Sverige, 2000)
Tangen, Jan Ove, *Samfunnets idrett. En sosiologisk analyse av idrett som sosialt system, dets evolusjon og funksjon fra arkaisk til moderne tid*, doctoral dissertation, Institutt for sosiologi og samfunnsgeografi, Universitetet i Oslo (1997)
Tatz, Colin, *Obstacle Race: Aborigines in Sport* (Sydney, 1995)
Taylor, Harvey, 'Play Up, But Don't Play the Game: English Amateur Athletic Elitism, 1863–1910', *The Sports Historian*, XXII/2 (November 2002), pp. 75–97
Tervo, Mervi, 'A Cultural Community in the Making: Sport, National Imagery and Helsingin Sanomat 1912–1936', *Sport in Society*, VII/2 (Summer 2004), pp. 153–73
The History of the International Cross-Country Union: 1903 to 1953 (England, 1953)
Thorstad, B. Marianne, 'Idrett, fritid og kvinner i det tidligere Sovjetunionen', dissertation, Universitetet i Oslo (Spring 1993)
Tibballs, Geoff, *The Olympics' Strangest Moments: Extraordinary But True Tales from the History of the Olympic Games* (London, 2004)
Thom, Walter, *Pedestrianism* (Aberdeen, 1813)
Thomas, James H., *The Bunion Derby* (Oklahoma City, OK, 1980)
Trengrove, Alan, and Elliot Herb, *The Golden Mile* (London, 1961)
Tsiotos, Nick, and Andy Dabilis, *Running with Pheidippides: Stylianos Kyriakiades, the Miracle Marathoner* (Syracuse, NY, 2001)

Tyrell, Blake, *The Smell of Sweat: Greek Athletics, Olympics and Culture* (Mundelein, IL, 2004)
Ueberhorst, Horst, *Friedrich Ludwig Jahn* (Bonn-Bad Godesberg, 1978)
Ungerleider, Steven, *Faust's Gold: Inside the German Doping Machine* (New York, 2001)
Valavanis, Panos, *Games and Sanctuaries in Ancient Greece:* Los Angeles, 2004)
Van Aaken, Ernst, *Van Aaken Method* (Mountain View, CA, 1976)
Vega, Garcilaso de la, *The Incas* (New York, 1961)
Vettenniemi, Erkki, *Joutavan Jouksun Jäljilä* (Helsinki, 2006)
Wadler, Gary I., *Drugs and the Athlete* (Philadelphia, PA, 1989)
Wahlqvist, Bertil, 'Idrottshistoriska källproblem i de islendske sagorna – ett par exempel', *Idrott, Historia och Samhälle, Svenska idrottshistoriska føreningens årsskrift* (1981), pp. 69–77
—, *Ville vikinger i lek og idrett* (Oslo, 1980)
Ward, Michael, *Ellison 'Tarzan', Brown: The Narragansett Indian Who Twice Won the Boston Marathon* (Jefferson, NC, 2006)
Webster, F.A.M., *Fri-idretten idag* (Oslo, 1930)
Weiler, I., *Der Sport bei den Völkern der alten Welt: eine Einführung* (Tyskland, 1981)
Werge, Lars, *Wilson Kipketer* (Aarhus, 1998)
Wheeler, C. A., *Sportascrapiana: Facts in Athletics, with Hitherto Unpublished Anecdotes of the Nineteenth Century, from George IV to the Sweep* (London, 1868)
Whorton, James C., 'Athletes' Heart: The Medical Debate over Athleticism (1870–1920)', *Journal of Sport History*, IX/1 (Spring 1982), pp. 30–52
Wibe, Anne-Mette, 'Norske tårer og russisk svette', Skriftserie fra Norges idrettshøgskole (1998)
Wiggins, David K., 'Great Speed but Little Stamina: The Historical Debate Over Black Athletic Superiority', *Journal of Sport History*, XVI/2 (Summer 1989), pp. 158–85
Wikberg, Karin, 'Idealism eller professionalism? En studie i den stora amatörråfsten 1945–1946', Del i *Idrott, Historia och Samhälle* (1993), pp. 109–149; Del 2 i *Idrott, Historia och Samhälle* (1994), pp. 85–122
Willis, Joe D., and Richard G.L.E. Wettan, 'Myers, World's Greatest Runner', *Journal of Sport History*, II/2 (1977)
Will-Weber, Mark, *The Quotable Runner* (New York, 2001)
Wilson, Jean Moorcroft, *Charles Hamilton Sorley* (London, 1985)
Wilt, Fred, *How They Train: Half Mile to Six Mile:* (Los Altos, CA, 1959)
—, *How They Train*, vol. II: *Long Distances* (Los Altos, CA, 1973)
—, *How They Train*, 2nd edn, vol. I, *Middle Distances* (Los Altos, CA, 1973)
—, *How They Train*, vol. III, *Sprinting and Hurdling* (Los Altos, CA, 1973)
Wirz, Jürg, and Paul Tergat, *Running to the Limit* (Aachen, 2005)
—, *Run to Win: The Training Secrets of the Kenyan Runners* (Tyskland, 2006)
Zakariassen, Allan, *Mit løberliv* (Danmark, 1999)
Zamperini, Louis, and David Rensin, *Devil at my Heels* (New York, 2004)
Zeigler, Earle F., ed., *A History of Sport and Physical Education to 1900* (Champaign, IL, 1973)
—, *History of Physical Education and Sport* (Toronto, 1979)
Zhao, Yu, 'Majiajun diaocha', *Zhongguo zuojia*, III (1998), pp. 1–213.
Zhou, Xikuan, 'China: Sports Activities of Ancient and Modern Times', *Canadian Journal of History of Sport*, XXII (1991), pp. 68–82

Young, David, *The Olympic Myth of Greek Amateur Athletics* (Chicago, IL, 1984)

Journals

Canadian Journal of History of Sport, 1981–1995. Windsor, Ontario.
History of Physical Education of Sport, 1973–1976. Tokyo.
Friidrett, 1950–2008. Oslo.
Idraetsliv, 1914–1932. Kristiania/Oslo.
International Journal of the History of Sport, 1987–2008. London.
Journal of Olympic History, 1992–2004, Oostervolde, Nederland.
Kondis, 1970–2008. Oslo.
Norsk Idraetsblad, 1881–1915. Kristiania.
Norsk Idraetsblad og Sport, 1916–1925. Kristiania/Oslo.
Olympic Review, 1974–2006. Lausanne.
Olympika: The International Journal of Olympic Studies, 1992–2006. London, Ontario.
Runner's World, 1970–2006. Emmaus, PA.
Springtime, 1980–1996. Stockholm.
Sociology of Sport Journal, 1984–2006. Champaign, IL.
Sport, 1908–1915. Kristiania.

Sport in History

The Ancient World, 1978–1984. Chicago.
The Sports Historian (1993–2002) and *The Journal of the British Society of Sports History* (1982–1992). Leicester, England.
Sportsmanden, 1913–1965. Kristiania/Oslo.
Stadion, 1975–1991. Helsinki.

致　谢

我要感谢 Li Yuen Hem 翻译了中文材料、Gun Roos 翻译了芬兰文材料、Midori Poppe 帮忙处理了日文材料，Thor Kristian Gotaas 也为我不熟悉的各种语言提供了翻译。Bredo Berntsen 热情分享了他关于门森·欧斯特的丰富信息。当本书作者处理计算机文献的能力捉襟见肘时，Ole Magnus Strand Jensvoll 及时提供了帮助。Benedicte Strand 则帮助并设法与一位不时感到绝望的作者生活在一起。

感谢《康迪斯》(*Kondis*)杂志编辑团队的 Kjell Vigestad 和 Runar Gilberg 借给我该杂志的复印件。感谢 Per Lind 为我提供了一本有用的书，大大增加了本书的原始资料。感谢英国的 Barbara Mitchell，感谢美国得克萨斯州的 John Hoberman 教授具有建设性的鼓励意见，感谢澳大利亚的 Maurie Plant 教授提供的有趣逸闻。

读过本书的全部或部分章节并提供了有益建议者有：Marius Bakken、Kjartan Fløgstad、Matti Goksøyr、Thor Kristian Gotaas、Andreas Hompland、Jakob Kjersem、Roger Kvatsvik、Knut Anders Løken、Sigmund Hov Moen、Lars Myhre。

特别感谢英格兰的两位教授 John Bale 和 Peter Radford，他们放弃了大量访谈时间，转而响应我的求助。John Bale 的著作和文章令我能以新的视角看待材料；Peter Radford 对跑步史的热情以及他愿意把个人未发表的原始材料供我借阅的慷慨，给我带来莫大帮助。挪威运动科学院运动史教授 Matti Goksøyr 在本书的最终阶段贡献巨大。还要感谢本书的责任编辑 Hans Petter Bakketeig，他对项目的推进始终无比上心。

著名运动员亨利·罗诺也值得我致以无上敬意。他对我提出的繁多问题均予以耐心解答。在跑步史上，很少有人比罗诺更加有趣。

最后要感谢拥有乐于助人的员工的下列机构：挪威运动科学院（奥斯陆）、大英图书馆（伦敦）、国家图书馆（奥斯陆）特别是其馆际互借部门、灵萨克公共图书馆（布鲁蒙达尔）、大学图书馆（奥斯陆）。

新知文库

01 《证据：历史上最具争议的法医学案例》[美] 科林·埃文斯 著　毕小青 译
02 《香料传奇：一部由诱惑衍生的历史》[澳] 杰克·特纳 著　周子平 译
03 《查理曼大帝的桌布：一部开胃的宴会史》[英] 尼科拉·弗莱彻 著　李响 译
04 《改变西方世界的26个字母》[英] 约翰·曼 著　江正文 译
05 《破解古埃及：一场激烈的智力竞争》[英] 莱斯利·罗伊·亚京斯 著　黄中宪 译
06 《狗智慧：它们在想什么》[加] 斯坦利·科伦 著　江天帆、马云霏 译
07 《狗故事：人类历史上狗的爪印》[加] 斯坦利·科伦 著　江天帆 译
08 《血液的故事》[美] 比尔·海斯 著　郎可华 译　张铁梅 校
09 《君主制的历史》[美] 布伦达·拉尔夫·刘易斯 著　荣予、方力维 译
10 《人类基因的历史地图》[美] 史蒂夫·奥尔森 著　霍达文 译
11 《隐疾：名人与人格障碍》[德] 博尔温·班德洛 著　麦湛雄 译
12 《逼近的瘟疫》[美] 劳里·加勒特 著　杨岐鸣、杨宁 译
13 《颜色的故事》[英] 维多利亚·芬利 著　姚芸竹 译
14 《我不是杀人犯》[法] 弗雷德里克·肖索依 著　孟晖 译
15 《说谎：揭穿商业、政治与婚姻中的骗局》[美] 保罗·埃克曼 著　邓伯宸 译　徐国强 校
16 《蛛丝马迹：犯罪现场专家讲述的故事》[美] 康妮·弗莱彻 著　毕小青 译
17 《战争的果实：军事冲突如何加速科技创新》[美] 迈克尔·怀特 著　卢欣渝 译
18 《最早发现北美洲的中国移民》[加] 保罗·夏亚松 著　暴永宁 译
19 《私密的神话：梦之解析》[英] 安东尼·史蒂文斯 著　薛绚 译
20 《生物武器：从国家赞助的研制计划到当代生物恐怖活动》[美] 珍妮·吉耶曼 著　周子平 译
21 《疯狂实验史》[瑞士] 雷托·U. 施奈德 著　许阳 译
22 《智商测试：一段闪光的历史，一个失色的点子》[美] 斯蒂芬·默多克 著　卢欣渝 译
23 《第三帝国的艺术博物馆：希特勒与"林茨特别任务"》[德] 哈恩斯-克里斯蒂安·罗尔 著　孙书柱、刘英兰 译
24 《茶：嗜好、开拓与帝国》[英] 罗伊·莫克塞姆 著　毕小青 译
25 《路西法效应：好人是如何变成恶魔的》[美] 菲利普·津巴多 著　孙佩妏、陈雅馨 译

26	《阿司匹林传奇》[英]迪尔米德·杰弗里斯 著　暴永宁、王惠 译
27	《美味欺诈：食品造假与打假的历史》[英]比·威尔逊 著　周继岚 译
28	《英国人的言行潜规则》[英]凯特·福克斯 著　姚芸竹 译
29	《战争的文化》[以]马丁·范克勒韦尔德 著　李阳 译
30	《大背叛：科学中的欺诈》[美]霍勒斯·弗里兰·贾德森 著　张铁梅、徐国强 译
31	《多重宇宙：一个世界太少了？》[德]托比阿斯·胡阿特、马克斯·劳讷 著　车云 译
32	《现代医学的偶然发现》[美]默顿·迈耶斯 著　周子平 译
33	《咖啡机中的间谍：个人隐私的终结》[英]吉隆·奥哈拉、奈杰尔·沙德博尔特 著　毕小青 译
34	《洞穴奇案》[美]彼得·萨伯 著　陈福勇、张世泰 译
35	《权力的餐桌：从古希腊宴会到爱丽舍宫》[法]让－马克·阿尔贝 著　刘可有、刘惠杰 译
36	《致命元素：毒药的历史》[英]约翰·埃姆斯利 著　毕小青 译
37	《神祇、陵墓与学者：考古学传奇》[德]C.W.策拉姆 著　张芸、孟薇 译
38	《谋杀手段：用刑侦科学破解致命罪案》[德]马克·贝内克 著　李响 译
39	《为什么不杀光？种族大屠杀的反思》[美]丹尼尔·希罗、克拉克·麦考利 著　薛绚 译
40	《伊索尔德的魔汤：春药的文化史》[德]克劳迪娅·米勒－埃贝林、克里斯蒂安·拉奇 著　王泰智、沈惠珠 译
41	《错引耶稣：〈圣经〉传抄、更改的内幕》[美]巴特·埃尔曼 著　黄恩邻 译
42	《百变小红帽：一则童话中的性、道德及演变》[美]凯瑟琳·奥兰丝汀 著　杨淑智 译
43	《穆斯林发现欧洲：天下大国的视野转换》[英]伯纳德·刘易斯 著　李中文 译
44	《烟火撩人：香烟的历史》[法]迪迪埃·努里松 著　陈睿、李欣 译
45	《菜单中的秘密：爱丽舍宫的飨宴》[日]西川惠 著　尤可欣 译
46	《气候创造历史》[瑞士]许靖华 著　甘锡安 译
47	《特权：哈佛与统治阶层的教育》[美]罗斯·格雷戈里·多塞特 著　珍栎 译
48	《死亡晚餐派对：真实医学探案故事集》[美]乔纳森·埃德罗 著　江孟蓉 译
49	《重返人类演化现场》[美]奇普·沃尔特 著　蔡承志 译
50	《破窗效应：失序世界的关键影响力》[美]乔治·凯林、凯瑟琳·科尔斯 著　陈智文 译
51	《违童之愿：冷战时期美国儿童医学实验秘史》[美]艾伦·M.霍恩布鲁姆、朱迪斯·L.纽曼、格雷戈里·J.多贝尔 著　丁立松 译
52	《活着有多久：关于死亡的科学和哲学》[加]理查德·贝利沃、丹尼斯·金格拉斯 著　白紫阳 译

53	《疯狂实验史Ⅱ》[瑞士]雷托·U.施奈德 著 郭鑫、姚敏多 译
54	《猿形毕露：从猩猩看人类的权力、暴力、爱与性》[美]弗朗斯·德瓦尔 著 陈信宏 译
55	《正常的另一面：美貌、信任与养育的生物学》[美]乔丹·斯莫勒 著 郑嬿 译
56	《奇妙的尘埃》[美]汉娜·霍姆斯 著 陈芝仪 译
57	《卡路里与束身衣：跨越两千年的节食史》[英]路易丝·福克斯克罗夫特 著 王以勤 译
58	《哈希的故事：世界上最具暴利的毒品业内幕》[英]温斯利·克拉克森 著 珍栎 译
59	《黑色盛宴：嗜血动物的奇异生活》[美]比尔·舒特 著 帕特里曼·J.温 绘图 赵越 译
60	《城市的故事》[美]约翰·里德 著 郝笑丛 译
61	《树荫的温柔：亘古人类激情之源》[法]阿兰·科尔班 著 苜蓿 译
62	《水果猎人：关于自然、冒险、商业与痴迷的故事》[加]亚当·李斯·格尔纳 著 于是 译
63	《囚徒、情人与间谍：古今隐形墨水的故事》[美]克里斯蒂·马克拉奇斯 著 张哲、师小涵 译
64	《欧洲王室另类史》[美]迈克尔·法夸尔 著 康怡 译
65	《致命药瘾：让人沉迷的食品和药物》[美]辛西娅·库恩等 著 林慧珍、关莹 译
66	《拉丁文帝国》[法]弗朗索瓦·瓦克 著 陈绮文 译
67	《欲望之石：权力、谎言与爱情交织的钻石梦》[美]汤姆·佐尔纳 著 麦慧芬 译
68	《女人的起源》[英]伊莲·摩根 著 刘筠 译
69	《蒙娜丽莎传奇：新发现破解终极谜团》[美]让-皮埃尔·伊斯鲍茨、克里斯托弗·希斯·布朗 著 陈薇薇 译
70	《无人读过的书：哥白尼〈天体运行论〉追寻记》[美]欧文·金格里奇 著 王今、徐国强 译
71	《人类时代：被我们改变的世界》[美]黛安娜·阿克曼 著 伍秋玉、澄影、王丹 译
72	《大气：万物的起源》[英]加布里埃尔·沃克 著 蔡承志 译
73	《碳时代：文明与毁灭》[美]埃里克·罗斯顿 著 吴妍仪 译
74	《一念之差：关于风险的故事与数字》[英]迈克尔·布拉斯兰德、戴维·施皮格哈尔特 著 威治 译
75	《脂肪：文化与物质性》[美]克里斯托弗·E.福思、艾莉森·利奇 编著 李黎、丁立松 译
76	《笑的科学：解开笑与幽默感背后的大脑谜团》[美]斯科特·威姆斯 著 刘书维 译
77	《黑丝路：从里海到伦敦的石油溯源之旅》[英]詹姆斯·马里奥特、米卡·米尼奥-帕卢埃洛 著 黄煜文 译
78	《通向世界尽头：跨西伯利亚大铁路的故事》[英]克里斯蒂安·沃尔玛 著 李阳 译

79	《生命的关键决定：从医生做主到患者赋权》	[美]彼得·于贝尔 著　张琼懿 译
80	《艺术侦探：找寻失踪艺术瑰宝的故事》	[英]菲利普·莫尔德 著　李欣 译
81	《共病时代：动物疾病与人类健康的惊人联系》	[美]芭芭拉·纳特森－霍洛威茨、凯瑟琳·鲍尔斯 著　陈筱婉 译
82	《巴黎浪漫吗？——关于法国人的传闻与真相》	[英]皮乌·玛丽·伊特韦尔 著　李阳 译
83	《时尚与恋物主义：紧身褡、束腰术及其他体形塑造法》	[美]戴维·孔兹 著　珍栎 译
84	《上穷碧落：热气球的故事》	[英]理查德·霍姆斯 著　暴永宁 译
85	《贵族：历史与传承》	[法]埃里克·芒雄－里高 著　彭禄娴 译
86	《纸影寻踪：旷世发明的传奇之旅》	[英]亚历山大·门罗 著　史先涛 译
87	《吃的大冒险：烹饪猎人笔记》	[美]罗布·沃乐什 著　薛绚 译
88	《南极洲：一片神秘的大陆》	[英]加布里埃尔·沃克 著　蒋功艳、岳玉庆 译
89	《民间传说与日本人的心灵》	[日]河合隼雄 著　范作申 译
90	《象牙维京人：刘易斯棋中的北欧历史与神话》	[美]南希·玛丽·布朗 著　赵越 译
91	《食物的心机：过敏的历史》	[英]马修·史密斯 著　伊玉岩 译
92	《当世界又老又穷：全球老龄化大冲击》	[美]泰德·菲什曼 著　黄煜文 译
93	《神话与日本人的心灵》	[日]河合隼雄 著　王华 译
94	《度量世界：探索绝对度量衡体系的历史》	[美]罗伯特·P.克里斯 著　卢欣渝 译
95	《绿色宝藏：英国皇家植物园史话》	[英]凯茜·威利斯、卡罗琳·弗里 著　珍栎 译
96	《牛顿与伪币制造者：科学巨匠鲜为人知的侦探生涯》	[美]托马斯·利文森 著　周子平 译
97	《音乐如何可能？》	[法]弗朗西斯·沃尔夫 著　白紫阳 译
98	《改变世界的七种花》	[英]詹妮弗·波特 著　赵丽洁、刘佳 译
99	《伦敦的崛起：五个人重塑一座城》	[英]利奥·霍利斯 著　宋美莹 译
100	《来自中国的礼物：大熊猫与人类相遇的一百年》	[英]亨利·尼科尔斯 著　黄建强 译
101	《筷子：饮食与文化》	[美]王晴佳 著　汪精玲 译
102	《天生恶魔？：纽伦堡审判与罗夏墨迹测验》	[美]乔尔·迪姆斯代尔 著　史先涛 译
103	《告别伊甸园：多偶制怎样改变了我们的生活》	[美]戴维·巴拉什 著　吴宝沛 译
104	《第一口：饮食习惯的真相》	[英]比·威尔逊 著　唐海娇 译
105	《蜂房：蜜蜂与人类的故事》	[英]比·威尔逊 著　暴永宁 译
106	《过敏大流行：微生物的消失与免疫系统的永恒之战》	[美]莫伊塞斯·贝拉斯克斯－曼诺夫 著　李黎、丁立松 译

107	《饭局的起源：我们为什么喜欢分享食物》[英]马丁·琼斯 著　陈雪香 译　方辉 审校
108	《金钱的智慧》[法]帕斯卡尔·布吕克内 著　张叶 陈雪乔译　张新木 校
109	《杀人执照：情报机构的暗杀行动》[德]埃格蒙特·科赫 著　张芸、孔令逊 译
110	《圣安布罗焦的修女们：一个真实的故事》[德]胡贝特·沃尔夫 著　徐逸群 译
111	《细菌》[德]汉诺·夏里修斯 里夏德·弗里贝 著　许嫚红 译
112	《千丝万缕：头发的隐秘生活》[英]爱玛·塔罗 著　郑嬿 译
113	《香水史诗》[法]伊丽莎白·德·费多 著　彭禄娴 译
114	《微生物改变命运：人类超级有机体的健康革命》[美]罗德尼·迪塔特 著　李秦川 译
115	《离开荒野：狗猫牛马的驯养史》[美]加文·艾林格 著　赵越 译
116	《不生不熟：发酵食物的文明史》[法]玛丽–克莱尔·弗雷德里克 著　冷碧莹 译
117	《好奇年代：英国科学浪漫史》[英]理查德·霍姆斯 著　暴永宁 译
118	《极度深寒：地球最冷地域的极限冒险》[英]雷纳夫·法恩斯 著　蒋功艳、岳玉庆 译
119	《时尚的精髓：法国路易十四时代的优雅品位及奢侈生活》[美]琼·德让 著　杨冀 译
120	《地狱与良伴：西班牙内战及其造就的世界》[美]理查德·罗兹 著　李阳 译
121	《骗局：历史上的骗子、赝品和诡计》[美]迈克尔·法夸尔 著　康怡 译
122	《丛林：澳大利亚内陆文明之旅》[澳]唐·沃森 著　李景艳 译
123	《书的大历史：六千年的演化与变迁》[英]基思·休斯敦 著　伊玉岩、邵慧敏 译
124	《战疫：传染病能否根除？》[美]南希·丽思·斯特潘 著　郭骏、赵谊 译
125	《伦敦的石头：十二座建筑塑名城》[英]利奥·霍利斯 著　罗隽、何晓昕、鲍捷 译
126	《自愈之路：开创癌症免疫疗法的科学家们》[美]尼尔·卡纳万 著　贾颐 译
127	《智能简史》[韩]李大烈 著　张之昊 译
128	《家的起源：西方居所五百年》[英]朱迪丝·弗兰德斯 著　珍栎 译
129	《深解地球》[英]马丁·拉德威克 著　史先涛 译
130	《丘吉尔的原子弹：一部科学、战争与政治的秘史》[英]格雷厄姆·法米罗 著　刘晓 译
131	《亲历纳粹：见证战争的孩子们》[英]尼古拉斯·斯塔加特 著　卢欣渝 译
132	《尼罗河：穿越埃及古今的旅程》[英]托比·威尔金森 著　罗静 译
133	《大侦探：福尔摩斯的惊人崛起和不朽生命》[美]扎克·邓达斯 著　肖洁茹 译
134	《世界新奇迹：在20座建筑中穿越历史》[德]贝恩德·英玛尔·古特贝勒特 著　孟薇、张芸 译
135	《毛奇家族：一部战争史》[德]奥拉夫·耶森 著　蔡玳燕、孟薇、张芸 译

136　《万有感官：听觉塑造心智》[美]塞思·霍罗威茨 著　蒋雨蒙 译　葛鉴桥 审校

137　《教堂音乐的历史》[德]约翰·欣里希·克劳森 著　王泰智 译

138　《世界七大奇迹：西方现代意象的流变》[英]约翰·罗谟、伊丽莎白·罗谟 著　徐剑梅 译

139　《茶的真实历史》[美]梅维恒、[瑞典]郝也麟 著　高文海 译　徐文堪 校译

140　《谁是德古拉：吸血鬼小说的人物原型》[英]吉姆·斯塔迈尔 著　刘芳 译

141　《童话的心理分析》[瑞士]维蕾娜·卡斯特 著　林敏雅 译　陈瑛 修订

142　《海洋全球史》[德]米夏埃尔·诺尔特 著　夏嬿、魏子扬 译

143　《病毒：是敌人，更是朋友》[德]卡琳·莫林 著　孙薇娜、孙娜薇、游辛田 译

144　《疫苗：医学史上最伟大的救星及其争议》[美]阿瑟·艾伦 著　徐宵寒、邹梦廉 译　刘火雄 审校

145　《为什么人们轻信奇谈怪论》[美]迈克尔·舍默 著　卢明君 译

146　《肤色的迷局：生物机制、健康影响与社会后果》[美]尼娜·雅布隆斯基 著　李欣 译

147　《走私：七个世纪的非法携运》[挪]西蒙·哈维 著　李阳 译

148　《雨林里的消亡：一种语言和生活方式在巴布亚新几内亚的终结》[瑞典]唐·库里克 著　沈河西 译

149　《如果不得不离开：关于衰老、死亡与安宁》[美]萨缪尔·哈灵顿 著　丁立松 译

150　《跑步大历史》[挪威]托尔·戈塔斯 著　张翎 译